Die Gewährung konzernweiter Leistungen und ihr Schicksal beim Betriebsübergang auf einen konzernfremden Dritten

Schriften zum Handels- und Wirtschaftsrecht

Herausgegeben von Michael Kling, Herbert Leßmann und Ralph Backhaus

Band 26

Zur Qualitätssicherung und Peer Review der vorliegenden Publikation

Die Qualität der in dieser Reihe erscheinenden Arbeiten wird vor der Publikation durch die Herausgeber der Reihe geprüft.

Notes on the quality assurance and peer review of this publication

Prior to publication, the quality of the work published in this series is reviewed by the editors of the series.

Nadine Hartung

Die Gewährung konzernweiter Leistungen und ihr Schicksal beim Betriebsübergang auf einen konzernfremden Dritten

PL ACADEMIC RESEARCH

Bibliografische Information der Deutschen Nationalbibliothek
Die Deutsche Nationalbibliothek verzeichnet diese Publikation in der Deutschen Nationalbibliografie; detaillierte bibliografische Daten sind im Internet über http://dnb.d-nb.de abrufbar.

Zugl.: Marburg, Univ., Diss., 2013

Gedruckt auf alterungsbeständigem,
säurefreiem Papier.

D 4
ISSN 1439-4189
ISBN 978-3-631-64264-1 (Print)
E-ISBN 978-3-653-03032-7 (E-Book)
DOI 10.3726/978-3-653-03032-7

PL Academic Research ist ein Imprint der Peter Lang GmbH.

Peter Lang – Frankfurt am Main · Bern · Bruxelles · New York ·
Oxford · Warszawa · Wien

Dieses Buch erscheint in einer Herausgeberreihe bei
PL Academic Research und wurde vor Erscheinen peer reviewed.

www.peterlang.com

Für meine Familie

Vorwort

Johann Wolfgang von Goethe hat einmal gesagt: „*Es ist mit Meinungen, die man wagt, wie mit Steinen, die man voran im Brette bewegt: sie können geschlagen werden, aber sie haben ein Spiel eingeleitet, das gewonnen wird.*“[1] Ich hoffe, dass diese Arbeit der Diskussion über die Erfassung der Konzernwirklichkeit im Arbeitsrecht einen neuen Impuls gibt. Rechtsprechung und Literatur wurden bis April 2012 berücksichtigt.

Ich möchte Herrn Professor Dr. Winfried Mummenhoff herzlich dafür danken, dass er mir ermöglicht hat, diese Dissertation in Angriff zu nehmen, und mich dabei bestärkt und gefördert hat, sie fertigzustellen. Zu Dank bin ich auch Herrn Professor Dr. Markus Roth für die Erstellung des Zweitgutachtens verpflichtet. Ich freue mich, dass die Arbeit in die Reihe „Schriften zum Handels- und Wirtschaftsrecht“ aufgenommen wurde.

Bedanken möchte ich mich auch bei meiner Familie und meinen Freunden, ohne deren Unterstützung und Glauben an mich ich vielleicht nie den letzten Punkt zu dieser Arbeit gesetzt hätte. Besonders hervorheben möchte ich an dieser Stelle Christina Schäfer und Marit Kümmel, die diese Arbeit Korrektur gelesen haben, und meinen Mann Heiko Lutter, der immer hinter mir steht.

1 Johann Wolfgang von Goethe, Maximen und Reflexionen, Aus „Kunst und Altertum“, Dritten Bandes erstes Heft (1821).

Inhaltsübersicht

Inhaltsverzeichnis

Kapitel 1: Einleitung

A. Ausgangssituation

Konzerne sind ein alltägliches Phänomen, mit dem man als Verbraucher, als Unternehmer und auch als Arbeitnehmer ständig in Kontakt kommt. Dabei kann man nicht immer ohne Weiteres feststellen, welcher „Konzernteil“ oder welches „Konzernorgan“ einem gerade gegenüber tritt. In vielen Fällen wird dies nicht entscheidend sein. Auch Arbeitnehmer werden den Konzern im Arbeitsalltag häufig als Einheit wahrnehmen und sich als Mitarbeiter der Unternehmensgruppe betrachten. Bei genauerer Betrachtung besteht ein Konzern allerdings aus selbstständigen Gesellschaften, die miteinander verbunden sind. Diese Gesellschaften handeln aufgrund der Konzernverbindung nicht immer nur im eigenen Interesse, sondern auch im Interesse der übergeordneten Unternehmung. In Unternehmensgruppen erhalten die Arbeitnehmer daher regelmäßig neben dem eigentlichen Entgelt im Hinblick auf die Tatsache, dass sie für ein Unternehmen der Gruppe tätig sind, weitere Vergünstigungen von Konzerngesellschaften, die nicht ihre Arbeitgebergesellschaft sind. Dabei spielt die Tatsache, dass sich unterschiedliche Unternehmen verpflichtet haben, zunächst für den Arbeitnehmer keine Rolle, da er die verpflichteten Gesellschaften und sich gleichermaßen als Teil des Konzerns wahrnimmt. Welche dieser Gesellschaften Arbeitgeber eines Arbeitnehmers ist und welche Gesellschaft dem Mitarbeiter bestimmte Leistungen zugesagt hat, wird indes spätestens im Falle der Veräußerung eines Betriebes oder Betriebsteils an einen konzernfremden Dritten relevant. Dies sei an einem Beispiel illustriert:

Ein Arbeitnehmer arbeitet seit Jahren in der Informationstechnologieabteilung eines internationalen Automobilkonzerns, welche unter dem Dach der Muttergesellschaft angesiedelt ist. Er erhält von seiner Arbeitgeberin ein monatliches Grundgehalt. Seine Arbeitgeberin zahlt zudem für ihn Beiträge in eine Direktversicherung ein. Darüber hinaus erhält er eine jährliche variable Vergütung, die von der Erreichung bestimmter Umsatzkennzahlen der operativen Tochtergesellschaft abhängt. Weiterhin ist er aufgrund einer Konzernbetriebsvereinbarung zur Teilnahme an einem konzernweiten Jahreswagenprogramm berechtigt. Danach können Mitarbeiter konzernverbundener Unternehmen alle zwei Jahre von der operativen Gesellschaft einen von ihr produzierten Jahreswagen zu ermäßigten Preisen erwerben. Vor einigen Jahren hat sich der Arbeitnehmer zudem entschlossen, an einem Mitarbeiterbeteiligungsprogramm zu partizipieren und hat

Optionen auf Anteile an einer italienischen Tochtergesellschaft erworben. Alle Vergünstigungen, die er als Mitarbeiter in einem internationalen Automobilkonzern erhält, empfindet der Arbeitnehmer als Entlohnung für seine Arbeitsleistung. Nach diesen Einkünften hat er seine Lebensplanung ausgerichtet. Darüber, wer ihm die einzelnen Leistungen versprochen hat, wer sie erbringt und warum, hat der Arbeitnehmer sich regelmäßig keine Gedanken gemacht. Nun erfährt er, dass die Informationstechnologieabteilung an ein mittelständisches Unternehmen, welches nicht in den Konzern eingebunden ist, veräußert werden soll. Er fragt sich, welchen Einfluss diese Veräußerung auf seine Vergütung und die ihm versprochenen Zusatzleistungen hat.

Gegenstand dieser Arbeit soll die Beantwortung der Frage sein, welche der in der oben beschriebenen Weise „konzernweiten" Leistungen bei Betriebsübergang auf einen konzernfremden Dritten nach § 613a Abs. 1 BGB übergehen.

Ausgangspunkt der Untersuchung ist dabei die Feststellung, dass der Konzern im Recht noch immer eine Ausnahmeerscheinung darstellt, die nur unvollständig rechtlich erfasst ist. Im Gesellschaftsrecht, dessen Wertungen im Arbeitsrecht weitgehend übernommen werden, trifft man stetig auf den Idealtyp der unabhängigen Gesellschaft als einer vom Recht bereitgestellten Möglichkeit der gemeinsamen unternehmerischen Betätigung von Privatpersonen.[2] Um deren Kapitaleinsatz im Rahmen der Volkswirtschaft zu fördern, so wird dargelegt, seien Kapitalgesellschaften nicht nur mit Rechtspersönlichkeit versehen worden, sondern auch mit dem Privileg der auf das Gesellschaftsvermögen beschränkten Haftung.[3] Bedenkt man aber, dass den juristischen Personen schon seit den Kinderjahren gestattet ist, selbst Anteile an anderen Unternehmensträgern zu erwerben,[4] so verliert dieses klare, historisch gewachsene Bild an Konturen.

Charakteristisch für eine Unternehmensbeteiligung ist, dass sie – anders als die reine private Kapitalbeteiligung – in der Regel im Rahmen eines gezielten wirtschaftlichen Konzentrationsprozesses mit dem Zweck des Ausbaus von Marktmacht erfolgt.[5] Notwendig im Rahmen solcher Prozesse ist die Ausrichtung

2 Vgl. *Antunes*, Liability of Corporate Groups, S. 1 ff. und 13 ff.; *Berle/Means*, The Modern Corporation, S. XIV f.; *Blumberg*, Multinational Challenge, S. 232; *C. E. Fischer*, AcP 154 (1955), 85 (116); *Landwehr*, Durchgriffshaftung, S. 21; *Liebscher*, GmbH-Konzernrecht, Rdn. 2 und 13; *Sura*, ZHR 145 (1981), 432 (437 ff.).

3 *Antunes*, Liability of Corporate Groups, S. 124; *Hansmann*, *Kraakman*, Yale Law Journal 110 (2000), 387 (390 ff.); *Katsuhito*, American Journal of Comparative Law 47 (1999), 583 (589); *Landwehr*, Durchgriffshaftung, S. 31 f.; *Noll*, ORDO 43 (1992), 205 (214); *Windbichler*, Gesellschaftsrecht, § 2 Rdn. 18 und § 3 Rdn. 10 ff.

4 Vgl. dazu *T. Raiser/Veil*, Recht der Kapitalgesellschaften, § 50 Rdn. 8 f.; *Vandekerckhove*, Piercing the Corporate Veil, S. 4 ff.

5 *Blumberg*, Multinational Challenge, S. 232; *Dettling*, Die Entstehungsgeschichte des Konzernrechts, S. 8 f.; *Immenga/Conard* (Hrsg.), International Encyclopedia Of Comparative Law XIII/7, S. 1 ff.; *Kallmeyer* in GmbH-Handbuch, Band I, Rdn. 2815; *Mellewigt*, Konzernorga-

an einem bestimmten wirtschaftlichen Ziel. Unternehmen beteiligen sich also an anderen, um im Rahmen ihrer Unternehmensstrategie auf jene Einfluss auszuüben. Es kommt zur Bildung von verbundenen Unternehmen unter einheitlicher Leitung, also zur Konzernbildung.[6] Auch Unternehmensgruppen profitieren dabei vom Privileg der beschränkten Haftung, indem sie bestimmte Geschäftsfelder (Spartenbildung) oder bestimmte Produktionsabschnitte (vertikale Konzernbildung) rechtlich selbstständig organisieren und so die Risiken auf die einzelnen Gesellschaften des Verbundes beschränken.[7] Je größer die Zahl der beteiligten Unternehmen ist, umso kleiner ist häufig der Einfluss einzelner Glieder auf das Schicksal der Gesamtheit. Dies erhöht die Flexibilität des Konzerns am Markt und damit den Erfolg von Unternehmensgruppen.[8] So verbreiteten sich Unternehmensverbindungen immer stärker, beschäftigten immer mehr Mitarbeiter, traten immer mehr Gläubigern gegenüber und hielten schließlich auch im Mittelstand Einzug.[9]

---

nisation, S. 17; *T. Raiser/Veil*, Recht der Kapitalgesellschaften, § 50 Rdn. 9 f.; *E. Scheffler*, Konzernmanagement, S. 18f.

6 Im Folgenden werden die Begriffe „Konzern" und „Unternehmensgruppe" synonym verwendet.

7 *Ammann*, *Hucke*, DStR 1998, 1391; *Hill*, American Journal of Comparative Law 48 (2000), 39 (50 ff.); *Hommelhoff*, Mestmäcker/Behrens (Hrsg.), Konzerne im internationalen Vergleich, S. 91 (94 f., 117); *Kirchner*, Jahrbuch für Neue Politische Ökonomie 3 (1984), 223 (228 f.); *Landers*, University of Chicago Law Review 42 (1974/75), 589; *Passow*, Betrieb, Unternehmung, Konzern, S. 113 f.; *Wazlawik*, NZI 2009, 291 (293); *Wiedemann*, Unternehmensgruppe, S. 13 f.; *Windbichler* in Großkomm AktG I, Vor § 15 Rdn. 17.

8 Grundlegend dazu *Gleichmann*, Sugarman/Teubner (Hrsg.), Corporate Groups, S. 435 (437); *Immenga/Conard* (Hrsg.), International Encyclopedia Of Comparative Law XIII/7, S. 4 f.; *Kallfass*, Mestmäcker/Behrens (Hrsg.), Konzerne im internationalen Vergleich, S. 19 (23 ff.); *Lutter*, Reichert/Schiedermair/Stockburger/D. Weber (Hrsg.), Recht, Geist und Kunst, S. 105 (105 f.).

9 Dieser Befund wird national und international einheitlich zur Verbreitung und Relevanz von Konzernen getroffen. So Erwägungsgrund 1 der Siebenten gesellschaftsrechtlichen Richtlinie 83/349/EWG, ABl. L 193 vom 18.07.1983, S. 1; *Amponsem*, *S. Bauer*, *Gerpott*, *Mattern*, Zeitschrift für Führung und Organisation 1996, 219; *S. Becker*, *Schumm*, Esser/Schamp (Hrsg.), Metropolitane Region, S. 105 (108 ff.); *Blumberg*, Hastings International and Comparative Law Review 24 (2001), 297; *Brinkmann*, Spaltung von Rechtsträgern, S. 33 f.; *Collins*, Oxford Journal of Legal Studies 10 (1990), 353; *Davies*, ZIAS 1995, 532 (532 f.); *Ebke*, Mestmäcker/Behrens (Hrsg.), Konzerne im internationalen Vergleich, S. 279 (279 f.; 284 f.); *Gleichmann*, Mestmäcker/Behrens (Hrsg.), Konzerne im internationalen Vergleich, S. 581 (583); *Graeber*, NZI 2007, 265; *Hopt*, Reichert/Schiedermair/Stockburger/D. Weber (Hrsg.), Recht, Geist und Kunst, S. 74; *Jackson*, Harvard Law Review 107 (1994), 509; *Lehmann*, Grochla (Hrsg.), Handwörterbuch der Organisation, Stichwort: Konzernorganisation, S. 1105 ff.; *Lutter*, *U. H. Schneider*, BB 1977, 553; *Monopolkommission*, 17. Hauptgutachten, BT-Drucksache 16/10140, S. 133 ff.,; *Prinz*, Finanz-Rundschau Ertragssteuerrecht 2006, 566 (566 f.); *Raabe*, Konzernmanagement, S. 2; *Sadowski*, ZIAS 1995, 612 (615); *G. Schenk*, zfbf 49 (1997), 652; *B. T. Schmidt*, Integrierte Konzernführung, S. 1 ff.; *Sommer*, Handelsblatt v. 21.05.2007, Nr. 95,

In der wirtschaftswissenschaftlichen und rechtlichen Diskussion spielt der Konzern als Wirtschaftsakteur zwischen Markt und Organisation[10] aus diesem Grund eine große Rolle. So haben die letzten Jahre gezeigt, dass Unternehmensgruppen durch ihre Adaptionsfähigkeit am besten auf veränderte Anforderungen aufgrund der Verlagerung von Kapazitäten aus dem produzierenden Gewerbe hin zum Dienstleistungssektor, der rapiden Technologisierung und der Verschmelzung der nationalen Märkte zu einem globalen Markt reagieren können.[11] Konzerne werden daher von den einzelnen Volkswirtschaften und auch auf dem europäischen Binnenmarkt als unverzichtbar angesehen. Die dort stattfindenden Restrukturierungs- und Reorganisationsprozesse erkennt man zunehmend als notwendig an[12] – auch wenn die Auswirkungen für die Mitarbeiter gravierend sind[13].

Die Effizienzanforderungen im Konzern stehen in einem gewissen Gegensatz zu den Sicherheitsbedürfnissen der Arbeitnehmer, insbesondere dem legitimen Interesse am Erhalt des Arbeitsplatzes und der Kontinuität der Arbeitsbedingungen. Die Aufgabe der rechtlichen Bewertung von Unternehmensgruppen wird – anders als zu Beginn der Entwicklung des Konzernrechtes – nicht mehr darin gesehen, Konzerneinfluss die Legitimation zu verwehren oder ihn stark einzuschränken, sondern vielmehr darin, die Konzernorganisation zu befördern, Transparenz zu schaffen und einen Interessenausgleich der Beteiligten herbeizuführen.[14] Geht es um den Schutz der Arbeitnehmer von konzernverbundenen

---

S. 1 (mit Verweis auf Handelsblattranking auf S. 17-20); *Timmann*, Konzerninteressen in der Satzung, S. 19; *W. Werner*, Columbia Law Review 81 (1981), 1611 (1630, 1662 ff.); *Williamson*, Journal of Economic Literature 1981, 1537 (1554 ff.).

10 Zu dieser Einordnung vgl. *Assmann*, Sugarman/Teubner (Hrsg.), Corporate Groups, S. 317 (320 f.); *Lutter*, Fischer/Möhring/Westermann (Hrsg.), Festschr. Carl Hans Barz, S. 199 (200 f.); *Teubner*, Festschr. Ernst Steindorff, S. 261 (265); *Windbichler* in Großkomm AktG I, Vor § 15 Rdn. 18.

11 Auch hierbei handelt es sich um einen umfassend festgestellten Entwicklungsstand. Unter anderem *Block, Berg, Roberts*, International Journal of Comparative Labour Law and Industrial Relations 19 (2003), 441 (441 f.); *Eylert, Gotthardt*, RdA 2007, 91; *Kleinhenz*, Deputation des Deutschen Juristentages (Hrsg.), Verhandlungen des 63. DJT, Band I Gutachten, S. B 39; *Waas*, RdA 2007, 76 (77).

12 Siehe dazu nur *Brinkmann*, Spaltung von Rechtsträgern, S. 33 f.; *Europäische Kommission*, KOM(2005) 120, ABl. C 65 vom 17.03.2006, S. 58 (58 ff.); *Europäische Sozialpartner*, Antizipierung und Bewältigung des Wandels: ein dynamisches Herangehen an die sozialen Aspekte von Unternehmensumstrukturierungen. Erste Runde der Anhörung der europäischen Sozialpartner auf branchenübergreifender und sektoraler Ebene (http://ec.europa.eu/ employment_social/labour_law/docs/anticipatingandmanagingchange_de.pdf – abgerufen am 21.08.2006), S. 1 ff. Diese Entwicklung dürfte sich aufgrund der jetzigen Weltwirtschaftskrise verschärfen.

13 Zur Interessenlage vgl. *Coen*, RdA 1983, 348 (348 ff.); *Cooke, Earnshaw, Marchington, Rubery*, International Journal of Human Resource Management 15 (2004), 276 (276 f.).

14 Vgl. Stellungnahme des Bundesrates zum Entwurf eines Gesetzes zur Modernisierung des GmbH-Rechts und zur Bekämpfung von Missbräuchen (MoMiG), BR-Drucksache 354/07,

Unternehmen, so wurde der angestrebte Ausgleich zwischen den Sicherheitsbedürfnissen von Mitarbeitern und Effizienzanforderungen von Arbeitgebern, nicht zuletzt auf europäischer Ebene, mit dem Schlagwort der „Flexicurity" versehen.[15] Das in dieser Wortschöpfung verschmolzene Gegensatzpaar ist insbesondere in den Fällen zum Ausgleich zu bringen, in denen Wirtschaftsakteure danach streben, ihre Organisation effizient an geänderte Marktumstände anzupassen, indem sie Arbeitsbedingungen zum Nachteil der Mitarbeiter ändern, Arbeitnehmer entlassen oder Unternehmensbereiche „abspalten" oder einstellen.

Um geänderten Marktbedingungen gerecht zu werden, veräußern Unternehmungen im wirtschaftlichen Alltag häufig Betriebe oder Betriebsteile, manchmal ganze Unternehmen. Diese Einheiten und ihre Mitarbeiter werden so aus einem Unternehmensverbund herausgelöst. Ein Betriebsübergang liegt vor, wenn eine organisatorische Einheit aufgrund eines Rechtsgeschäfts von einem Inhaber auf einen anderen übergeht. Rechtlich folgen die Arbeitsverhältnisse der im Betrieb Beschäftigten der Organisation, sie gehen kraft Gesetzes auf den Erwerber über (§ 613a Abs. 1 BGB).[16] Dies bedeutet, es findet eine gesetzliche Überleitung derjenigen Arbeitsverhältnisse, die der übergehenden wirtschaftlichen Einheit zuzuordnen sind, statt. Die Arbeitgeberpartei wird ausgewechselt.[17] Dies trifft nicht nur für Deutschland, sondern auch für die Mitgliedstaaten der Europäischen Gemeinschaft zu, da die nationalen Regelungen

---

S. 56 f. und 93 f. sowie die Gegenäußerung der Bundesregierung zur Stellungnahme des Bundesrates zum MoMiG, BT-Drucksache 16/6140, S. 24 (41 f.); *Irujo*, European Business Organization Law Review 6 (2005), 65 (69 ff.); *Kort*, NZA 2009, 464 (465); *G. Ch. Schwarz*, Europäisches Gesellschaftsrecht, S. 526 ff. Rdn. 866 ff.; *Veil*, Unternehmensverträge, S. 64 f.

15 „Flexicurity" ist ein europaweit verwendeter Kunstbegriff, der sich aus den englischen Begriffen „flexibility" (Flexibilität) und „security" (Sicherheit) zusammensetzt. Er tauchte vermehrt im Rahmen der Auseinandersetzung mit der Lissabon-Strategie auf, u.a. auch im Achtzehnmonatsprogramm des deutschen, des portugiesischen und des slowenischen Vorsitzes der EU für den Zeitraum von Januar 2007 bis Juni 2008, Ratsdokument 17079/06 POLGEN 125, S. 37 (http://www.eu2007.de/includes/Download_Dokumente/Trio-Programm/triodeutsch.pdf. – abgerufen am 25.04.2007). Siehe aber auch *Gruppe „Indikatoren" des EMCO*, EMCO Reports 2/2009, S. 2 ff. In den Niederlanden wurde schon in den 90er Jahren ein Gesetz mit der Bezeichnung „Flexibilität und Sicherheit" verabschiedet; dazu *Pennings*, ZIAS 1999, 153 ff.

16 § 613a BGB findet auch bei Verschmelzungen, Spaltungen oder Vermögensübertragungen Anwendung, soweit Betriebe oder Betriebsteile übergehen, vgl. Art. 1 Abs. 1 lit. a) RL 2001/23/EG. So auch BAGE 95, 1 (10 f.) = AP Nr. 209 zu § 613a BGB mit Anm. *Knickenberg* („**Kreiskrankenhaus**"); *Brinkmann*, Spaltung von Rechtsträgern, S. 75 ff.; *Hörtnagl*, Schmitt/Hörtnagl/Stratz, § 324 UmwG Rdn. 1 f.; *Müller-Bonanni*, Betriebsinhaberwechsel, S. 10 ff., 16 ff., 24 ff., 29 ff.; *Schalle*, Bestandsschutz, S. 57 ff.; Schaub/*Koch*, ArbR-Hdb., § 118 Rdn. 1, 5 ff.; *Schnitker, Grau*, ZIP 2008, 394 (397). Vgl. auch die gesetzlichen Regelungen in § 324 UmwG und § 613a Abs. 3 BGB.

17 Vgl. Art. 3 Abs. 1 RL 2001/23/EG; *Alsbaek*, Betriebsübergang, S. 37, 42, 186, 193; Kasseler Handbuch II/*Hattesen*, 6.7 Rdn. 93 f.; *Lipinski*, Sonderkündigungsschutz, S. 3 f.

insoweit durch die Richtlinie 2001/23/EG (Betriebsübergangsrichtlinie)[18] teilharmonisiert sind.

Mit der vorliegenden Arbeit wird das oben beschriebene Spannungsverhältnis aufgegriffen, welches dadurch entsteht, dass bei Betriebsübergängen organisatorische Einheiten aus einem Gesamtorganismus herausgetrennt werden und sich damit die für die übergehenden Arbeitsverhältnisse geltenden Rahmenbedingungen verändern.[19] Die Herauslösung einer Einheit erfolgt gleich auf mehreren Ebenen. So wird bei einem Betriebsübergang auf einen konzernfremden Dritten eine organisatorische Einheit aus dem Betrieb, auf nächster Ebene aus dem Unternehmen und auf wieder übergeordneter Ebene aus der Unternehmensgruppe herausgenommen. Im nächsten Schritt wird sie als eigener Betrieb, Betriebsteil oder Bestandteil eines anderen Betriebes im Rahmen eines neuen Unternehmens, welches in einen Konzern eingebunden sein kann oder nicht, fortgeführt.

B. Annäherung an den Untersuchungsgegenstand

Ausgangspunkt der Überlegungen ist zunächst die Einbettung des Arbeitgebers und damit indirekt des Arbeitsverhältnisses in einen Konzern. Die Tätigkeit für ein Konzernunternehmen unterscheidet sich von der für ein unabhängiges Unternehmen dadurch, dass der Arbeitnehmer eines Konzerns nicht mehr einer rechtlichen und wirtschaftlichen Einheit gegenübersteht, sondern einer wirtschaftlichen Einheit, die in mehreren rechtlich selbstständigen Gesellschaften organisiert ist. Daraus können sich für den Arbeitnehmer Vorteile ergeben, weil verschiedene Personen ihm im Hinblick auf sein Arbeitsverhältnis Vorteile versprechen, damit der Mitarbeiter seine Leistung am Konzerninteresse ausrichtet. Damit sind aber auch Gefahren verbunden, da eine übergeordnete Einheit über die Unternehmungsstrategie entscheidet und damit auch über die Frage, ob sich der Konzern weiter auf dem Betätigungsfeld des Arbeitnehmers engagieren will und in welcher Form.

Unternehmensgruppen treten in der Rechts- und Wirtschaftsrealität in vielfältigen Gestaltungen auf. Je nach der Organisation der Unternehmensgruppe ist der Einfluss auf das einzelne Arbeitsverhältnis unterschiedlich stark. Daher stellt

---

18 ABl. L 82 vom 22.03.2001, S. 16 ff. oder unter http://eur-lex.europa.eu.

19 Zu diesem Punkt vgl. unter anderem *Bracker*, Betriebsübergang, S. 81 ff.; *Cooke*, *Earnshaw*, *Marchington*, *Rubery*, International Journal of Human Resource Management 15 (2004), 276 (277); *Karthaus*, AuR 2007, 114. Dies dürfte nach der neuen Rechtsprechung des Europäischen Gerichtshofs im Fall „**Klarenberg/Ferrotron**" (EuGH EuZW 2009, 223 (225 f.)) in gesteigertem Maße zutreffen. Danach ist für die Anwendbarkeit der Vorschriften zum Betriebsübergang die Wahrung der organisatorischen Selbstständigkeit der übergehenden wirtschaftlichen Einheit keine notwendige Voraussetzung mehr. So auch BAG NZA 2009, 905 (907).

sich die Frage, wann man von einem Konzern spricht und wie dieser rechtlich einzuordnen ist (dazu I.). Aus der Beantwortung dieser Frage lassen sich Rückschlüsse für die arbeitsrechtlichen Beziehungen zwischen den Parteien ziehen (dazu II.). Entscheidend ist insoweit regelmäßig, wie das Personalmanagement im Konzern organisiert ist (dazu III.).

I. Rechtliche Einordnung des Konzerns

Der Konzern ist eine wirtschaftliche Erscheinung, die wirtschaftswissenschaftlich zwischen dem Markt und der Organisation eingeordnet wird,[20] da die einzelnen verbundenen Unternehmen zwar meist als wirtschaftliche Einheit aufgefasst werden, aber auch wirtschaftswissenschaftlich Wert auf die rechtliche Selbstständigkeit der einzelnen Gliedgesellschaften gelegt wird. Rechtlich baut die über das Aktienrecht hinaus geltende Legaldefinition des Konzerns in § 18 Abs. 1 AktG[21] auf dem Tatbestand der Abhängigkeit, geregelt in § 17 AktG, auf. Danach ist ein rechtlich selbstständiges Unternehmen von einem anderen abhängig, wenn das herrschende Unternehmen in der Lage ist, unmittelbar oder mittelbar beherrschenden Einfluss auszuüben (§ 17 Abs. 1 AktG). Da Abhängigkeit im Aktiengesetz als gesellschaftsrechtlicher Begriff allgemein geregelt ist und nach Auffassung des Gesetzgebers im Regelfall durch Mehrheitsbesitz vermittelt wird (§ 17 Abs. 2 AktG), wird im Folgenden – auch im Hinblick auf Rechtsklarheit – Abhängigkeit als Grundlage für eine Konzernbildung nur bei einer gesellschaftsrechtlichen Beherrschungsgrundlage angenommen.[22] Wird von der Beherrschungsmöglichkeit durch ein Unternehmen in der Art und Weise Gebrauch gemacht, dass es abhängige Unternehmen durch einheitliche Leitung zusammenfasst, so entsteht ein Unterordnungskonzern im Sinne von § 18 Abs. 1 S. 1 AktG. Wird einheitliche Leitung ausnahmsweise ohne Abhängigkeit ausgeübt, so kommt ein Gleichordnungskonzern in Betracht (§ 18 Abs. 2 AktG). Einheitliche Leitung beschreibt die Ausrichtung der auch untereinander konzernverbundenen Unternehmen (§ 18 Abs. 1 S. 1, 2. Hs. AktG) an einem

20 Vgl. Ausführungen in Kapitel 1, Seite 4, und Nachweise in Fußnote 10.

21 Die §§ 15 ff. AktG und auch § 18 Abs. 1 AktG sind rechtsformneutral formuliert.

22 So auch BAG AP Nr. 2 zu § 13 GmbHG mit Anm. *Kraft*, Bl. 529; BGHZ 90, 381 (395 ff.) („**BuM/WestLB**"); BGHZ 121, 137 (145) („**WAZ**"); BGHZ 135, 107 (114) („**VW**"); MünchKommAktG/*Bayer*, § 17 Rdn. 21 f.; *Emmerich* in Emmerich/Habersack, Konzernrecht, § 3 Rdn. 17 ff.; *Harsch*, Die einheitliche Leitung im Konzern, S. 64; *Passow*, Betrieb, Unternehmung, Konzern, S. 110; *T. Raiser*, Festschr. Bruno Kropff, S. 243 (250); *Sattler*, Tarifvereinheitlichung im Konzern, S. 26; *Sura*, ZHR 145 (1981), 432 (447 ff.); *Tröger*, Treupflicht, S. 19, 23 f. Anderer Ansicht unter anderem *Bayreuther*, Abhängige Unternehmen, S. 328 ff., der auf wirtschaftlich-existenzielle Abhängigkeit abstellen will.

einheitlichen Unternehmungsziel.[23] Dies verlangt – unabhängig von der Entscheidung für eine zentrale oder dezentrale Konzernleitung – die Festlegung der grundlegenden Konzernziele, der Organisation, der Konzernführung sowie der Konzernstrategie und vor allem auch der Konzernfinanzierung, so dass vom engen Leitungsbegriff auszugehen ist.[24] Dabei privilegiert das im Aktiengesetz geregelte allgemeine Konzernrecht zwar den Vertragskonzern im Sinne von § 18 Abs. 1 S. 2 AktG, verbietet aber die Ausübung einheitlicher Leitung allein aufgrund faktisch bestehender Abhängigkeit nicht, sondern erkennt letztere als regelmäßige Grundlage für den Abschluss von Unternehmensverträgen (§ 291 Abs. 1 S. 1 AktG) an.[25] Aufgrund der bestehenden wirtschaftlichen Verbreitung, Akzeptanz und Effizienz auch faktischer Konzerne ist eine Marginalisierung dieser, insbesondere die Annahme ihrer Unzulässigkeit, abzulehnen.[26] Sowohl

23 Einige nehmen sogar eine Verpflichtung des Leitungsorgans der Muttergesellschaft zur Konzernleitung gegenüber der abhängigen Gesellschaft an. So *Harsch*, Die einheitliche Leitung im Konzern, S. 166, 168, 203; *Hommelhoff*, Konzernleitungspflicht, S. 43 ff., 54 ff., 76 ff., 166 ff.; *Hommelhoff* zustimmend *Kropff*, ZGR 1984, 112 (116); *U. H. Schneider*, BB 1981, 249 (253, 257). Gerade im Hinblick darauf, dass mit einer zentralen Konzernleitung häufig erhöhte Gefahren für Minderheitsgesellschafter, abhängige Gesellschaften und Gläubiger einhergehen, wird dies – im Ergebnis überzeugend – von anderen abgelehnt. Siehe dazu *Abeltshauser*, Leitungshaftung, S. 42 f., 44 f.; *Drexl*, ZHR 161 (1997), 491 (509 f.); *Fleischer*, DB 2005, 759 (761 f.); *Konzen*, ZIP 1984, 269 (271); *Schiessl*, ZGR 1992, 64 (83).

24 Zum engen Leitungsbegriff vgl. *Milde*, Der Gleichordnungskonzern, S. 77 ff.; *Rehbinder*, Konzernaußenrecht, S. 36; *Rehbinder*, ZGR 1977, 581 (591 f.); *Windbichler* in Großkomm AktG I, § 18 Rdn. 25 f. Das Vorliegen einer Leitung im finanziellen Bereich hält die Rechtsprechung zumindest für ausreichend, um einheitliche Leitung anzunehmen. Vgl. BGHZ 107, 7 (20) („**Tiefbau**"); BGHZ 115, 187 (191) („**Video**"). Diese Voraussetzungen werden in den besprochenen Fällen regelmäßig vorliegen, da die Gewährung konzernweiter Leistungen meist aufgrund einer festgelegten Konzernpolitik erfolgt und ein Mittel zur Ausrichtung an einem gemeinsamen Konzernzweck ist. Zudem setzt die Gewährung die Allokation von Finanzmitteln im Konzern voraus, also eine konzernweite Finanzplanung und Kontrolle von Kennzahlen. Die Randgebiete, welche vom weiten Konzernbegriff zusätzlich erfasst werden, sind insoweit nicht von gesondertem Interesse für die vorliegende Fragestellung. Von einem weiten Verständnis der einheitlichen Leitung gehen aus: BAG AP Nr. 1 zu § 242 BGB Ruhegehalt-Konzern mit Anm. *Rasch*, Bl. 397 („**Stinnes-Transozean**"); *Emmerich/Habersack*, Aktien- und GmbH-Konzernrecht, § 18 AktG Rdn. 13 f.; *Geßler*, BB 1977, 1313 (1315); *Guth*, GmbH-Konzernrecht, S. 26; *Konzen*, ZIP 1984, 269 (270); *Veil*, Unternehmensverträge, S. 15 f.

25 Faktische Abhängigkeit besteht zumeist schon, wenn es zum Vertragsabschluss kommt. Vgl. *Bälz*, Festschr. Ludwig Raiser, S. 287 (293, 305); MünchKommAktG/*Bayer*, § 18 Rdn. 6; *Bayreuther*, Abhängige Unternehmen, S. 89 ff.; *Hommelhoff*, Mestmäcker/Behrens (Hrsg.), Konzerne im internationalen Vergleich, S. 91 (98 ff.).

26 *Abeltshauser*, Leitungshaftung, S. 43 f.; *Areeda*, Harvard Law Review 97 (1983), 451 (454 f.); *Assmann* in Großkomm AktG I, Einleitung Rdn. 639 f.; *Geßler*, ZHR 145 (1981), 457 (459 ff.); *Thiele*, Konzerntatbestand, S. 13. Einschränkungen der Zulässigkeit der Leitung nehmen einige Autoren zumindest im Hinblick auf jene faktischen Konzerne vor, die so verdichtet geleitet werden, dass vormals ein qualifizierter faktischer Konzern anzunehmen war. Vgl. dazu *Bälz*,

der Vertragskonzern als auch der faktische Konzern sind damit legitime Zusammenschlüsse juristisch selbstständiger Unternehmen.

Das Netzwerk aus den verbundenen Unternehmen bildet seine Meinung nicht kollegial. Es wird zwar einheitlich geführt, besitzt aber kein Sondervermögen. Daher kann dem Konzern auch bei Bestehen gesondert gebildeter Konzernorgane[27] keine Rechtspersönlichkeit zugesprochen werden.[28] Gerade der Konzern der

---

Festschr. Ludwig Raiser, S. 287 (310 f., 316), der insgesamt an der rechtlichen Anerkennung des faktischen Konzerns zweifelt; *Bayreuther*, Abhängige Unternehmen, S. 91; *Mestmäcker*, Festgabe Heinrich Kronstein, S. 129 (145 ff.). Richtigerweise geht es hier aber um eine Konzerneingangskontrolle sowie Fragen des Haftungssystems. Zudem folgt der Bundesgerichtshof heute nicht mehr der Haftungsfigur des qualifizierten faktischen Konzerns (BGHZ 122, 123 (126 ff., 130) („**TBB**"); BGHZ 149, 10 (16 ff.) („**Bremer Vulkan**")). Er stützt seine Rechtsprechung zum sog. Haftungsdurchgriff jetzt nicht mehr auf konzernrechtliche Überlegungen, sondern auf das Rechtsinstitut des existenzvernichtenden Eingriffs. In der Rechtsprechungsentwicklung hat der BGH zunächst § 13 Abs. 2 GmbHG teleologisch reduziert und § 128 HGB analog angewendet (BGHZ 151, 181 (186 f.) („**KBV**"); BGHZ 149, 10 (16) („**Bremer Vulkan**"); BGH NZG 2005, 177 (177 f.) („**Autohaus**"); BAGE 113, 121 (126 ff.); BGHZ 165, 85 (89 ff.)). In der Entscheidung „**TRIHOTEL**" hat der BGH sich nun generell gegen eine Durchgriffshaftung und für eine Innenhaftung analog § 826 BGB entschieden (BGHZ 173, 246 (254 ff., 259 ff.)). So auch: OLG München, Urt. v. 20.05.2009 – 7 U 3724/08 – (juris). Vgl. zudem *Altmeppen*, NJW 2007, 2657 ff.; *Gloger, Goette, van Huet*, DStR 2008, 1141 und 1194 ff.; *Haas*, ZIP 2009, 1257 ff.; *Hölzle*, DZWiR 2007, 397 ff.; *Hönn*, WM 2008, 769 ff.; *Schanze*, NZG 2007, 681 ff.; *Smid*, DZWiR 2008, 265 ff.; *Witt*, DNotZ 2008, 219 ff.

27 Grundlegend zu Konzernorganen: *Jula*, Konzernorgane, S. 5 ff.

28 BAG AP Nr. 2 zu § 13 GmbHG mit Anm. *Kraft*, Bl. 529; BAG AP Nr. 29 zu § 16 BetrAVG mit Anm. *Salje*, Bl. 1641 f. („**Optik/Messtechnik**"); BAGE 78, 87 (95 f.) („**AEG**"); BAG AP Nr. 59 zu § 16 BetrAVG, Bl. 266; *Ballerstedt*, Arndt (Hrsg.), Konzentration, S. 603 (630 f.); *Fabricius*, Arbeitsverhältnisse im Konzern, S. 49; *Keller*, Lutter (Hrsg.), Holding-Handbuch, § 4 Rdn. 4; *Kronstein*, Die abhängige juristische Person, S. 72; *Meister*, NZG 2006, 212; *Mertens*, ZGR 1984, 542 (547, 555); *Rehbinder*, Konzernaußenrecht, S. 21, 75 ff., 78 ff., 158; *Sattler*, Tarifvereinheitlichung im Konzern, S. 24; *Schilling*, JZ 1957, 529; *Schilling*, Festschr. Wolfgang Hefermehl, S. 383 (388 f.); *U. H. Schneider*, ZHR 143 (1979), 485 (489 ff.); *Trölitzsch*, Lutter (Hrsg.), Holding-Handbuch, § 7 Rdn. 1 u. 3; *Windbichler*, Arbeitsrecht im Konzern, S. 14. Dies entspricht auch der europäischen und internationalen Einordnung: EuGH NZG 2007, 157 (158) („**Denkavit**"); *Artmann*, DRdA 2005, 529 (530) Österreich; *Béjot*, Mestmäcker/Behrens (Hrsg.), Konzerne im internationalen Vergleich, S. 169 (173, 201) Frankreich; *Camps Ruiz*, ZIAS 1995, 507 (508) Spanien; *de Leede*, ZIAS 1995, 544 (550) Niederlande; *Kuzmic*, Konzernvertrauen, S. 21 u. 27 Schweiz; *Landers*, University of Chicago Law Review 42 (1974/75), 589 (590 ff.) USA; *Mohd-Sulaiman*, International and Comparative Corporate Law Journal 3 (2001), 191 (192) Malaysia; *Ping, Peilin, Jian,* Münzel (Hrsg.), Konzerne des Ostens, S. 15 (20) China; *Rothmann*, Mestmäcker/Behrens (Hrsg.), Konzerne im internationalen Vergleich, S. 217 (218) Brasilien; *R. Schmidt*, Durchgriff, S. 285 Südafrika; *Sciarra*, Sugarman/Teubner (Hrsg.), Corporate Groups, S. 413 (419 f.) Italien. Von einer neuen Rechtsform des wirtschaftlichen Unternehmens spricht allerdings *Bälz*, Festschr. Ludwig Raiser, S. 287 (320 ff., 330 ff.), der aber nicht sagt, welche Rechtsfolgen er daran knüpfen will. Im Ergebnis nimmt auch er nicht an, dass der Konzern nach den bekannten Maßstäben und der gesetzlichen Konzeption

heutigen Zeit, der sich sowohl auf dem europäischen als auch auf dem Weltmarkt behaupten und dabei flexibel und effizient sein muss, der sein Portfolio an Gesellschaften mal breit fächert und mal auf Kernkompetenzen beschränkt, der im Tagesgeschäft zunehmend dezentral über Kennzahlenvorgaben geführt und in dem in Krisen- oder Umwälzungsphasen das Ruder fester in die Hand genommen wird, ist mit einem Einheitsunternehmen nicht zu vergleichen. Es verbietet sich daher, ihn generell rechtlich als Einheit zu behandeln.[29]

Daraus folgt, dass auch für Konzernunternehmen grundsätzlich gilt, dass sie gesondert nach außen auftreten und dass die Handlungen und Erklärungen sowie das Wissen einzelner Gesellschaften den anderen Gesellschaften nicht ohne Weiteres zugerechnet werden können. Insbesondere besteht grundsätzlich – außer das Gesetz ordnet dies an[30] oder es findet sich ein besonderer Haftungsgrund – keine Haftungsgemeinschaft der konzernverbundenen Unternehmen.[31]

II. Konsequenzen für das Arbeitsrecht im Konzern (Konzernarbeitsrecht)

Aus dem Befund folgt die Frage, welche Konsequenzen diese Konzernstruktur für die Arbeitsverhältnisse von Mitarbeitern einer Unternehmensgruppe hat. Zunächst ist zu beachten, dass das Arbeitsrecht den gesellschaftsrechtlichen Begriff

---

eine juristische Person darstellt. *Teubner*, ZGR 1991, 189 (203 ff.), entwickelt Gedanken zum Konzern als polykorporatives Netzwerk, dessen kollektive Identität als solche eine Korporation *sui generes* darstelle. Im Ergebnis führen aber auch seine Überlegungen nur zu einer Durchgriffslehre. Er spricht insoweit vom „sektoralen Durchgriff", *Teubner*, Festschr. Ernst Steindorff, S. 261 (276 ff.).

29 Dies taten inhaltlich auch die Vertreter der sogenannten „Einheitstheorie" nicht. Vgl. nur *Isay*, Das Recht am Unternehmen, S. 46 ff., 97 ff., der sich vorwiegend mit der Frage beschäftigt, ob es ein Recht am Unternehmen gibt, das deliktisch geschützt wird, und dann noch Fragen des Mitbestimmungsrechts, des Kartellrechts und des Steuerrechts behandelt. Auf Seite 136 macht er indes sehr deutlich, dass es nicht um ein neues Rechtsgebilde gehe, sondern nur um die Beachtung von Wirtschaftskörpern. *Kronstein*, Die abhängige juristische Person, S. 3 ff., 130 ff., beschäftigt sich ebenfalls nur mit Fragen der einheitlichen Behandlung in bestimmten Situationen. Dasselbe gilt für *Landers*, University of Chicago Law Review 42 (1974/75), 589 (621 ff.); *Lutter*, BB 1973, Beil. 21, S. 1 (3 ff.); *Lutter*, Fischer/Möhring/Westermann (Hrsg.), Festschr. Carl Hans Barz, S. 199 (205 ff.). Meist ist Ausgangspunkt der Überlegungen die sich heute im Gesetz widerspiegelnde „Trennungstheorie", ggf. ihre Durchbrechung nach Durchgriffsgesichtspunkten.

30 Vergleiche unter anderem § 322 AktG im Falle der Eingliederung.

31 So für das Arbeitsrecht auch BAG AP Nr. 2 zu § 13 GmbHG mit Anm. *Kraft*, Bl. 529; BAG NZA 2003, 213 (214); *Liebscher*, GmbH-Konzernrecht, Rdn. 997 ff.

des Konzerns weitestgehend übernommen hat.[32] Es selbst regelt die Beziehungen zwischen abhängig Beschäftigten (Arbeitnehmern) und denjenigen, denen der Anspruch auf die Arbeitsleistung zukommt.[33] Ein Anspruch wiederum kann nur einer rechtsfähigen Person zukommen, womit der Konzern als Verbund ohne Rechtspersönlichkeit als Arbeitgeber nicht in Betracht kommt.[34] Rechtspersönlichkeit besitzen die einzelnen Konzerngesellschaften. Da sie auch nach Einbindung in den Konzern grundsätzlich im Verhältnis zu Dritten nur sich selbst berechtigen und verpflichten, ist im Ergebnis die Konzerngesellschaft Arbeitgeber, welche den Arbeitsvertrag mit dem Arbeitnehmer im eigenen Namen schließt.[35] Die anderen Konzernunternehmen sind im Hinblick auf die Arbeitsverhältnisse Dritte. Beziehen individualarbeitsrechtliche Vereinbarungen, kollektivrechtliche Vereinbarungen oder tatsächliche Gestaltungen arbeitgeberübergreifend weitere Konzernglieder mit ein, entstehen Drittbeziehungen. Die Arbeitsverhältnisse erhalten eine Konzerndimension. Dies stellt den Juristen im Individualarbeitsrecht

---

32 Vgl. unter anderem *Heiz*, Das Arbeitsverhältnis im Konzern, S. 9; *Helle*, Konzernbedingte Kündigungsschranken, S. 58 f.; *Henssler*, Arbeitsvertrag, S. 24 ff.; *Windbichler*, Arbeitsrecht im Konzern, S. 12.

33 *Zöllner/Loritz*, Arbeitsrecht, S. 1.

34 Vgl. *v. Büren*, Der Konzern, S. 404; *Fabricius*, Arbeitsverhältnisse im Konzern, S. 49; *Henssler*, Arbeitsvertrag, S. 38 f.; *Röller*, Küttner/Röller (Hrsg.), Personalbuch 2012, Konzernarbeitsverhältnis, Rdn. 2; *Sattler*, Tarifvereinheitlichung im Konzern, S. 33 f.; *Silberberger*, Weiterbeschäftigungsmöglichkeit, S. 23 ff.; *Wackerbath*, Lutter (Hrsg.), Holding-Handbuch, § 9 Rdn. 1 f.; *Windbichler*, Arbeitsrecht im Konzern, S. 68; *Windbichler*, ZIAS 1995, 640. Für die Annahme der gemeinsamen Arbeitgeberschaft der gesamten oder von Teilen der Konzernunternehmen bedürfte es des Abschlusses eines einheitlichen Arbeitsverhältnisses zwischen diesen Unternehmen und dem Arbeitnehmer (Gemeinschaftsarbeitsverhältnis). Diese Voraussetzungen sind in der Regel nicht gegeben. Weder aus dem Konzernverbund noch aus der üblichen Interessenlage eines mit einem Konzernunternehmen abschließenden Arbeitnehmers lässt sich generell auf die Vereinbarung einer Arbeitgebermehrheit schließen. Eine solche ist daher nur bei Vorliegen der allgemeinen Voraussetzungen anzunehmen und erhält keine konzernspezifische Ausformung. Vgl. Ausführungen bei *Brinkmann*, Spaltung von Rechtsträgern, S. 130; *Junker*, Internationales Arbeitsrecht, S. 211.

35 Vgl. die insoweit übereinstimmende Rechtsprechung: BAG AP Nr. 162 zu § 242 BGB Gleichbehandlung mit Anm. *Richardi*, Bl. 1274; BAG AR-Blattei ES 1100 Nr. 38; BAG NJW 2007, 2348 (2350); BGH NZG 2006, 782 (784); OLG Düsseldorf NJOZ 2005, 3430 (3433) („**Deutscher Herold**"); vgl. auch *Bosman*, Konzernverbundenheit, S. 85 ff.; *v. Büren*, Der Konzern, S. 404. Eine andere Einschätzung ergibt sich nicht schon allein dadurch, dass andere Konzernunternehmen zum Teil Arbeitgeberfunktionen ausüben (gespaltene Arbeitgeberstellung). Dazu grundlegend *Fabricius*, Arbeitsverhältnisse im Konzern, S. 39 f.; *Waas*, Konzernarbeitsrecht, S. 152 ff. und 159 ff.; *Ch. Weber*, Das aufgespaltene Arbeitsverhältnis, S. 371 f. Auch ein mittelbares Arbeitsverhältnis zumindest mit herrschenden Gesellschaften ist nicht schon allein deshalb anzunehmen, weil das Ergebnis der Arbeitgebergesellschaft wirtschaftlich der Konzernspitze zugutekommt. So auch *Helle*, Konzernbedingte Kündigungsschranken, S. 104 ff.; *Karamarias*, RdA 1983, 353 (355 f.); *Konzen*, ZfA 1982, 259 (302, 306 f.).

vor das Problem der Auslegung der Parteivereinbarungen und der Zuordnung von Rechten und Pflichten zu den einzelnen Beteiligten und damit vor die Frage der Anwendbarkeit arbeitsrechtlicher Vorschriften wie dem allgemeinen arbeitsrechtlichen Gleichbehandlungsgrundsatz; aber auch vor die Frage, welche Grenzen den privatautonomen Regelungen zum Schutze der Arbeitnehmer, insbesondere auch aus Vertrauensgesichtspunkten, zu ziehen sind.

Auf kollektiver Ebene geht es darum zu erkennen, wie Einfluss ausgeübt wird, wo Entscheidungen getroffen werden und wo damit Mitwirkungsrechte ansetzen müssen.

III. Personalmanagement im Konzern

Da eine Vielfalt von Konzernstrukturen und Führungsstrategien vorherrscht, lassen sich für die oben genannten Punkte schwer generelle Aussagen treffen. Der moderne Konzern legt meist Wert auf eine dezentrale, flexible Organisation, da die Globalisierung und Technologisierung sowie der damit verbundene erhöhte Bedarf an qualifizierten Mitarbeitern dies erfordern.[36] Gerade wenn ein Konzern einen großen Marktausschnitt bedient und geographisch weit verstreut tätig ist, kommt das Management nicht umhin, die Unternehmung in lenkbare Einzelunternehmen aufzuspalten. Die Konzernspitze als fokales Unternehmen leitet den Konzern dann vor allem durch die Festlegung der Konzernpolitik, die Ressourcenverteilung und die Vorgabe von Kennzahlen sowie das Controlling. Die einzelnen abhängigen Unternehmen erhalten Kennzahlen, an denen sie gemessen werden. Innerhalb dieses Rahmens sind sie für den Unternehmensbetrieb und die Ergebnisse selbst verantwortlich und damit auch für ihre Mitarbeiter. So stellen die Konzernunternehmen ihre Mitarbeiter selber ein und betreiben eine eigene Lohnpolitik. Die Abwicklung der Lohnzahlungen erfolgt teilweise über eine zentrale Verwaltungsstelle bei der Konzernspitze oder eine Konzernverwaltungsgesellschaft teilweise auch direkt über die Personalabteilung der Arbeitgebergesellschaft.[37]

---

36 Zu Fragen der Konzernpolitik bei veränderten Anforderungen: *Amponsem*, *S. Bauer*, *Gerpott*, *Mattern*, Zeitschrift für Führung und Organisation 1996, 219 (219 f., 222 ff.); *S. Becker, Menz, Sablowski*, Industrielle Beziehungen 6 (1999), 9 (10 ff.) am Beispiel von Hoechst; *S. Becker, Schumm*, Esser/Schamp (Hrsg.), Metropolitane Region, S. 105 (108, 113, 116 ff.) für den Bereich der chemischen und pharmazeutischen Industrie; *Campbell, Goold, Alexander*, Harvard Business Review 1995, 120 ff.; *Mellewigt*, Konzernorganisation, S. 1 ff.; *Rüthers*, *Bakker*, ZfA 1990, 245 ff.; *E. Scheffler,* Konzernmanagement, S. 56 ff.; *Schiessl*, ZGR 1992, 64 ff.; *B. T. Schmidt,* Integrierte Konzernführung, S. 114 ff.; *Schreyögg*, *Kliesch*, *Lührmann*, WiSt 2003, 721 ff.

37 Unter anderem dazu *Raabe*, Konzernmanagement, S. 189.

Hinsichtlich der Personalpolitik besteht unabhängig von der Organisation ein originäres Konzerninteresse daran, qualifizierte Mitarbeiter an den Konzern zu binden, ihre Identifizierung mit dem Konzern zu fördern (Corporate Identity) und sie zu motivieren. Zudem kann die Unternehmensgruppe durch eine effektive Personalentwicklungspolitik Wissens- und Leistungsträger besser erkennen und gezielt im Konzern einsetzen.[38] Eine Mitarbeiterförderung kann über konzernweite Fortbildungs- und Ausbildungsprogramme erfolgen. Ein verbreitetes Mittel der Mitarbeiterbindung und –motivation ist die Implementierung konzernweiter Zusatzleistungssysteme. Zum einen kann durch das Angebot von Sozialleistungen die Attraktivität einer Anstellung bei einem Konzernunternehmen erhöht werden, zum anderen kann über variable Zusatzvergütungen die Leistungsbereitschaft der Arbeitnehmer erhöht und die Lohnhöhe an den wirtschaftlichen Erfolg geknüpft werden.[39]

Solche Zusatzleistungen können direkt im Arbeitsvertrag oder in einer Zusatzvereinbarung zu diesem zwischen Arbeitgeber und Arbeitnehmer vereinbart werden. Gerade bei Zusatzleistungen ist auch an die Anspruchsbegründung durch Gesamtzusage, betriebliche Übung sowie Betriebsvereinbarung zu denken. Weniger häufig wird man tarifliche Regelungen für konzernweite Leistungen finden.[40] Die Besonderheit in Unternehmensgruppen besteht vielfach darin, dass die Konzernmutter Leistungen direkt gewährt oder andere Konzerngesellschaften anweist, Leistungsprogramme aufzulegen, zum Beispiel wenn ein Aktienoptionsplan aufgrund der Gesellschaftsformen nur bei bestimmten Unternehmen aufgelegt werden kann oder bestimmte Produkte oder Dienstleistungen angeboten werden sollen.[41] Es entstehen die oben angesprochenen Drittbeziehungen. Die Arbeitsverhältnisse erhalten eine Konzerndimension, die darauf beruht, dass sich andere Gruppenunternehmen bereit erklären, dem Arbeitnehmer im Hinblick auf sein Arbeitsverhältnis mit einer anderen Konzerngesellschaft einen geldwerten

38 Zur Personalpolitik: FTD vom 20.01.2006, S. 33; *Amponsem*, *S. Bauer*, *Gerpott*, *Mattern*, Zeitschrift für Führung und Organisation 1996, 219 (223); *Büdenbender*, zfbf 47 (1995), 1145 ff. für den RWE-Konzern; *Gerpott*, DBW 50 (1990), 611 (620 f.); *Hansen*, AuA 2007, 164 am Beispiel der Vorwerk-Gruppe; *Ostmann*, Personelle Implikationen, S. 27 ff.; *Theisen*, Konzern, S. 337 f.; *Theisen*, Lutter (Hrsg.), Holding-Handbuch, § 10 Rdn. 1 ff.

39 Unter anderem vgl. BAGE 104, 324 (333) („**Nokia**"); *A. Becker*, Sonderzuwendungen, S. 70; *Eisolt*, *Wickinger*, BB 2001, 122; *Theisen*, Lutter (Hrsg.), Holding-Handbuch, § 10 Rdn. 41 ff.

40 Zur Problematik der Tariffähigkeit und Tarifbindung siehe unter anderem BAGE 68, 261 (269) = AP Nr. 29 Internationales Privatrecht, Arbeitsrecht mit Anm. *Dütz*, *Rotter* sowie Anm. *Arnold* („**Goethe Institut**"); *Martens*, RdA 1970, 173 (174 ff.); *Schmiedl*, BB 2006, 2417; *Wiedemann*, Festschr. Hans-Joachim Fleck, S. 447 (451 f.).

41 Vgl. nur Fallgestaltungen in BAG AP Nr. 1 zu § 611 BGB Personalrabatt („**co op**"); BAGE 104, 324 („**Nokia**"); BAGE 112, 23 = AP Nr. 17 zu § 611 BGB Sachbezüge mit Anm. *Boemke* („**Daimler Chrysler**"); BAG NZA-RR 2006, 582 („**Deutsche Bank**").

Vorteil zu verschaffen, obwohl kein Fall von Konzernmobilität[42] vorliegt. Bei dem Mitarbeiter wird regelmäßig der Eindruck entstehen, dass es sich um Vergütungen für seine Arbeit handelt. In dieser Überzeugung dürfte er zum Teil durch die lohnsteuer- und sozialversicherungsrechtliche Behandlung dieser Einnahmen bestärkt werden. Nach § 38 Abs. 1 S. 3 EStG ist der Arbeitgeber zum Lohnsteuerabzug bezüglich solcher Leistungen verpflichtet, von denen der Arbeitgeber weiß oder erkennen kann, dass derartige Vergütungen erbracht werden. Dies sei insbesondere anzunehmen, wenn Arbeitgeber und Dritter verbundene Unternehmen im Sinne von § 15 AktG sind (§ 38 Abs. 1 S. 3, 2. Hs. EStG). Ähnliches gilt im Sozialversicherungsrecht.[43] Im Falle eines Betriebsübergangs auf einen konzernfremden Dritten wird der Arbeitnehmer daher meist zunächst davon ausgehen, dass auch die beschriebenen „Vergütungsbestandteile“ erhalten bleiben.[44]

C. Untersuchungsprämissen und Problemeingrenzung

Festzuhalten ist, dass Untersuchungsgegenstand die Gewährung konzernweiter Leistungen, insbesondere durch nicht mit dem Arbeitgeber identische Gesellschaften, und deren Schicksal beim Betriebsübergang auf einen konzernfremden

42 Konzernmobilitätsprobleme liegen meist zugrunde bei Fragen der Ausweitung des Kündigungsschutzes auf den Konzern. Hier hat die Rechtsprechung klargestellt, dass Kündigungsschutz grundsätzlich betriebs- und teilweise unternehmensbezogen, aber nicht konzernbezogen ist. Ausnahmen will die Rechtsprechung zulassen, wenn eine vertragliche Ausweitung der Pflichten von Arbeitgeber und Arbeitnehmer vereinbart und durchgeführt wurde beziehungsweise wenn ein konkreter Vertrauenstatbestand gesetzt wurde. Dazu BAGE 41, 72 = BAG AP Nr. 1 zu § 1 KSchG 1969 Konzern mit Anm. *Wiedemann*; BAG AP Nr. 4 zu § 1 KSchG 1969 Konzern = SAE 1987, 129 mit Anm. *Windbichler*; BAG AP Nr. 6 und 8 zu § 1 KSchG 1969 Konzern; BAG AP Nr. 132 zu § 1 KSchG 1969 Betriebsbedingte Kündigung; BAG DB 2006, 2351; BAG Urt. v. 10.05.2007 – 2 AZR 4/06 – (juris). Größtenteils zustimmend unter teilweiser Konkretisierung und Anpassung: *Bayreuther*, NZA 2006, 819 ff.; *Fiebig*, DB 1993, 582 ff.; *Helle*, Konzernbedingte Kündigungsschranken, S. 68 ff., 126 ff.; *Karamarias*, RdA 1983, 353 (361); *Kiel*, Die anderweitige Beschäftigungsmöglichkeit, S. 54 f., 79 f., 84 f., 140 f., 149 ff., 177 ff., 201 ff.; *Kukat*, BB 2000, 1242 ff.; *Lingemann, v. Steinau-Steinrück*, DB 1999, 2161 (2162 f.); *Rost*, Festschr. Peter Schwerdtner, S. 169 ff.; *Schaub*, ZIP 1999, 1949 ff.; *Silberberger*, Weiterbeschäftigungsmöglichkeit, S. 70 ff.; *Windbichler*, RdA 1988, 95 ff. Für eine konzernweite Ausweitung des Kündigungsschutzes aber: *Coen*, RdA 1983, 348 ff. Dagegen *Feudner*, DB 2002, 1106 ff.

43 Vgl. dazu *Schlegel*, Küttner/Röller (Hrsg.), Personalbuch 2012, Arbeitsentgelt Rdn. 88 ff., 93 ff.

44 Vgl. unter anderem die Sachverhalte in BAGE 104, 324 („**Nokia**“), BAG NZA-RR 2006, 582 („**Deutsche Bank**“); BAG NZA 2007, 325 ff. („**Flugvergünstigungen bei Swissair**“); LAG München Urt. v. 12.02.2009 – 3 Sa 833/08 – (juris).

Dritten sind. Da die Gewährung von konzernweiten Leistungen ein Instrument einheitlicher Leitung im Bereich der Personalpolitik darstellt, liegt in den untersuchten Konstellationen regelmäßig nicht nur ein Fall der Abhängigkeit im Sinne von § 17 Abs. 1 AktG vor, sondern vielmehr ein Konzerntatbestand.[45] Der Konzern als Zusammenfassung rechtlich selbstständiger Unternehmen unter einheitlicher Leitung besitzt keine eigene Rechtspersönlichkeit und stellt für sich keine Haftungsgemeinschaft dar. Es verbietet sich zudem, ihn generell als Einheit zu betrachten und grundsätzlich sämtliche auf Unternehmen angewendeten Normen auch für ihn anzuwenden.[46]

Arbeitsverhältnisse als gegenseitige Schuldverhältnisse bestehen zwischen den Mitarbeitern und den Konzerngesellschaften, welche die Arbeitsverträge mit ihnen im eigenen Namen abgeschlossen haben. Die Begründung von Ansprüchen auf konzernweite Leistungen kann durch individualrechtliche oder kollektivrechtliche Regelungen erfolgen.[47] Weiterhin sind bei freiwilligen Leistungen durch einen Arbeitgeber der allgemeine arbeitsrechtliche Gleichbehandlungsgrundsatz und Vertrauensgesichtspunkte zu beachten. Über die Einzelheiten besteht bei Eingliederung des Arbeitgebers in einen Konzern noch immer Unklarheit. Es stellt sich daher insgesamt die Frage, wie es sich auswirkt, dass die Leistungen innerhalb eines Konzerns im Hinblick auf das Arbeitsverhältnis und im weiteren Sinne für die geleistete Arbeit und Treue beziehungsweise als Anreiz für die zukünftige Leistung erbracht werden.

Dabei ist zu beachten, dass die Bildung, Organisation und Führung eines Konzerns an sich und in der in den diskutierten Fällen ausgeübten Form als legitim vorausgesetzt werden. Die Erwirtschaftung von Mehrwert in der Unternehmensgruppe und die Nutzung von Synergieeffekten sind ein Hauptmotiv der Konzernbildung.[48] Insoweit als die Effizienz einen entscheidenden Marktvorteil von

45 Der Konzernbegriff, wie man ihn aus dem Aktiengesetz kennt, hat sich auf europäischer Ebene als Anknüpfungspunkt, anders als das Common-Law-Prinzip der „Control“, nicht durchgesetzt. Vgl. *Bittner*, Unternehmensgruppe, S. 20 ff., 32 ff.; *Habersack/Verse*, EuGesR, § 4 Rdn. 15 f.; *Hopt*, Reichert/Schiedermair/Stockburger/D. Weber (Hrsg.), Recht, Geist und Kunst, S. 74; *G. Ch. Schwarz*, Europäisches Gesellschaftsrecht, S. 526 ff. Rdn. 866 ff., S. 535 Rdn. 889 ff. Der Betriebsübergang ist innerhalb der Mitgliedstaaten der Europäischen Gemeinschaft teilharmonisiert. Hier wird indes nur ein Konzerntatbestand als zugrunde liegend angenommen, ohne dass direkt daran Rechtsfolgen angeknüpft werden, so dass die grundsätzlichen Aussagen über die Rechtsfolgen des Betriebsübergangs aus einer Unternehmensgruppe heraus dadurch nicht verfälscht werden.

46 Ausführlich siehe Kapitel 1 B.I.

47 Siehe oben Kapitel 1 B.II.

48 *Harsch*, Die einheitliche Leitung im Konzern, S. 38; *E. Scheffler,* Konzernmanagement, S. 1, 3, 18 f., 56; *Schreyögg*, *Kliesch*, *Lührmann*, WiSt 2003, 721 (723 ff., 726 f.); *Theisen*, Konzern, S. 21 f., 154, 208 ff., 211 ff., 618, 686, 701; *Wortmann*, Dörrenbächer/Plehwe (Hrsg.), Grenzenlose Kontrolle?, S. 165 (175 ff.).

Unternehmensgruppen darstellt, erscheint diese Organisation volkswirtschaftlich wünschenswert. Zudem ist die Konzernbindung eines Arbeitgeberunternehmens für die Arbeitnehmer nicht nur mit Risiken, sondern vielfach auch mit Vorteilen verbunden.[49] Das Interesse an der Mitarbeitermotivation ist ein originäres Konzerninteresse. Die Gestaltung solcher Zusatzsysteme unter Einbeziehung von Nichtarbeitgeberunternehmen stellt damit grundsätzlich auch keinen Umgehungs- oder Missbrauchsfall dar.[50] Es handelt sich um eine Standardgestaltung der Wirtschaftspraxis.[51]

Anknüpfungspunkt der Überlegungen ist damit die Vereinbarung zwischen den Parteien und deren rechtliche Bewertung. Die Einschätzungen des Aktienkonzernrechts werden daher berücksichtigt, bilden aber nicht den Kern der Untersuchung.

D. Gang der Untersuchung

Sowohl § 613a Abs. 1 BGB als auch sein europarechtliches Pendant Art. 3 Richtlinie 2001/23/EG knüpfen bei den Rechtsfolgen eines Betriebsübergangs an den bestehenden Arbeitsverhältnissen beziehungsweise an den im Betrieb oder Betriebsteil existierenden kollektiven Regelungen an. Aus diesem Grund beginnt die Untersuchung mit einer Betrachtung der möglichen Vereinbarungsstrukturen über konzernweite Leistungen in der Unternehmensgruppe (Kapitel 2). Dabei werden sowohl individualarbeitsrechtliche als auch kollektive Regelungen ex-

---

49 Unter anderem *Coen*, RdA 1983, 348; *Heiz*, Das Arbeitsverhältnis im Konzern, S. 28; *Martens*, 25 Jahre Bundesarbeitsgericht, S. 367 (379); *Windbichler*, Arbeitsrecht im Konzern, S. 41 ff.

50 Siehe Ausführungen in BAGE 104, 324 (332 ff.) („**Nokia**“); BAG NZA-RR 2006, 582 (585 ff.) („**Deutsche Bank**“); Hess. LAG, Urt. v. 31.07.2006 – 7/2 Sa 1544/05 – (juris). Damit soll es vorliegend auch nicht um Fragen des Haftungsdurchgriffs beziehungsweise Berechnungsdurchgriffs gehen. Deshalb können aus der Rechtsprechung und Literatur zur Ausfallhaftung im Konzern (u.a. BAG AP Nr. 1 zu § 242 BGB Ruhegehalt-Konzern mit Anm. *Rasch* („**Stinnes Transozean**“); BAGE 76, 79 ff; *Joost*, Hommelhoff/Stimpel/Ulmer (Hrsg.), Der qualifizierte faktische GmbH-Konzern, S. 133 ff.) sowie zum Berechnungsdurchgriff in der betrieblichen Altersversorgung beziehungsweise bei der Berechnung von Sozialplanleistungen (vgl. zur Rechtsprechungsentwicklung: BAG AR-Blattei [D] Betriebliche Altersversorgung Entsch. 86 mit Anm. *Timm*; BAGE 61, 273 ff; 70, 158 ff. („**Rank Xerox**“); BAG AP Nr. 5 zu § 1 BetrAVG Konzern = AR-Blattei ES 460 Nr. 298 mit Anm. *Windbichler* („**AG Union**“); BAG AP Nr. 29 zu § 16 BetrAVG mit Anm. *Salje* („**Optik/Messtechnik**“); und zur Literatur: *Förster/Cisch/Karst* (Hrsg.), Betriebsrentengesetz, § 16 BetrAVG Rdn. 44 ff.; *Kruip*, Betriebsrentenanpassung, S. 29, 33 ff., 40 ff., 57 ff., 66 ff., 94, 118 ff., 136 ff., 161 ff., 179 ff.; *Matthießen, Rößler, Rühmann*, DB 1993, Beil. 5, S. 1 ff.; *Paulweber, Wurzberger*, BB 2005, 325 ff.; *Weigl*, ZIP 1997, 354 ff.) nur begrenzt Schlüsse gezogen werden.

51 Grundlegend *Theisen*, Konzern, S. 337 ff.

klusive der Tarifverträge berücksichtigt. In einem zweiten Schritt ist zu prüfen, welche Wirkung der Betriebsübergang aus dem Konzern heraus auf individual- und kollektivrechtlicher Ebene hat (Kapitel 3). Daran schließt sich eine Gesamtbetrachtung der Ergebnisse an (Kapitel 4).

Kapitel 2: Rechtsgrundlagen konzernweiter Leistungen

Über die Folgen eines Betriebsübergangs auf einen konzernfremden Dritten für die Vergütung und Zusatzleistungen im Konzern lassen sich keine Aussagen treffen, wenn über die bestehenden Rechtsbeziehungen der Arbeitnehmer zum Zeitpunkt des Übergangs keine Klarheit besteht. Unproblematisch sind Vereinbarungen zwischen den Arbeitnehmern und dem Arbeitgeber über die Vergütung im engeren Sinne im Arbeitsvertrag oder in Ergänzungsvereinbarungen. Dabei wird im Folgenden unter Vergütung im engeren Sinne jenes Arbeitsentgelt verstanden, das um der Arbeitsleistung willen gewährt wird und somit im Synallagma zur Dienstleistung des Arbeitnehmers steht.[52] Dieses ist dem Arbeitnehmer regelmäßig in Geld auszuzahlen. Die Vereinbarung von Naturallohn ist in den Grenzen des § 107 Abs. 2 GewO möglich.

Aber auch geldwerte Vorteile, die der Arbeitgeber dem Arbeitnehmer zusätzlich im Hinblick auf das Arbeitsverhältnis gewährt, vergüten Leistungen des Arbeitnehmers wie Betriebstreue, Weiterqualifizierung, gesteigerte Produktivität, Anwesenheit, die Erreichung besonderer Ziele und anderes. Damit stellen sie sich nicht als unentgeltliche Leistungen, also als Schenkung dar, sondern als Entgelt im weiteren Sinne.[53] Zusammenfassend kann man hier von Lohnzuschlägen sprechen. Je nach ihrem Zweck lassen sich diese grob unterteilen in Leistungszulagen, Ausgleichszahlungen, Prämien und Sozialzulagen (z. B. vermögenswirksame Leistungen, betriebliche Altersversorgung).[54]

Insoweit als es sich um freiwillige Leistungen handelt, also um Leistungen, die der Arbeitgeber ohne vorher bestehende Rechtsverpflichtung erbringt, bedarf es für die Begründung von Ansprüchen einer rechtlichen Grundlage. Ansprüche auf Zusatzleistungen können sich nicht nur aus einem Individualvertrag gegebenenfalls in Verbindung mit den Grundsätzen über die betriebliche Übung ergeben, sondern auch aus einer Einheits- beziehungsweise Gesamtzusage. Des Weiteren sind Fragen der Lohngestaltung sowie der leistungsbezogenen Vergütung und der

52 STAUDINGER/*Richardi/Fischinger* (2011), § 611 BGB Rdn. 740, 745.

53 Vgl. Art. 141 Abs. 2 EG; EUGHE I 1990, 1889 (1949) („**Barber**"); EUGHE I 1993, 6935 (6961 f.) („**Neath**"); BFHE 212, 574 (575 f.); BFH DStR 2006, 1594 (1595); BSG NZA-RR 2007, 101 (102); BAGE 34, 297 (300 ff.); 50, 37 (42); 72, 178 (182); 80, 230 (232 f.).

54 Zur Sondervergütung siehe unter anderem *A. Becker*, Sonderzuwendungen, S. 6 ff., 46 ff., 70 ff.; *B. Fuchs*, Betriebliche Sozialleistungen, S. 7 ff.; *Jahnke*, ZfA 1980, 863 (863, 870 ff., 879 ff.); STAUDINGER/*Richardi/Fischinger* (2011), § 611 BGB Rdn. 859 ff. Zur Einteilung vgl. *Griese*, Küttner/Röller (Hrsg.), Personalbuch 2012, Entgeltzuschläge Rdn. 2.

Sozialeinrichtungen solche der betrieblichen Mitbestimmung (vgl. § 87 Abs. 1 Nr. 8, 10 und 11 BetrVG, aber auch § 88 Nr. 2, 3 BetrVG), die der Regelung durch Betriebsvereinbarung zugänglich sind, wenn keine tariflichen Regelungen bestehen (§ 87 Abs. 1, 77 Abs. 3 BetrVG).

A. Individualarbeitsrechtliche Regelungen

Zweifelhaft erscheint die Zuordnung von Vereinbarungen über zusätzliche Leistungen zum Arbeitsverhältnis in zwei Fällen. Zum einen stellt sich die Frage, wie sogenannte „nicht-arbeitsrechtliche" Rechtsgeschäfte, gemeint sind schuldrechtliche Beziehungen, die sich nicht auf die Erbringung von Arbeitsleistungen sondern auf andere Gegenstände beziehen und die ebenfalls zwischen dem Arbeitgeber und dem Arbeitnehmer abgeschlossen werden, einzuordnen sind, zum anderen ist die Bewertung von Absprachen unter Beteiligung von anderen Konzerngesellschaften problematisch.[55] In beiden Fallgestaltungen ist damit problematisch, ob die getroffenen Vereinbarungen Teil des „Arbeitsverhältnisses" sind, welches nach § 613a Abs. 1 BGB auf einen Erwerber übergeleitet wird. Diese Frage wäre zumindest dann zu bejahen, wenn diese Rechtsgeschäfte vom allgemeinen Begriff des „Arbeitsverhältnisses" erfasst würden.

I. „Nicht-arbeitsrechtliche" Verträge zwischen den Arbeitsvertragsparteien

Schließen die Arbeitsvertragsparteien weitere schuldrechtliche Verträge ab, stellt sich die Frage, ob diese Rechtsbeziehungen Bestandteil des Arbeitsverhältnisses werden, ob also eine Verbindung zwischen den Rechtsverhältnissen besteht, die es erfordert, diese als einheitliches Schuldverhältnis zu behandeln. Unter dem Stichwort der „nicht-arbeitsrechtlichen" Verträge werden unter anderem Versorgungsabsprachen, Mietverträge, Darlehensverträge und Mitarbeiterbeteiligungen diskutiert.[56]

Ausgangspunkt der Überlegungen ist, dass ein Arbeitsverhältnis ein gegenseitiges Schuldverhältnis darstellt.[57] Der Begriff des Schuldverhältnisses wird in

55 Grundlegend *Willemsen*, Festschr. Herbert Wiedemann, S. 645 ff.

56 Vgl. unter anderem *B. Fuchs*, Betriebliche Sozialleistungen, S. 29 ff.; *Jahnke*, ZfA 1980, 863 ff.; *Moll*, Oetker/Preis/Rieble (Hrsg.), 50 Jahre Bundesarbeitsgericht, S. 59 (62 ff.); *Willemsen*, Festschr. Herbert Wiedemann, S. 645 (646 ff.).

57 *Boemke*, Schuldvertrag, S. 220 f.; MünchArbR I/*Richardi/Buchner*, § 33 Rdn. 1; STAUDINGER/*Richardi/Fischinger* (2011), Vorbemerkung zu §§ 611 ff. Rdn. 600.

diesem Zusammenhang im weiteren Sinne verwendet und umfasst die Gesamtheit der Rechtsbeziehungen zwischen Arbeitgeber und Arbeitnehmer im Rahmen der arbeitsrechtlichen Sonderbeziehung.[58] Der Arbeitsvertrag als solcher begründet dieses, enthält aber nicht alle Rechte und Pflichten.[59] Entscheidendes Kriterium ist, ob die geregelten Rechte und Pflichten der genannten weiteren Vereinbarungen zwischen den Arbeitsvertragsparteien solche sind, die aus dem Dienstverhältnis herrühren. Das muss zumindest für Regelungen bezüglich der Erbringung der Arbeitsleistung durch den Arbeitnehmer und der Gewährung der Vergütung durch den Arbeitgeber (§ 611 Abs. 1 BGB) gelten. Dabei fallen – wie oben gesehen – nicht nur das Festgehalt und variable Entgeltbestandteile unter die Vergütung, sondern auch sonstige geldwerte Vorteile, die dem Arbeitnehmer von seinem Arbeitgeber im Hinblick auf die Arbeitsleistung gewährt werden.

Überzeugend erscheint es daher, solche Vereinbarungen zwischen Arbeitgeber und Arbeitnehmer als aus dem Arbeitsverhältnis herrührend zu betrachten, deren Inhalt für Arbeitnehmer im Hinblick auf das bestehende Arbeitsverhältnis günstiger ist als für betriebs-, unternehmens- beziehungsweise konzernfremde Dritte, die also ein Zuwendungselement enthalten.[60] Vereinbarungen, die nach Marktkonditionen getroffen werden, fehlt dagegen die materielle Verbindung zum Arbeitsverhältnis, ihr Abschluss erfolgt bei Gelegenheit und nicht im Zusammenhang mit dem Arbeitsverhältnis.

Wenn jene bürgerlich-rechtlichen Rechtsgeschäfte zwischen Arbeitgeber und Arbeitnehmer, die für den Mitarbeiter vorteilhaft sind, mit dem Arbeitsverhältnis in einer Verbindung stehen, so ist zu fragen, welcher Art die Verknüpfung ist. Grundsätzlich rechtlich unerheblich ist es, wenn etwas lediglich Motiv einer Vertragspartei ist.[61] Relevant sind solche Umstände oder Rechtsbeziehungen, die sich als Geschäftsgrundlage, als Rechtsgrund oder sogar als Regelungsinhalt darstellen. Charakteristisch für jene Vereinbarungen, die ein Zuwendungselement enthalten, ist, dass der Arbeitgeber jene überhaupt und zu den festgelegten Bedin-

58 Vgl. dazu *Boemke*, Schuldvertrag, S. 8, 16, 220 f.

59 Grundlegend *Boemke*, Schuldvertrag, S. 27 f.

60 Vgl. BAGE 37, 344 (346 f.); BAG, Urt. v. 21.01.1999 – 8 AZR 373/97 – (juris); *J-H. Bauer, Göpfert, v. Steinau-Steinrück*, ZIP 2001, 1129 (1130 f.); ErfK/*Preis*, § 611 BGB Rdn. 426; *B. Fuchs*, Betriebliche Sozialleistungen, S. 54; *v. Hoyningen-Huene, Windbichler*, RdA 1977, 329 (334); *A. Hueck/Nipperdey*, Lehrbuch des Arbeitsrechts I, S. 294 f.; *Jahnke*, ZfA 1980, 863 (863, 870 f.); *Lembke*, BB 2001, 1469 (1470 f.); *Michel, Hernler*, BB 2009, 193 ff.; *Mösenfechtel, Schmitz*, RdA 1976, 108 (109); *Moll*, Oetker/Preis/Rieble (Hrsg.), 50 Jahre Bundesarbeitsgericht, S. 59 (62 f.); *Nehls, Sudmeyer*, ZIP 2002, 201 (202 f.); *Picot/Schnitker*, Unternehmenskauf, Teil I Rdn. 218 ff.; *Röder, Göpfert*, BB 2001, 2002 (2002 f.); *Schnitker, Grau*, BB 2002, 2497 (2497 f.); *Tappert*, NZA 2002, 1188 (1189); *Willemsen*, Festschr. Herbert Wiedemann, S. 645 (648 ff.).

61 *Ehmann*, JZ 2003, 702 ff.; Erman/*Hohloch*, BGB, § 313 Rdn. 17 f.; Erman/*Arnold*, BGB, § 119 Rdn. 21 ff., 34; *Larenz/Wolf*, BGB-AT, § 24 Rdn. 41, § 36 Rdn. 37; *Medicus*, BGB AT, Rdn. 744, 858.

gungen eingeht, weil mit seinem Vertragspartner ein Arbeitsverhältnis besteht, im Rahmen dessen ihm Dienste und Betriebstreue entgegengebracht werden. Im Gegenzug für jene, als Anreiz oder zur Unterstützung des Mitarbeiters, gewährt der Arbeitgeber dem Arbeitnehmer den Vorteil. Es kommt zum Abschluss eines „nicht-arbeitsrechtlichen" Rechtsgeschäfts. Je nach Ausgestaltung des „nicht-arbeitsrechtlichen" Geschäfts ist das Zuwendungselement zu bestimmen, um die Zuordnung zum Arbeitsverhältnis vorzunehmen. Im Folgenden werden die wichtigsten Gruppen problematisiert.

1. Betriebliche Altersversorgung

Zunächst wird für ein sehr traditionsreiches und auch bedeutsames Institut – die betriebliche Altersversorgung[62] – untersucht, worin das Zuwendungselement besteht und wie die einzelnen Formen der Altersversorgung dem Arbeitsverhältnis zuzuordnen sind. Versorgungsleistungen in diesem Sinne liegen vor, wenn ein Arbeitgeber seinen Arbeitnehmern Leistungen der Alters-, Invaliditäts- oder Hinterbliebenenversorgung aus Anlass eines Arbeitsverhältnisses zusagt (§ 1 Abs. 1 S. 1 BetrAVG). Damit stehen die Möglichkeiten der durch das Betriebsrentengesetz geschaffenen Vergütungsregelungen für reine Beitragszusagen nicht zur Verfügung.[63] Zum Rechtscharakter und zu den Arten der Gewährung haben sich Rechtsprechung, Literatur und auch der Gesetzgeber geäußert, so dass sich aus der Regelung dieser Zusatzleistungen auch Schlüsse für die Beurteilung anderer Leistungen, die zum Teil zu „nicht-arbeitsrechtlichen" Verträgen zwischen Arbeitgeber und Mitarbeiter führen, ziehen lassen.

Schon die Legaldefinition, welche die betriebliche Altersversorgung im Betriebsrentengesetz erfahren hat, macht deutlich, dass es sich nicht allein um eine fürsorgliche und damit einseitige Leistung des Arbeitgebers handelt, sondern vielmehr auch um Entgelt für Leistungen des Arbeitnehmers, insbesondere seine Betriebstreue.[64] Grundsätzlich ist der Arbeitgeber in seiner Entscheidung über die

---

62 Die Bedeutung dieser zweiten Säule der Alterssicherung neben gesetzlicher Rentenversicherung und privater Vorsorge nimmt stetig zu. Vgl. nur Erwägungsgründe 4, 5 der Richtlinie 2003/41/EG, ABl. L 235 vom 23.09.2003, S. 10; *aba*, Betriebsrente, S. 5, 10, 14 ff.; *U-A. Birk*, AR-Blattei SD Betriebliche Altersversorgung II, Rdn. 1 ff., 6 ff., 19 ff.; *Fonk*, ZGR 2009, 413 (413 f.); *Heine*, BB 2009, 942; *H. Höfer*, BB 2007, 885 ff.; MünchKommBGB/*Müller-Glöge*, § 611 BGB Rdn. 1239; *Thaut*, Direktzusage und Pensionsfonds, S. IX; *Weigel*, Die demographische Entwicklung, S. 3 f.; *Zeppenfeld, Rößler*, BB 2006, 1221 (1222).

63 Vgl. ErfK/*Steinmeyer*, § 1 BetrAVG Rdn. 17; *Reinecke*, Festschr. Kurt Kemper, S. 383 (384 f.). Zur Sicherung von Altersvorsorgeverträgen nach dem BetrAVG durch die Verhinderung klassischer reiner Beitragszusagen vgl. auch *Roth*, Private Altersvorsorge, S. 529 f.

64 Heute einhellige Auffassung in Rechtsprechung und Literatur: EUGHE I 1990, 1889 (1890 f., 1951 f.) („**Barber**"); EuGH AP Nr. 49 zu EWG-Vertrag Art. 119, Bl. 1898 („**Ten Oever**");

Zusage von Versorgungsleistungen frei.[65] Der Arbeitnehmer kann aber nach § 1a Abs. 1 S. 1 BetrAVG verlangen, dass zukünftiges Entgelt bis zur Höhe von vier vom Hundert der jeweiligen Beitragsbemessungsgrenze der allgemeinen Rentenversicherung umgewandelt und zur betrieblichen Altersversorgung genutzt wird.

Diskutiert wird die Zuordnung zum Arbeitsverhältnis nicht so sehr in Bezug auf unmittelbare Versorgungszusagen des Arbeitgebers, die Teil der Vergütung und des Arbeitsverhältnisses sind,[66] auch wenn sie – wie § 1b Abs. 1 S. 4 BetrAVG klarstellt – ihre Begründung in einer betrieblichen Übung oder dem Grundsatz der Gleichbehandlung finden,[67] sondern im Hinblick auf die mittelbaren Durchführungswege der betrieblichen Altersversorgung (vgl. § 1 Abs. 1 S. 2, 2. Alt. BetrAVG). Bei diesen tritt ein Versorgungsträger hinzu. Dabei unterscheidet das Gesetz zwischen vier Möglichkeiten der mittelbaren Versorgung. Es handelt sich um Pensionsfonds, Pensionskassen, Direktversicherungen (§ 1 Abs. 2 Nr. 2 BetrAVG) sowie Unterstützungskassen (§ 1b Abs. 4 S. 1 BetrAVG). Seit 1. Januar 2001 gilt die klarstellende Regelung des § 1 Abs. 1 S. 3 BetrAVG, wonach der Arbeitgeber für die Erfüllung der Altersversorgungszusage auch dann einsteht, wenn er sich eines mittelbaren Durchführungsweges bedient. Reine Beitragszusagen sind, wie oben festgestellt, nicht möglich. Auch die Beitragszusage mit Mindestleistung (§ 1 Abs. 2 Nr. 1, 2 BetrAVG) stellt nach der Konzeption des Gesetzes eine Leistungszusage dar.[68]

EUGHE I 1993, 6591 (6592, 6614 f.) („**Moroni**“); EUGHE I 1993, 6935 (6958 f.) („**Neath**“); EUGHE I 1994, 4471 (4512) („**Beune**“); EuGH NJW 1995, 117 (118) („**Coloroll Pension Trustees**“); EUGHE I 1997, 2057 (2081 f.) („**Evrenopoulos**“); EuGH EuZW 2002, 29 (30 f.) („**Menauer**“); EuGH EuZW 2002, 315 (317) („**Griesmar**“); EuGH EuZW 2008, 314 (315 f.) („**Tadao Maruko**“); BVerfGE 65, 196 (211 ff.); 74, 129 (153); BVerfG AP Nr. 12 zu § 1 BetrAVG Unterstützungskassen, Bl. 331; BVerfG AP Nr. 13 zu § 1 BetrAVG Unterstützungskassen, Bl. 332 f.; BGH BB 1966, 305; BGH AP Nr. 12 zu § 7 BetrAVG, Bl. 425; BAGE 8, 38 (42); 20, 298 (302 ff.); 22, 189 (194); 24, 177 (183); 27, 194 (202); 44, 7 (11); 46, 80 (91); 56, 138 (144); 105, 228 (233 ff., 236 f.); *Berenz*, NZA 1994, 385 (386); *Blomeyer*, Anm. zu BAG AP Nr. 3 zu § 87 BetrVG 1972 Altersversorgung, Bl. 264 f.; *Rolfs* in Blomeyer/Rolfs/Otto, BetrAVG, Einleitung Rdn. 25 ff., 28 ff., 32 f.; *Sieg*, SAE 1970, 68 (69); *Steindorff*, Anm. zu BAG AP Nr. 2 zu § 87 BetrVG 1972 Altersversorgung, Bl. 255.

65 Siehe nur BAGE 27, 194 (203); BAG AP Nr. 2 zu § 87 BetrVG 1972 Altersversorgung mit Anm. *Steindorff*, Bl. 252 f.; BAG AP Nr. 3 zu § 87 BetrVG 1972 Altersversorgung mit Anm. *Blomeyer*, Bl. 260; *Andresen/Förster/Rößler/Rühmann*, Arbeitsrecht der betrieblichen Altersversorgung, Teil 4 A Rdn. 16.

66 BAG AP Nr. 58 zu § 7 BetrAVG, Bl. 982; *Andresen/Förster/Rößler/Rühmann*, Arbeitsrecht der betrieblichen Altersversorgung, Teil 5 A Rdn. 8 ff.

67 BAG AP Nr. 50 zu § 16 BetrAVG, Bl. 957; BAG EzA Nr. 4 zu § 1 BetrAVG Betriebliche Übung, S. 3 f.; *Andresen/Förster/Rößler/Rühmann*, Arbeitsrecht der betrieblichen Altersversorgung, Teil 5 A Rdn. 10.

68 Dazu ErfK/*Steinmeyer*, § 1 BetrAVG Rdn. 17; *Reinecke*, Festschr. Kurt Kemper, S. 383 (384 f.).

a) Direktversicherungen

Eine zunehmende Anzahl von Arbeitgebern bedient sich zur Durchführung der betrieblichen Altersversorgung der Direktversicherung.[69] Nach der Legaldefinition in § 1b Abs. 2 S. 1 BetrAVG handelt es sich um Lebensversicherungen, die der Arbeitgeber auf das Leben des Arbeitnehmers abschließt, wobei der Arbeitnehmer oder seine Hinterbliebenen hinsichtlich der Leistungen des Versicherers ganz oder teilweise bezugsberechtigt sind. In der Regel ist die Bezugsberechtigung widerruflich (§ 159 Abs. 1 VVG), wenn nicht ausdrücklich eine unwiderrufliche Berechtigung vereinbart wird. Damit besteht ein Dreiecksverhältnis zwischen Arbeitgeber, Arbeitnehmer und Versicherungsunternehmen. Zwischen dem Arbeitgeber als Versicherungsnehmer und dem Versicherungsunternehmen besteht der Versicherungsvertrag (Deckungsverhältnis).[70] Nach § 1 Abs. 1 S. 3 BetrAVG liegt auch diesem Durchführungsweg eine Arbeitgeberzusage zugrunde. Diese ist Teil des Arbeitsverhältnisses, welches das Valutaverhältnis für die Leistungen der Versicherung darstellt.[71] Aufgrund des eingeräumten Bezugsrechtes sind der Arbeitnehmer beziehungsweise seine Hinterbliebenen berechtigt, die Leistung des Versicherers ganz oder zum Teil zu beziehen (§ 328 Abs. 1 BGB, Leistungsverhältnis).[72] Der Versicherungsvertrag ist also nicht Inhalt des Arbeitsverhältnisses.[73] Dieses beinhaltet allein die Versorgungszusage des Arbeitgebers. Verallgemeinernd lässt sich daraus der Schluss ziehen, dass ein „nicht-arbeits-

69 *Andresen/Förster/Rößler/Rühmann*, Arbeitsrecht der betrieblichen Altersversorgung, Teil 4 B Rdn. 28.

70 *Axler*, AR-Blattei SD Betriebliche Altersversorgung IV, Rdn. 10 ff., 36; *Rolfs* in Blomeyer/Rolfs/Otto, BetrAVG, Anh § 1 Rdn. 726 ff.; MünchArbR I/*Andresen/Cisch,* § 143 Rdn. 30 f. Etwas weiter gehen *Andresen/Förster/Rößler/Rühmann*, Arbeitsrecht der betrieblichen Altersversorgung, Teil 5 A Rdn. 22, die davon ausgehen, dass es bei Wechsel eines Arbeitgebers ausreicht, wenn ein neuer Arbeitgeber ohne förmliche Übernahme die Versicherungsbeiträge entrichtet. Inwieweit dies praktisch relevant wird, ist nicht klar. Immerhin würde der neue Arbeitgeber in der Regel auf eine Versicherung leisten, bei der nur ein widerrufliches Bezugsrecht des neuen Arbeitnehmers bestünde, so dass der Altarbeitgeber, bleibt er Versicherungsnehmer, die Versicherung noch immer verwerten könnte. Dies ist für den neuen Arbeitgeber nicht erstrebenswert.

71 Vgl. BAG AP Nr. 7 zu § 242 BGB Ruhegehalt-VBL, Bl. 595; BAGE 35, 71 (78); 42, 223 (227 f.); BAG AP Nr. 4 zu § 1 BetrAVG Lebensversicherung, Bl. 439; *Axler*, AR-Blattei SD Betriebliche Altersversorgung IV, Rdn. 38; *Roth*, Private Altersvorsorge, S. 363.

72 *Andresen/Förster/Rößler/Rühmann*, Arbeitsrecht der betrieblichen Altersversorgung, Teil 5 A Rdn. 35, 60 ff.; *Axler*, AR-Blattei SD Betriebliche Altersversorgung IV, Rdn. 37, 83 ff.; *Rolfs* in Blomeyer/Rolfs/Otto, BetrAVG, Anh § 1 Rdn. 726.

73 Vgl. BAG AP Nr. 7 zu § 242 BGB Ruhegehalt-VBL, Bl. 595; BAGE 35, 71 (77 f.); BAG AP Nr. 4 zu § 1 BetrAVG Lebensversicherung, Bl. 439 f.; BAGE 92, 1 (5 f.); *Axler*, AR-Blattei SD Betriebliche Altersversorgung IV, Rdn. 39; *Rolfs* in Blomeyer/Rolfs/Otto, BetrAVG, Anh § 1 Rdn. 698 ff.

rechtlicher" Vertrag zumindest dann nicht Teil des Arbeitsverhältnisses ist, wenn er nur der Erfüllung einer im Rahmen des Arbeitsverhältnisses zugesagten Vorteilsgewährung dient.

b) Pensionskassen

Auch bei der Einschaltung von Pensionskassen liegen ähnliche Rechtsverhältnisse zugrunde. Pensionskassen sind rechtsfähige Versorgungseinrichtungen, die dem Arbeitnehmer oder seinen Hinterbliebenen auf die Leistungen einen Rechtsanspruch einräumen (§ 1b Abs. 3 S. 1 BetrAVG). Die Leistungen sind solche eines Lebensversicherungsunternehmens (§ 118a VAG). Die Pensionskasse erhält ihr Kapital von Träger- beziehungsweise Mitgliedsunternehmen.[74] Der Arbeitgeber ist gegenüber der Versorgungseinrichtung zur Beitragsleistung verpflichtet (Dotierung).[75] Die Pensionskasse regelt die Anspruchsgewährung durch Satzung und gegebenenfalls durch Richtlinien. Der Arbeitnehmer ist sowohl Begünstigter nach diesen Vorschriften als auch Versicherungsnehmer und Mitglied.[76] Das Mitgliedsverhältnis ist regelmäßig auflösend bedingt durch das Ausscheiden aus den Diensten des Arbeitgebers.[77] Grundlage der Versorgung durch die Pensionskasse ist das Versorgungsversprechen des Arbeitgebers gegenüber dem Arbeitnehmer, welches Inhalt des Arbeitsverhältnisses ist.[78] Danach muss der Arbeitgeber dem Arbeitnehmer den Zugang zur Versorgungseinrichtung ermöglichen (Verschaffungsanspruch).[79] Hat er dies getan, so haftet er aufgrund der Arbeitgeberzusage

---

74 Unter anderem zur Unterscheidung von Betriebs-, Konzern- und Gruppen-Pensionskasse *Andresen/Förster/Rößler/Rühmann*, Arbeitsrecht der betrieblichen Altersversorgung, Teil 5 A Rdn. 82.

75 Siehe dazu unter anderem *Andresen/Förster/Rößler/Rühmann*, Arbeitsrecht der betrieblichen Altersversorgung, Teil 5 A Rdn. 130; *Kreitner*, Küttner/Röller (Hrsg.), Personalbuch 2012, Betriebliche Altersversorgung Rdn. 28; MünchArbR I/*Andresen/Cisch*, § 143 Rdn. 53; *Reindl*, Versorgungsverbindlichkeiten, S. 22; *Schwind*, BetrAV 2005, 638. Es ist auch möglich, dass Arbeitnehmer ebenfalls Beiträge leisten.

76 *Andresen/Förster/Rößler/Rühmann*, Arbeitsrecht der betrieblichen Altersversorgung, Teil 5 A Rdn. 120; *Rolfs* in Blomeyer/Rolfs/Otto, BetrAVG, Anh § 1 Rdn. 806; MünchArbR I/*Andresen/Cisch*, § 143 Rdn. 52; *Reindl*, Versorgungsverbindlichkeiten, S. 22.

77 Dies richtet sich nach der Satzung der Pensionskasse. Vgl. insoweit *Andresen/Förster/Rößler/Rühmann*, Arbeitsrecht der betrieblichen Altersversorgung, Teil 5 A Rdn. 122; *Kreitner*, Küttner/Röller (Hrsg.), Personalbuch 2012, Betriebliche Altersversorgung Rdn. 28; MünchArbR I/*Andresen/Cisch*, § 143 Rdn. 47 f.

78 BAG AP Nr. 7 zu § 282 BGB mit Anm. *Mayer-Maly*, Bl. 497; BAG AP Nr. 160 zu § 242 BGB Ruhegehalt mit Anm. *Höfer, Ahrend*, Bl. 377; BAG AP Nr. 7 zu § 242 BGB Ruhegehalt-Unterstützungskassen, Bl. 951; BAG AP Nr. 179 zu § 242 BGB Ruhegehalt mit Anm. *Brox*, Bl. 744; BAGE 46, 80 (90); *Reindl*, Versorgungsverbindlichkeiten, S. 22.

79 Statt aller ErfK/*Steinmeyer*, § 1 BetrAVG Rdn. 3, 14.

subsidiär.[80] Das Mitgliedsverhältnis wird nicht Teil des Arbeitsverhältnisses, insoweit wird der unter a) ermittelte Befund bekräftigt.

c) Pensionsfonds

Der Pensionsfonds ist der neueste Durchführungsweg.[81] Er ist nach den *Pension Funds* des Anglosächsischen Rechts benannt, unterscheidet sich jedoch in der Regelungsstruktur von diesen.[82] Er soll dem Bedürfnis der Arbeitgeber nach flexiblerer Finanzierung von betrieblichen Altersversorgungssystemen und breiterer Fächerung der Geldanlage dienen.[83] Gerade im Hinblick auf die Tatsache, dass die Ansparphase für betriebliche Altersversorgungsleistungen sehr lang und die wirtschaftliche Entwicklung ungewiss ist, verliert dieses Vorsorgesystem aber dann für Arbeitnehmer an Attraktivität, wenn bei erhöhtem Anlagerisiko nicht wenigstens das eingesetzte Kapital und eine Grundrendite gesichert sind. Dem versucht die gesetzliche Regelung von Pensionsfonds im Betriebsrentengesetz (§§ 1 Abs. 2 Nr. 2, 1b Abs. 3 S. 1 BetrAVG) und im Versicherungsaufsichtsgesetz (§§ 112 ff. VAG) gerecht zu werden.[84]

Grundsätzlich handelt es sich bei Pensionsfonds ebenfalls um eigenständige, rechtsfähige Versorgungseinrichtungen, die einen Rechtsanspruch gewähren (§ 1b Abs. 3 S. 1 BetrAVG). Sie sind in der Rechtsform der Aktiengesellschaft, der Europäischen Gesellschaft (SE) oder des Pensionsfondsvereins auf Gegenseitigkeit organisiert (§ 113 Abs. 2 Nr. 3 VAG). Von den Pensionskassen unterscheiden sie sich durch die größere Freiheit bei der Wahl der Kapitalanlagen.[85] Die Ver-

---

80 Vgl. BAG AP Nr. 128 zu § 242 BGB Ruhegehalt mit Anm. *Kraft*, Bl. 863 f.; *Reindl*, Versorgungsverbindlichkeiten, S. 22; *Reinecke*, Festschr. Kurt Kemper, S. 383 (389 f.).

81 Eingeführt durch das Gesetz zur Reform der gesetzlichen Rentenversicherung und zur Förderung eines kapitalgedeckten Altersvorsorgevermögens (Altersvermögensgesetz – AvmG) vom 26.06.2001, BGBl. I 2001, S. 1310 ff.

82 Vgl. *Blomeyer*, BetrAV 2001, 430 (432 f., 434); *Heubeck*, DB 2001, Beilage 5, S. 2.

83 Begründung zum Gesetzesentwurf der Fraktionen SPD und Bündnis 90/Die Grünen für ein Altersvermögensgesetz, BT-Drucksache 14/4595, S. 40; Stellungnahme des Bundesrates (Anhang 1) zum Gesetzesentwurf der Bundesregierung, BT-Drucksache 14/5068, S. 9 f.; *Förster, Rühmann, Recktenwald*, BB 2001, 1406 (1410); *Uebelhack*, AR-Blattei SD Betriebliche Altersversorgung I, Rdn. 179; *Zeppenfeld, Rößler*, BB 2006, 1221.

84 Solche Überlegungen waren auch bei der Richtlinie 2003/41/EG über die Tätigkeiten und die Beaufsichtigung von Einrichtungen der betrieblichen Altersversorgung vom 3.06.2003, ABl. L 235 vom 23.09.2003, S. 10 ff. von Belang. Dies zeigt sich in den Erwägungsgründen 6, 7, 13, 16, 20, 28, 31 und 33. Zudem wird im Hinblick auf die Kapitalanlagen in Art. 18 ausdrücklich das allgemeine Vorsichtsprinzip festgeschrieben.

85 Vgl. § 115 Abs. 1 VAG und Verordnung über die Anlage des gebundenen Vermögens von Pensionsfonds (Pensionsfonds-Kapitalanlagenverordnung – PFKapAV) vom 21.12.2001, BGBl. I 2001, S. 4185 ff., insbesondere § 2 Anlagenformen, § 3 Mischung und § 4 Streuung. So auch *Föhr*, Vahlens Großes Personallexikon, Pensionsfonds; *Förster, Rühmann, Recktenwald*, BB

sorgung erfolgt aber auch hier über ein versicherungsähnliches Verhältnis.[86] Der Arbeitgeber verpflichtet sich gegenüber den Arbeitnehmern dazu, sie durch den Pensionsfonds zu versichern. Dabei handelt es sich um eine arbeitsvertragliche Zusage.[87] Zur Deckung seiner Verpflichtung schließt der Arbeitgeber mit dem Pensionsfonds einen Vertrag zugunsten der zu versichernden Arbeitnehmer.[88] Diese werden dadurch Versorgungsempfänger[89] und stehen zum Pensionsfonds in einem Versorgungsverhältnis. Die Leistungserbringung im Versorgungsfall richtet sich nach den im Rahmen des Geschäftsplanes ausgestalteten Pensionsplänen.[90] Damit ist Teil des Arbeitsverhältnisses auch hier allein die Arbeitgeberzusage.

d) Unterstützungskassen

Analog stellen sich die Vertragsstrukturen bei der Unterstützungskasse dar. Die Besonderheit besteht darin, dass die Unterstützungskasse zwar eine rechtsfähige Versorgungseinrichtung darstellt, den Arbeitnehmern oder ihren Hinterbliebenen aber auf ihre Leistungen keinen Rechtsanspruch gewährt (§ 1b Abs. 4 S. 1 BetrAVG). Diese Form der Altersversorgung hat sich aus dem Bedürfnis heraus entwickelt, Leistungen aus einem selbstständig organisierten Sondervermögen heraus zu gewähren, ohne zugleich der Versicherungsaufsicht zu unterfallen.[91] Unterstützungskassen finanzieren sich mit Hilfe der Zuwendungen des Trägerunternehmens, sowie der Anlage ihres Vermögens (dotierte Unterstützungskasse) oder über Rückdeckungsversicherungen (kongruent rückgedeckte Unterstützungskasse).[92] Die Versorgung über eine Unterstützungskasse beruht ebenfalls auf einem Versorgungsanspruch des Arbeitnehmers gegen den Arbeitgeber. Der Ausschluss des Rechtsanspruchs gegen die Unterstützungskasse vereitelt nicht

---

2001, 1406 (1409); *Gohdes, Haferstock, Schmidt*, DB 2001, 1558 (1561); *Heubeck*, DB 2001, Beilage 5, S. 2 (4).

86 Vgl. Regelungen in § 113 Abs. 1 VAG. Zu dieser Einschätzung kommen auch *Andresen/Förster/Rößler/Rühmann*, Arbeitsrecht der betrieblichen Altersversorgung, Teil 5 A Rdn. 198; *Blomeyer*, BetrAV 2001, 430 (434); *Rolfs* in Blomeyer/Rolfs/Otto, BetrAVG, § 1 Rdn. 247.

87 *Andresen/Förster/Rößler/Rühmann*, Arbeitsrecht der betrieblichen Altersversorgung, Teil 5 A Rdn. 199; *Rolfs* in Blomeyer/Rolfs/Otto, BetrAVG, § 1 Rdn. 248; *Zeppenfeld, Rößler*, BB 2006, 1221 (1222). Zur Unterscheidung nach (beitragsorientierter) Leistungszusage (§ 1 Abs. 2 Nr. 1) und Beitragszusage mit Mindestleistung (§ 1 Abs. 2 Nr. 2 BetrAVG) vgl. *Andresen/Förster/Rößler/Rühmann*, Arbeitsrecht der betrieblichen Altersversorgung, Teil 5 A Rdn. 199.1 ff.

88 *Andresen/Förster/Rößler/Rühmann*, Arbeitsrecht der betrieblichen Altersversorgung, Teil 5 A Rdn. 199.4; *Rolfs* in Blomeyer/Rolfs/Otto, BetrAVG, Anh § 1 Rdn. 899 f.

89 Siehe § 113 Abs. 2 Nr. 8 VAG.

90 Dazu vgl. § 113 Abs. 2 Nr. 1 VAG.

91 BAGE 54, 176 (180); *R. Höfer*, BetrAVG I, ART Rdn. 196; *Powietzka*, DB 2008, 2593.

92 Unter anderem *U-A. Birk*, AR-Blattei SD Betriebliche Altersversorgung III, Rdn. 31 ff.; *Reindl*, Versorgungsverbindlichkeiten, S. 25.

schon die Anspruchsentstehung, sondern gibt vielmehr nur die Möglichkeit, die Zusage zu widerrufen, wenn dafür sachliche Gründe bestehen.[93] Dieser Befund wird auch gestützt durch § 1 Abs. 1 S. 3 BetrAVG, wonach der Arbeitgeber für die Erfüllung der zugesagten Leistungen haftet, wenn er sich eines mittelbaren Durchführungsweges bedient. Der Arbeitgeber schuldet also die Altersversorgungsleistungen aufgrund individualarbeitsrechtlicher Zusage. Soweit er eine Unterstützungskasse eingerichtet hat, müssen sich der Arbeitnehmer oder die Hinterbliebenen allerdings zunächst an die Unterstützungskasse halten, deren Trägerunternehmen der Arbeitgeber allein oder mit anderen ist.[94]

Insgesamt bleibt also festzuhalten, dass bei allen Durchführungswegen Inhalt des Arbeitsverhältnisses die Versorgungszusage des Arbeitgebers ist.[95] Die Altersversorgung stellt dabei ergänzendes Entgelt für die Betriebstreue des Arbeitnehmers dar. Die Rechtsbeziehungen des Arbeitgebers zu den eingeschalteten Versorgungsträgern sind nicht Inhalt der Sonderrechtsbeziehung zwischen Arbeitgeber und Arbeitnehmer.[96] Die sich daraus ergebenden Rechte der Mitarbeiter gehören damit ebenfalls nicht zu dieser Rechtsbeziehung. Indes ist anerkannt, dass auch die Versorgungsträger typische Arbeitgeberpflichten treffen können, weil es sich bei den Leistungen der betrieblichen Altersversorgung um solche mit Entgeltcharakter handelt.[97] Der Schutz wird nicht durch die Einbe-

93 Einhellige Ansicht: BVerfGE 65, 196 (210 ff., 214); 74, 129 (153 f.); BVerfG AP Nr. 12 zu § 1 BetrAVG Unterstützungskassen, Bl. 331 f.; BVerfG AP Nr. 13 zu § 1 BetrAVG Unterstützungskassen, Bl. 332 f.; BAG AP Nr. 96 zu § 242 BGB Ruhegehalt mit Anm. *Heubeck*, Bl. 291 f.; BAG AP Nr. 102 zu § 242 BGB Ruhegehalt mit Anm. *A. Hueck*, Bl. 346; BAGE 21, 46 (51 f.); BAG AP Nr. 129 zu § 242 BGB Ruhegehalt mit Anm. *Heissmann*, Bl. 65; BAGE 22, 189 (192 f.); 25, 194 (200 f.); BAG AP Nr. 7 zu § 242 BGB Ruhegehalt-Unterstützungskassen, Bl. 952 f.; BAG AP Nr. 15 zu § 613a BGB mit Anm. *Willemsen*, Bl. 467; BAGE 46, 80 (90 f.); 54, 176 (178 f.); 61, 273 (277 f.); *Andresen/Förster/Rößler/Rühmann*, Arbeitsrecht der betrieblichen Altersversorgung, Teil 5 A Rdn. 143; *U-A. Birk*, AR-Blattei SD Betriebliche Altersversorgung III, Rdn. 23 ff.; *Powietzka*, DB 2008, 2593; *Roth*, Private Altersvorsorge, S. 567 f. *Rolfs* in Blomeyer/Rolfs/Otto, BetrAVG, Anh § 1 Rdn. 262 beschränkt dies indes explizit auf die Ausfallhaftung des Arbeitgebers. Vgl. aber dazu auch *Rolfs* in Blomeyer/Rolfs/Otto, BetrAVG, Anh § 1 Rdn. 949 ff.

94 BAGE 21, 46 (49 ff.); BAG AP Nr. 2 zu § 242 BGB Ruhegehalt-Unterstützungskassen mit Anm. *Pleyer*, Bl. 604; BAG AP Nr. 3 zu § 242 BGB Ruhegehalt-Unterstützungskassen mit Anm. *Lukowsky*, Bl. 471; BAGE 54, 176 (181 f.); 60, 118 (125); *Rolfs* in Blomeyer/Rolfs/Otto, BetrAVG, Anh § 1 Rdn. 959 f., 967.

95 Vgl. dazu auch *K. Meier*, BB 2007, 708 (710), die Finanzierungsmöglichkeiten für Arbeitgeber näher beleuchtet.

96 BAG AP Nr. 15 zu § 613a BGB mit Anm. *Willemsen*, Bl. 467; BAGE 54, 176 (180, 182 f.); *Reinecke*, Festschr. Kurt Kemper, S. 383 (385 f., 389).

97 So gilt grundsätzlich der Gleichbehandlungsgrundsatz. Vgl. EUGHE I 2001, 7275 (7298 ff.) („**Menauer**"); BAGE 91, 155 (157 ff.); 103, 373 (378 f.); 112, 1 (9 f.); *Oetker*, SAE 2003, 355 (356 ff.); *Steinmeyer*, BetrAV 2004, 436 (437 ff.).

ziehung der Versorgungsträger und der mit ihnen bestehenden Rechtsbeziehungen in das Arbeitsverhältnis erreicht, sondern durch die Auferlegung bestimmter Pflichten, wie zum Beispiel der Gleichbehandlung.

2. Versicherungsverträge

Diese Ergebnisse lassen sich für jene Fälle, in denen der Arbeitgeber andere Versicherungsverträge zugunsten seiner Mitarbeiter abschließt, die auch private Risiken der Arbeitnehmer abdecken, übertragen. Die erweiterte Versicherung, so zum Beispiel die Unfallversicherung, kann für den Arbeitgeber und den Arbeitnehmer dann eine angenehme Form der Zusatzvergütung darstellen, wenn der Arbeitgeber, zum Beispiel über eine Gruppenversicherung, die privaten Risiken des Arbeitnehmers günstig versichern kann. Teil des Arbeitsverhältnisses ist auch in diesen Fällen die Arbeitgeberzusage, soweit eine solche sich aufgrund individualvertraglicher Vereinbarung, betrieblicher Übung oder Gesamt- beziehungsweise Einheitszusage ergibt.[98] Dieser Anspruch kann sich zum einen direkt auf eine bestimmte Versicherungsleistung, die dann über einen unabhängigen Anbieter erreicht wird, oder auf bestimmte Beitragsleistungen richten.[99]

3. Darlehen

Ganz ähnlich stellt sich die Problematik beim sogenannten Arbeitgeberdarlehen dar. Das Darlehen ist abzugrenzen von einem Gehaltsabschlag und vom Vorschuss. Ein Abschlag ist die Zahlung von Entgelt für schon erbrachte Dienste, die noch nicht abgerechnet wurden.[100] Ein Vorschuss liegt dann vor, wenn der Arbeitgeber in Vorleistung geht und dem Arbeitnehmer Arbeitsentgelt auszahlt, bevor dieses verdient wurde.[101] Im Gegensatz dazu liegt ein Darlehen vor, wenn dem Mitarbeiter über das Arbeitsentgelt hinaus ein (meist größerer) Betrag zur Verfügung gestellt wird, der in der Regel nicht durch die folgenden Gehaltsansprüche abgedeckt ist.[102] Welche Vereinbarung die Parteien getroffen haben, ist

---

98 Zu den einzelnen Rechtsverhältnissen vgl. auch *Herdter*, Gruppenversicherungsvertrag, S. 48, 57 f.

99 Vgl. *B. Fuchs*, Betriebliche Sozialleistungen, S. 136.

100 *Berger-Delhey*, DB 1990, 837; *Griese*, Küttner/Röller (Hrsg.), Personalbuch 2012, Arbeitgeberdarlehen, Rdn. 1; *Voßkuhl*, DStR 1998, 12. Die Verpflichtung zur Abrechnung ist jetzt in § 108 Abs. 1 GewO verankert. Dazu *Schöne*, NZA 2002, 829 (832).

101 BAGE 2, 322 (326); 9, 137 (140); 11, 188 (191); 55, 44 (47); *Berger-Delhey*, DB 1990, 837; *Griese*, Küttner/Röller (Hrsg.), Personalbuch 2012, Vorschuss Rdn. 1; *Jesse, Schellen*, Arbeitgeberdarlehen, S. 4, 10.

102 Vgl. BAG AP Nr. 1 zu § 607 BGB mit Anm. *Herschel*, Bl. 731; BAG AP Nr. 68 zu § 4 TVG Ausschlussfristen, Bl. 60; BAGE 34, 297 (300 f.); LAG Düsseldorf AP Nr. 1 zu § 614 BGB

durch Auslegung zu ermitteln.[103] Dabei wird man ein Darlehen grundsätzlich nur dann annehmen können, wenn die Summe nicht für die Deckung des allgemeinen Lebensunterhaltes, sondern für eine Sonderanschaffung gewährt wird, die auch üblicherweise über Kreditmittel finanziert wird.[104]

Inhaltlich stellt ein Gehaltsvorschuss im Ergebnis eine Gehaltszahlung dar, die durch spätere Arbeitsleistung des Arbeitnehmers abgegolten wird.[105] Die Leistung bezieht sich auf das Entstehen eines zukünftigen Entgeltanspruches. Beim Gehaltsabschlag werden bereits erbrachte Leistungen entlohnt. Die Vergütung ist Hauptpflicht aus dem Arbeitsverhältnis. Damit sind Abschlag und Vorschuss Teil des Arbeitsverhältnisses, auch wenn die Parteien eine gesonderte Vereinbarung über die Modalitäten der weiteren Verdienstberechnung treffen. Diese stellt dann eine Ergänzung des Arbeitsvertrages dar.

Ein Arbeitgeberdarlehen im hier verstandenen Sinne liegt nur dann vor, wenn dem Mitarbeiter im Vergleich zu den üblichen Marktbedingungen ein Vorteil, zum Beispiel bei der Zinshöhe oder den Rückzahlungsmodalitäten, gewährt wird. Die Ersparnis im Vergleich zu den üblichen Marktkonditionen stellt in diesen Fällen eine Zuwendung und damit Arbeitsentgelt im weiteren Sinne dar.[106] Die Gewährung erfolgt grundsätzlich freiwillig. Verpflichtet sich der Arbeitgeber aber dazu, diese Leistung auch zukünftig zu erbringen, indem er eine individualvertragliche Vergütungsabrede trifft, eine Betriebsübung oder eine Einheitsregelung einführt oder eine Gesamtzusage erteilt, wird diese Absprache Teil des

---

Gehaltsvorschuss mit Anm. *Larenz*, Bl. 32; *K. Gamillscheg*, AR-Blattei SD Darlehen Rdn. 3; *Griese*, Küttner/Röller (Hrsg.), Personalbuch 2012, Arbeitgeberdarlehen Rdn. 1; *Kurz, Schellen*, Festschr. Dieter Gaul (1987), S. 121 (123); *Wendling*, Betriebsübergang, S. 122.

103 LAG Düsseldorf AP Nr. 1 zu § 614 BGB Gehaltsvorschuss mit Anm. *Larenz*, Bl. 32; MünchArbR I/*Krause*, § 60 Rdn. 19 f.; *Jesse, Schellen*, Arbeitgeberdarlehen, S. 15; *Kurz, Schellen*, Festschr. Dieter Gaul (1987), S. 121 (123).

104 Zu den Abgrenzungskriterien vgl. LAG Düsseldorf AP Nr. 1 zu § 614 BGB Gehaltsvorschuss mit Anm. *Larenz*, Bl. 32; *Berger-Delhey*, DB 1990, 837 f.; *Jesse, Schellen*, Arbeitgeberdarlehen, S. 16.

105 Unter anderem BAGE 2, 322 (324); 9, 137 (140); 11, 188 (191 f.); BAG AP Nr. 68 zu § 4 TVG Ausschlussfristen, Bl. 60; BAGE 55, 44 (47 ff.); 72, 290 (293, 295); *Griese*, Küttner/Röller (Hrsg.), Personalbuch 2012, Vorschuss, Rdn. 1; *Willemsen*, Festschr. Herbert Wiedemann, S. 645 (647).

106 Vergleiche BAG AP Nr. 1 zu § 607 BGB mit Anm. *Herschel*, Bl. 731; BAG AP Nr. 2 zu § 607 BGB, Bl. 492 f.; BAGE 34, 297 (300 ff.); BAG AP Nr. 1 zu § 19 BErzGG, Bl. 750 f.; BAG AP Nr. 37 zu § 2 BeschFG 1985, Bl. 335; LAG Schleswig-Holstein, Urt. v. 16.01.2008 – 3 Sa 347/07 – (juris); *B. Fuchs*, Betriebliche Sozialleistungen, S. 117; *v. Hoyningen-Huene, Windbichler*, RdA 1977, 329 (334); *Jesse, Schellen*, Arbeitgeberdarlehen, S. 90; *Kania*, Nichtarbeitsrechtliche Beziehungen, S. 19; *Kurz, Schellen*, Festschr. Dieter Gaul (1987), S. 121 (133); *Moll*, Oetker/Preis/Rieble (Hrsg.), 50 Jahre Bundesarbeitsgericht, S. 59 (63 f.); *Willemsen*, Festschr. Herbert Wiedemann, S. 645 (647). Anderer Ansicht wohl *Ehmann*, ZfA 1980, 683 (741) im Zusammenhang mit Fragen der betrieblichen Mitbestimmung.

Arbeitsverhältnisses. Der Darlehensvertrag ist das Mittel zur Erfüllung dieser Verpflichtung. Er selbst steht als schuldrechtliches Verhältnis neben dem Arbeitsverhältnis.[107] Die Parteien sind frei, dem Arbeitsverhältnis einen größeren Einfluss auf das Schicksal des Darlehensvertrages einzuräumen, indem sie es zur Geschäftsgrundlage für jenen machen oder dessen Bestehen als Bedingung vereinbaren beziehungsweise die Beendigung auch als Kündigungsgrund für den Darlehensvertrag definieren. Dazu muss eine solche Vereinbarung aber deutlich aus dem Darlehensvertrag hervorgehen. Folge einer solchen Verknüpfung ist, dass die darlehensrechtlichen Normen teilweise zugunsten arbeitsrechtlicher Normen abbedungen werden. Es geht also um die Durchführung und Abwicklung des Darlehensvertrages.

Weicht der Inhalt des Darlehensvertrages negativ von der arbeitsrechtlichen Entgeltzusage ab, so wird diese damit nicht ordnungsgemäß erfüllt. Es liegt eine Pflichtverletzung vor. Der Arbeitnehmer kann abhängig von den Umständen Erfüllung oder Schadensersatz vom Arbeitgeber verlangen.[108] Automatisch ändern sich die Modalitäten des Darlehensvertrages nicht. Es bedarf der Anpassung durch die Parteien.

4. Überlassungsverträge

Die Überlassung von Arbeitsmitteln (z. B. Laptop, Mobiltelefon, Pkw) auch zur privaten Nutzung und anderer Gegenstände zum persönlichen Gebrauch erfolgt regelmäßig durch Leih- oder Mietvertrag. Diese Gestaltungen lassen sich ähnlich wie die unter 3. untersuchten Darlehensverträge beurteilen. Werden Arbeitsmittel zur persönlichen Nutzung überlassen, erfolgt dies meist als Gegenleistung für die Dienste des Arbeitnehmers. Die Vereinbarung wird dann direkt im Arbeitsvertrag getroffen. Darüber hinaus können Sachen als zusätzliches Entgelt verbilligt überlassen werden. Dann stellt die Zuwendung in Form der Ersparnis zum marktüblichen Preis Entgelt im weiteren Sinne dar. Dies zeigt auch die Recht-

---

107 BAG AP Nr. 1 zu § 611 BGB Arbeitnehmerdarlehen, Bl. 591; BAG AP Nr. 4 zu § 611 BGB Arbeitnehmerdarlehen, Bl. 143; BAG AP Nr. 42 zu § 242 BGB Auskunftspflicht, Bl. 1438 f.; BAG NZA 2009, 896 (899); LAG Hamm LAGE Nr. 1 zu § 799 ZPO Ausgleichsklausel, S. 2 f.; *Jesse, Schellen*, Arbeitgeberdarlehen, S. 62, 85; *Kania*, Nichtarbeitsrechtliche Beziehungen, S. 18 f.; *Mösenfechtel, Schmitz*, RdA 1976, 108 (109); STAUDINGER/*Annuß* (2011), § 613a BGB Rdn. 164; *Wendling*, Betriebsübergang, S. 122; *Willemsen*, Festschr. Herbert Wiedemann, S. 645 (646, 648).

108 BAG AP Nr. 1 zu § 607 BGB mit Anm. *Herschel*, Bl. 731; *B. Fuchs*, Betriebliche Sozialleistungen, S. 117 f.; *v. Hoyningen-Huene, Windbichler*, RdA 1977, 329 (334); *Picot/Schnitker*, Unternehmenskauf, Teil I Rdn. 228.

sprechung[109] und Literatur[110] zur nicht-dienstlichen Überlassung von Kraftfahrzeugen.

Ein prominentes Beispiel für Sozialleistungen des Arbeitgebers sind zudem Werkwohnungen. Das Gesetz unterscheidet zwischen Werkmiet- (§ 576 Abs. 1 BGB) und Werkdienstwohnungen (§ 576b Abs. 1 BGB). Insoweit als Werkmietwohnungen definiert sind als Wohnraum, der „mit Rücksicht auf das Bestehen des Dienstverhältnisses vermietet“ wird, sind die oben entwickelten Grundsätze übertragbar.[111]

Werkdienstwohnungen indes werden gemäß § 576b Abs. 1 BGB „im Rahmen eines Dienstverhältnisses überlassen“. Nach dem Wortlaut der Legaldefinition ist im Falle der Werkdienstwohnung der dem Arbeitnehmer zufließende Vorteil nicht mehr allein eine Mietersparnis im Vergleich zu den Kosten auf dem Wohnungsmarkt, sondern vielmehr die Überlassung des Wohnraumes selbst. Eine Werkdienstwohnung liegt damit nur dann vor, wenn die Bereitstellung der Wohnung einschließlich der Modalitäten im Arbeitsvertrag vereinbart und im Rahmen des Arbeitsverhältnisses als Gegenleistung für die Dienste des Arbeitnehmers geschuldet wird.[112] Liegt ein selbstständiger Mietvertrag vor, so handelt es sich nicht mehr um eine Werkdienstwohnung, sondern um eine funktionsgebundene Werkmietwohnung (§ 576 Abs. 1 Nr. 2 BGB), denn die Überlassung erfolgt nicht im Rahmen des Dienstverhältnisses.[113] Folglich liegt bei Werkdienstwohnungen ein einheitlicher Vertrag mit arbeitsrechtlichen und mietrechtlichen Elementen vor, bei dem die arbeitsrechtlichen Elemente überwiegen.[114] Die Überlassung ist Teil des Arbeitsverhältnisses. In allen anderen Fällen der Überlassung von Wohnraum steht das Mietverhältnis neben dem Arbeitsverhältnis. Bei Vergünstigun-

---

109 Unter anderem BAG, Urt. v. 24.01.1990 – 4 AZR 555/89 – (juris); BAG AP Nr. 34 zu § 249 BGB, Bl. 454 in Bestätigung von LAG Hamm LAGE Nr. 5 zu § 249 BGB, S. 1 f.; BAGE 81, 294 (297 f.); 91, 379 (381); 96, 34 (39); 107, 256 (261 f.); LAG Hamm LAGE Nr. 2 zu § 850e ZPO, S. 2.

110 Vgl. nur *Becker-Schaffner*, DB 1993, 2078; *Dombrowski*, *Zettelmeyer*, NZA 1995, 155 ff.; ErfK/*Preis*, § 611 BGB Rdn. 522 ff.; *Nägele*, NZA 1995, 1196 (1199 ff.).

111 Zur Bewertung solcher Vereinbarungen vgl. BAG AP Nr. 3 zu § 87 BetrVG 1972 Werkmietwohnungen mit Anm. *Dütz*, Bl. 182; *Griese*, Küttner/Röller (Hrsg.), Personalbuch 2012, Dienstwohnung, Rdn. 1 f.; *Kania*, Nichtarbeitsrechtliche Beziehungen, S. 177; *Koch* in Schaub/Koch, Arbeitsrecht von A-Z, Werkswohnung, I.; MünchKommBGB/*Artz*, § 576 BGB, Rdn. 4; *Schmitz-Justen*, WuM 2000, 582; STAUDINGER/*Annuß* (2011), § 613a BGB Rdn. 188; *Wendling*, Betriebsübergang, S. 129; *Willemsen*, Festschr. Herbert Wiedemann, S. 645 (648).

112 BAGE 21, 340 (343 f.); BAG AP Nr. 3 zu § 87 BetrVG 1972 Werkmietwohnung mit Anm. *Dütz*, Bl. 183; BAG AP Nr. 3 zu § 565e BGB, Bl. 1073; *Posth*, Betriebsinhaberwechsel, S. 143; STAUDINGER/*Annuß* (2011), § 613a BGB Rdn. 188.

113 Einer einheitlichen Behandlung, wie sie sich in BAG AP Nr. 3 zu § 565e BGB, Bl. 1073 findet, wird hier daher nicht gefolgt. In diesem Sinne auch *Gaßner*, AcP 186 (1986), 325 (328 f.).

114 BAGE 21, 340 (343 ff.); *Gaßner*, AcP 186 (1986), 325 (330 ff.); *Kania*, Nichtarbeitsrechtliche Beziehungen, S. 181 f.

gen gilt, dass sie dann, wenn ein Anspruch besteht, Teil der Vergütung und damit des Arbeitsverhältnisses sind.

5. Kaufverträge

Nach den erarbeiteten Grundsätzen ist auch die Einordnung von Personalrabattsystemen unproblematisch. Werden durch arbeitsvertragliche Zusagen Ansprüche auf Personalrabattgewährung begründet, so besteht Anspruch auf die Leistung eines geldwerten Vorteiles in Höhe der Ersparnis zum marktüblichen Preis. Dieser ist Teil der Vergütung und damit des Arbeitsverhältnisses. Die Kaufverträge über die Sachen, welche verbilligt überlassen werden sollen, sind ein Zwischenschritt bei der Gewährung und stehen selbstständig neben dem Arbeitsverhältnis.[115]

6. Mitarbeiterbeteiligungen

Eine moderne Form der Anreizsysteme stellen die Mitarbeiterbeteiligungsprogramme dar.[116] Im weiteren Sinne umfassen jene auch solche Programme, bei denen die Arbeitnehmer am Erfolg beteiligt werden,[117] also Sonderausschüttungen gekoppelt an den Gewinn, den Ertrag oder die Leistung vorgenommen werden.[118] Dabei handelt es sich unproblematisch um Vergütungen im Rahmen des

115 BAGE 73, 178 (181 f.); BAG AP Nr. 1 zu § 611 BGB Personalrabatt, Bl. 414 („**co op**"); BAGE 112, 23 = AP Nr. 17 zu § 611 BGB Sachbezüge mit Anm. *Boemke*, Bl. 1830 f. („**Daimler Chrysler**"); *B. Fuchs*, Betriebliche Sozialleistungen, S. 134 ff., nimmt einen gemischten Vertrag an. Wendet aber nach der Absorptionstheorie im Ergebnis auch ausschließlich Kaufrecht an.

116 *Europäische Stiftung zur Verbesserung der Lebens- und Arbeitsbedingungen,* Finanzielle Beteiligung, S. 1 ff.; *Europäische Stiftung zur Verbesserung der Lebens- und Arbeitsbedingungen,* Industrial relations development in Europe 2008, S. 20; *Maidl*, NZG 2007, 495; *Europäische Kommission*, KOM(2002) 364 endg.; *Körner*, BB 2009, Beil. 1, S. 8 ff.; *Lowitzsch*, BB 2009, Beil. 1, S. 12 f.; *Poutsma*, Beteiligung der Arbeitnehmer in der Europäischen Union, S. 1 ff.; *Wagner*, BB 2005, 661 ff. Zur durch Horst Köhler zur Jahreswende 2005/2006 angestoßenen, vor allem politischen Debatte siehe auch *Stracke/Martins/Peters/Nerdinger*, Mitarbeiterbeteiligung, S. 7 ff., 63 ff.

117 Vgl. *John, Stachel,* BB 2009, Beil. 1, S. 17; *Röller,* Küttner/Röller (Hrsg.), Personalbuch 2012, Mitarbeiterbeteiligung, Rdn. 1; *Walti*, Mitarbeiterbeteiligungen, S. 5 f., fasst unter den weiten Begriff auch Mitspracherechte und spricht dann im hier genannten Bereich von materiellen im Gegensatz zu immateriellen Mitarbeiterbeteiligungen. So wohl auch *Stracke/Martins/Peters/Nerdinger*, Mitarbeiterbeteiligung, S. 11. Diese Begriffsverwendung erscheint indes für die hier genannten Problempunkte zu weit.

118 Nichts anderes als eine Erfolgsbeteiligung stellen die Ansprüche aufgrund von Phantom Stock Appreciation Rights und anderen virtuellen Beteiligungsmodellen dar, da hier nur die Höhe der Sonderzahlung an einen Index beziehungsweise eine bestimmte Berechnungsgröße gebunden

Arbeitsverhältnisses. Problematischer gestaltet sich die Einordnung von reinen Vermögensbeteiligungen (Mitarbeiterbeteiligungen im engeren Sinne). In diesem Zusammenhang ist zu differenzieren, ob eine Beteiligung am Eigen- oder Fremdkapital der Arbeitgebergesellschaft besteht. Dabei liegt ein wirklicher Anteil am Eigenkapital (Equity) im Ergebnis nur dann vor, wenn der Arbeitnehmer dem Unternehmen dauerhaft Kapital zur Verfügung stellt und im Gegenzug Gesellschafterstatus erhält und sowohl am Gewinn als auch am Verlust teilnimmt. Gestaltungen, bei denen zwar Anteile übertragen werden, Mitwirkungsrechte aber eingeschränkt werden (Mischformen), sind daher den Beteiligungen am Fremdkapital (Bonded Capital) zuzuordnen, bei denen der Arbeitnehmer dem Unternehmen Kapital zur Verfügung stellt und dafür einen bestimmten Zins oder doch zumindest eine bestimmte Gewinnchance erhält, ohne am Verlust teilzunehmen.[119] Die reine Beteiligung am Fremdkapital (Arbeitnehmerdarlehen) hat kaum eine Anreizwirkung[120] und ist daher hier zu vernachlässigen. Vom Gesetzgeber gefördert und steuerlich begünstigt werden unter anderem Mitarbeiterbeteiligungen in Form von Aktien, Wandel- und Gewinnschuldverschreibungen, Investmentanteilen beziehungsweise Anteilen an Mitarbeiterbeteiligungsfonds, GmbH-Anteilen, stillen Beteiligungen sowie Genussrechten.[121] Allen diesen Gestaltungen ist gemein, dass neben dem Arbeitsverhältnis zwischen Arbeitgeber und Arbeitnehmer weitere schuldrechtliche oder gesellschaftsrechtliche Absprachen getroffen werden, deren Zuordnung zum Arbeitsverhältnis problematisch erscheint.

a) Gesellschaftsanteile

Gesellschaftsanteile, sei es in Form von Aktien, GmbH-Anteilen, Kommanditeinlagen oder anderen, setzen voraus, dass der Arbeitnehmer mit den Gesellschaftern der arbeitgebenden Gesellschaft einen Gesellschaftsvertrag schließt und seinen Anteil zum Gesellschaftsvermögen beisteuert.[122] In Folge des Anteilserwerbes wird der Mitarbeiter Gesellschafter des Arbeitgeberunternehmens. Das Gesell-

---

wird. Vgl. dazu *Ettinger*, Stock Options, S. 11; *Kau, Leverenz*, BB 1998, 2269 (2271); *Löhr, Althaus, Weskamp*, Festschr. Michael Lezius, S. 340 (343 f.); *Pulz*, Personalbindung, S. 22; *Walti*, Mitarbeiterbeteiligungen, S. 13.

119 Vgl. Unterscheidungen in BGHZ 164, 98 (103); 164, 107 (111 f.); *Reuter*, Festschr. Robert Fischer, S. 605 ff.; *Schanz*, NZA 2000, 626 (627); *Walti*, Mitarbeiterbeteiligungen, S. 7.

120 Siehe nur Ausführungen in Stellungnahme des Bundesrates und Gegenäußerung der Bundesregierung zum MKapBG, BT-Drucksache 16/10721, S. 2; *Röller*, Küttner/Röller (Hrsg.), Personalbuch 2012, Mitarbeiterbeteiligung, Rdn. 2; *Schanz*, NZA 2000, 626 (627).

121 Siehe auch § 2 Abs. 1 5. VermBG; § 3 Nr. 39 EStG. Vgl. auch Ausführungen in BGHZ 144, 290 (292).

122 Siehe gesetzliche Regelungen zu Gesellschaften: § 705 BGB; § 105 HGB; § 161 Abs. 1 HGB; § 1 AktG; §§ 1 ff. GmbHG. Siehe auch Ausführungen bei *Fohrmann*, Der Arbeitnehmer als Gesellschafter, S. 11 ff.

schaftsverhältnis steht rechtlich selbstständig neben dem Arbeitsverhältnis.[123] Die Rechte und Pflichten, welche sich aus der Gesellschafterstellung ergeben, richten sich nach der Satzung beziehungsweise dem Gesellschaftsstatut und den gesetzlichen Bestimmungen des Gesellschaftsrechts. Gegenstand des Arbeitsverhältnisses kann hier nur eine etwaige Zusage des Arbeitgebers sein, Mitarbeitern den Anteilserwerb zu ermöglichen. Erhalten Arbeitnehmer im Hinblick auf ihr Arbeitsverhältnis die Möglichkeit, überhaupt oder zu erleichterten Konditionen Gesellschaftsanteile zu erwerben, so handelt es sich um Vergütung im weiteren Sinne.

b) Aktienoptionsprogramme

Gesprächsthema sind häufig moderne Mitarbeiterbeteiligungsprogramme in Form von Aktienoptionsprogrammen (Incentive Stock Option Plans). Bei diesen gewährt das Arbeitgeberunternehmen den Arbeitnehmern – meist unentgeltlich – nicht handelbare Optionen auf den Erwerb von Aktien der Gesellschaft (Naked Warrants) innerhalb einer bestimmten Ausübungsphase zu einem bestimmten Preis, der meist dem Aktienwert am Tag der Ausgabe der Optionen entspricht.[124] Das Optionsrecht kann zunächst einseitig eingeräumt werden, dann liegt eine Festofferte nach § 145 BGB vor.[125] Wird das Optionsrecht vertraglich eingeräumt, so ist durch Auslegung zu ermitteln, ob ein Angebotsvertrag, ein bedingter Hauptvertrag (§ 158 Abs. 1 BGB) oder ein vertraglich begründetes Gestaltungsrecht gewollt ist.[126] Die genauen Optionsbedingungen ergeben sich in der Regel aus einem Hauptversammlungsbeschluss,[127] der in Form eines Aktienoptionsplanes kommuniziert wird. Die Gesellschaft kann die Optionen über den Rückkauf eigener Aktien oder die Ausgabe junger Aktien bedienen.[128]

---

123 Vgl. BFHE 195, 395 (396); 209, 549 (553); BFH DStR 2009, 2092 (2093); *Fohrmann*, Der Arbeitnehmer als Gesellschafter, S. 24 f.; *Schanz*, NZA 2000, 626 (632); *Walti*, Mitarbeiterbeteiligungen, S. 7. Abweichend *Schimana, Frauenkron*, DB 1980, 445, die nicht ausreichend zwischen den einzelnen Rechtsverhältnissen differenzieren.

124 Dazu *Ackermann, Suchan*, BB 2002, 1497; *John, Stachel*, BB 2009, Beil. 1, S. 17 (18); *Baeck, Diller*, DB 1998, 1405; *Bredow*, DStR 1998, 380; *Delp*, BB 2001, 1438; *Ettinger*, Stock Options, S. 7; *Kollmorgen, Feldhaus*, BB 2007, 225; *V. Lindemann*, Flexible Gestaltung, S. 337; *Lützeler*, Aktienoptionen, S. 15; *Umnuß, Ehle*, BB 2002, 1042.

125 Vgl. *Lörcher*, Aktienoptionen bei Strukturveränderungen, S. 52 ff., 56 ff., 73 f.; *Pulz*, Personalbindung, S. 106.

126 *Deutschmann*, Aktienoptionen, S. 36 f.; *Ettinger*, Stock Options, S. 43 f.; *Klahold*, Aktienoptionen, S. 102 f.

127 Siehe unter anderem Regelungen in §§ 71 Abs. 1 Nr. 8; 192 Abs. 1, 2 Nr. 3; 193 Abs. 2; 202, 203 AktG. Detaillierter dazu auch *Ackermann, Suchan*, BB 2002, 1497 (1497 f.); *Kallmeyer*, AG 1999, 97 (100); *Kau, Kukat*, BB 1999, 2505 (2506 f.); *Kau, Leverenz*, BB 1998, 2269 (2272); *Klahold*, Aktienoptionen, S. 240 ff.

128 §§ 71 Abs. 1 Nr. 8; 192 Abs. 1, 2 Nr. 3; 193 Abs. 2; 202; 203 AktG.

Das Optionsrecht stellt Naturallohn beziehungsweise Vergütung im weiteren Sinne dar.[129] Die Zusage der Erteilung von Optionen ist Teil des Arbeitsverhältnisses. Die einseitige oder vertragliche Einräumung der Option erfolgt durch separates Rechtsgeschäft. Der Kaufvertrag über die Aktien steht auch hier – wie oben für die Personalrabatte festgestellt[130] – neben dem Arbeitsverhältnis. Nach Erwerb der Aktien ist der Mitarbeiter Anteilsinhaber. Seine Rechte und Pflichten richten sich nach dem Gesellschaftsrecht.[131]

c) Wandel- und Gewinnschuldverschreibungen

Wandel- und Gewinnschuldverschreibungen sind legaldefiniert in § 221 Abs. 1 S. 1 AktG als Schuldverschreibungen (vgl. §§ 793 ff. BGB), bei denen den Gläubigern ein Umtausch- oder Bezugsrecht auf Aktien eingeräumt wird (Wandelschuldverschreibungen) beziehungsweise bei denen die Rechte der Gläubiger mit Gewinnanteilen von Aktionären in Verbindung gebracht werden (Gewinnschuldverschreibungen).

aa) Wandelschuldverschreibungen

Bei der Wandelschuldverschreibung kann der Arbeitnehmer für von ihm eingesetzte Mittel eine Beteiligung am Eigenkapital erhalten. Es handelt sich um ein schuldrechtliches Instrument in Form eines Inhaberpapiers nach § 793 Abs. 1 BGB.[132] Der Arbeitnehmer überlässt dabei dem Arbeitgeberunternehmen Kapital, welches zu verzinsen ist. Dafür gibt das Unternehmen eine Schuldverschreibung aus, die die Ansprüche auf laufende Zinsen sowie den Rückzahlungsanspruch bei Laufzeitende verbrieft. Darüber hinaus wird dem Gläubiger ein Bezugsrecht auf Aktien des Emittenten eingeräumt.[133] Von diesem Wahlrecht kann er Gebrauch machen und so mit Ex-nunc-Wirkung ein Rechtsverhältnis gerichtet auf Aktienverschaffung zwischen Arbeitgeber und Arbeitnehmer be-

---

129 Vgl. BAG AP Nr. 12 zu § 305 BGB, Bl. 2071 f.; BAG AG 2008, 852 (855); BFHE 209, 559 (564); BFH DStR 2007, 1158 (1159); BFHE 222, 353 (356 f.); LG Stuttgart NZG 1998, 233 (234); *Fach*, Zulässigkeit von Bindungsklauseln, S. 217 ff.; *U. Fischer*, DB 1999, 1702 (1703); *Legerlotz, Laber*, ArbRB 2001, 58 (59); *Lembke*, BB 2001, 1469 (1470 f.); *Lingemann, Diller, Mengel*, NZA 2000, 1191 (1192 f.); *Lützeler*, Aktienoptionen, S. 23; *Scheuer*, Aktienoptionen, S. 25 f.

130 Kapitel 2 A.I.5.

131 Zu den bestehenden Rechtsbeziehungen vgl. auch *Buhr, Radtke*, DB 2001, 1882 (1883); *Mohr, Bihn*, Kessler/Sauter (Hrsg.), Handbuch Stock Options, N. Arbeitsrecht, Rdn. 888; *Scheuer*, Aktienoptionen, S. 24 f.; *Walti*, Mitarbeiterbeteiligungen, S. 7.

132 MünchKommAktG/*Habersack*, § 221 AktG Rdn. 27.

133 *Eisolt, Wickinger*, BB 2001, 122; *Hamacher*, DB 2000, 2396; *Lochmann*, DB 2005, 1721; MünchKommAktG/*Habersack*, § 221 AktG Rdn. 24 f.

gründen.[134] Muss der Mitarbeiter für die Aktien die Schuldverschreibung zurückgeben, so liegt eine Wandelanleihe (Convertible Bond) vor. Ist der Bezug der Aktien von der Schuldverschreibung unabhängig, so liegt eine Optionsanleihe (Warrant-linked Bond) vor, bei welcher der Gläubiger die Aktien gegen Zahlung des Bezugspreises erhält.[135]

Mit Erwerb der Wandelschuldverschreibungen entsteht also neben dem Arbeitsverhältnis ein Darlehensverhältnis zwischen Arbeitgeber und Arbeitnehmer, welches nicht Inhalt des Arbeitsverhältnisses wird.[136] Im Fall der Wandelanleihe erbringt das Unternehmen seine geschuldete Leistung durch Gewährung der Aktien. Im Fall der Optionsanleihe tritt neben das Darlehensverhältnis ein Kaufvertrag über Aktien. Nach Erwerb der Aktien wird der Arbeitnehmer Anteilsinhaber am Arbeitgeberunternehmen. Diese Stellung richtet sich – wie oben schon gesehen – nach Gesellschaftsrecht. Teil des Arbeitsverhältnisses ist damit auch hier ausschließlich eine etwaige Zusage des Arbeitgebers, Wandelschuldverschreibungen im Hinblick auf die bestehenden Arbeitsverhältnisse überhaupt oder vergünstigt auszugeben.

bb) Gewinnschuldverschreibungen

Bei Gewinnschuldverschreibungen bleibt es bei der Überlassung von Fremdkapital durch den Arbeitnehmer. Die Anreizwirkung in Bezug auf die Arbeitsleistung des Mitarbeiters wird hier erreicht, indem die Berechnung des Zinses für die Kapitalüberlassung in Anpassung an die Gewinnanteile von Aktionären erfolgt. In Betracht kommt eine Kopplung an die Dividende, den Jahresüberschuss, den Bilanzgewinn oder ähnliche ergebnisorientierte Faktoren. Dabei kann der Bezug limitiert werden, indem auf das Ergebnis bestimmter Wirtschaftseinheiten im Unternehmen abgestellt wird.[137] Auch hier besteht also ein vom Arbeitsverhältnis zu unterscheidendes, selbstständiges Darlehensverhältnis. Hat sich der Arbeitgeber zur Ausgabe von Gewinnschuldverschreibungen in der Art verpflichtet, dass ein Zuwendungselement anzunehmen ist, so ist diese Zusage Inhalt des Arbeitsverhältnisses.

---

134 *Hamacher*, DB 2000, 2396; *Lochmann*, DB 2005, 1721; MünchKommAktG/*Habersack*, § 221 AktG Rdn. 27.

135 MünchKommAktG/*Habersack*, § 221 AktG Rdn. 24; *Zeidler*, NZG 1998, 789 (791).

136 Siehe unter anderem BFHE 209, 549 (554); 209, 559 (564 f.); *Walti*, Mitarbeiterbeteiligungen, S. 7.

137 MünchKommAktG/*Habersack*, § 221 AktG Rdn. 54 ff.

d) Investmentanteile und Mitarbeiterbeteiligungsfonds

Zu prüfen sind auch Investmentanteile und Mitarbeiterbeteiligungsfonds, da sie steuerrechtlich privilegierte Formen der Mitarbeiterbeteiligung darstellen.

aa) Investmentanteile

Bis zum 31. Dezember 2008 wurden nach § 2 Abs. 1 Nr. 1 lit. c) 5. VmBG in Verbindung mit § 19a Abs. 1 EStG Geldleistungen, die der Arbeitgeber für den Arbeitnehmer zum Erwerb von Anteilen an Sondervermögen nach dem Investmentgesetz anlegt, steuerlich begünstigt. Die Regelung des § 19a EStG wurde durch Art. 1 Nr. 2 des Gesetzes zur steuerlichen Förderung der Mitarbeiterkapitalbeteiligung (Mitarbeiterkapitalbeteiligungsgesetz – MKapBG)[138] mit Wirkung zum 1. Januar 2009 aufgehoben. Nach § 52 Abs. 35 EStG findet § 19a EStG in seiner alten Fassung aber dann noch Anwendung, wenn (1) eine Vermögensbeteiligung vor dem 1. April 2009 überlassen wurde oder (2) auf Grund einer am 31. März 2009 bestehenden Vereinbarung ein Anspruch auf die unentgeltliche oder verbilligte Überlassung einer Vermögensbeteiligung bestand und die Vermögensbeteiligung vor dem 1. Januar 2016 überlassen wird und in beiden Fällen der Arbeitgeber im Kalenderjahr auf den Arbeitnehmer nicht § 3 Nr. 39 EStG, das heißt die Regelung zu Mitarbeiterbeteiligungsfonds, anzuwenden hat.

Diese Begünstigung bezieht sich auf vermögenswirksame Leistungen. Vergütung im weiteren Sinne ist das vom Arbeitgeber aufgebrachte Anlagekapital. Eine arbeitgeberseitige Verpflichtung zur Aufbringung dieser entgeltlichen Leistungen ist Teil des Arbeitsverhältnisses. Die Anlage selbst bei einer Kapitalanlagegesellschaft (§ 30 InvG) steht rechtlich selbstständig neben dem Arbeitsverhältnis. Insbesondere stellen die erwirtschafteten Erträge kein Entgelt mehr dar.[139]

bb) Mitarbeiterbeteiligungsfonds

Die Mitarbeiterbeteiligungsfonds wurden durch das Mitarbeiterbeteiligungsgesetz mit Wirkung zum 1. April 2009 eingeführt und sind in §§ 901 ff. InvG und § 3 Nr. 39 EStG geregelt.[140] Es handelt sich nach § 901 Abs. 1 InvG um Sondervermögen, die für die Arbeitnehmer von Unternehmen aufgelegt werden, die ihren Arbeitnehmern freiwillige Leistungen im Sinne des § 3 Nr. 39 S. 2 EStG zum

---

138 BGBl. I 2009, S. 451 ff.

139 Vgl. *Michel, Hernler*, BB 2009, 193 (195 f.); *Wagner*, BB 1998, Beil. 11, S. 1 ff.

140 Siehe Regierungsentwurf MKapBG, BT-Drucksache 16/10531, S. 12; *Bontrup*, BB 2009, Beil. 1, S. 2 (5); *Breinersdorfer*, DStR 2009, 453 (454 ff.); *Burwitz*, NZG 2008, 657; *Burwitz*, NZG 2009, 378; *Macher*, NZA 2009, 944; *Plenker*, BRZ 2009, 176 (177); *Ch. Schmidt*, DStR 2009, 1986 (1987); *M. Schmidt*, BB 2009, Beil. 1, S. 23 ff.; *Stockum, Bender*, BB 2009, 1948 f.

Erwerb von Anteilen an dem Sondervermögen gewähren. Freiwillige Leistungen im Sinne von § 3 Nr. 39 S. 2 EStG sind solche, die allen Arbeitnehmern offenstehen, die im Zeitpunkt der Bekanntgabe des Angebotes ein Jahr oder länger ununterbrochen in einem gegenwärtigen Dienstverhältnis zum Unternehmen stehen. Dabei sind nach § 3 Nr. 39 S. 3 EStG auch freiwillige Leistungen von Unternehmen erfasst, die im Sinne des § 18 AktG mit dem Arbeitgeberunternehmen verbunden sind, sprich Leistungen von Konzernunternehmen. Im Ergebnis sind die Leistungen hier parallel zu den Investmentanteilen einzuordnen. Die Mittel, die der Arbeitgeber zur Verfügung stellt, sind Entgelt. Eine dahingehende Verpflichtung ist Teil des Arbeitsverhältnisses. Die schuldrechtliche Beziehung zum Fonds, also zur Kapitalanlagegesellschaft, steht neben dem Arbeitsverhältnis. Die Erträge aus der Anlage im Fonds sind daher kein Entgelt.

e) Genussrechte

Die Regelungen über Wandel- und Gewinnschuldverschreibungen finden nach § 221 Abs. 3 AktG auch auf Genussrechte Anwendung. Auch hier werden dem Gläubiger, im Fall der Mitarbeiterbeteiligung also dem Arbeitnehmer, schuldrechtlich Vorteile eingeräumt, die indes nicht verbrieft werden müssen. Werden sie verbrieft, so spricht man in diesem Zusammenhang von Genussscheinen. Der eingeräumte Vorteil bezieht sich bei Genussrechten nicht auf die Einräumung einer mitgliedschaftlichen Position, sondern vielmehr auf die Gewährung aktionärstypischer Vermögensrechte.[141] Insoweit besteht eine Parallele zu den Gewinnschuldverschreibungen. Da § 221 Abs. 3 AktG als Auffangtatbestand konzipiert ist, sind solche schuldrechtlichen Ansprüche auf aktionärstypische Vermögensrechte darunter zu fassen, die nicht schon dem Tatbestand von § 221 Abs. 1 AktG unterfallen und auch keinen Teilgewinnabführungsvertrag begründen.[142] Bedeutsam im Rahmen der Mitarbeiter-Genussrechte ist die Beteiligung am Gewinn als obligationsähnliches Genussrecht.[143] Auch das Genussrecht stellt damit ein vom Arbeitsverhältnis unabhängiges Schuldverhältnis dar. Die oben entwickelten Grundsätze lassen sich übertragen.

---

141 Zur Einordnung siehe BGH BB 1959, 390. Ausführlich *Frantzen*, Genussscheine, S. 1 ff.; *Gast, Wissmann*, BB 1987, Beil. 17, S. 1 (2 f.); *Niewarra*, BB 1984, 1652 f.; *Pougin*, Festschr. Walter Oppenhoff, S. 275 ff.; *Reuter*, Festschr. Robert Fischer, S. 605 (610 f.); *Schaber, Kuhn, Eichhorn*, BB 2004, 315 f.; *U.H. Schneider*, Festschr. Reinhard Goerdeler, S. 511 (513); *Schön*, JZ 1993, 925 (926 f.); *Ziebe*, DStR 1991, 1594 f.

142 *Frantzen*, Genussscheine, S. 179 ff.; MünchKommAktG/*Habersack*, § 221 AktG Rdn. 62 ff.

143 Zu dieser Begrifflichkeit MünchKommAktG/*Habersack*, § 221 AktG Rdn. 77, 83; *U.H. Schneider*, Festschr. Reinhard Goerdeler, S. 511 (514); *Schön*, JZ 1993, 925 (930).

f) Stille Beteiligungen

Eine stille Beteiligung ist gegeben, wenn der Mitarbeiter der Arbeitgebergesellschaft nicht nur Vermögen überlässt, sondern er sich durch eine Vermögenseinlage am Unternehmen der Arbeitgebergesellschaft aufgrund eines Gesellschaftsvertrages beteiligt, so dass zwischen der Arbeitgebergesellschaft und ihm eine Innengesellschaft entsteht (§ 230 Abs. 1 HGB). Entscheidendes Kriterium ist hier die Verfolgung eines gemeinsamen Gesellschaftszwecks. Ein Vermögen der Innengesellschaft wird indes nicht begründet, vielmehr leistet der stille Gesellschafter die Vermögenseinlage an die Arbeitgebergesellschaft als Betreiberin eines Gewerbes.[144] Es besteht also neben dem Arbeitsverhältnis, welches eine etwaige Zusage über die Ermöglichung von stillen Beteiligungen auf individualarbeitsrechtlicher Grundlage beinhaltet, ein selbstständiges Gesellschaftsverhältnis in Form einer stillen Gesellschaft.[145] Aufgrund dieses Verhältnisses nimmt der Mitarbeiter zwingend am Gewinn der Arbeitgebergesellschaft teil (§ 231 Abs. 2, 2. Hs. HGB). Die Beteiligung am Verlust kann ausgeschlossen werden (§ 231 Abs. 2, 1. Hs. HGB).

7. Zwischenergebnis

Insgesamt lässt sich für „nicht-arbeitsrechtliche" Verträge als gemeinsames Kriterium festhalten, dass es sich um schuldrechtliche oder gesellschaftsrechtliche Verträge handelt, die im Hinblick auf das Arbeitsverhältnis eingegangen werden und regelmäßig für den Arbeitnehmer günstiger sind als für Betriebs-, Unternehmens- oder Konzernfremde. Deshalb stellt der geldwerte Vorteil, der Nutzen, den der Mitarbeiter aus diesen Geschäften zieht, keine Schenkung dar, sondern Entgelt im weiteren Sinne. Teil des Arbeitsverhältnisses ist eine etwaig bestehende Verpflichtung des Arbeitgebers auf individualarbeitsrechtlicher Grundlage. Die „nicht-arbeitsrechtlichen" Verträge mit Zuwendungselement stehen selbstständig neben dem Arbeitsverhältnis. Bei Werkdienstwohnungen liegt per definitionem kein gesondertes Rechtsverhältnis vor, so dass diese streng genommen nicht in die diskutierte Problemgruppe hineinfallen.

Mithin führt die Qualifizierung einer Leistung als Entgelt im weiteren Sinne nicht dazu, dass die Leistung selbst oder Vereinbarungen über die Leistung Teil des Arbeitsverhältnisses werden. Vielmehr stellt das Arbeitsverhältnis bei Entgeltleistungen häufig den Rechtsgrund oder das Valutaverhältnis dar. Teil des Arbeitsverhältnisses, an das § 613a Abs. 1 BGB anknüpft, werden die rechtsverbindlichen Leistungszusagen des Arbeitgebers, nicht aber die Erfül-

144 Zur stillen Gesellschaft siehe MünchHdbGesR/*Bezzenberger/Keul*, § 72 Rdn. 1 f., 10 ff.
145 Siehe nur *Fohrmann*, Der Arbeitnehmer als Gesellschafter, S. 8, 11 f.

lungsgeschäfte oder die Leistungsverhältnisse; dies selbst dann nicht, wenn die Arbeitsvertragsparteien zur Erfüllung der Leistungszusage ein weiteres Dauerschuldverhältnis begründen.

II. Vereinbarungen unter Beteiligung weiterer Konzerngesellschaften

Die Zugehörigkeit des Arbeitgebers zu einem Konzern allein führt – wie oben[146] gesehen – nicht dazu, dass vertragliche Beziehungen zwischen Arbeitnehmern und Konzernunternehmen weitere Gesellschaften der Gruppe verpflichten. Auch die Verwendung von konzernweiten Allgemeinen Geschäftsbedingungen, vorgegebenen Formularen und die Bezugnahme auf Konzernregelungswerke durch den Arbeitgeber führen nicht zu einer veränderten Einschätzung, da sie sich qualitativ nicht von der Verwendung von Vorgaben aus Berufs-, Branchen- oder anderen Verbänden sowie Rechts- und Wirtschaftsberatungen unterscheiden.

Häufig betreibt die Konzernleitung jedoch eine eigene Personalpolitik für die Unternehmensgruppe. Oben[147] wurde schon dargestellt, dass ein Mittel der Mitarbeitermotivation und Leistungslenkung die Gewährung konzernweiter Zusatzleistungen und deren Ausrichtung an Konzernkennziffern ist. Werden diese Leistungen nun nicht vom Arbeitgeber, sondern von einem anderen Unternehmen der Gruppe erbracht, so stellt sich die Frage, ob die Zuordnung von Leistungen zum Arbeitsverhältnis uneingeschränkt unter Heranziehung der in diesem Kapitel unter A.I. dargestellten Kriterien erfolgen kann oder ob weitere Kennzeichen hinzutreten. Entscheidendes Differenzkriterium kann auch hier wieder sein, ob ein weiteres Rechtsverhältnis besteht und zwischen wem, um es dann als selbstständig oder unselbstständig, das heißt als Teil des Arbeitsverhältnisses oder als neben diesem stehend, klassifizieren zu können. Dies entspricht der von der Rechtsprechung in den Mitarbeiterbeteiligungsfällen im Konzern vorgenommenen Unterscheidung nach „eigenständigen“ und „nicht eigenständigen“ Verpflichtungen.[148] Insoweit lässt sich auch die einkommenssteuerrechtliche Differenzierung[149] zwischen der unechten Lohnzahlung Dritter und der Gewährung von Vorteilen durch Dritte fruchtbar machen.

146 Kapitel 1 B.II. und Kapitel 1 C.

147 Kapitel 1 B.III.

148 Vgl. nur BAGE 104, 324 (332 ff.) („**Nokia**“); BAG NZA-RR 2006, 582 (586) („**Deutsche Bank**“); Hess. LAG, Urt. v. 31.07.2007 – 7/2 Sa 1544/05 – (juris); LAG München, Urt. v. 12.02.2009 – 3 Sa 833/08 – (juris).

149 § 38 Abs. 1 S. 1 und 3 EStG, vgl. dazu BFH DStRE 2001, 1213 (1214); BFH DStR 2006, 1266 (1267); BFH DStR 2006, 1268 (1269); BFHE 222, 353 (356); *Thürmer* in Blümich, EStG – KStG – GewStG, § 38 EStG Rdn. 90 ff.

1. Vertragliche Vereinbarungen

Zunächst werden die zu den „nicht-arbeitsrechtlichen“ Verträgen entwickelten Grundsätze im Hinblick auf vertragliche Vereinbarungen untersucht, bevor eine Übertragung auf andere Verpflichtungsgründe wie den Gleichbehandlungsgrundsatz, die betriebliche Übung und Rechtsschein- beziehungsweise Vertrauenstatbestände erwägt wird. Dabei ist zunächst zwischen „unechten“ Leistungen und „echten“ Leistungsversprechen von nicht am Arbeitsverhältnis beteiligten Konzernunternehmen zu unterscheiden.

a) „Unechte“ Leistungen anderer Konzernunternehmen

Eine unechte Leistung eines Dritten ist nur dann anzunehmen, wenn eine eigene Verpflichtung des Arbeitgeberunternehmens gegenüber dem Arbeitnehmer besteht, die durch die Leistung des anderen Konzernunternehmens erfüllt wird.[150] Gar kein Fall der Drittleistung liegt dann vor, wenn der Dritte lediglich als Erfüllungsgehilfe oder Stellvertreter auftritt.

aa) Eigene Leistungsverpflichtung des Arbeitgeberunternehmens

Zunächst muss also eine eigene Leistungsverpflichtung des Arbeitgebers bestehen. Dabei kann sich das Arbeitgeberversprechen in den hier zu untersuchenden Fällen der unechten Drittleistung auf unterschiedliche Dinge beziehen. Zunächst kann der Arbeitgeber dem Arbeitnehmer eine eigene Leistung versprechen, die er aber nicht in Person zu leisten hat. Der Arbeitgeber kann auch explizit vereinbaren, dass er die freiwillige Leistung durch ein anderes Konzernunternehmen erbringen wird. Verspricht der Arbeitgeber die Leistung einer Mutter-, Schwester- oder Tochtergesellschaft, so handelt es sich nicht um einen Vertrag zu Lasten Dritter, sondern vielmehr um ein Verschaffungs- oder Garantieversprechen.[151] Welchen Inhalt die Verpflichtung hat, ist durch Auslegung nach den allgemeinen Grundsätzen zu ermitteln.

Hierher gehört der Fall, dass eine Konzerngesellschaft, die unterstützende Services für die produzierenden verbundenen Unternehmen, wie zum Beispiel IT-Leistungen oder Transportleistungen, erbringt, ihren Arbeitnehmern zusagt, dass sie die Produkte der anderen Konzerngesellschaften, wie Jahreswagen, ver-

150 *Glenk* in Blümich, EStG – KStG – GewStG, § 8 EStG Rdn. 181.

151 Vgl. BAG NJW 1997, 2773; *Rehbinder*, Konzernaußenrecht, S. 216, 377 ff., 383. Er geht auch auf jene Fälle ein, in denen eine Gesellschaft Vertragspartner wird und aufgrund einer Ermächtigung der anderen, Pflichten derselben begründet. Siehe auch *Willemsen*, Festschr. Herbert Wiedemann, S. 645 (656).

billigt erwerben können. Der Arbeitgeber kann sich verpflichten, die Sachen zu verschaffen und dann zu veräußern, er kann aber auch mit den entsprechenden verbundenen Unternehmen vereinbaren, dass sie die Produkte zum vereinbarten Preis anbieten oder direkt liefern.

Teil des Arbeitsverhältnisses ist in dieser Konstellation – genau wie in den unter A.I. untersuchten Fällen – die Arbeitgeberzusage. Die Leistungen der oder die Rechtsgeschäfte mit den anderen Konzernunternehmen stehen selbstständig neben dem Arbeitsverhältnis.

Problematisch erscheint, inwieweit sich bei den üblichen arbeitgeberübergreifenden Leistungen in einem Konzern eigene Verpflichtungen des Arbeitgebers ohne zunächst bestehende Zusage ergeben können und ob diese Verpflichtungen dann Teil des Arbeitsverhältnisses werden. Voraussetzung für Letzteres dürfte sein, dass sich das Arbeitgeberunternehmen an der konzernweiten Leistung in irgendeiner Form beteiligt. Als schuldrechtliche Verpflichtungsgründe kommen ein Schuldbeitritt oder eine Schuldübernahme in Betracht.

Verspricht ein Unternehmen der Gruppe, das nicht der Arbeitgeber ist, den Arbeitnehmern eines verbundenen Unternehmens Leistungen im Hinblick auf deren Arbeitsverhältnisse, so entsteht grundsätzlich ein Rechtsverhältnis mit vom Arbeitsverhältnis abweichenden Parteien. Da das Arbeitsverhältnis die Gesamtheit der Rechtsbeziehungen zwischen Arbeitgeber und Arbeitnehmer im Rahmen einer Sonderbeziehung umfasst, steht dieses Rechtsverhältnis, obwohl eine Leistung im Hinblick auf die Arbeitsleistung und diese damit nicht unentgeltlich erbracht wird, neben dem Arbeitsverhältnis.[152] Daran ändert sich auch dann nichts, wenn die Auszahlung über den Arbeitgeber als Erfüllungsgehilfen vorgenommen wird. Tritt das Arbeitgeberunternehmen dieser Schuld aber bei oder übernimmt es sie, so entsteht eine eigene Verpflichtung des Arbeitgebers.

Die Zuordnung dieser Arbeitgeberverpflichtung zum Arbeitsverhältnis erscheint auf den ersten Blick insoweit problematisch, als sie sich von einem Rechtsverhältnis ableitet, das eigenständig neben dem Arbeitsverhältnis bestand beziehungsweise besteht. Indes ist zu beachten, dass der Arbeitgeber diese Verpflichtung im Hinblick auf die Arbeitsleistung des Arbeitnehmers übernimmt und er bei Erfüllung keine unentgeltliche Leistung erbringt, sondern vielmehr erbrachte Dienste, Betriebstreue oder ähnliches vergütet. Damit stellt sich die Leistung des Arbeitgebers an den Arbeitnehmer als Entgelt im weiteren Sinne dar, so dass die Arbeitgeberverpflichtung aus der Übernahme oder dem Schuld-

152 BAGE 104, 324 (332) („**Nokia**"); BFH DStR 2001, 1213 (1214); LAG Düsseldorf NZA 1999, 981 (982); Hess. LAG NZA-RR 2003, 316; Hess. LAG, Urt. v. 31.07.2006 -7/2 Sa 1544/05 – (juris); LAG München, Urt. v. 12.02.2009 – 3 Sa 833/08 – (juris); *Annuß*, *Lembke*, BB 2003, 2230 f.; *Junker* WuB IX § 613a BGB 1.03; *Willemsen*, Festschr. Herbert Wiedemann, S. 645 (654 ff.); *Windbichler*, Arbeitsrecht im Konzern, S. 228 ff.

beitritt Teil des Arbeitsverhältnisses wird. Die unter A. I. entwickelten Grundsätze finden Anwendung.

bb) Leistung eines anderen Konzernunternehmens

Ist die Arbeitgebergesellschaft demnach verpflichtet, eine Zusatzleistung zu erbringen, so kann sie dies selbst tun. Sie muss aber grundsätzlich nicht in Person leisten, so dass sie sich auch der Hilfe anderer Konzernunternehmen bedienen kann. Unter bestimmten Voraussetzungen wird sie von ihrer Verpflichtung auch dann frei, wenn ein Unternehmen der Gruppe ohne Veranlassung durch die Gesellschaft die Leistung an den Arbeitnehmer erbringt.

(1) Leistung aufgrund eines Vertrages zugunsten Dritter

Hat das Arbeitgeberunternehmen seinen Arbeitnehmern eine Zusatzleistung versprochen und schließt es in Erfüllung dieser Verpflichtung einen Vertrag gerichtet auf die geschuldete Leistung mit einem anderen Konzernunternehmen, aus dem der Arbeitnehmer berechtigt sein soll (§ 328 Abs. 1 BGB), so entsteht ein klassisches Dreiecksverhältnis. Die Vereinbarung der Sonderleistung ist Teil des Arbeitsverhältnisses. Dieses ist das Valutaverhältnis der Leistungsbeziehung zu dem anderen Konzernunternehmen. Das Rechtsverhältnis zwischen Arbeitgeber und verbundenem Unternehmen stellt sich als Deckungsverhältnis dar.

(2) Leistung aufgrund Gesamtschuldnerschaft

Haften der Arbeitgeber und ein anderes Konzernunternehmen gesamtschuldnerisch für eine Zusatzvergütung, so leistet das andere Konzernunternehmen auf seine eigene Verpflichtung. Diese steht neben dem Arbeitsverhältnis. Die Gewährung der Zusatzleistung durch den Arbeitgeber stellt indes Entgelt im weiteren Sinne dar, so dass die Übernahme der Leistungsverpflichtung durch den Arbeitgeber Teil des Arbeitsverhältnisses ist. Von dieser Verpflichtung gegenüber dem Arbeitnehmer wird der Arbeitgeber bei voller Bewirkung durch das andere Konzernunternehmen frei (§ 422 Abs. 1 BGB).

(3) Leistung auf eine fremde Schuld

Leistet ein Konzernunternehmen, das nicht am Arbeitsverhältnis beteiligt ist, willentlich auf die Schuld der verbundenen Arbeitgebergesellschaft, so wird Letztere von ihrer Verpflichtung zur Zahlung der Sondervergütung nach § 267 Abs. 1 S. 1 BGB frei. An dem Charakter der Zahlung als Entgelt im weiteren Sinne ändert sich dadurch nichts.

Im Ergebnis lässt sich festhalten, dass die bestehende Verpflichtung des Arbeitgebers zur Gewährung von Zusatzleistungen in den behandelten Konstellationen ein Teil des Arbeitsverhältnisses ist. Die Arbeitnehmer erhalten damit Arbeitsvergütung aufgrund des Arbeitsverhältnisses, wenn diese Leistungen durch den Arbeitgeber oder ein verbundenes Unternehmen erbracht werden. Besteht neben der Verpflichtung des Arbeitgebers eine weitere Zusage durch eine andere Konzerngesellschaft, so steht diese grundsätzlich neben dem Arbeitsverhältnis.

b) Eigene Leistungsversprechen anderer Konzernunternehmen

Zu eigenen Leistungsversprechen anderer Konzernunternehmen kann es sowohl beim Abschluss von Arbeitsverträgen als auch während des Bestehens des Arbeitsverhältnisses kommen. In der Praxis entstehen aufgrund mehrerer Umstände Unsicherheiten. Zum einen stellt sich die Frage, ob bestimmte Erklärungen zu Zusatzleistungen im Konzern, die gegenüber dem Arbeitnehmer, zum Beispiel bei Vertragsschluss, getätigt werden, überhaupt mit Rechtsbindungswillen abgegeben werden, ob also beabsichtigt ist, einen Anspruch auf eine solche Leistung zu begründen (siehe unter aa). Dann stellt sich das Problem, dass der Arbeitnehmer teilweise nicht erkennen kann, für wen eine bestimmte natürliche Person gerade auftritt. Dies kann darin begründet liegen, dass eine zentrale Personalabteilung besteht, dass Doppelorganschaften bestehen oder dass Vertreter einer Gesellschaft ein Leistungsprogramm eines verbundenen Unternehmens (vielleicht sogar mit ähnlicher Firma) vorstellen (bb). Im Anschluss daran stellt sich dann die Frage, ob die handelnde Person zur Vertretung befugt war (cc).

aa) Rechtsbindungswille

Zunächst muss durch Auslegung ermittelt werden, ob im Hinblick auf bestimmte Konzernleistungen überhaupt eine rechtsverbindliche Erklärung abgegeben werden sollte. Aussagen bei Vertragsschluss sind gemäß §§ 133, 157, 242 BGB nach Treu und Glauben auszulegen. Es ist der wahre Wille des Erklärenden unter Berücksichtigung der tatsächlichen Umstände zu erforschen, wie er vom Erklärungsempfänger zu verstehen war. Der Arbeitnehmer kann danach dann nicht von einem Verpflichtungswillen seines Gegenübers ausgehen, wenn dieser deutlich macht, dass er nur informiert oder Absichtserklärungen abgibt.

Dabei wird man eine reine Information immer nur dann annehmen können, wenn tatsächliche Verhältnisse bei den Verhandlungen zur Sprache kommen, ohne dass sie sich in den Vereinbarungen zwischen den Parteien, insbesondere im Arbeitsvertrag oder Anhängen dazu, niederschlagen.

Etwas schwieriger gestaltet sich die Abgrenzung von reinen Absichtserklärungen und Zusagen. Eine solche Differenzierung hatte das Bundesarbeitsgericht in einer Entscheidung vom 3. Mai 2006 vorzunehmen.[153] Dem Urteil lag der folgende Sachverhalt zugrunde:

Der Kläger war zunächst Arbeitnehmer einer Tochtergesellschaft der beklagten Bank. Im Arbeitsvertrag wurden ihm ein Grundgehalt sowie ein freiwilliger variabler Bonus zugesagt. Zudem enthielt der Vertrag eine Formulierung, nach der vorgesehen sei, die variable Zahlung in Zukunft durch einen Carried-Interest-Plan zu ersetzen. Nachdem die Beklagte das Personal der Tochtergesellschaft übernommen hatte, erhöhte sie das Grundgehalt und bestätigte den Bonus. Im darauf folgenden Jahr erhielt der Kläger ein Schreiben in englischer Sprache, in dem ihm die Beklagte mitteilte, dass er am Carried-Interest-Plan der DB Capital Partners Europe Group teilnehmen könne. Nach diesem sollte die Ausschüttung nicht durch die Beklagte erfolgen, sondern durch die Beteiligungsgesellschaft DB Capital Partners (Europe) 2002 Founder Partner LP, Delaware (USA). Das Modell sah vor, dass die Teilnehmer Anteile dieser Gesellschaft erhalten sollten. Die Beteiligungsgesellschaft selbst war Mitgesellschafterin einer britischen Investmenttochter des Konzerns, welche ihren Gesellschaftern ihre Investmenterlöse ausschüttete. Der Kläger stimmte zu und erwarb Anteile. Dann kam es jedoch zunächst zu der Entscheidung, das Investmentgeschäft der britischen Konzerngesellschaft, welche ihr Kapital von der Beklagten erhielt, auf die Beteiligung an einer irischen Gesellschaft zu beschränken. Schließlich wurde das Investmentgeschäft völlig eingestellt und es kam daher auch nicht zu Erlösausschüttungen. Der Kläger erhielt weiter Festgehalt und Bonus. Nach Beendigung des Arbeitsverhältnisses klagte er auf Zahlung von Carried Interest.

Das Bundesarbeitsgericht wies die Klage in diesem Punkt, wie auch die Vorinstanzen, als unbegründet ab. Es fehle an einem Anspruch aus dem Arbeitsvertrag, der nach Übergang des Arbeitsverhältnisses gegen die Beklagte bestehe. Die ursprüngliche Vereinbarung habe schon keinen rechtsverbindlichen Anspruch enthalten. Die Formulierung „*Es ist vorgesehen, [...] die Bonuszahlungen im Verlauf des Jahres 2001 durch ein Carried-Interest-Modell zu ersetzen*“ bringe hinreichend zum Ausdruck, dass es zwar Überlegungen gebe, diese aber noch nicht so weit gediehen seien, dass man sich zur Einführung oder Gewährung von Carried Interest verpflichten wolle.[154]

Die Entscheidung des Bundesarbeitsgerichts erscheint deshalb plausibel, weil sich weder aus der Formulierung der Klausel noch aus den Umständen ergibt, wer ein Carried-Interest-Modell, in welcher Form, unter Berücksichtigung welcher Beteiligungen, in welcher Höhe und für welche Gruppen von Mitarbeitern

153 BAG NZA-RR 2006, 582 ff. („**Deutsche Bank**“).

154 BAG NZA-RR 2006, 582 (585 ff.).

einführen würde. Es bestehen somit nicht nur Zweifel an der Verbindlichkeit, sondern auch an der Bestimmtheit der Erklärung. Für die betriebliche Altersversorgung hat die höchstrichterliche Rechtsprechung zwar die Zulässigkeit von Blankettzusagen festgestellt[155] und weicht damit teilweise von den Erfordernissen des Bestimmtheitsgrundsatzes ab. Diese Fälle unterscheiden sich von der vorliegenden Konstellation aber zumindest dadurch, dass der Verpflichtete bei der Altersversorgung feststeht, nämlich der Arbeitgeber.

Damit ist eine Absichtserklärung nach allgemeinen Grundsätzen immer dann anzunehmen, wenn der Erklärende ausreichend deutlich darauf hinweist, dass es sich nur um Umstände handelt, die im Gespräch beziehungsweise in Planung sind. Zudem kommt ein rechtlich bindendes Angebot dann nicht in Betracht, wenn die Aussage zu unbestimmt ist und weder eindeutige Rückschlüsse auf den anvisierten Vertragspartner noch die Höhe oder die genaue Form der Leistung möglich sind. Ergibt sich indessen aus der Formulierung und den Umständen ein Angebot, das der Arbeitnehmer als verbindlich ansehen muss, so ist der Inhalt des Angebots durch Auslegung zu ermitteln.

bb) Vertretene Gesellschaft(en)

Gemäß § 164 Abs. 1 S. 1 BGB wirkt die von einem Vertreter abgegebene Willenserklärung nur für und gegen einen Vertretenen, wenn dieser überhaupt in fremdem Namen handelte. Diese Offenkundigkeit ist bei Konzernsachverhalten nicht immer gewahrt. So ist ein übliches Mittel der einheitlichen Leitung der Einsatz von „Doppelorganen“, also Personen, die sowohl als Leitungsorgan der einen als auch der anderen Konzerngesellschaft tätig werden. In solchen Fällen ist durch Auslegung unter Berücksichtigung aller Umstände zu ermitteln, wie der Arbeitnehmer das Angebot verstehen und von welchem Vertragspartner er ausgehen musste. In der Regel wird danach Vertragspartner die Partei sein, die in der schriftlichen Niederschrift oder den schriftlichen Informationen zum Arbeitsvertrag genannt wird. Der Konzern selbst scheidet mangels Rechtsfähigkeit als Vertragspartner aus.

Bei der Auslegung der Repräsentationen ist § 164 Abs. 2 BGB zu beachten. Unklarheiten gehen zu Lasten der Partei, die Vertreter einsetzt. Es obliegt also dem Erklärenden – der sich der Konzernsituation bewusst ist und der die interne Struktur des Konzerns kennt – den Arbeitnehmer darauf hinzuweisen, dass unterschiedliche Gesellschaften den Konzern bilden und für welche Gesellschaft er handeln will. Damit kommt es bei Konzernsachverhalten zwar häufig zu Problemen, die allgemeinen Regeln decken aber auch diese ausreichend ab. Somit bestehen keine Besonderheiten in der Unternehmensgruppe.

155 BAG AP Nr. 110 zu § 242 BGB Ruhegehalt; BAG AP Nr. 8 zu § 1 BetrAVG Wartezeit.

cc) Bestehen einer Vollmacht

Unproblematisch ist das geschilderte Verhalten von Vertretern aus dem Konzern dann, wenn sie Organe der objektiv vertretenen Gesellschaft sind oder sie von dieser eine Vollmacht nach § 167 Abs. 1 BGB für solche Geschäfte erhalten haben. Dann wird bei Handeln in fremdem Namen nur die entsprechende Gesellschaft oder Mehrheit von Gesellschaften verpflichtet (§ 164 Abs. 1 BGB). In Betracht zu ziehen ist bei Konzernsachverhalten auch eine Genehmigung der Vertretung nach § 184 Abs. 1 BGB. Zweifelhaft ist die Rechtsfolge dann, wenn keine Vollmacht von der – nach der Auslegung der Erklärung – verpflichteten Gesellschaft vorliegt.

In diesem Zusammenhang ließe sich darüber nachdenken, der herrschenden Gesellschaft entlang der ausgeübten „einheitlichen Leitung“ grundsätzlich die Verpflichtung ihrer Töchter und Enkel zu gestatten, zumindest insoweit als ein Weisungsrecht nach § 308 Abs. 1 AktG gegeben ist.[156] Da es sich auch bei den Gesellschaften im Vertragskonzern um eigenständige juristische Personen handelt, erschiene die Annahme einer solchen generellen Vertretungsmacht nur gerechtfertigt, wenn das Erfordernis der Erteilung einer Vollmacht an eine herrschende Gesellschaft reine Förmelei wäre. Einheitliche Leitung im Sinne von § 18 Abs. 1 S. 1 AktG erfordert aber nicht, dass die Konzernspitze jede Einzelentscheidung der abhängigen Gesellschaften bezüglich Umfang, Inhalt und Ergebnis genau festlegen kann, sondern vielmehr nur, dass der Leitung Mittel zur Verfügung stehen, auf die einzelnen Organe der Tochtergesellschaften so einzuwirken, dass diese sich dem Willen der Mutter in der Regel beugen werden. Selbst in jenen Fällen, in denen die abhängige Gesellschaft im Vertragskonzern Weisungen der Mutter Folge zu leisten hat (§ 308 Abs. 2 AktG), verbleibt ihr ein Restprüfungsrecht (§ 308 Abs. 2 S. 2 a. E. AktG). Der Erteilung einer Vollmacht oder der Genehmigung eines Rechtsgeschäfts geht damit noch eine Entscheidung der abhängigen Gesellschaft voraus, die auch in ihren Aufgabenbereich fällt. Damit besteht keine generelle Vertretungsmacht im Konzern entlang der einheitlichen Leitung unabhängig von einer Vollmachtserteilung.[157] Damit kann eine andere Konzerngesellschaft im Rahmen des Arbeitsvertragsschlusses nur wirksam verpflichtet werden, wenn die handelnde Person zur Vertretung bevollmächtigt wurde oder eine Genehmigung erteilt wird. In den anderen Fällen greifen die Regelungen für den Vertreter ohne Vertretungsmacht (§§ 177 ff. BGB).

156 Vgl. die Überlegungen bei *Rehbinder*, Konzernaußenrecht, S. 382 f.

157 Vgl. *Heiz*, Das Arbeitsverhältnis im Konzern, S. 66; *Rehbinder*, Konzernaußenrecht, S. 216, 382 f.; *Windbichler*, Arbeitsrecht im Konzern, S. 69, 104 f.

2. Ansprüche aus dem Gleichbehandlungsgrundsatz, betrieblicher Übung und allgemeinem Vertrauen

Als weitere Anspruchsgrundlagen für konzernweite Leistungen kommen der allgemeine arbeitsrechtliche Gleichbehandlungsgrundsatz sowie eine betriebliche Übung in Betracht.[158]

a) Der allgemeine arbeitsrechtliche Gleichbehandlungsgrundsatz

Bei der kollektiven Gewährung freiwilliger Leistungen hat der Arbeitgeber den allgemeinen arbeitsrechtlichen Gleichbehandlungsgrundsatz sowie §§ 7 Abs. 1, 1, 2 Abs. 1 Nr. 2 AGG zu beachten. Nach dem allgemeinen Gleichbehandlungsgrundsatz ist der Arbeitgeber verpflichtet, seine Arbeitnehmer oder Gruppen von Arbeitnehmern, die sich in vergleichbarer Lage befinden, bei Anwendung einer selbst gegebenen Regelung gleich zu behandeln. Damit verbietet sich nicht nur die willkürliche Schlechterstellung einzelner Arbeitnehmer innerhalb einer Gruppe, sondern auch eine sachfremde Gruppenbildung.[159]

Man könnte daran denken, den Gleichbehandlungsgrundsatz dann konzernweit anzuwenden, wenn die vorhandene einheitliche Leitung im Konzern genutzt wird, um einseitig gestaltende Leistungspläne arbeitgeberübergreifend zu installieren.[160] Da ein Verstoß gegen den Gleichbehandlungsgrundsatz bei der Gewährung freiwilliger Leistungen die Unwirksamkeit der ausschließenden Rege-

---

158 Als individualrechtliche Anspruchsgrundlagen mit kollektivem Bezug sind auch die Einheits- und die Gesamtzusage zu nennen. Eine Einheitszusage ist dann anzunehmen, wenn der Arbeitgeber allen oder einem Teil der Belegschaft ein Angebot bekannt gibt, welches diese individuell annehmen (BAGE 53, 42 (55)). Eine Gesamtzusage liegt vor, wenn die Erklärung der Annahme durch die Mitarbeiter nach § 151 S. 1 BGB entbehrlich ist (BAGE 53, 42 (55); BAG AP Nr. 252 zu § 611 BGB Gratifikation, Bl. 1631). Da beide auf rechtsgeschäftlichen Tatbeständen beruhen, sind die oben unter Kapitel 2 A.II.1 genannten Grundsätze zu übertragen. Eine weitere Behandlung erfolgt hier aus diesem Grunde nicht.

159 Siehe BAG AP Nr. 204 zu § 242 BGB Gleichbehandlung, Bl. 1648; BAG AP Nr. 205 zu § 242 BGB Gleichbehandlung, Bl. 372; *Zöllner/Loritz*, Arbeitsrecht, S. 193.

160 Vgl. *Deakin*, Industrial Law Journal 30 (2001), 72 (82); *Karamarias*, RdA 1983, 353 (363); *Konzen*, RdA 1984, 65 (87); *Konzen*, ZHR 151 (1987), 566 (590 ff.); *Kreil*, Arbeitsverhältnisse im Konzern, S. 160 ff., 167 ff.; *Martens*, 25 Jahre Bundesarbeitsgericht, S. 367 (386 ff.); *Martens*, ZGR 1984, 417 (438 f.); *Maute*, Gleichbehandlung, S. 72 f. (offen gelassen); MünchArbR I/*Richardi*, § 9 Rdn. 14 am Ende; *Rüthers*, *Bakker*, ZfA 1990, 245 (289 ff.); *Ch. Weber*, Das aufgespaltene Arbeitsverhältnis, S. 395 ff.; *Wiedemann*, Das Arbeitsverhältnis, S. 94 ff.; *Wiedemann*, Unternehmensgruppe, S. 99; *Wiedemann*, RdA 2000, 97 (98); *Wiedemann*, Gleichbehandlungsgebote, S. 11. Dagegen BAG AP Nr. 145 zu § 611 BGB Gratifikation, Bl. 1292 f.; BAG AP Nr. 162 zu § 242 BGB Gleichbehandlung mit Anm. *Richardi*, Bl. 1274; LAG Schleswig-Holstein NZA-RR 2005, 93 (95); *Windbichler*, Arbeitsrecht im Konzern, S. 425 f.; *Zierold*, Arbeitsrechtliche Gleichbehandlung, S. 98; *Zöllner/Loritz*, Arbeitsrecht, S. 195.

lung sowie die Einbeziehung der ausgeschlossenen Arbeitnehmer im Wege der ergänzenden Vertragsauslegung zur Folge hat,[161] könnte sich dann eine eigene Verpflichtung der Arbeitgebergesellschaft ergeben, ihre Arbeitnehmer mit den Mitarbeitern anderer Konzerngesellschaften gleich zu behandeln.

Ein Anspruch der Arbeitnehmer aus dem allgemeinen Gleichbehandlungsgrundsatz kommt in diesen Fällen nur dann in Betracht, wenn der Gleichbehandlungsgrundsatz konzerneinheitlich Anwendung findet (siehe unter aa) und der Arbeitgeber Adressat des Gleichbehandlungsgebots ist (siehe unter bb).

aa) Konzerneinheitliche Anwendung des Gleichbehandlungsgrundsatzes

Grundsätzlich gilt im Zivilrecht der Grundsatz der Privatautonomie. Der Gedanke, der hinter dem Gebot der Gleichbehandlung steht, ist der eines Korrektivs für die Fälle, in denen die Privatautonomie allein keine gerechte Verteilung von Ressourcen erlaubt. Es geht also grundsätzlich um Verteilungsgerechtigkeit.[162] Die Frage, wie weit man den Anwendungsbereich des allgemeinen Gleichbehandlungsgrundsatzes fasst, hängt daher eng mit der Frage zusammen, in welchen Fällen man eine Einschränkung der Privatautonomie der Parteien aus Gerechtigkeitsgesichtspunkten auch von Rechts wegen für notwendig erachtet.[163] Dies wird unter dem Gesichtspunkt des Geltungsgrundes des allgemeinen Gleichbehandlungsgrundsatzes diskutiert.

---

161 Vgl. dazu BAG AP Nr. 54 zu § 242 BGB Gleichbehandlung, Bl. 254 f.; BAGE 49, 346 (352 f.); BAG AP Nr. 140 zu § 242 BGB Gleichbehandlung, Bl. 1746; BAG AP Nr. 205 zu § 242 BGB Gleichbehandlung, Bl. 372; ErfK/*Preis*, § 611 BGB Rdn. 606 f.; *Zöllner/Loritz*, Arbeitsrecht, S. 194, 200. Einschränkend, wenn die tatsächlich begünstigten Arbeitnehmer weniger als fünf Prozent der betroffenen Arbeitnehmer ausmachen, in BAG AP Nr. 200 zu § 242 BGB Gleichbehandlung, Bl. 1887. Auch ein Verstoß gegen §§ 7 Abs. 1, 1, 2 Abs. 1 Nr. 2 AGG führt zur Unwirksamkeit der Regelung (§ 7 Abs. 2 AGG). Insoweit als § 15 Abs. 5 AGG zeigt, dass die Regelung des AGG nicht als abschließend verstanden wird, ist anzunehmen, dass die Rechtsfolgen bei Verstößen gegen das AGG in den vorliegenden Fällen gleich zu beurteilen sind. Vgl. Regierungsentwurf zum AGG, BT-Drucksache 16/1780, S. 34; BAG AP Nr. 1 zu § 2 AGG, Bl. 1041; LAG Düsseldorf NZA 2009, 22 (26); *Bauer/Thüsing/Schunder*, NZA 2006, 774 (775); MünchKommBGB/*Thüsing*, § 7 AGG Rdn. 13; *Rust, Feldhoff* in Rust/Falke (Hrsg.), AGG, § 7 Rdn. 55; *Willemsen, Schweibert*, NJW 2006, 2583 (2588). Im Übrigen spricht § 2 Abs. 1 Nr. 2 AGG von Beschäftigungs- und Arbeitsbedingungen, so dass hier angenommen wird, dass sich die Wertungen in Bezug auf die Anwendung des Gleichbehandlungsgrundsatzes auf den Konzern übertragen lassen. Der Frage wird im Folgenden indes nicht weiter nachgegangen.

162 *Blomeyer*, Festschr. Gerhard Müller, S. 51 (52); *Egger*, Gleichbehandlungsgrundsatz, S. 13 f.; *v. Hoyningen-Huene*, Billigkeit, S. 102; *Hütte*, Gleichbehandlungsgrundsatz, S. 24; *Koehler*, Gleichbehandlungsgrundsatz, S. 167 f.; *Lieb/Jacobs*, Arbeitsrecht, Rdn. 105; *Verse*, Gleichbehandlungsgrundsatz, S. 67, 77.

163 Nicht ausreichend ist es daher, die Geltungsgrundlage allein im Gerechtigkeitsprinzip zu erblicken. So aber *Zöllner/Loritz*, Arbeitsrecht, S. 193 ff.

Diesem kann man sich gleichsam von zwei unterschiedlichen Standpunkten aus nähern. Zum einen kann man fragen, wann eine Störung derart vorliegt, dass eine Partei in der Lage ist, das Ergebnis einer Verhandlung so zu diktieren, dass ein gerechter Ausgleich, eine gerechte Verteilung nicht mehr gewährleistet ist. Zum anderen kann man untersuchen, welche Anforderungen man an die Homogenität der Gruppe der nach Gerechtigkeitsgesichtspunkten gleich zu behandelnden Empfänger stellt. Beides ist zu erörtern, um die Gültigkeit des allgemeinen arbeitsrechtlichen Gleichbehandlungsgrundsatzes zu begründen.[164]

Zunächst ist zu klären, aufgrund welcher Besonderheiten ein Arbeitgeber an den allgemeinen Gleichbehandlungsgrundsatz gebunden ist, ein Vermieter zum Beispiel aber nicht (1). Dann ist zu klären, welche Gestalt der kollektive Bezug zwischen den einzelnen Arbeitsverhältnissen nach den anerkannten Grundsätzen hat (2). Letztendlich ist zu überprüfen, ob diese Voraussetzungen auch im Konzern vorliegen und damit auch dort ein Geltungsgrund für den allgemeinen arbeitsrechtlichen Gleichbehandlungsgrundsatz besteht (3).

(1) Arbeitgeberstellung

Zunächst ist festzuhalten, dass der Arbeitgeber als natürliche oder juristische Person des Privatrechts, genau wie ein Vermieter, weder direkt noch mittelbar an Art. 3 Abs. 1 GG gebunden ist.[165] Dieser verfassungsrechtliche Grundsatz lässt sich auch nicht in Anknüpfung an das Arbeitsverhältnis über § 242 BGB[166] oder § 315 BGB oder § 106 GewO in das arbeitsrechtliche Privatrechtsverhältnis einführen, da diese Vorschriften den Arbeitnehmer nur dann schützen, wenn ein Anspruch schon besteht beziehungsweise das Arbeitsverhältnis erfüllt wird, nicht aber dann, wenn ein Anspruch, wie der auf Sozialleistungen, erst begründet werden soll.

Richtig erscheint es, an der schuldrechtlichen Sonderbeziehung, hier dem Arbeitsverhältnis, anzusetzen. Dieses weist Besonderheiten gegenüber anderen Schuldverhältnissen auf, auch Dauerschuldverhältnissen wie dem Mietvertrag, da die Verhandlungsparteien beim Abschluss eines Arbeitsvertrages nicht gleich mächtig sind. Ein Vermieter bietet bestimmte Wohnungen an, wobei sich der Preis nach dem Zustand der Wohnung, deren Ausstattung und der Lage sowie

164 Zu kurz greifen daher die Begründungen, die sich nur mit dem Ungleichgewicht (BAG AP Nr. 162 zu § 242 BGB Gleichbehandlung mit Anm. *Richardi*, Bl. 1274; *Egger*, Gleichbehandlungsgrundsatz, S. 21 f.; *Fastrich*, RdA 2000, 65 (71); *L. Raiser*, ZHR 111, 75 (93 f.)) beziehungsweise der Geschlossenheit der Arbeitnehmergruppe (*G. Hueck*, Gleichmäßige Behandlung, S. 133 ff., 151 ff.; *W. Schwarz*, RdA 1968, 241 (246 f.)) auseinandersetzen.

165 So aber *F. Gamillscheg*, Arbeitsrecht I, S. 80.

166 An die Fürsorgepflicht knüpften zum Beispiel an: RAG ARS 33, 172 (176 f.); 37, 273 (275 f.); BAG AP Nr. 9 und 10 zu § 242 BGB Ruhegehalt.

nach Angebot und Nachfrage richtet. Der Mieter kann sich eine entsprechende Wohnung aussuchen und sie anmieten. Im Gegensatz dazu besitzt der Arbeitgeber die Betriebsmittel und gibt die Betriebsorganisation vor. Der Arbeitnehmer bietet die Erbringung abhängiger Dienstleistungen an und muss sich auf dem Arbeitsmarkt über seine Qualifikation und seine Lohnforderung gegen eine Vielzahl anderer Bewerber durchsetzen und dann in die vorgefundene Arbeitsorganisation einfügen. Es besteht im Arbeitsverhältnis also ein Ausgleichsbedürfnis zwischen der starken Position des Arbeitgebers und den Interessen der Arbeitnehmer. Aufgrund der Machtposition des Arbeitgebers wird allein über die Vertragsverhandlungen in der Regel ein gerechtes Ergebnis bei der Verteilung von Ressourcen nicht erreicht.[167] Diese befinden sich in einer Hand, der des Arbeitgebers, und sind begrenzt. Er entscheidet, wie er sie einsetzt. In dieser Entscheidung ist er grundsätzlich frei. Entscheidet er aber, Ressourcen zum Wohle der Arbeitnehmer auszuschütten, dann unterstellt er die Mittel einer Zweckbindung, die verbindlich ist.[168]

(2) Kollektiver Bezug

Grundsätzlich bestehen die einzelnen Arbeitsverhältnisse der Arbeitnehmer in einem Betrieb oder einem Unternehmen nebeneinander. Einen übergeordneten Zweck verfolgen die einzelnen Arbeitnehmer gemeinsam regelmäßig nicht.[169] Der Bezug zwischen den einzelnen Arbeitsverhältnissen wird durch die Arbeitsorganisation des Arbeitgebers hergestellt.[170] Dieser untergliedert sein Unternehmen in Betriebe oder nicht. Er entscheidet, an welchen Orten er die Betriebe errichtet und unterhält. Und er organisiert seine Entscheidungsprozesse. An dieser Betriebs- beziehungsweise Unternehmensorganisation orientiert sich auch das Betriebsverfassungsrecht (§§ 1 ff., 47, 50, 54, 58 BetrVG). Die Homogenität der Gruppe wird also dadurch hergestellt, dass der Arbeitgeber seine Arbeitnehmer nach allgemeinen Grundsätzen und nicht individuell behandelt und damit einen bestimmten Zweck verfolgt. Die Arbeitnehmer, die aufgrund ihres Arbeitsverhältnisses dieser Organisation unterliegen und die vom Zweck erfasst werden,

---

167 Zum materiellen Verständnis der Privatautonomie und damit zu diesem Gesichtspunkt vgl. *Canaris*, AcP 200 (2000), 273 (296); *Rieckers*, Konzernvertrauen, S. 152 ff., 156 ff. Zur Frage der effizienten Ressourcenallokation im Arbeitsrecht vgl. auch *Gloger*, Haftungsbeschränkung, S. 40.

168 Angesprochen ist hier der Gesichtspunkt der Selbstbindung des Arbeitgebers (vgl. dazu *Blomeyer*, Festschr. Gerhard Müller, S. 51; *Fastrich*, RdA 2000, 65 (70 f.); *H. Hanau*, Festschr. Horst Konzen, S. 233 (240 ff.)). Dieser Gesichtspunkt ist weiter als eine etwaige „Normsetzung", an die *Bötticher* (RdA 1953, 161 (162 f.); RdA 1957, 317 (319)) anknüpft.

169 *Egger*, Gleichbehandlungsgrundsatz, S. 20 f.; *H. Hanau*, Festschr. Horst Konzen, S. 233 (237).

170 Vgl. dazu ausführlich *H. Hanau*, Festschr. Horst Konzen, S. 233 (239 ff., 241 f.).

bilden dann die Gruppe derer, die verlangen können, dass sie nicht ohne sachlichen Grund schlechter gestellt werden als ihre Kollegen.

(3) Anwendung im Konzern

Grundsätzlich befinden sich die einzelnen Konzernunternehmen gegenüber den Arbeitnehmern der verbundenen Gesellschaften in keiner dem Arbeitgeber vergleichbaren Position. Auch die Konzernobergesellschaft kann den Arbeitnehmern der Töchterunternehmen keine Arbeitsanweisungen geben oder die Betriebs- und Arbeitsorganisation direkt – ohne Zwischenschritt über den Arbeitgeber – beeinflussen. Damit findet der allgemeine Gleichbehandlungsgrundsatz grundsätzlich keine Anwendung.[171]

Die Konzernmutter kann aber aufgrund ihrer Leitungsmacht Einfluss auf die Organisation ihrer Töchter nehmen. Sie kann – wenn sie dies im Konzerninteresse für geboten hält – direkt in das Personalmanagement der Töchter eingreifen, indem sie durch die Gewährung von Sonderleistungen die Arbeitnehmer konzernweit auf konzerneinheitliche – anstelle von arbeitgeberspezifischen – Zielen einschwört. Ob sie dies tut, liegt in ihrem freien Ermessen. Wenn sie aber die Entscheidung trifft, Leistungen unternehmensübergreifend zu gewähren und damit konzernweite Zwecke zu verfolgen, stellt auch sie begrenzte Mittel zur Verfügung, über die sie allein verfügt. Durch die Zweckbindung der Leistungen fasst sie die Arbeitnehmer des Konzerns – allein aufgrund der bestehenden Arbeitsverhältnisse mit Konzernunternehmen – nach allgemeinen Kriterien zu einer Gruppe zusammen. Als Herrin der Konzernorganisation ist auch die Muttergesellschaft in diesem Augenblick in einer Machtposition, die es den Arbeitnehmern nicht möglich macht, auf die Ausgestaltung des Leistungsprogramms hinreichend Einfluss zu nehmen. Mithin liegen in diesen Fällen alle Umstände vor, die die Geltung des allgemeinen arbeitsrechtlichen Gleichbehandlungsgrundsatzes begründen. Damit gilt dieser bei der Gewährung unternehmensübergreifender Sozialleistungen durch die Muttergesellschaft oder aufgrund der Anordnung durch die Muttergesellschaft ebenfalls.[172]

---

171 *Karamarias*, RdA 1983, 353 (363); *Martens*, 25 Jahre Bundesarbeitsgericht, S. 367 (372); MünchArbR I/*Richardi*, § 9 Rdn. 14; STAUDINGER/*Richardi/Fischinger* (2011), § 611 BGB Rdn. 495.

172 *Buhr, Radtke*, DB 2001, 1882 (1886); *Karamarias*, RdA 1983, 353 (363); *Konzen*, RdA 1984, 65 (87); *Konzen*, ZHR 151 (1987), 566 (590 f.); *Kreil*, Arbeitsverhältnisse im Konzern, S. 160 ff., 168; *Martens*, 25 Jahre Bundesarbeitsgericht, S. 367 (386 ff.); *Martens*, ZGR 1984, 417 (438 f.); *Rüthers, Bakker*, ZfA 1990, 245 (289 ff.); *Ch. Weber*, Das aufgespaltene Arbeitsverhältnis, S. 396 ff.

bb) Adressat des Gleichbehandlungsgebots

Aus dem Geltungsgrund lässt sich auch auf den Adressat des Gleichbehandlungsgebots schließen und dies ist bei der Gewährung von konzernweiten Leistungen die Konzernobergesellschaft als Inhaberin der Verteilungskompetenz.[173] Anspruchsgrundlage bei unsachgemäßer Differenzierung ist die Zusage der Sozialleistung in Verbindung mit dem allgemeinen Grundsatz der Gleichbehandlung.

Dieser Anspruch ist Teil des Arbeitsverhältnisses, wenn die herrschende Gesellschaft auch Arbeitgeberin ist. Besteht das Arbeitsverhältnis mit einem anderen Konzernunternehmen, so besteht der Anspruch des Arbeitnehmers gegen eine von seinem Arbeitgeber verschiedene Person, die Muttergesellschaft. Rechtsgrundlage des Anspruchs ist die Zusage durch die Konzernobergesellschaft beziehungsweise deren Weisung zur Gewährung von Leistungen in Verbindung mit den Grundsätzen des allgemeinen arbeitsrechtlichen Gleichbehandlungsgrundsatzes. Damit ist der Anspruch in diesen Fällen nicht Teil des Arbeitsverhältnisses. Er begründet vielmehr eine Sonderrechtsbeziehung neben dem Arbeitsverhältnis.

b) Betriebliche Übung

Eine Betriebsübung liegt dann vor, wenn der Arbeitgeber – ohne ursprünglich dazu verpflichtet zu sein – Leistungen über einen gewissen Zeitraum gleichförmig und wiederholt gewährt und die Arbeitnehmer aus diesem Verhalten schließen können, dass ihnen diese Leistungen auch zukünftig gewährt werden sollen.[174] Sie führt zu einem Anspruch der Mitarbeiter auf die Leistung, welcher zum Teil mit vertraglichen,[175] zum Teil mit vertrauensrechtlichen Aspekten[176] begründet

173 Vgl. *Kreil*, Arbeitsverhältnisse im Konzern, S. 173; *Ch. Weber*, Das aufgespaltene Arbeitsverhältnis, S. 398; *Windbichler*, Arbeitsrecht im Konzern, S. 419. Anderer Ansicht *Konzen*, ZHR 151 (1987), 566 (591), der den Anspruch gegen die Arbeitgebergesellschaft geben will. Der Ausgleich soll konzernintern erfolgen. Hier erfolgt allerdings eine Vermengung von Gesellschafts- und Arbeitsrecht. Der Arbeitnehmer sollte sich grundsätzlich gegen den wenden können, der ihm im jeweiligen Fall gegenübertritt. Über die konzerninterne Ausgleichsstruktur wird er regelmäßig keine Informationen besitzen.

174 BAG AP Nr. 1 zu § 242 BGB Betriebliche Übung mit Anm. *Neumann-Duesberg*, Bl. 361; BAG AP Nr. 50 zu § 16 BetrAVG, Bl. 956; BAG NZA-RR 2007, 310 (313); BAG AP Nr. 74 zu § 242 BGB Betriebliche Übung, Bl. 1880; BAG NZA 2008, 941 (942); MünchArbR I/*Richardi*, § 8 Rdn. 1, 4; *Zöllner/Loritz*, Arbeitsrecht, S. 61.

175 BAG AP Nr. 162 zu § 242 BGB Gleichbehandlung, Bl. 1272; BAG EzA Nr. 2 zu § 4 TVG Ablösungsprinzip, S. 10; BAG AP Nr. 74 zu § 242 BGB Betriebliche Übung, Bl. 1880; BAG NJW 2009, 2475 (2476); *A. Hueck/Nipperdey*, Lehrbuch des Arbeitsrechts I, S. 150 f.

176 *Canaris*, Vertrauenshaftung, S. 258 ff., 261; *Hromadka*, NZA 1984, 241 (242 f.); *Seiter*, Die Betriebsübung, S. 92 ff.; *Waltermann*, RdA 2006, 257 (260 f.); *Zöllner/Loritz*, Arbeitsrecht, S. 61 f.

wird. Es handelt sich um eine individualarbeitsrechtliche Grundlage mit kollektivem Bezug.[177] Fraglich ist, ob man die Grundsätze der betrieblichen Übung auch auf vom Arbeitgeber verschiedene Unternehmen ausweiten kann. Dies erscheint sowohl bei einer Begründung über den Vertrag als auch bei einer Begründung über die Vertrauenshaftung dann notwendig, wenn Leistungen mit arbeitsrechtlichem Charakter freiwillig, gleichförmig und wiederholt von Konzernunternehmen erbracht werden.[178] Dies ist bei den beschriebenen konzernweiten Sozialleistungen regelmäßig der Fall. Nach der Konzeption des Bundesarbeitsgerichts wäre die Leistung des mit dem Arbeitgeber verbundenen Unternehmens nach Treu und Glauben auszulegen. Hier greifen dieselben Gesichtspunkte wie bei der freiwilligen Leistung durch den Arbeitgeber. Das konzernverbundene Unternehmen erbringt eine Leistung, die nicht unentgeltlich erfolgt, sondern für die geleisteten Dienste im Arbeitsverhältnis zu einem Konzernmitglied. Die Arbeitnehmer können aus diesem Verhalten und der Anwendbarkeit des Gleichbehandlungsgrundsatzes schließen, dass diese konzernweit üblichen Leistungen auch ihnen zugutekommen, wenn sie die Voraussetzungen erfüllen. Ähnliches gilt bei der Begründung über Vertrauensgesichtspunkte. Wie oben dargelegt gilt der allgemeine Gleichbehandlungsgrundsatz bei der Gewährung unternehmensübergreifender freiwilliger Sozialleistungen im Konzern. Das Vertrauen der Arbeitnehmer, dass sie gegenüber den anderen Mitarbeitern nicht schlechter gestellt werden, ist also schutzwürdig. Dies ist auch dann der Fall, wenn eine Ungleichbehandlung in der Zeit zu befürchten ist. Damit finden die Grundsätze der betrieblichen Übung auch bei der Gewährung von konzernweiten Sozialleistungen durch vom Arbeitgeber verschiedene Unternehmen Anwendung. Der kollektive Bezug richtet sich nach dem Verhalten des Konzernunternehmens bei der Gewährung.[179] Auf das Arbeitsverhältnis kann diese „Konzernübung“ aber nur dann einwirken, wenn der Arbeitgeber durch sie gebunden ist. Dies ist dann der Fall, wenn er selbst unternehmensübergreifend Sozialleistungen erbringt oder aufgrund einer unternehmensübergreifenden Praxis, welche von anderen Konzernunternehmen begründet wurde, Leistungen ausschüttet. Ansonsten steht die Verpflichtung des konzernverbundenen Unternehmens nach den Grundsätzen der betrieblichen Übung neben dem Arbeitsverhältnis.

---

177 BAGE 53, 42 (47, 55 f.); BAG AP Nr. 50 zu § 16 BetrAVG, Bl. 957; MünchArbR I/*Richardi*, § 8 Rdn. 3.

178 *Theisen*, Konzern, S. 359; *Windbichler*, Arbeitsrecht im Konzern, S. 431. Vgl. auch die Diskussion zur Anwendung arbeitsrechtlicher Grundsätze auf Versorgungsträger bei der betrieblichen Altersversorgung, Kapitel 2 A.I.1.d), Seite 28 f., Fußnote 97. A.A. *Lützeler*, Aktienoptionen, S. 29 ff., 36.

179 Vgl. zu diesem Gesichtspunkt BAG NZA 2008, 941 (943); Moll/*Rengier*, MAH Arbeitsrecht, § 37 Rdn. 32; *Windbichler*, Arbeitsrecht im Konzern, S. 431.

c) Haftung nach den allgemeinen Grundsätzen der Vertrauenshaftung

Eine Verpflichtung eines verbundenen Unternehmens kommt zudem nach Rechtsscheingrundsätzen in Betracht. Rechtsscheingrundsätze hat der Gesetzgeber bei gutem Glauben des Dritten (§ 173 BGB) in §§ 170 ff. BGB berücksichtigt. Nach § 170 BGB bleibt die Vollmacht, die einem Dritten gegenüber erklärt wurde, solange wirksam, bis diesem das Erlöschen der Vollmacht angezeigt wird. Nach § 171 Abs. 2 BGB bleibt eine Vollmacht, die jemand durch besondere Mitteilung an einen Dritten oder durch öffentliche Bekanntmachung erteilt hat, solange wirksam, bis diese in derselben Weise widerrufen wird. Hat der Bevollmächtigte eine Vollmachtsurkunde erhalten, so besteht die Vollmacht, bis diese dem Vollmachtgeber zurückgegeben oder sie für kraftlos erklärt wird (§ 172 Abs. 2 BGB). Die §§ 171, 172 BGB gelten nach überwiegender Ansicht auch dann, wenn die Vollmacht nicht oder nicht wirksam erteilt wurde.[180] Nicht gesetzlich geregelt sind die gewohnheitsrechtlich anerkannten Institute der Duldungs- (aa) und Anscheinsvollmacht (bb). Diese entwickeln den Rechtsgedanken der §§ 170 ff. BGB, dass sich derjenige, der einen Rechtsschein zurechenbar setzt, bei gutem Glauben des Dritten an diesem festhalten lassen muss, weiter. Zum Teil wird auch eine Rechtsscheinhaftung aus Konzernvertrauen (cc) diskutiert.

aa) Duldungsvollmacht

Von einer Duldungsvollmacht spricht man in den Fällen, in denen jemand, der keine Vertretungsmacht besitzt, wiederholt als Vertreter für eine andere Person auftritt, wobei der vermeintliche Geschäftsherr das Auftreten kennt und nicht dagegen einschreitet. Der Geschäftsherr soll sich dann an der Rechtsscheinvollmacht festhalten lassen müssen, wenn der Geschäftspartner schutzwürdig ist. Dies soll dann der Fall sein, wenn der Dritte um das Auftreten des vermeintlichen Vertreters sowie die Duldung durch den Geschäftsherrn zum Zeitpunkt des Vertragsschlusses weiß und er deshalb nach Treu und Glauben und der Verkehrssitte annehmen darf und auch annimmt, dass eine wirksame Vollmacht vorliegt.[181] Damit sind grundsätzlich die Fälle erfasst, in denen das Personalmanagement zentralisiert ist und die Einstellung über eine zentrale Stelle erfolgt. Die Konzerngesellschaften wissen um die Konzernorganisation und die Konzernpraxis des vereinheitlichten Recruiting, und es obliegt ihnen, einen dahingehend gesetzten

180 Vgl. BGHZ 102, 60 (64); 144, 223 (230); BGH NJW 2000, 2270 (2271); 2004, 62 (64); 2005, 2985 (2987); Erman/*Maier-Reimer*, § 171 BGB Rdn. 2; MünchKommBGB/*Schramm*, § 167 BGB Rdn. 46; Palandt/*Ellenberger*, § 170 BGB Rdn. 1; STAUDINGER/*Schiemann*, Eckpfeiler des Zivilrechts, S. 115 f.

181 BGH NJW 2003, 2091 (2092); *Canaris*, Vertrauenshaftung, S. 40 ff.; Jauernig/*Jauernig*, § 167 BGB Rdn. 8; MünchKommBGB/*Schramm*, § 167 BGB Rdn. 47 ff., 50 f.

Rechtsschein gegenüber Dritten zu zerstören. Dies ist ihnen auch möglich. Dasselbe muss dann gelten, wenn zwar grundsätzlich kein zentrales Personalmanagement besteht, eine Gesellschaft aber eine bestimmte Stelle besetzt, indem sie sie über eine andere Gesellschaft oder eine Konzerneinrichtung ausschreiben lässt und diese Konzernstelle in der Ausschreibung als Kontakt ausgewiesen wird. Schwierig wird die Anwendung der Grundsätze der Duldungsvollmacht dann, wenn grundsätzlich keine zentrale Ausschreibung und Einstellung für den Konzern erfolgt, sondern in einem Einzelfall – bei dem keine oder keine Ausschreibung über eine Konzernstelle erfolgte – ein Vertreter einer verbundenen Gesellschaft auftritt und einem Arbeitnehmer im Namen einer anderen Konzerngesellschaft ein Angebot macht. Hier ist zu beachten, dass sich nicht schon aus der Verkehrssitte ein schutzwürdiges Vertrauen darauf ergibt, dass ein Vertreter einer Konzerngesellschaft auch zum Handeln für andere verbundene Unternehmen bevollmächtigt ist.[182] Wie schon beschrieben, werden Konzerne sehr unterschiedlich geführt. Immer bleiben die einzelnen Gesellschaften unabhängige Rechtsträger, die nur sich selber berechtigen und verpflichten. Besteht also gerade keine konzerneinheitliche und zentrale Ausschreibung oder kein konzernweites Personalmanagement, so kann ein Arbeitnehmer nicht allein aufgrund der Konzerneinbindung darauf vertrauen, dass der Vertreter einer Gesellschaft auch andere verbundene Gesellschaften verpflichten kann. Es kommt allerdings eine Anscheinsvollmacht in Betracht.

bb) Anscheinsvollmacht

Die Grundsätze der Anscheinsvollmacht erfassen all jene Fälle der oben beschriebenen Art, in denen der Geschäftsherr zwar nicht vom Auftreten des Vertreters weiß, er aber bei Aufbringen der gebotenen Sorgfalt erkannt hätte, dass der Vertreter für ihn auftritt und er dies auch hätte verhindern können.[183] Bei der Bestimmung der Umstände, aus denen jemand, der mit einem Konzern in geschäftlichen Kontakt tritt, auf eine Bevollmächtigung oder Duldung der Vertretung schließen kann, und bei der Bestimmung der Sorgfaltspflichten der einzelnen verbunde-

182 *Bosman*, Konzernverbundenheit, S. 89 f.; *Fleischer*, ZHR 163 (1999), 461 (473); *Rehbinder*, Konzernaußenrecht, S. 368 f.; *Rieckers*, Konzernvertrauen, S. 69 f.; *Windbichler*, Arbeitsrecht im Konzern, S. 105.

183 Vgl. BGH NJW 1990, 827 (829); 1998, 1854 (1855); 2002, 1041; Jauernig/*Jauernig*, § 167 BGB Rdn. 9; MünchKommBGB/*Schramm*, § 167 BGB Rdn. 54 f., 56, 57 ff. Einige erkennen dieses Institut für den Bereich des bürgerlichen Rechts nicht an (so *Canaris*, Vertrauenshaftung, S. 49 ff.), sondern beschränken es auf den Bereich des Handelsrechts. Insoweit als es hier um Konzernunternehmen mit Geschäftsbetrieb und ihr Auftreten gegenüber Arbeitnehmern geht, ist der Bereich des Handelsrechts jedoch zumindest auf einer Seite eröffnet. Der Streit wird daher hier nicht behandelt.

nen Unternehmen im Geschäftskontakt ist der Konzerntatbestand zu berücksichtigen.[184] Tritt der Konzern nach außen einheitlich auf, mit einheitlichem Logo, ähnlichen Firmen und einheitlicher Werbung, so erweckt er auch im Kontakt mit Arbeitnehmern den Eindruck, dass es sich um ein großes Ganzes handelt und die einzelnen Teilgesellschaften eng zusammenarbeiten und verknüpft sind. Tritt ihm dann noch ein Vertreter einer Konzerngesellschaft gegenüber, der eine Funktion mit Personalverantwortung innehat[185], so wird der Arbeitnehmer davon ausgehen, dass eine Vollmacht besteht oder das Auftreten geduldet wird. Man wird hier schon unter erleichterten Voraussetzungen ein schützenswertes Vertrauen annehmen können.[186] Dieser Rechtsschein wird durch das einheitliche Konzernauftreten gesetzt. Dieses beruht auf einer Entscheidung der Konzernleitung. Damit kann sich aus den Grundsätzen der Anscheinsvollmacht zumindest eine Verpflichtung der Konzernobergesellschaft ergeben, für die unter diesen Umständen ein erhöhter Sorgfaltsmaßstab gilt.[187]

cc) Konzernvertrauen

Unter dem Stichwort des „Konzernvertrauens“ wird trotz des irreführenden Namens nicht der Schutz eines Vertrauens in die Einheit des Konzerns diskutiert. Da ein Konzern keine Rechtspersönlichkeit besitzt und die rechtliche Selbstständigkeit der konzernverbundenen Unternehmen als bekannt gelten muss, ist ein etwaiges Vertrauen darin, dass der Konzern Vertragspartner werden soll, nicht schutzwürdig.[188] Tritt eine Gesellschaft nicht als solche auf, sondern erweckt sie den Eindruck, dass sie nur eine unabhängige Betriebsabteilung der Muttergesellschaft ist, so wird letztere dann verpflichtet, wenn ihr dieser Rechtsschein der tatsächlichen rechtlichen Zusammenfassung unter einem Träger zugerechnet werden kann. Dasselbe gilt, wenn die Mutter den Rechtsschein der rechtlichen Einheit setzt.[189]

184 *Bosman*, Konzernverbundenheit, S. 90 f.; *Fleischer*, ZHR 163 (1999), 461 (473 f.); *Hofstetter*, Haftungsregeln, S. 217 f.; *Rieckers*, Konzernvertrauen, S. 69 ff.

185 Zur Einräumung einer Funktion als bewusste Setzung eines Rechtsscheins vgl. *Canaris*, Vertrauenshaftung, S. 46 f.

186 *Bosman*, Konzernverbundenheit, S. 90 f.; *Fleischer*, ZHR 163 (1999), 461 (473 f.); *Hofstetter*, Haftungsregeln, S. 217 f.; *Rieckers*, Konzernvertrauen, S. 69 ff.

187 Vgl. nur *Fleischer*, ZHR 163 (1999), 461 (473 f.); *Rehbinder*, Konzernaußenrecht, S. 146 f.; *Rieckers*, Konzernvertrauen, S. 70 f., 73.

188 *Canaris*, Vertrauenshaftung, S. 179 f.; *Druey*, Festschr. Marcus Lutter, S. 1069 (1070); *Rieckers*, Konzernvertrauen, S. 71 f.; *Windbichler*, Arbeitsrecht im Konzern, S. 68 f., 102 f.

189 Vgl. *Rehbinder*, Konzernaußenrecht, S. 157 f.; *Rieckers*, Konzernvertrauen, S. 71 f., mit Hinweis auf die Grundsätze zur „Scheingesellschaft“ beziehungsweise zum „Scheingesellschafter“. Nicht überzeugend erscheint der Ansatz beide Gesellschaften gesamtschuldnerisch haften zu lassen, da der Gläubiger ja gerade davon ausgeht, dass er nur einen Vertragspartner

Von „Konzernvertrauen“ wird gesprochen, wenn eine Muttergesellschaft durch Äußerungen bei Vertragsverhandlungen gegenüber einem Geschäftspartner von Tochterunternehmen den Eindruck erweckt, dass Bedenken beim Abschluss von Rechtsgeschäften mit der Tochter unbegründet seien, weil finanziell die Mutter hinter ihrer Tochter stünde oder bestimmte Konzernleitlinien im Konzern von der Mutter durchgesetzt würden, die ein bestimmtes befürchtetes Verhalten der Tochter ausschließen würden.[190] Es geht also um das Vertrauen in die Marke oder die Kreditwürdigkeit beziehungsweise die einheitliche Haftung eines Konzerns. Unter bestimmten Umständen soll die Mutter aufgrund ihrer Erklärungen gegenüber Dritten nach den Grundsätzen der culpa in contrahendo (§ 311 Abs. 2 und 3 BGB) haften. Befürwortet man die Herausbildung einer neuen Fallgruppe der culpa in contrahendo, so greift sie für die hier diskutierten Fälle jedoch nicht. Es geht nicht darum, dass der Arbeitnehmer im Vertrauen auf bestimmte Erklärungen der Mutter einen Vertrag mit einer Tochter abschließt, es geht vielmehr darum, dass er berechtigt davon ausgeht, dass ein Vertrag mit einer bestimmten Konzerngesellschaft besteht. Ein Schadensersatzanspruch aus culpa in contrahendo kommt in diesem Zusammenhang nach allgemeinen Grundsätzen dann in Betracht, wenn aufgrund einer pflichtwidrig unterbliebenen Aufklärung über die Konzernstruktur und die zu verpflichtenden Parteien der Vertrag aufgrund eines versteckten Dissenses oder eines Willensmangels unwirksam ist und dem Arbeitnehmer dadurch ein Schaden entsteht.[191] Eine Haftung aus Vertrag ergibt sich aus den Überlegungen zum „Konzernvertrauen“ somit nicht.

---

hat. Ihm zwei Vertragspartner zu geben, würde ihn über den Rahmen seines gewährten Vertrauens hinaus schützen (so aber wohl *Canaris*, Vertrauenshaftung, S. 179).

190 Vgl. dazu OLG Düsseldorf NZG 2001, 368 (371); BGE 120 II 331 (333 f., 335 ff.) („**Swissair**“); BGE 124 III 297 (303 ff.) („**Motor Columbus**“); *Bosman*, Konzernverbundenheit, S. 187 ff.; *Brechbühl*, Konzernvertrauen, S. 55 ff.; *Broichmann*, *Burmeister*, NZG 2006, 687 ff.; *v. Büren*, Festschr. Heinz Hausheer, S. 631 (637 ff.); *v. Büren*, Der Konzern, S. 187 ff., 191 ff., 202; *Canaris*, Vertrauenshaftung, S. 366 ff.; *Druey*, Festschr. Marcus Lutter, S. 1069 (1073); *Handschin*, Der Konzern, S. 304 ff.; *Hofstetter*, Haftungsregeln, S. 217 ff.; *Honsell*, Gedächtnisschrift Jürgen Sonnenschein, S. 661 (663 ff.); *Krieger* in Lutter/Scheffler/Schneider (Hrsg.), Konzernfinanzierung, Rdn. 4.21 f.; *Lutter*, Gedächtnisschrift Brigitte Knobbe-Keuk, S. 229 ff.; *Lutter, Trölitzsch*, Lutter (Hrsg.), Holding-Handbuch, § 7 Rdn. 26; *Rieckers*, Konzernvertrauen, S. 3 ff., 9 ff., 75 ff., 89 f.; *Rieckers*, NZG 2007, 125 ff.; *Singer*, Das Verbot widersprüchlichen Verhaltens, S. 266 ff.; *Stein*, Festschr. Martin Peltzer, S. 557 (566 f.); *A. Vogel*, Die Haftung der Muttergesellschaft, S. 182 f.; *A. Vogel*, Festschr. Jean Nicolas Druey, S. 607 (627 f., 632 ff.); *Wiedemann*, Unternehmensgruppe, S. 89 f.

191 Vgl. zu diesem Aspekt *Bosman*, Konzernverbundenheit, S. 92.

III. Zwischenergebnis

Die Untersuchung der „nicht-arbeitsrechtlichen" Rechtsgeschäfte hat gezeigt, dass Gegenstand des Arbeitsverhältnisses, als Sonderrechtsbeziehung zwischen Arbeitgeber und Arbeitnehmer, Absprachen zwischen den Parteien über beziehungsweise Zusagen des Arbeitgebers von Entgeltleistungen sind, nicht aber die entsprechenden Erfüllungsgeschäfte oder Leistungsverhältnisse.

Diese Grundsätze finden auch im Konzern Anwendung. Die Zusagen konzernweiter Leistungen sind dann Teil der einzelnen Arbeitsverhältnisse, wenn sie von der Arbeitgebergesellschaft allein oder doch mit erteilt werden. Unschädlich für diese Qualifizierung ist, wenn auch andere Konzerngesellschaften sich verpflichtet haben oder wenn sie die vereinbarte Sonderleistung in Absprache oder ohne Mitwirkung des Arbeitgeberunternehmens erbringen.

Auch im Konzern kann sich ein Anspruch aus dem allgemeinen arbeitsrechtlichen Gleichbehandlungsgrundsatz ergeben. Dieser findet dann unternehmensübergreifend Anwendung, wenn die Konzernobergesellschaft entscheidet, konzernweit oder zumindest unternehmensübergreifend Sonderleistungen an Arbeitnehmer im Konzern zu verteilen. Adressat des Gleichbehandlungsgrundsatzes ist dann die Muttergesellschaft.

Die Grundsätze der betrieblichen Übung finden – unabhängig von ihrer Begründung als vertragliche oder Vertrauensansprüche – dann konzernweit Anwendung, wenn Konzerngesellschaften Leistungen mit arbeitsrechtlichem Charakter freiwillig, gleichförmig und wiederholt unternehmensübergreifend gewähren.

Eine Arbeitgeberzusage kann durch das Handeln nicht bevollmächtigter Personen aus dem Konzern begründet werden, wenn die Voraussetzungen einer Duldungs- oder Anscheinsvollmacht vorliegen. Dabei liegen die Voraussetzungen der Duldungsvollmacht dann vor, wenn ein zentrales Personalmanagement installiert wurde oder wenn eine Ausschreibung unter Angabe der handelnden Konzernstelle als Kontakt erfolgt ist. Eine Anscheinsvollmacht ist in den Fällen anzunehmen, in denen der Konzern einheitlich nach außen auftritt und ein Konzernverantwortlicher mit Personalverantwortung handelt. Bei der Anscheinsvollmacht ist zu beachten, dass der Anschein regelmäßig durch ein Verhalten der Muttergesellschaft gesetzt wird, so dass diese als Verpflichtete in Betracht kommt. Ein etwaiges „Konzernvertrauen" kommt als Anspruchsgrundlage nicht in Betracht.

B. Kollektivrechtliche Regelungen

Bei der Einführung und Ausgestaltung von Zusatzleistungssystemen handelt es sich um sogenannte soziale Angelegenheiten im Sinne des dritten Abschnitts des vierten Teils des Betriebsverfassungsgesetzes. Diese können die Betriebsverfassungsorgane umfassend durch Betriebsvereinbarung regeln (vgl. § 88 BetrVG).[192] Hinsichtlich der Form, Ausgestaltung und Verwaltung von Sozialeinrichtungen (§ 87 Abs. 1 Nr. 8 BetrVG), der Zuweisung und Kündigung von Wohnräumen (§ 87 Abs. 1 Nr. 9 BetrVG), den Fragen der betrieblichen Lohngestaltung (§ 87 Abs. 1 Nr. 10 BetrVG) und der Festsetzung der Akkord- und Prämiensätze sowie vergleichbarer leistungsbezogener Entgelte (§ 87 Abs. 1 Nr. 11 BetrVG) bestehen überdies Mitbestimmungsrechte der Repräsentationsorgane der Arbeitnehmer. Dies sind in einer Unternehmensgruppe der Betriebsrat, der Gesamtbetriebsrat (§§ 47 ff. BetrVG) und der Konzernbetriebsrat (§§ 54 ff. BetrVG). Letzterer kann nach § 54 Abs. 1 BetrVG in Unterordnungskonzernen nach § 18 Abs. 1 AktG[193] durch die Gesamtbetriebsräte und im Falle von § 54 Abs. 2 BetrVG durch die Betriebsräte der Konzernunternehmen errichtet werden.[194]

Auf allen drei Ebenen kommen Absprachen in der Form von Betriebsvereinbarungen in Betracht. Der Konzernspitze verbleiben daher verschiedene Möglichkeiten, Zusatzleistungssysteme im Konzern oder in Teilen des Konzerns zu implementieren. Sie kann sich zunächst darauf beschränken, alle oder einige ihrer Töchter anzuweisen, ihre Zusatzleistungssysteme für die eigenen Arbeitnehmer an Konzernkennzahlen auszurichten oder bestimmte Zusatzleistungen anzubieten. In Betracht kommt in diesen Fällen auch die Übermittlung von Musterbetriebsvereinbarungen oder Musterzusagen. Beschränken sich die Töchter auf die Implementierung in einzelnen Betrieben, so kommt die Zusammenarbeit mit dem

---

192 BAGE 120, 308 (312 ff.); *Fitting*, BetrVG, § 77 Rdn. 45 f.; MünchArbR II/*Matthes*, § 238 Rdn. 30 f., 47 f.

193 Das Betriebsverfassungsrecht kennt keinen eigenen Konzernbegriff, so dass grundsätzlich nach oben (Kapitel 1 B.I) verwiesen werden kann. Vgl. BAG NZA 1996, 706; BAGE 112, 166 (172 f.); *Annuß* in Richardi, BetrVG, § 54 Rdn. 3 f.; Hess/Schlochauer/Worzalla/Glock/Nicolai/Rose - *Glock*, § 54 BetrVG Rdn. 5, 8 ff.; *G. Hueck*, Festschr. Harry Westermann, S. 241 (243); MünchArbR II/*Joost*, § 227 Rdn. 5 ff.; *Oetker*, ZfA 1986, 177 (180 ff.); *Schmidbauer*, Der Konzernbegriff, S. 240 ff.; *T. Ullrich*, DB 2007, 2710; *Wendeling-Schröder*, WSI-Mitteilungen 1983, 34 (36); *Wißmann*, NZA 2001, 409.

194 Auf Fragen der Errichtung von Gesamt- und Konzernbetriebsräten in internationalen Unternehmen beziehungsweise Konzernen mit oder ohne deutsche Teilspitze wird im Folgenden nicht eingegangen. Für die Zwecke dieser Untersuchung wird angenommen, dass ordnungsgemäß gebildete Organe im Konzern bestehen. Auch auf die Ebene des Europäischen Betriebsrates wird hier nicht eingegangen.

Betriebsrat in Betracht. Regeln sie Dinge unternehmensweit, so wird in der Regel der Gesamtbetriebsrat ihr Ansprechpartner sein. Die Konzernspitze kann aber auch eine Tochter anweisen, nicht nur ihren Arbeitnehmern, sondern auch anderen Arbeitnehmern des Konzerns Zusatzleistungen zu gewähren und zu diesem Zweck eine Betriebsvereinbarung zu schließen. Schließlich kann die Konzernspitze selbst sich zur Gewährung von Zusatzleistungen verpflichten. In den beiden letzten Fällen kommt eine Zuständigkeit des Konzernbetriebsrats in Betracht.

I. Betriebsvereinbarungen

Grundeinheit der Betriebsverfassung ist der Betrieb. Auf dieser Ebene stehen sich als Partner Arbeitgeber und Betriebsrat gegenüber. Dabei vertritt Letzterer alle Arbeitnehmer (§ 5 BetrVG) des jeweiligen Betriebes. Innerhalb ihrer Regelungskompetenz können diese Betriebsparteien Betriebsvereinbarungen treffen (§ 77 BetrVG). Dabei handelt es sich nach überwiegender Auffassung um privatrechtliche kollektive Normenverträge, die zwischen Arbeitgeber und Betriebsrat abgeschlossen werden und die kraft gesetzlicher Ermächtigung (§ 77 Abs. 4 S. 1 BetrVG) die betrieblichen Arbeitsverhältnisse unmittelbar und zwingend normativ gestalten.[195] Je nachdem, ob der Gegenstand der Betriebsvereinbarung der zwingenden Mitbestimmung unterliegt oder nicht, unterscheidet man zwingende und freiwillige Betriebsvereinbarungen.[196] Sowohl mitbestimmungspflichtige als auch mitbestimmungsfreie Gegenstände können gemeinsam in einer Betriebsvereinbarung geregelt werden. All diese Betriebsvereinbarungen wirken normativ (§§ 77 Abs. 4 S. 1, 88 BetrVG). Sie beinhalten regelmäßig Regelungen zu formellen Arbeitsbedingungen (betriebliche Ordnung) und zu materiell-rechtlichen Arbeitsbedingungen (Ansprüche der Arbeitnehmer).[197] Ihre Regelungen wirken ähnlich Gesetzen unmittelbar, das heißt ohne Umsetzungsakt, für die erfassten Arbeitsverhältnisse und regeln diese zwingend.[198] Sie werden nicht Teil der Arbeitsverhältnisse. Auf arbeitsvertraglicher Ebene sind nur günstigere Regelungen möglich.[199]

195 BAGE 53, 42 (55 ff., 58 ff.); 105, 19 (27); 109, 227 (231); 121, 168 (179); *Bracker*, Betriebsübergang, S. 70 ff.; *Fitting*, BetrVG, § 77 Rdn. 13; *Gussen/Dauck*, Weitergeltung von Betriebsvereinbarungen und Tarifverträgen, Rdn. 69; MünchArbR II/*Matthes*, § 239 Rdn. 1; *Richardi* in Richardi, BetrVG, § 77 Rdn. 26 f., 29.

196 MünchArbR II/*Matthes*, § 239 Rdn. 3.

197 *Schlüter*, Festschr. Peter Schwerdtner, S. 341 (342 f.).

198 BAGE 56, 18 (26); 62, 360 (369); 120, 308 (313); *Fitting*, BetrVG, § 77 Rdn. 124 ff.; *Kreutz* in GK-BetrVG II, § 77 Rdn. 173; *Richardi* in Richardi, BetrVG, § 77 Rdn. 134.

199 BAGE 53, 42 (58 ff.); 56, 18 (26); 56, 289 (301); 86, 312 (317); BAG DB 2009, 1602 (1603); *Fitting*, BetrVG, § 77 Rdn. 126; *Kreitner*, Küttner/Röller (Hrsg.), Personalbuch 2012, Betriebsvereinbarung Rdn. 14; MünchArbR II/*Matthes*, § 239 Rdn. 27.

Ansprüche ergeben sich aus der Betriebsvereinbarung danach dann, wenn diese wirksam zustande gekommen ist, insbesondere die Schriftform beachtet wurde (§ 77 Abs. 2 S. 1 BetrVG), das zuständige betriebsverfassungsrechtliche Organ im Rahmen seiner Regelungszuständigkeit gehandelt hat, keine Sperrwirkung durch Tarifvertrag (§§ 77 Abs. 3, 87 Abs. 1, 1. Hs. BetrVG) vorliegt und nicht gegen höherrangiges Recht verstoßen wurde. Dabei ist der Betriebsrat umfänglich für Vereinbarungen über Arbeitsbedingungen im Betrieb zuständig. Mitbestimmungsrechte räumt ihm das Betriebsverfassungsgesetz in § 87 Abs. 1 BetrVG insbesondere im Hinblick auf einseitige Maßnahmen des Arbeitgebers bei der Organisation des Betriebes und der Vorgabe der Arbeitsbedingungen ein. Regelungspartner des Betriebsrats ist der Arbeitgeber (vgl. § 77 Abs. 1 S. 1, Abs. 2 S. 1 BetrVG).

II. Gesamtbetriebsvereinbarungen

Bestehen in einem Unternehmen mehrere Betriebsräte, so ist nach § 47 Abs. 1 BetrVG für diese Betriebe ein Gesamtbetriebsrat zu bilden. Dieser hat dieselben Rechte und Pflichten wie der Betriebsrat (§ 51 Abs. 5 BetrVG), er kann also im Rahmen seiner Zuständigkeit für die von ihm repräsentierten Arbeitnehmer Betriebsvereinbarungen mit unmittelbarer und zwingender Wirkung mit dem Arbeitgeber abschließen. Diese nennt man Gesamtbetriebsvereinbarungen. Dabei ist der Gesamtbetriebsrat nach § 50 Abs. 1 S. 1 BetrVG für die Behandlung von Angelegenheiten zuständig, die das Gesamtunternehmen oder mehrere Betriebe betreffen und die nicht durch die einzelnen Betriebsräte innerhalb ihrer Betriebe geregelt werden können. In diesem Rahmen repräsentiert er auch die Belegschaft der Betriebe des Unternehmens ohne Betriebsrat (§ 50 Abs. 1 S. 1, 2. Hs. BetrVG). Eine Zuständigkeit der einzelnen Betriebsräte kommt im Bereich dieser originären Zuständigkeit des Gesamtbetriebsrats nicht in Betracht.[200] Eine Angelegenheit betrifft dann mehrere Betriebe des Unternehmens, wenn ihre Regelung Auswirkung auf mindestens zwei Betriebe des Unternehmens hat.[201] Sie kann dann nicht von den einzelnen Betriebsräten innerhalb ihrer Betriebe geregelt werden, wenn eine betriebsübergreifende Regelung zwingend erforder-

200 BAG AP Nr. 2 zu § 50 BetrVG 1972, Bl. 628 f.; BAG NZA 1993, 31 (33); ErfK/*Koch*, § 50 BetrVG Rdn. 2; Hess/Schlochauer/Worzalla/Glock/Nicolai/Rose - *Glock*, § 50 BetrVG Rdn. 5; MünchArbR II/*Joost*, § 225 Rdn. 30; *Röder*, *Gragert*, DB 1996, 1674 (1675 f.); *Salamon*, NZA 2009, 471 (473).

201 BAGE 60, 244 (252); ErfK/*Koch*, § 50 BetrVG Rdn. 3; Hess/Schlochauer/Worzalla/Glock/Nicolai/Rose - *Glock*, § 50 BetrVG Rdn. 10; *G. Müller*, Festschr. Günther Küchenhoff, S. 283 (289); MünchArbR II/*Joost*, § 225 Rdn. 31.

lich ist.[202] Voraussetzung ist also nicht, dass eine betriebliche Regelung objektiv unmöglich ist. Es reicht auch ein Fall der sogenannten subjektiven Unmöglichkeit. Eine solche liegt bei freiwilligen Sozialleistungen beziehungsweise der Errichtung von Sozialeinrichtungen schon dann vor, wenn der Arbeitgeber, der frei über das Ob der Leistungen, den Dotierungsrahmen und den Kreis der Berechtigten entscheiden kann,[203] eine Leistung unternehmensweit oder zumindest in mehreren Betrieben mit einem betriebsübergreifenden Zweck gewähren will.[204] Ein solcher Fall läge vor, wenn die Konzernspitze ihre Töchter jeweils anweisen würde, für ihre Unternehmen bestimmte Sozialleistungssysteme zu implementieren, beziehungsweise dann, wenn eine so implementierte Regelung geändert werden soll. Der Gesamtbetriebsrat kann nach § 50 Abs. 2 BetrVG auch im Auftrag von einzelnen Betriebsräten tätig werden. Er schließt dann keine Gesamtbetriebsvereinbarungen, sondern Einzelbetriebsvereinbarungen.[205]

III. Konzernbetriebsvereinbarungen

Die Konzernleitung kann sich aber auch entscheiden, konzerneinheitliche Leistungen selbst oder über eine abhängige Gesellschaft zu gewähren. Insoweit als die Leistungen freiwillig sind, kann sie dabei über das Ob, die Dotierung und den Kreis der Berechtigten entscheiden sowie über die Frage, ob zu diesem Zweck eine Sozialeinrichtung begründet werden soll. Da sie die Leistungen im Hinblick auf die bestehenden Arbeitsverhältnisse gewähren will, handelt es sich um Sozialleistungen, also Entgelt im weiteren Sinne. Daher greifen bei der Ausgestaltung die Mitbestimmungsrechte des § 87 Abs. 1 BetrVG auch gegenüber der Konzernspitze oder einer anderen Konzerngesellschaft, die sich entschließt, kon-

---

202 BAGE 100, 60 (65); 100, 157 (163); BAG NJOZ 2003, 2274 (2276 f.); *Annuß* in Richardi, BetrVG, § 50 Rdn. 13 ff.; ErfK/*Koch*, § 50 BetrVG Rdn. 3; MünchArbR II/*Joost*, § 225 Rdn. 34 f.; *B. Reinecke*, Küttner/Röller (Hrsg.), Personalbuch 2012, Gesamtbetriebsrat Rdn. 13; *Röder, Gragert*, DB 1996, 1674.

203 BAGE 27, 194 (203 f.); 53, 42 (66 f.); 58, 156 (162 f.); 77, 86 (89 ff.); 89, 31 (38 ff.); BAG AP Nr. 52, 118 zu § 87 BetrVG 1972 Lohngestaltung; ErfK/*Kania*, § 87 BetrVG Rdn. 108 f., 107 ff.; *Fitting*, BetrVG, § 87 Rdn. 350 ff., 445 ff.

204 Vgl. BAG NJOZ 2003, 2274 (2277); BAG AP Nr. 24 zu § 77 BetrVG 1972 Tarifvorbehalt, Bl. 1551; BAGE 123, 152 (158); BAG NZA-RR 2008, 469 (472); BAG NZA 2008, 1248 (1255, 1257); *Annuß* in Richardi, BetrVG, § 50 Rdn. 14 ff.; ErfK/*Koch*, § 50 BetrVG Rdn. 3; Hess/Schlochauer/Worzalla/Glock/Nicolai/Rose - *Glock*, § 50 BetrVG Rdn. 12; *Röder, Gragert*, DB 1996, 1674.

205 Vgl. *Annuß* in Richardi, BetrVG, § 50 Rdn. 56; *Gussen*, Festschr. Wolfgang Leinemann, S. 207 (219 f.); *Jacobs*, Festschr. Horst Konzen, S. 345 (346); *Lerch*, Auswirkungen von Betriebsübergängen, S. 217; *Rieble*, RdA 2005, 26; *S. Simon, Zerres*, Festschr. Wolfgang Leinemann, S. 255 (269).

zernweite Zusatzleistungen zu erbringen.[206] Insoweit als die geplante Regelung ihrem Gegenstand und ihrem Zweck nach mehrere Unternehmen einer Unternehmensgruppe betrifft und es den Gesamtbetriebsräten aufgrund der Entscheidung der Konzernspitze subjektiv unmöglich ist, eine Regelung in ihren jeweiligen Unternehmen zu treffen, ist in diesen Fällen auf Seiten der Arbeitnehmer der Konzernbetriebsrat originär zuständig (§ 58 Abs. 1 S. 1 BetrVG).[207] Er vertritt innerhalb seiner originären Zuständigkeit auch solche Betriebe und Unternehmen der Gruppe, die keinen Betriebsrat oder Gesamtbetriebsrat besitzen (§ 58 Abs. 1 S. 1, 2. Hs. BetrVG), also die gesamte Konzernbelegschaft.[208]

Nach § 59 Abs. 1 BetrVG gilt für den Konzernbetriebsrat die Regelung des § 51 Abs. 5 BetrVG entsprechend. Dieser wiederum regelt, dass auf den Gesamtbetriebsrat die Vorschriften über die Rechte und Pflichten des Betriebsrates entsprechend anzuwenden sind. Daraus folgt, dass dem Konzernbetriebsrat grundsätzlich dieselben Rechte und Pflichten wie dem Betriebsrat zustehen.[209] Er kann also Betriebsvereinbarungen schließen. Nach § 77 Abs. 1 S. 1, Abs. 2 S. 1 BetrVG sind Betriebsvereinbarungen mit dem Arbeitgeber abzuschließen. Einen Konzernarbeitgeber gibt es allerdings wie oben gesehen nicht.[210] Einen solchen setzen die Regelungen zum Konzernbetriebsrat aber auch nicht voraus.[211] Es ist

206 Ergibt sich zunächst aus der Verweisung der §§ 51 Abs. 5, 59 Abs. 1 BetrVG, die dem Konzernbetriebsrat dieselben Angelegenheiten wie dem Betriebsrat zuweisen, wenn diese durch die Gesamtbetriebsräte nicht geregelt werden können. Vgl. aber auch Ausführungen bei *Buhr, Radtke*, DB 2001, 1882 (1886); *Windbichler*, Arbeitsrecht im Konzern, S. 337 ff.

207 Hier werden die zu § 50 Abs. 1 BetrVG entwickelten Grundsätze herangezogen: BAGE 82, 36 (45 f.); BAG SAE 1997, 139 (142 f.); BAG NZA 1998, 497 (497 f.); BAG NZA-RR 2007, 595 (599); BAGE 123, 152 (156 ff.); BAG NZA 2008, 1248 (1255); *Dzida*, NZA 2008, 1265; *R. Fuchs*, Konzernbetriebsrat, S. 56; Hess/Schlochauer/Worzalla/Glock/Nicolai/Rose - *Glock*, § 58 BetrVG Rdn. 7, 9 ff.; *Kreutz/Franzen* in GK-BetrVG I, § 58 Rdn. 8; *Kunz*, AuA 2000, 360 (363); *G. Müller*, Festschr. Günther Küchenhoff, S. 283 (291, 298); *Reich/Reich/Reich*, Betriebsverfassungsgesetz, § 58 Rdn. 1; *Röder*, *Gragert*, DB 1996, 1674 (1678); *Roloff* in Wlotzke/Preis/Kreft, BetrVG, § 58 Rdn. 1, 4 ff.; *Trittin* in Däubler/Kittner/Klebe/Wedde, BetrVG, § 58 Rdn. 7 f. Zur Zuständigkeit bei Sozialleistungen vergleiche auch *Buchner*, Festschr. Wolfgang Zöllner, S. 697 (701 ff.); *Wetzling*, Konzernbetriebsrat, S. 149, 155, 181.

208 *R. Fuchs*, Konzernbetriebsrat, S. 54; Hess/Schlochauer/Worzalla/Glock/Nicolai/Rose - *Glock*, § 54 BetrVG Rdn. 1; *Roloff* in Wlotzke/Preis/Kreft, BetrVG, § 58 Rdn. 2; *Schwald*, Die Legitimation der Konzernbetriebsverfassung, S. 51.

209 BAGE 82, 36 (47); BAG NZA 1998, 497; *Annuß* in Richardi, BetrVG, § 58 Rdn. 32; *Fitting*, BetrVG, § 58 Rdn. 4; *Kreutz/Franzen* in GK-BetrVG I, § 58 Rdn. 3, 5 f.; *Kunz*, AuA 2000, 360 (362); *G. Müller*, Festschr. Günther Küchenhoff, S. 283 (284); *Schwab*, NZA-RR 2007, 337 (340); *Trittin* in Däubler/Kittner/Klebe/Wedde, BetrVG, § 58 Rdn. 3.

210 Kapitel 1 B.II.

211 Vgl. BAG NZA 1998, 497; Bericht über die Verhandlungen der Unternehmensrechtskommission, S. 812 f. Tz. 1610 f.; *R. Fuchs*, Konzernbetriebsrat, S. 93 ff., 98 f.; *Güllich*, Die unmittelbare Geltung, S. 70 ff., 74 ff., 78 f.; *P. Hanau*, ZGR 1984, 468 (483); *Nick*, Konzernbetriebsrat, S. 94 f., 117 ff., 120; *Zeuner*, Festschr. Marie Luise Hilger und Hermann Stumpf, S. 771

hier vielmehr so, dass die Regelung des § 77 BetrVG, auf die verwiesen wird, nicht direkt passt. Daher ist sie – wie die §§ 51 Abs. 5, 59 Abs. 1 BetrVG anordnen – entsprechend anzuwenden.

Verhandlungspartner des Betriebsrates und des Gesamtbetriebsrates ist jeweils der Arbeitgeber als derjenige, der kraft seiner Organisations- und Weisungshoheit einseitige Vorgaben zu Arbeitsentgelt und Arbeitsbedingungen macht. Der Konzernbetriebsrat wiederum wurde zu dem Zweck 1972 in das Betriebsverfassungssystem eingeführt, Mitbestimmung dann zu ermöglichen, wenn die Organisations- und Weisungshoheit von einer Konzernspitze in einem Unterordnungskonzern benutzt wird, um auf die Arbeitsbedingungen Einfluss zu nehmen.[212] Verhandlungs- und Regelungspartner des Konzernbetriebsrates ist damit in entsprechender Anwendung von § 77 Abs. 1 und 2 BetrVG die Konzernspitze, wenn sie selbst Leistungen gewähren will, und das verbundene Unternehmen oder eine Mehrheit von abhängigen Unternehmen, wenn dieses beziehungsweise diese sich selbst verpflichten, konzernweit Leistungen zu erbringen.[213] Dabei ist der Wille zur unternehmensübergreifenden Verpflichtung notwendige Voraussetzung der Zuständigkeit des Konzernbetriebsrates. Die Konzernunternehmen verpflichten sich selbst unternehmensübergreifend.[214]

(777 f.). Einen „Konzernarbeitgeber" kreieren zumindest begrifflich: *Fitting*, BetrVG, § 58 Rdn. 6; *Kort*, NZA 2009, 464 (470); *Laudi*, Der betriebsverfassungsrechtliche Arbeitgeber im Konzern, S. 15, 37 f.; *Monjau*, BB 1972, 839 (842); *Roloff* in Wlotzke/Preis/Kreft, BetrVG, § 58 Rdn. 3. *Kreutz/Franzen* in GK-BetrVG I, § 58 Rdn. 10; *Schwald*, Die Legitimation der Konzernbetriebsverfassung, S. 67, und *Trittin* in Däubler/Kittner/Klebe/Wedde, BetrVG, § 58 Rdn. 111 ff., gehen davon aus, dass der Gesetzgeber einen „Konzernarbeitgeber" vorausgesetzt hat.

212 Vgl. BAG NZA 1998, 497 (497 f.); BAGE 112, 166 (176); *Dzida*, NZA 2007, 945 (947); *Güllich*, Die unmittelbare Geltung, S. 70 ff.; *Kort*, NZA 2009, 464 (464 f.); MünchArbR II/ *Joost*, § 227 Rdn. 1 ff.; *Nick*, Konzernbetriebsrat, S. 12, 94 f.; *Oetker*, ZfA 1986, 177 (191); *Schmidbauer*, Der Konzernbegriff, S. 243 f.; *Schwab*, NZA-RR 2007, 337; *Wetzling*, Konzernbetriebsrat, S. 61; *Windbichler*, Arbeitsrecht im Konzern, S. 300 f.; *Zeuner*, Festschr. Marie Luise Hilger und Hermann Stumpf, S. 771 (777 f.). Dieser Zweck lag auch den Änderungen 2001 zugrunde, vgl. Regierungsentwurf eines Gesetzes zur Reform des Betriebsverfassungsgesetzes, BT-Drucksache 14/5741, S. 43.

213 Insoweit greifen die Ansichten, die immer die Konzernspitze als Vertragspartner ansehen zu kurz. Differenzierend auch *Annuß* in Richardi, BetrVG, § 58 Rdn. 34, 44; *Windbichler*, Arbeitsrecht im Konzern, S. 337 ff., 356; *Zeuner*, Festschr. Marie Luise Hilger und Hermann Stumpf, S. 771 (777 f.). Anders aber Bericht über die Verhandlungen der Unternehmensrechtskommission, S. 812 f. Tz. 1610; *Fitting*, BetrVG, § 58 Rdn. 6; Hess/Schlochauer/Worzalla/Glock/Nicolai/Rose - *Glock*, § 58 BetrVG Rdn. 28; *G. Hueck*, Festschr. Harry Westermann, S. 241 (242); *Kreutz/Franzen* in GK-BetrVG I, § 58 Rdn. 11; *Laudi*, Der betriebsverfassungsrechtliche Arbeitgeber im Konzern, S. 39; *Löwisch/Kaiser*, BetrVG, § 58 Rdn. 9; *Roloff* in Wlotzke/Preis/Kreft, BetrVG, § 58 Rdn. 3; *Wackerbarth*, Lutter (Hrsg.), Holding-Handbuch, § 9 Rdn. 182.

214 Vgl. Hess/Schlochauer/Worzalla/Glock/Nicolai/Rose - *Glock*, § 58 BetrVG Rdn. 3; *Windbichler*, Arbeitsrecht im Konzern, S. 361.

Da also bei der Implementierung von konzernweiten Leistungen durch Verpflichtung der Mutter oder einer Schwestergesellschaft auf Konzernebene die für diese Betriebsvereinbarung zuständigen Betriebsverfassungsorgane, nämlich der Konzernbetriebsrat und das entsprechende Konzernunternehmen beziehungsweise die Muttergesellschaft, handeln und sie den räumlichen, persönlichen und zeitlichen Geltungsrahmen der Konzernbetriebsvereinbarung innerhalb ihrer Regelungskompetenz festsetzen, gilt diese Betriebsvereinbarung für die erfassten Arbeitsverhältnisse im Konzern analog § 77 Abs. 4 S. 1 BetrVG unmittelbar und zwingend.[215] Diese Wirkung der privatrechtlichen kollektiven Vereinbarung tritt kraft gesetzlicher Regelung in § 77 Abs. 4 S. 1 BetrVG i. V. m. §§ 51 Abs. 5, 59 Abs. 1 BetrVG ein und nicht kraft privatrechtlicher Verpflichtung abhängiger beziehungsweise verbundener selbstständiger Unternehmen durch die Konzernspitze oder ein anderes Unternehmen der Gruppe. Aus diesem Grund kann die in der Literatur vertretene Ansicht,[216] dass Konzernbetriebsvereinbarungen eine normative Wirkung nach § 77 Abs. 4 BetrVG nur für jene Arbeitsverhältnisse entfalten, deren Arbeitgeberpartei am Abschluss der Betriebsvereinbarung beteiligt war, nicht überzeugen. Die gesetzliche Verweisung in §§ 51 Abs. 5, 59 Abs. 1 BetrVG ist auch nicht auf bestimmte Arten von Unterordnungskonzernen begrenzt, so dass auch eine

215 Siehe dazu BAG SAE 1997, 139 (143); BAG NZA 1998, 497 (497 f.); BAG NZA 2002, 1224 (1227); *Bachner*, NZA 1995, 256 (257, 259 f); *Böhm, Pawlowski*, NZA 2005, 1377 (1381); nun auch *Buchner*, Festschr. Wolfgang Zöllner, S. 697 (697 f.), der ursprünglich gegen eine normative Wirkung war (*Buchner*, AG 1971, 135 u. 189 (190)); *Dachrodt/Engelbert*, BetrVG, § 58 Rdn. 18; *Dzida*, NZA 2007, 945 (948); *Fitting*, BetrVG, § 58 Rdn. 34 ff., 37 ff.; *R. Fuchs*, Konzernbetriebsrat, S. 98 f.; *Güllich*, Die unmittelbare Geltung, S. 78 ff., 112, 130 ff., 136 ff.; Hess/Schlochauer/Worzalla/Glock/Nicolai/Rose - *Glock*, § 58 Rdn. 3, 29; *P. Hanau*, ZGR 1984, 468 (474, 481, 483 ff.); *Kort*, NZA 2009, 464 (470 f.); *Kreutz/Franzen* in GK-BetrVG I, § 58 Rdn. 6, 9 ff., 14 ff.; *Löwisch/Kaiser*, BetrVG, § 58 Rdn. 8; *Monjau*, BB 1972, 839 (841 f.); *Nick*, Konzernbetriebsrat, S. 156 ff., 174 ff., 180 ff.; *Schwab*, NZA-RR 2007, 337 (341); *Schwald*, Die Legitimation der Konzernbetriebsverfassung, S. 70 ff.; *Tautphäus* in Düwell (Hrsg.), HaKo-BetrVG, § 58 Rdn. 15; *Trittin* in Däubler/Kittner/Klebe/Wedde, BetrVG, § 58 Rdn. 119 ff.; *Wackerbarth*, Lutter (Hrsg.), Holding-Handbuch, § 9 Rdn. 182; *Roloff* in Wlotzke/Preis/Kreft, BetrVG, § 58 Rdn. 12. Vorliegend dürfte es sich auch um sogenannte vertikale Konzernbetriebsvereinbarungen handeln, für die auch *Martens*, ZfA 1973, 297 (312 ff., 314 f.) ausnahmsweise eine normative Wirkung annimmt. Auch *Windbichler*, Arbeitsrecht im Konzern, S. 356, 364, 372 f., scheint eine normative Wirkung dann für möglich zu halten, wenn sich andere Konzernunternehmen zu Sozialleistungen oder der Dotierung einer Sozialeinrichtung verpflichten, obwohl sie grundsätzlich eine normative Wirkung von Konzernbetriebsvereinbarungen ablehnt.

216 Vgl. *Annuß* in Richardi, BetrVG, § 58 Rdn. 40 ff., 43; MünchArbR II/*Joost*, § 227 Rdn. 58 ff., 65; *Tomicic*, Interessenausgleich und Sozialplan im Konzern, S. 131, 134 ff., 138 ff., 150 ff., 171 f.; *Wiedemann*, Unternehmensgruppe, S. 123 ff., 125 f.; *Windbichler*, Arbeitsrecht im Konzern, S. 355 ff., 359 ff., 364; *Windbichler*, SAE 1997, 143 (144); *Windbichler*, RdA 1999, 146 (150 f.).

unterschiedliche Betrachtung von Vertrags- beziehungsweise Eingliederungskonzern und faktischem Konzern nicht in Betracht kommt.[217] Eine Konzernbetriebsvereinbarung wirkt normativ auf die Arbeitsverhältnisse im Konzern ein, genau wie die Betriebs- und die Gesamtbetriebsvereinbarung. Dies ist nur im Rahmen der originären Zuständigkeit nach § 58 Abs. 1 BetrVG, nicht aber im Rahmen einer etwaigen Beauftragung nach § 58 Abs. 2 BetrVG der Fall. Hier kommen Vereinbarungen allein mit den entsprechenden Unternehmen, deren Gesamt- beziehungsweise Betriebsräte den Konzernbetriebsrat beauftragt haben, in Betracht.[218]

Zusammenfassend lässt sich also sagen, dass kollektivrechtliche Regelungen zu Zusatzleistungen im Konzern auf drei Ebenen, nämlich der Betriebsebene, der Unternehmens- und der Konzernebene, in Betracht kommen. Dabei ist Verhandlungspartner des Betriebsrates und des Gesamtbetriebsrates das Arbeitgeberunternehmen. Dieses geht demnach auch schuldrechtliche und normative Verpflichtungen ein. Verhandlungspartner des Konzernbetriebsrates ist bei dessen originärer Zuständigkeit nach § 58 Abs. 1 BetrVG die Konzernspitze oder das Konzernunternehmen, das konzernweite Leistungen gewähren wird. Auch hier kommt es zum Abschluss von Betriebsvereinbarungen, die für alle Arbeitnehmer des Konzerns, auch solche betriebsratsloser Betriebe beziehungsweise gesamtbetriebsratsloser Unternehmen, unmittelbar und zwingend gelten. Nimmt der Konzernbetriebsrat delegierte Rechte nach § 58 Abs. 2 BetrVG im Auftrag der Gesamtbetriebsräte oder Betriebsräte wahr, so handelt er auf derjenigen Ebene, die ihn beauftragt hat. Er verhandelt daher mit den Unternehmen, deren Betriebsverfassungsorgane ihn beauftragt haben, und schließt dementsprechend auch je nach Ebene Betriebsvereinbarungen beziehungsweise Gesamtbetriebsvereinbarungen ab.

---

217 Eine normative Wirkung allein beschränkt auf Vertrags- beziehungsweise Eingliederungskonzerne nehmen aber an: *Konzen*, RdA 1984, 65 (76 f.); *Konzen*, Unternehmensaufspaltungen, S. 35 f.; *Richardi*, ZIAS 1995, 607 (610 f.); *Schmidbauer*, Der Konzernbegriff, S. 253 ff.; *Wetzling*, Konzernbetriebsrat, S. 198 f., 200 f.

218 Vgl. BAG NZA 1998, 497 (498); *Annuß* in Richardi, BetrVG, § 58 Rdn. 45; *Fitting*, BetrVG, § 58 Rdn. 6, 42; Hess/Schlochauer/Worzalla/Glock/Nicolai/Rose - *Glock*, § 58 BetrVG Rdn. 28; *Löwisch/Kaiser*, BetrVG, § 58 Rdn. 9; *Monjau*, BB 1972, 839 (842); MünchArbR II/*Joost*, § 277 Rdn. 54; *Nick*, Konzernbetriebsrat, S. 151 f.; *Rieble*, RdA 2005, 26; *Schwab*, NZA-RR 2007, 337 (341); *Roloff* in Wlotzke/Preis/Kreft, BetrVG, § 58 Rdn. 11. Davon, dass auch in Fällen des § 58 Abs. 2 BetrVG mit der Konzernspitze zu verhandeln ist, gehen aber aus: *P. Hanau*, ZGR 1984, 468 (481 f.); *Kreutz/Franzen* in GK-BetrVG I, § 58 Rdn. 46 f.; *Laudi*, Der betriebsverfassungsrechtliche Arbeitgeber im Konzern, S. 40, 57 f., 63 ff., 71 ff.; *Wackerbarth*, Lutter (Hrsg.), Holding-Handbuch, § 9 Rdn. 181. *Trittin* in Däubler/Kittner/Klebe/Wedde, BetrVG, § 58 Rdn. 110, und *Wiedemann*, Unternehmensgruppe, S. 126, gehen von einem Wahlrecht des Konzernbetriebsrats aus.

Nachdem nun die individualrechtlichen und kollektivrechtlichen Vereinbarungsstrukturen im Konzern herausgearbeitet wurden, stellt sich die Frage, was mit diesen Vereinbarungen im Falle eines Betriebsübergangs auf einen konzernfremden Dritten geschieht.

Kapitel 3: Tatbestand und Rechtsfolgen des Betriebsübergangs

Unternehmensgruppen reagieren auf vielfältige Weise auf Veränderungen am Markt. Sinken Gewinnmargen oder kommt es zur Krise einzelner Unternehmen oder des gesamten Konzerns, besteht eine Anpassungsstrategie darin, den Konzern zu verschlanken und sich auf Kernkompetenzen zu konzentrieren. Aber auch in wirtschaftlich erfolgreichen Zeiten kann die Entscheidung zur Neuausrichtung des Konzerns zur Abspaltung einzelner Bereiche oder Sparten führen. Dabei kann die Konzernleitung beziehungsweise die Leitung eines betroffenen Unternehmens verschiedene Wege beschreiten.

Zunächst kommt eine komplette Stilllegung von Betrieben in Betracht. Eine Betriebsstilllegung liegt dann vor, wenn die zwischen Arbeitgeber und Arbeitnehmer bestehende Betriebs- und Produktionsgemeinschaft aufgrund eines ernstlichen und endgültigen Willensentschlusses des Unternehmers für unbestimmte, nicht nur vorübergehende Zeit aufgelöst wird.[219] Die Betriebsstilllegung berechtigt zur betriebsbedingten Kündigung der Arbeitnehmer des Betriebes. Die Betriebsvereinbarungen enden ebenfalls mit Auflösung des Betriebes. Eine Betriebsstilllegung schließt einen Betriebsübergang aus, da dieser den Übergang einer funktionsfähigen wirtschaftlichen Einheit voraussetzt, die in den genannten Fällen nicht mehr vorliegt.[220]

Eine weitere Möglichkeit besteht darin, die gesellschaftsrechtlichen Anteile an Tochterunternehmen an konzernfremde Dritte zu veräußern (sog. Share Deal). Ein solcher Share Deal hat zur Folge, dass die Identität des Unternehmensträgers und Betriebsinhabers und damit des Arbeitgebers bestehen bleibt.[221]

---

219 BAGE 8, 207 (211); 33, 94 (102); 41, 72 (78 f.); 47, 13 (22); BAG AP Nr. 105 zu § 613a BGB, Bl. 1734; BAGE 86, 20 (24); 124, 159 (168 f.); BAG NZA 2009, 485 (487); BAG NZA 2009, 1267 (1268 f.); ErfK/*Preis*, § 613a BGB Rdn. 57; *Kiel* in Ascheid/Preis/Schmidt (Hrsg.), Kündigungsrecht, § 1 KSchG Rdn. 488; STAUDINGER/*Annuß* (2011), § 613a BGB Rdn. 84.

220 BAG AP Nr. 74, 118 und 237 zu § 613a BGB; BAG NZA 2009, 485 (487); BAG, Urt. v. 25.06.2009 – 8 AZR 258/08 – (juris); ErfK/*Preis*, § 613a BGB Rdn. 56; *Hauck*, Festschr. Wolfgang Leinemann, S. 223 (227); Jauernig/*Mansel*, § 613a BGB Rdn. 3; MünchKommBGB/*Müller-Glöge*, § 613a Rdn. 61; Palandt/*Weidenkaff*, § 613a BGB Rdn. 13; Prütting/Wegen/Weinreich – *Lingemann*, § 613a BGB Rdn. 7; *Schwanda*, Betriebsübergang, S. 162; STAUDINGER/*Annuß* (2011), § 613a BGB Rdn. 84 ff.

221 Daher liegt auch kein Fall des § 613a Abs. 1 BGB vor. Dieser erfasst nur Fälle, in denen die Identität des Betriebsinhabers wechselt. Vgl. BAGE 42, 312 (321 f.); BAG NZA 2003, 1338 (1339); BAG AP Nr. 326 zu § 613a BGB, Bl. 472 f.; BAG, Urt. v. 14.08.2007 – 8 AZR 804/06 – (juris); *Alsbaek*, Betriebsübergang, S. 29; ErfK/*Preis*, § 613a BGB Rdn. 43; Erman/*Edenfeld*,

Zudem kommt auch eine Voll- oder Teilübertragung von Unternehmen beziehungsweise Unternehmensteilen durch Vermögensübertragung nach dem Umwandlungsgesetz in Betracht (§§ 1 Abs. 1 Nr. 3, 174 Abs. 1 und 2 UmwG). Dabei kann ein Konzernunternehmen sein Vermögen voll oder teilweise auf einen übernehmenden Rechtsträger gegen Gegenleistung übertragen, indem es den übertragenden Rechtsträger auflöst, ohne ihn abzuwickeln, oder indem es sein Vermögen aufspaltet oder Teile des Vermögens abspaltet oder ausgliedert und dann überträgt. Mit der Eintragung der Vermögensübertragung auf den übernehmenden Rechtsträger geht das Vermögen des übertragenden Rechtsträgers einschließlich der Verbindlichkeiten auf diesen über (§§ 20 Abs. 1 Nr. 1, 131 Abs. 1 Nr. 1, 176 Abs. 1, 177 Abs. 1 UmwG). Erfüllt die Übertragung die Voraussetzungen des § 613a Abs. 1 BGB, so findet diese Regelung auf diese Vorgänge Anwendung (§ 324 UmwG).[222]

Darüber hinaus kommt auch der Verkauf von Betriebsmitteln in Betracht (sog. Asset Deal). Bilden diese in ihrer Gesamtheit einen Betrieb oder Betriebsteil, so kann ein Betriebsübergang nach § 613a Abs. 1 BGB vorliegen. Dieser und seine Folgen sind Gegenstand dieses Kapitels. In einem ersten Schritt wird kurz der Tatbestand des § 613a Abs. 1 BGB erläutert (A.). Dann werden die Rechtsfolgen eines Betriebsübergangs im Sinne von § 613a Abs. 1 BGB im Einzelnen untersucht (dazu B.). Bei den Rechtsfolgen werden die individualarbeitsrechtlichen (dazu B. I.) und die kollektivrechtlichen Rechtsfolgen (dazu B. II.) getrennt dargestellt.

A. Der Tatbestand des § 613a Abs. 1 BGB

Der Tatbestand des § 613a Abs. 1 S. 1 BGB ist erfüllt, wenn ein Betrieb oder Betriebsteil durch Rechtsgeschäft auf einen anderen Inhaber übergeht. Diese Regelung setzt Art. 1 der Richtlinie 2001/23/EG um.[223] Die Tatbestandsvoraus-

---

§ 613a BGB Rdn. 6; STAUDINGER/*Annuß* (2011), § 613a BGB Rdn. 68.

222 BAGE 95, 1 (10 f.); BAG, Urt. v. 25.05.2000 – 8 AZR 406/99 – (juris); ErfK/*Preis*, § 613a BGB Rdn. 181; *Hauck*, Festschr. Wolfgang Leinemann, S. 223; *Hergenröder*, AR-Blattei SD Betriebsinhaberwechsel II, Rdn. 54 ff., 57; Palandt/*Weidenkaff*, § 613a BGB Rdn. 7; Prütting/Wegen/Weinreich – *Lingemann*, § 613a BGB Rdn. 48; *Simon* in Semler/Stengel, Umwandlungsgesetz, § 324 UmwG Rdn. 1 ff., 5; *Steffan* in Ascheid/Preis/Schmidt (Hrsg.), Kündigungsrecht, § 613a BGB Rdn. 67.

223 Vgl. Begründung des Regierungsentwurfs zum Arbeitsrechtlichen EG-Anpassungsgesetz, BT-Drucksache 8/3317, S. 6 f.; sowie die Beschlussempfehlung und den Bericht des Ausschusses für Arbeit und Sozialordnung dazu, BT-Drucksache 8/4259, S. 9; BAG AP Nr. 7 zu § 4 BetrVG 1972, Bl. 471 f.; *Alsbaek*, Betriebsübergang, S. 169; ErfK/*Preis*, § 613a BGB Rdn. 1; *M. Fuchs* in Bamberger/Roth, BGB, § 613a, Rdn. 3; *Hauck*, Festschr. Wolfgang Leinemann, S. 223 f.;

setzungen des § 613a Abs. 1 BGB sind daher richtlinienkonform auszulegen.[224] Das Bundesarbeitsgericht orientiert sich seit der Entscheidung des Europäischen Gerichtshofs im Fall Ayse Süzen[225] im Jahr 1997 bei der Bestimmung des Tatbestandes an den Entscheidungen des Europäischen Gerichtshofs, so dass der Tatbestand der Richtlinie und der des § 613a Abs. 1 BGB sich decken.[226]

I. Wirtschaftliche Einheit

Nach Art. 1 Abs. 1 lit. b) RL 2001/23/EG ist maßgeblich, dass eine ihre Identität wahrende wirtschaftliche Einheit im Sinne einer organisierten Zusammenfassung von Ressourcen zur Verfolgung einer wirtschaftlichen Haupt- oder Nebentätigkeit auf einen neuen Inhaber übergeht.[227] Um festzustellen, ob eine wirtschaftliche Einheit übergegangen ist, sind sämtliche den Vorgang kenn-

---

H. Meyer, Der Tatbestand des Betriebsübergangs, S. 47, 59 f.; Palandt/*Weidenkaff*, § 613a BGB Rdn. 1; Schaub/*Koch*, ArbR-Hdb. § 117 Rdn. 1 f.; *Thüsing*, Europäisches Arbeitsrecht, § 5 Rdn. 5 f.; *Willemsen* in Willemsen/Hohenstatt/Schnitker/Schweibert/Seibt (Hrsg.), Umstrukturierung, G 4.

224 Vgl. zum Erfordernis der richtlinienkonformen Auslegung u.a. EuGHE 1984, 1891 (1909) („**v. Colson und Kamann**"); EuGHE 1984, 1921 (1942) („**Harz**"); BAGE 71, 195 (205 f.); BAG AP Nr. 7 zu § 4 BetrVG 1972, Bl. 472; BAG AP Nr. 339, 343 zu § 613a BGB; *Ahlborn*, ZfA 2005, 109 (124); *Ascheid*, Festschr. Thomas Dieterich, S. 9 ff.; ErfK/*Preis*, § 613a BGB Rdn. 1; *M. Fuchs* in Bamberger/Roth, BGB, § 613a, Rdn. 5; *Hauck*, Festschr. Wolfgang Leinemann, S. 223 f.; *Jarass*, Grundfragen, S. 89 ff.; *H. Meyer*, Der Tatbestand des Betriebsübergangs, S. 44 ff., 59 f., 62 f.; MünchArbR I/*Wank*, § 102 Rdn. 7; Palandt/*Weidenkaff*, § 613a BGB Rdn. 1; Schaub/*Koch*, ArbR-Hdb. § 117 Rdn. 1; *Thüsing*, Europäisches Arbeitsrecht, § 1 Rdn. 42; *Willemsen* in Willemsen/Hohenstatt/Schnitker/Schweibert/Seibt (Hrsg.), Umstrukturierung, G 4, 31; *Wißmann*, AuR 2001, 370 (371).

225 EuGHE I 1997, 1259 („**Ayse Süzen**").

226 Vgl. BAG NZA 1998, 253 (254); BAGE 86, 20 (27 f.); 86, 271 (273 f.); 87, 115 (118 ff.); 87, 120 (126 f.); BAG AP Nr. 173 zu § 613a BGB, Bl. 1070; BAGE 91, 121 (126 ff.); BAG AP Nr. 196, 303 zu § 613a BGB; BAG NZA 2007, 1431 (1432 f.); BAG AP Nr. 339, 343 zu § 613a BGB; BAG NZA 2009, 144 (146); BAG NZA 2009, 723 (726); BAG NZA 2009, 905 (906); BAG, Urt. v. 25.06.2009 – 8 AZR 258/08 – (juris); *Ahlborn*, ZfA 2005, 109 (119 f.); *Alsbaek*, Betriebsübergang, S. 169, 171 u. 175; *Brinkmann*, Spaltung von Rechtsträgern, S. 90; ErfK/*Preis*, § 613a BGB Rdn. 6; Erman/*Edenfeld*, § 613a BGB Rdn. 1, 13, 17; *B. Gaul*, ZTR 1998, 1 (5); *H. Meyer*, Der Tatbestand des Betriebsübergangs, S. 18, 58 f., 147, 168 f., 177; Schaub/*Koch*, ArbR-Hdb. § 117 Rdn. 8 f.; *Schwanda*, Betriebsübergang, S. 23 ff.; *Willemsen* in Willemsen/Hohenstatt/Schnitker/Schweibert/Seibt (Hrsg.), Umstrukturierung, G 11 ff.; *Windt*, Tatbestand des Betriebsübergangs, S. 96, 104; *Wißmann*, AuR 2001, 370 (372).

227 Die Vorschriften der Richtlinie 2001/23/EG beruhen auf der ursprünglichen Betriebsübergangsrichtlinie 77/187/EWG und der dazu ergangenen Rechtsprechung des EuGH (vgl. Erwägungsgründe 1, 7 und 8 der RL 2001/23/EG, ErfK/*Preis*, § 613a BGB Rdn. 6; *Waas*, EuZW 1999, 458).

zeichnenden Umstände zu berücksichtigen. Dabei sind als Teilaspekte nach der übereinstimmenden Rechtsprechung von Europäischem Gerichtshof und Bundesarbeitsgericht sieben Kriterien zu berücksichtigen. Es handelt sich dabei um:

- die Art des betreffenden Unternehmens oder Betriebes,
- den Übergang der materiellen Betriebsmittel,
- den Wert der immateriellen Aktiva zum Zeitpunkt des Übergangs,
- die Übernahme der Hauptbelegschaft,
- den Übergang der Kundschaft sowie
- den Grad der Ähnlichkeit zwischen den vor und nach Übergang verrichteten Tätigkeiten und
- die Dauer einer etwaigen Unterbrechung dieser Tätigkeit.[228]

Dabei kommt den einzelnen Kriterien je nach der ausgeübten Tätigkeit und den Produktions- und Betriebsmethoden unterschiedliches Gewicht zu. Grob ist hier zwischen betriebsmittelgeprägten und betriebsmittelarmen Betrieben zu unterscheiden.[229] Anhand dieser Kriterien soll vor allem eine Abgrenzung zur bloßen Funktions- beziehungsweise Tätigkeitsnachfolge erfolgen, welche keinen Betriebsübergang darstellt.[230]

Für die Frage, ob eine wirtschaftliche Einheit vorliegt, wird von der Rechtsprechung nicht zwischen dem Übergang eines Betriebes und dem eines Betriebsteils unterschieden. Die organisatorische Verselbstständigung, die für eine wirtschaft-

---

228 EuGHE 1986, 1119 (1128 f.) („**Spijkers**"); EuGHE I 1992, 3189 (3220) („**Redmond Stichting**"); EuGH AP Nr. 14 zu EWG-Richtlinie Nr. 77/187, Bl. 1364 („**Ayse Süzen**"); EuGHE I 2005, 11237 (11268 ff.) („**Güney-Görres**"); BAGE 92, 251 (253 f.); 95, 1 (8 f.); BAG NZA 2003, 315 (317); BAG AP Nr. 261, 300, 303 zu § 613a BGB; BAG NZA 2007, 1431 (1432 f.); BAG AP Nr. 326, 339, 343, 353 zu § 613a BGB; BAG NZA 2009, 144 (146); BAG NZA 2009, 485 (487); BAG NZA 2009, 723 (726); BAG NZA 2009, 905 (906); BAG, Urt. v. 25.06.2009 – 8 AZR 258/08 – (juris); Kommissionsbericht, KOM(2007) 334 endgültig, S. 4 f. Vgl. auch Darstellung bei ErfK/*Preis*, § 613a BGB Rdn. 10 ff.; *Koller-van Delden*, DStR 2007, 1869 (1870 f.); Prütting/Wegen/Weinreich – *Lingemann*, § 613a BGB Rdn. 4 ff.; Schaub/*Koch*, ArbR-Hdb. § 117 Rdn. 9.

229 Vgl. BAG AP Nr. 261, 300, 303 zu § 613a BGB; BAG NZA 2007, 1431 (1433); BAG NZA 2009, 144 (146); BAG NZA 2009, 723 (726); BAG NZA 2009, 905 (906 f.); BAG, Urt. v. 25.06.2009 – 8 AZR 258/08 – (juris); ErfK/*Preis*, § 613a BGB Rdn. 10 f., 12 f.; *Müller-Bonanni*, NZA 2009, Beilage 1, S. 13; Prütting/Wegen/Weinreich – *Lingemann*, § 613a BGB Rdn. 5 f.; Schaub/*Koch*, ArbR-Hdb. § 117 Rdn. 16.

230 BAGE 87, 115 (117 f.); BAG AP Nr. 261, 300, 303 zu § 613a BGB; BAG NZA 2007, 1431 (1433 f.); BAG NZA 2009, 144 (146); BAG NZA 2009, 723 (726); BAG NZA 2009, 905 (906 f.); BAG, Urt. v. 25.06.2009 – 8 AZR 258/08 – (juris); *Hauck*, Festschr. Wolfgang Leinemann, S. 223 (226); Prütting/Wegen/Weinreich – *Lingemann*, § 613a BGB Rdn. 3; Schaub/*Koch*, ArbR-Hdb. § 117 Rdn. 12, 12a-b; *Willemsen*, NJW 2007, 2065 f.; *Willemsen*, NZA 2009, 289 (291 f.); *Willemsen* in Willemsen/Hohenstatt/Schnitker/Schweibert/Seibt (Hrsg.), Umstrukturierung, G 88.

liche Einheit vorliegen muss, stellt ein Mindestkriterium für einen Betriebsübergang dar.[231] Ein Betriebsteil ist somit eine organisatorische Untergliederung des Betriebes, mit der innerhalb des betrieblichen Gesamtzwecks ein Teilzweck verfolgt wird, auch wenn es sich nur um eine untergeordnete Hilfsfunktion handelt.[232] Der Betriebsteil muss schon beim Veräußerer bestehen. Es genügt nicht, wenn Betriebsmittel beim Erwerber zu einer Teilorganisation zusammengefügt werden.[233]

II. Übergang durch Rechtsgeschäft

Diese wirtschaftliche Einheit muss durch vertragliche Vereinbarung beziehungsweise Rechtsgeschäft auf den Erwerber übergehen. Dies bedeutet, dass die Leitungs- und Organisationsmacht über die wirtschaftliche Einheit willentlich auf den Erwerber übergehen muss.[234] Eine Willenserklärung liegt auch den Umwandlungsprozessen zugrunde, so dass auch auf diese § 613a BGB anzuwenden ist, wenn seine weiteren Voraussetzungen erfüllt sind. Dies stellt § 324 UmwG klar.[235] Eine gewillkürte Übernahme eines Betriebes oder Betriebsteiles kommt

---

231 Vgl. BAG NZA 1998, 253 (254); BAG NZA 2003, 315 (317); BAG AP Nr. 261, 300, 343 zu § 613a BGB; BAG NZA 2009, 485 (488); BAG NZA 2009, 723 (726); *Ahlborn*, ZfA 2005, 109 (130); *Alsbaek*, Betriebsübergang, S. 27 ff.; ErfK/*Preis*, § 613a BGB Rdn. 6; Schaub/*Koch*, ArbR-Hdb. § 117 Rdn. 10; *Steffan*, NZA 2000, 687 (687, 689); *Thüsing*, Europäisches Arbeitsrecht, § 5 Rdn. 8.

232 BAG NZA 1998, 253 (254); BAGE 86, 271 (277 f.); 87, 303 (305 f.); BAG NZA 2003, 315 (317); BAG AP Nr. 261, 300, 343 zu § 613a BGB; BAG NZA 2009, 144 (146); BAG NZA 2009, 485 (488); BAG NZA 2009, 723 (726); BAG NZA 2009, 1091 (1093); *Ahlborn*, ZfA 2005, 109 (131); Erman/*Edenfeld*, § 613a BGB Rdn. 15; ErfK/*Preis*, § 613a BGB Rdn. 7; *Kock*, BB 2007, 714; Palandt/*Weidenkaff*, § 613a BGB Rdn. 10; Prütting/Wegen/Weinreich – *Lingemann*, § 613a BGB Rdn. 3; Schaub/*Koch*, ArbR-Hdb. § 117 Rdn. 10.

233 Vgl. EuGH EuZW 2007, 638 (640) („**Jouini**"); BAG NZA 1998, 253 (254); BAG NZA 2003, 315 (317); BAG AP Nr. 261, 300, 343 zu § 613a BGB; BAG NZA 2009, 485 (488); BAG NZA 2009, 723 (726); *Ahlborn*, ZfA 2005, 109 (135 f.); Palandt/*Weidenkaff*, § 613a BGB Rdn. 10; Prütting/Wegen/Weinreich – *Lingemann*, § 613a BGB Rdn. 3; Schaub/*Koch*, ArbR-Hdb. § 117 Rdn. 10. Kritisch Erman/*Edenfeld*, § 613a BGB Rdn. 15.

234 Vgl. EuGHE 1988, 2559 (2583) („**Berg und Busschers**"); EuGHE 1988, 3057 (3076) („**Bork International**"); EuGHE I 1992, 3189 (3217 f.) („**Redmond Stichting**"); EuGH EuZW 2007, 638 (639 f.) („**Jouini**"); BAG AP Nr. 339 zu § 613a BGB, Bl. 1661 f.; *Ahlborn*, ZfA 2005, 109 (153); *Alsbaek*, Betriebsübergang, S. 29 f.; ErfK/*Preis*, § 613a BGB Rdn. 58 f., 62; Erman/*Edenfeld*, § 613a BGB Rdn. 29; *Hauck*, Festschr. Wolfgang Leinemann, S. 223 (228); *Pietzko*, Der Tatbestand des § 613a BGB, S. 123, 132 ff., 135; Prütting/Wegen/Weinreich – *Lingemann*, § 613a BGB Rdn. 8; Schaub/*Koch*, ArbR-Hdb. § 117 Rdn. 29 f.; *Thüsing*, Europäisches Arbeitsrecht, § 5 Rdn. 26.

235 BAGE 95, 1 (10 f.); BAG, Urt. v. 25.05.2000 – 8 AZR 406/99 – (juris); ErfK/*Preis*, § 613a BGB Rdn. 181; Erman/*Edenfeld*, § 613a BGB Rdn. 29; *Hauck*, Festschr. Wolfgang Leinemann,

aber auch dann in Betracht, wenn das zugrundeliegende Rechtsgeschäft sich als rechtsunwirksam erweist.[236] Nicht erforderlich ist ein Rechtsgeschäft zwischen bisherigem Inhaber und neuem Erwerber. Eine Vertragskette genügt.[237] Die wirtschaftliche Einheit muss auch nicht in einem Rechtsgeschäft übertragen werden, ausreichend ist ein Bündel von Rechtsgeschäften, wenn es auf Erlangung der Leitungs- und Organisationsmacht gerichtet ist.[238]

III. Identitätswahrung der übergehenden Einheit

Die übertragene wirtschaftliche Einheit muss nach Art. 1 Abs. 1 lit. b) RL 2001/23/EG und der Rechtsprechung auf europäischer und nationaler Ebene ihre Identität wahren. Dies setzte nach bisheriger Rechtsprechung des Bundesarbeitsgerichts voraus, dass die übertragene wirtschaftliche Einheit beim Erwerber ihre organisatorische Selbstständigkeit bewahrt.[239] In seinem Urteil im Fall Dietmar Klarenberg/Ferrotron Technologies GmbH[240] hat der Europäische Gerichtshof allerdings klargestellt, dass diese Anforderungen zu weitgehend sind und sich zu einseitig auf das Kriterium der Organisation stützen. Nach dieser Entscheidung

---

S. 223; *Hergenröder*, AR-Blattei SD Betriebsinhaberwechsel II, Rdn. 54 ff., 57; Palandt/*Weidenkaff*, § 613a BGB Rdn. 7; *Schnitker, Grau*, ZIP 2008, 394 (397); *Simon* in Semler/Stengel, Umwandlungsgesetz, § 324 UmwG Rdn. 1 ff.; *Steffan* in Ascheid/Preis/ Schmidt (Hrsg.), Kündigungsrecht, § 613a BGB Rdn. 67.

236 *Alsbaek*, Betriebsübergang, S. 178; ErfK/*Preis*, § 613a BGB Rdn. 61; Erman/*Edenfeld*, § 613a BGB Rdn. 31; *Gussen* in Rolfs/Giesen/Kreikebohm/Udsching, § 613a BGB Rdn. 70 f.; *Hauck*, Festschr. Wolfgang Leinemann, S. 223 (229); Palandt/*Weidenkaff*, § 613a BGB Rdn. 14; Prütting/Wegen/Weinreich – *Lingemann*, § 613a BGB Rdn. 8.

237 EuGHE I 1996, 1253 (1276) („**Merckx und Neuhuys**"); EuGH AP Nr. 14 zu EWG-Richtlinie Nr. 77/187, Bl. 1364 („**Ayse Süzen**"); EuGHE I 1998, 8237 (8248) („**Sánchez Hidalgo**"); BAGE 35, 104 (107 f.); 92, 251 (256 f.); BAG AP Nr. 353 zu § 613a BGB, Bl. 588; *Ahlborn*, ZfA 2005, 109 (153); *Alsbaek*, Betriebsübergang, S. 178 f.; ErfK/*Preis*, § 613a BGB Rdn. 60; Erman/*Edenfeld*, § 613a BGB Rdn. 30; *Gussen* in Rolfs/Giesen/Kreikebohm/Udsching, § 613a BGB Rdn. 63 ff.; *Hauck*, Festschr. Wolfgang Leinemann, S. 223 (228 f.); Palandt/*Weidenkaff*, § 613a BGB Rdn. 14; Schaub/*Koch*, ArbR-Hdb. § 117 Rdn. 30; *Thüsing*, Europäisches Arbeitsrecht, § 5 Rdn. 26. Mit der Anwendbarkeit dieser Kriterien bei Auftragsnachfolge bei Einsatz von Subunternehmen vgl. *Rebhahn, Kietaibl*, ZfA 2007, 325 ff.

238 BAG AP Nr. 339 zu § 613a BGB, Bl. 1660 f.; *Ahlborn*, ZfA 2005, 109 (153); Erman/*Edenfeld*, § 613a BGB Rdn. 30; *Gussen* in Rolfs/Giesen/Kreikebohm/Udsching, § 613a BGB Rdn. 66 ff.; Palandt/*Weidenkaff*, § 613a BGB Rdn. 15; *Pietzko*, Der Tatbestand des § 613a BGB, S. 140; Schaub/*Koch*, ArbR-Hdb. § 117 Rdn. 31.

239 BAGE 95, 1 (8 f.); BAG AP Nr. 237 zu § 613a BGB, Bl. 454 f.; BAG NZA 2003, 315 (317); BAG AP Nr. 261, 303 zu § 613a BGB; BAG NZA 2007, 1431 (1433 f.); BAG AP Nr. 339 zu § 613a BGB, Bl. 1659 f.; BAG NZA 2009, 144 (146); BAG NZA 2009, 723 (726 f.).

240 EuGH EuZW 2009, 223 („**Klarenberg/Ferrotron**").

ist es ausreichend, wenn die funktionelle Verknüpfung zwischen den übertragenen Produktionsfaktoren beibehalten wird und die Verknüpfung es dem Erwerber erlaubt, diese Faktoren zu nutzen, um derselben oder einer gleichartigen wirtschaftlichen Tätigkeit nachzugehen.[241] Dieser Rechtsprechung haben sich das Bundesarbeitsgericht und die Instanzrechtsprechung angeschlossen.[242]

Der Übergang einer die Identität wahrenden wirtschaftlichen Einheit erfolgt dadurch, dass der Erwerber die tatsächliche Organisations- und Leitungsmacht erhält und der alte Inhaber sie vollständig aufgibt.[243] Inhaber ist dabei, wer den Betrieb oder das Unternehmen im eigenen Namen, wenn auch nicht notwendig auf eigene Rechnung, führt.[244]

Ein Betriebsübergang liegt damit in den oben genannten Umstrukturierungsprozessen des Konzerns dann vor, wenn die Leitungs- und Organisationsmacht über Konzernbetriebe beziehungsweise Konzernbetriebsteile durch Vermögensübertragung oder durch rechtsgeschäftliche Übertragung auf eine andere natürliche oder juristische Person übergeht, die dadurch in die Lage versetzt wird, die wirtschaftliche Tätigkeit genauso oder gleichartig fortzuführen, und dies auch tut. Der § 613a BGB knüpft damit bei der kleinstmöglichen wirtschaftlichen Einheit an und ordnet den Übergang der Arbeitsverhältnisse im bestehenden Zustand

---

241 EuGH EuZW 2009, 223 (225 f.) („**Klarenberg/Ferrotron**").

242 BAG NZA 2009, 905 (907); BAG, Urt. v. 25.06.2009 – 8 AZR 258/08 – (juris); LAG Düsseldorf, NZA-RR 2009, 414 (417 f.); Hess. LAG, Urt. v. 1.07.2009 – 8 Sa 784/08 – (juris); Hess. LAG, Urt. v. 1.07.2009 – 8 Sa 870/08 – (juris). Kritische Stimmen kommen jedoch aus der Praxis, da eine zu starke Verwässerung des Tatbestandes befürchtet wird, vgl. *Müller-Bonanni*, NZA 2009, Beilage 1, S. 13 (15 ff.) (noch zum Vorlagebeschluss des LAG Düsseldorf); *Willemsen*, NZA 2009, 289 (292 ff.); *T. Wißmann, D. Schneider*, BB 2009, 1126 (1128 f.). Die bisher vorliegenden Urteile des Bundesarbeitsgerichts deuten jedoch daraufhin, dass es seinen Spielraum bei der Klärung der tatsächlichen Fragen eines Übergangs nutzen will, um auch dem Kriterium der funktionellen Verknüpfung Konturen zu geben.

243 Für den abgeleiteten Erwerb der Leitungs- und Organisationsmacht ist es nicht erforderlich, dass der Erwerber auch Eigentum an den Produktionsmitteln erwirbt. BAG AP Nr. 339, 343, 353 zu § 613a BGB; BAG NZA 2009, 485 (487); BAG NZA 2009, 905 (907); *Alsbaek*, Betriebsübergang, S. 29, 34 f., 177, 181 f.; *Brinkmann*, Spaltung von Rechtsträgern, S. 92; ErfK/*Preis*, § 613a BGB Rdn. 50; Erman/*Edenfeld*, § 613a BGB Rdn. 7; *M. Fuchs* in Bamberger/Roth, BGB, § 613a BGB Rdn. 29; *Hauck*, Festschr. Wolfgang Leinemann, S. 223 (229); *H. Meyer*, Der Tatbestand des Betriebsübergangs, S. 156; *Müller-Bonanni*, NZA 2009, Beilage 1, S. 13 (17); Palandt/*Weidenkaff*, § 613a BGB Rdn. 11a, 12; Prütting/Wegen/ Weinreich – *Lingemann*, § 613a BGB Rdn. 9.

244 BAG AP Nr. 339, 343, 353 zu § 613a BGB; BAG NZA 2009, 485 (487); *Alsbaek*, Betriebsübergang, S. 29, 176; *von Alvensleben*, Die Rechte der Arbeitnehmer, S. 174 ff., 178; ErfK/*Preis*, § 613a BGB Rdn. 42; Erman/*Edenfeld*, § 613a BGB Rdn. 6; *M. Fuchs* in Bamberger/Roth, BGB, § 613a BGB Rdn. 29; *Hauck*, Festschr. Wolfgang Leinemann, S. 223 (229); *H. Meyer*, Der Tatbestand des Betriebsübergangs, S. 151 ff.; *Müller-Bonanni*, NZA 2009, Beilage 1, S. 13 (17); *Pietzko*, Der Tatbestand des § 613a BGB, S. 84 f.; *Thüsing*, Europäisches Arbeitsrecht, § 5 Rdn. 25; *Windt*, Tatbestand des Betriebsübergangs, S. 100.

ohne Rücksicht darauf an, was ein Erwerber alles nicht übernimmt und auch nicht vorrätig hat. Eine Berücksichtigung dieser „Umweltveränderungen" kann damit nur auf der Rechtsfolgenseite erfolgen. Diese soll für den Fall untersucht werden, dass der Erwerber nicht Teil des Konzerns ist.

B. Die Rechtsfolgen eines Betriebsübergangs nach § 613a Abs. 1 BGB

Dazu wird, wie oben angedeutet, zunächst festgestellt, welche Folgen sich für die individualarbeitsrechtlichen Vereinbarungen ergeben. Entscheidende Norm ist hier § 613a Abs. 1 S. 1 BGB (dazu I.). In einem zweiten Schritt werden die Konsequenzen des Betriebsübergangs für Betriebsvereinbarungen, Gesamtbetriebsvereinbarungen und Konzernbetriebsvereinbarungen erläutert. Ausgangspunkt der Überlegungen sind hier die Regelungen in § 613a Abs. 1 S. 2 bis 4 BGB (dazu II.).

I. Individualarbeitsrechtliche Rechtsfolgen

Ist der sachliche Geltungsbereich des § 613a Abs. 1 BGB eröffnet, so tritt der Erwerber in die Rechte und Pflichten aus den zum Zeitpunkt des Übergangs bestehenden Arbeitsverhältnissen im Betrieb beziehungsweise Betriebsteil ein (§ 613a Abs. 1 S. 1 BGB). Dies bedeutet, dass der Veräußerer und bisherige Betriebsinhaber aus den Arbeitsverhältnissen ausscheidet und nicht mehr Vertragspartei ist. Der Erwerber und neue Betriebsinhaber übernimmt die bestehenden Arbeitsverhältnisse und tritt als Arbeitgeber in diese ein. Es findet eine gesetzliche Vertragsüberleitung statt.[245] Zu einer Vertragsüberleitung kommt es trotz Vorliegens eines Betriebsübergangs dann nicht, wenn der Arbeitnehmer gemäß § 613a Abs. 6 BGB dem Übergang seines Arbeitsverhältnisses widerspricht. Erfolgt der Widerspruch vor dem Betriebsübergang, verbleibt das Arbeitsverhältnis beim Veräußerer. Widerspricht der Arbeitnehmer erst nach dem tatsächlichen

245 *Alsbaek*, Betriebsübergang, S. 37, 42; *von Alvensleben*, Die Rechte der Arbeitnehmer, S. 230, 239; *Brinkmann*, Spaltung von Rechtsträgern, S. 161; *Dreher* in Bernsau/Dreher/Hauck, Betriebsübergang, § 613a BGB Rdn. 122; ErfK/*Preis*, § 613a BGB Rdn. 3, 66; Erman/*Edenfeld*, § 613a BGB Rdn. 40; *Gussen* in Rolfs/Giesen/Kreikebohm/Udsching, § 613a BGB Rdn. 81; *Müller-Feldhammer*, Erwerberhaftung, S. 853; Palandt/*Weidenkaff*, § 613a BGB Rdn. 23 f.; *Picot*/*Schnitker*, Unternehmenskauf, Teil I Rdn. 201; Schaub/*Koch*, ArbR-Hdb. § 118 Rdn. 1, 5 ff.; *Willemsen* in Willemsen/Hohenstatt/Schnitker/Schweibert/Seibt (Hrsg.), Umstrukturierung, G 122.

Übergang der Leitungs- und Organisationsgewalt, so wirkt sein Widerspruch auf diesen Zeitpunkt zurück, so dass auch hier kein Arbeitsverhältnis zum Erwerber entsteht.[246]

1. Erfasste Arbeitsverhältnisse

Gemäß § 613a Abs. 1 S. 1 BGB tritt der Erwerber in Rechte und Pflichten ein, die sich aus einem Schuldverhältnis ergeben, wenn dieses als Arbeitsverhältnis zu qualifizieren ist, es zum Zeitpunkt des Betriebsübergangs besteht und es der übergehenden Einheit zuzuordnen ist.

Unter Arbeitsverhältnis wird dabei allgemein das Dauerschuldverhältnis zwischen einem Arbeitgeber und einem Arbeitnehmer verstanden. Ein Arbeitnehmer ist, wer aufgrund eines privatrechtlichen Verhältnisses weisungsgebunden und in persönlicher Abhängigkeit von einem anderen zur fremdbestimmten Arbeitsleistung gegen Entgelt verpflichtet ist.[247] Abhängige Arbeit leisten nach diesem Verständnis Arbeiter, Angestellte, leitende Angestellte und auch Auszubildende.[248]

Für das Bestehen eines Arbeitsverhältnisses ließe sich grundsätzlich zum einen auf das Bestehen eines Arbeitsvertrages oder zum anderen auf die Eingliederung des Arbeitnehmers in die Betriebsorganisation des Arbeitgebers abstellen. Da Arbeitsverhältnisse nach überwiegender Auffassung durch die Übereinkunft der Parteien über die entgeltliche Erbringung von abhängiger Arbeit begründet werden,[249] ist für das Bestehen im Sinne von § 613a Abs. 1 S. 1 BGB darauf abzustellen, ob ein ein Arbeitsverhältnis begründender Arbeitsvertrag vorliegt und

---

246 BAGE 53, 251 (263); BAG AP Nr. 102, 103 zu § 613a BGB; BAG AP Nr. 1 zu § 613a BGB Widerspruch, Bl. 743; ErfK/*Preis*, § 613a BGB Rdn. 105; *M. Fuchs* in Bamberger/Roth, BGB, § 613a BGB Rdn. 84; *Hauck*, Festschr. Wolfgang Leinemann, S. 223 (240); *Hauck*, NZA 2009, Beilage 1, S. 18 (23); *Lembke, Oberwinter*, ZIP 2007, 310 (313); Palandt/*Weidenkaff*, § 613a BGB Rdn. 53. A.A. wohl Schaub/*Koch*, ArbR-Hdb. § 118 Rdn. 46; *Schiefer*, SAE 2000, 289 (290 f.).

247 BAGE 78, 343 (347 f.); 93, 310 (314 f.); 115, 1 (7); BAG AP Nr. 13 zu § 611 BGB Arbeitnehmerähnlichkeit, Bl. 1662; ErfK/*Preis*, § 611 BGB Rdn. 34 ff., 181; Erman/*Edenfeld*, § 613a BGB Rdn. 42 und § 611 BGB Rdn. 1, 4 f., 56; *B. Fuchs*, Betriebliche Sozialleistungen, S. 50 f.; Palandt/*Weidenkaff*, Einf v § 611 BGB Rdn. 7; Schaub/*Koch*, ArbR-Hdb. § 118 Rdn. 2 und Schaub/*Vogelsang*, ArbR-Hdb. § 8 Rdn. 21 ff.

248 BAG AP Nr. 11 zu § 613a BGB, Bl. 746 f.; BAGE 57, 198 (202); BAG AP Nr. 1 zu § 613a BGB Widerspruch, Bl. 740; ErfK/*Preis*, § 613a BGB Rdn. 67; Erman/*Edenfeld*, § 613a BGB Rdn. 42; *Gussen* in Rolfs/Giesen/Kreikebohm/Udsching, § 613a BGB Rdn. 86; Palandt/*Weidenkaff*, § 613a BGB Rdn. 5; *Picot*/*Schnitker*, Unternehmenskauf, Teil I Rdn. 198; Prütting/Wegen/Weinreich – *Lingemann*, § 613a BGB Rdn. 9; Schaub/*Koch*, ArbR-Hdb. § 118 Rdn. 2; *Willemsen* in Willemsen/Hohenstatt/Schnitker/Schweibert/Seibt (Hrsg.), Umstrukturierung, G 127.

249 ErfK/*Preis*, § 611 BGB Rdn. 7, 311; Erman/*Edenfeld*, § 611 BGB Rdn. 53; Palandt/*Weidenkaff*, Einf v § 611 BGB Rdn. 5a.

fortbesteht; es kommt also auf ein bestehendes Rechtsverhältnis an.[250] Ein solches Rechtsverhältnis liegt aber auch dann vor, wenn das Arbeitsverhältnis in Unkenntnis seiner Unwirksamkeit vollzogen wird, also ein sogenanntes faktisches Arbeitsverhältnis vorliegt.[251] Insoweit spielen beide oben genannten Gesichtspunkte eine Rolle. Ein Rechtsverhältnis besteht überdies auch dann noch, wenn es ruht[252] oder gekündigt, aber noch nicht beendet ist.[253]

Eine Zuordnung von Arbeitsverhältnissen zur wirtschaftlichen Einheit ist begrifflich danach vorzunehmen, ob der betreffende Arbeitnehmer aufgrund des bestehenden Arbeitsverhältnisses nach den getroffenen Vereinbarungen und der Durchführung des Arbeitsverhältnisses überwiegend in der übergehenden wirtschaftlichen Einheit tätig ist, er also dort seine Arbeitsleistung erbringt.[254] In der wirtschaftlichen Einheit erbringen solche Arbeitnehmer ihre Tätigkeit nicht, die in einer anderen Abteilung für diese wirtschaftliche Einheit tätig werden, also zum Beispiel in der Buchhaltung. Sie sind daher der wirtschaftlichen Einheit nicht zuzuordnen.[255]

---

250 BAG AP Nr. 11 zu § 613a BGB, Bl. 747; BAGE 125, 333 (340 ff.); *Burgmer/Richter*, Betriebsübergang, S. 51; ErfK/*Preis*, § 613a BGB Rdn. 67 f.; Erman/*Edenfeld*, § 613a BGB Rdn. 43; *M. Fuchs* in Bamberger/Roth, BGB, § 613a BGB Rdn. 30; *Hauck*, Festschr. Wolfgang Leinemann, S. 223 (228); *Maschmann/Sieg*, Unternehmensumstrukturierung, Rdn. 134; *Picot/Schnitker*, Unternehmenskauf, Teil I Rdn. 198; Schaub/*Koch*, ArbR-Hdb. § 118 Rdn. 3; *Willemsen* in Willemsen/Hohenstatt/Schnitker/Schweibert/Seibt (Hrsg.), Umstrukturierung, G 127.

251 Der EuGH verweist insoweit auf den Schutz nach nationalem Recht, der auch diese Verhältnisse erfasst: EuGHE 1985, 2639 (2653) („**Mikkelsen**"); EuGHE 1992 I, 3212 (3219) („**Redmond Stichting**"); EuGHE 1998 I, 8237 (8249) („**Sánchez Hidalgo**"). Für Erfassung faktischer Arbeitsverhältnisse siehe ErfK/*Preis*, § 613a BGB Rdn. 68; Erman/*Edenfeld*, § 613a BGB Rdn. 43; *M. Fuchs* in Bamberger/Roth, BGB, § 613a BGB Rdn. 30; *Gussen* in Rolfs/Giesen/Kreikebohm/Udsching, § 613a BGB Rdn. 88.

252 BAGE 125, 333 (342); ErfK/*Preis*, § 613a BGB Rdn. 67; Erman/*Edenfeld*, § 613a BGB Rdn. 43; *Gussen* in Rolfs/Giesen/Kreikebohm/Udsching, § 613a BGB Rdn. 88; *Maschmann/Sieg*, Unternehmensumstrukturierung, Rdn. 134; Palandt/*Weidenkaff*, § 613a BGB Rdn. 5; *Picot/Schnitker*, Unternehmenskauf, Teil I Rdn. 198; *Willemsen* in Willemsen/Hohenstatt/Schnitker/Schweibert/Seibt (Hrsg.), Umstrukturierung, G 127.

253 BAG AP Nr. 11 zu § 613a BGB, Bl. 747; ErfK/*Preis*, § 613a BGB Rdn. 68; Erman/*Edenfeld*, § 613a BGB Rdn. 43; *M. Fuchs* in Bamberger/Roth, BGB, § 613a BGB Rdn. 30; Palandt/*Weidenkaff*, § 613a BGB Rdn. 5; *Picot/Schnitker*, Unternehmenskauf, Teil I Rdn. 198; Schaub/*Koch*, ArbR-Hdb. § 118 Rdn. 3; *Willemsen* in Willemsen/Hohenstatt/Schnitker/Schweibert/Seibt (Hrsg.), Umstrukturierung, G 132.

254 EuGHE 1985, 519 (528) („**Botzen**"); BAG AP Nr. 245, 315, 343 zu § 613a BGB; ErfK/*Preis*, § 613a BGB Rdn. 72; Erman/*Edenfeld*, § 613a BGB Rdn. 46; *Kock*, BB 2007, 714 (715); *Maschmann/Sieg*, Unternehmensumstrukturierung, Rdn. 136 ff.; *Picot/Schnitker*, Unternehmenskauf, Teil I Rdn. 167 f.; Schaub/*Koch*, ArbR-Hdb. § 118 Rdn. 4; *Willemsen* in Willemsen/Hohenstatt/Schnitker/Schweibert/Seibt (Hrsg.), Umstrukturierung, G 135.

255 Vgl. BAG NZA 2003, 315 (317 f.); ErfK/*Preis*, § 613a BGB Rdn. 72; Erman/*Edenfeld*, § 613a BGB Rdn. 46; *Kock*, BB 2007, 714 (715); *Maschmann/Sieg*, Unternehmensumstrukturierung,

2. Rechte und Pflichten aus dem Arbeitsverhältnis

Für das Schicksal der individualarbeitsrechtlichen Ansprüche der übergehenden Arbeitnehmer auf Zusatzleistungen im Konzern ist entscheidend, in welche Rechte und Pflichten der Erwerber eintritt. Daher ist zunächst allgemein zu klären, wie der Begriff der „Rechte und Pflichten aus dem Arbeitsverhältnis" zu definieren ist. Im Anschluss daran sind die einzelnen Vereinbarungen über Zusatzleistungen unter diese Definition zu subsumieren (3.). In einem weiteren Schritt ist zu klären, inwieweit einzelne Ansprüche beim Erwerber aufgrund der veränderten Rahmenbedingungen modifiziert werden können, entweder durch vorhergehende Regelung (Verfallklauseln) oder durch spätere Anpassung (4.).

Um zu definieren, welche Ansprüche Pflichten aus dem Arbeitsverhältnis im Sinne von § 613a Abs. 1 S. 1 BGB darstellen, in die der Erwerber eintritt, ist die nationale Vorschrift des § 613a Abs. 1 S. 1 BGB auszulegen. Das Auslegungsergebnis ist dann, soweit es Spielräume eröffnet, an der Vorschrift des Art. 3 Abs. 1 RL 2001/23/EG zu messen.[256]

a) Auslegung des § 613a Abs. 1 S. 1 BGB

§ 613a Abs. 1 S. 1 BGB ordnet den Eintritt des Erwerbers „in die Rechte und Pflichten aus den im Zeitpunkt des Übergangs bestehenden Arbeitsverhältnissen" an. Dabei wird man unter dem Begriff Arbeitsverhältnis ein Schuldverhältnis im weiteren Sinne zu verstehen haben, also eine Gesamtheit von Rechtsbeziehungen zwischen einem Gläubiger und einem Schuldner,[257] genau die Gesamtheit der Rechtsbeziehungen zwischen Arbeitgeber und Arbeitnehmer im Rahmen der arbeitsrechtlichen Sonderbeziehung.[258]

Fraglich ist, wie die Verknüpfung zwischen einem Recht beziehungsweise einer Pflicht, die nicht im Arbeitsvertrag oder Ergänzungsvereinbarungen zu diesem geregelt sind, und dem Arbeitsverhältnis gestaltet sein muss, damit es sich

---

Rdn. 138; *Picot/Schnitker*, Unternehmenskauf, Teil I Rdn. 167 f.; *Willemsen* in Willemsen/Hohenstatt/Schnitker/Schweibert/Seibt (Hrsg.), Umstrukturierung, G 134. Dagegen plädiert *von Alvensleben*, Die Rechte der Arbeitnehmer, S. 234, für Zuordnung danach, ob jemand ausschließlich oder überwiegend für eine Abteilung tätig war. Anders auch Prütting/Wegen/Weinreich – *Lingemann*, § 613a BGB Rdn. 10.

256 Zur Zweistufigkeit der richtlinienkonformen Auslegung siehe *Brechmann*, Die richtlinienkonforme Auslegung, S. 259 ff. Vgl. auch *Jarass*, Grundfragen, S. 93 ff.

257 Siehe Kapitel 2 A. I. Vgl. auch Palandt/*Grüneberg*, Einl v § 241 BGB Rdn. 3; Palandt/*Weidenkaff*, Einf v § 611 BGB Rdn. 5 und § 613a BGB Rdn. 5.

258 Siehe Kapitel 2 A. I, Seite 20 f.

um ein Recht beziehungsweise eine Pflicht aus dem Arbeitsverhältnis im Sinne des § 613a Abs. 1 S. 1 BGB handelt.[259]

Handelt es sich bei den Zusagen des Arbeitgebers von eigenen Leistungen oder Leistungen durch andere verbundene Unternehmen, um solche, die Gegenstand des Arbeitsvertrages, einer Ergänzung zum Arbeitsvertrag, einer betrieblichen Übung, einer Gesamtzusage oder eines Anspruchs aus dem Gleichbehandlungsgrundsatz sind, so gehen die Rechte und Pflichten unzweifelhaft nach § 613a Abs. 1 S. 1 BGB über. Fraglich ist, ob auch diejenigen Rechte und Pflichten übergehen, die nur im Zusammenhang mit dem Arbeitsverhältnis stehen, in diesem aber nicht ihren Rechtsgrund finden.

Nach dem Wortlaut von § 613a Abs. 1 S. 1 BGB könnte man zum einen allein darauf abstellen, welche Leistungs- (§ 611 BGB), Rücksichts- und Fürsorgepflichten (§ 241 Abs. 2 BGB) sowie Gestaltungsrechte aus dem Schuldverhältnis, nämlich dem Arbeitsverhältnis erwachsen. Man könnte den Begriffshof aber auch in Anlehnung an § 273 Abs. 1 BGB als aus demselben rechtlichen Verhältnis resultierend verstehen. Dasselbe rechtliche Verhältnis wird bei § 273 Abs. 1 BGB weit ausgelegt. Danach ist es nicht erforderlich, dass Ansprüche im selben Vertrag oder Schuldverhältnis ihre Grundlage haben. Es genügt vielmehr, wenn zwischen den Ansprüchen ein innerer natürlicher und wirtschaftlicher Zusammenhang besteht, sie also auf einem einheitlichen Lebensverhältnis beruhen, so dass es gegen Treu und Glauben verstoßen würde, wenn der eine Anspruch ohne Rücksicht auf den anderen geltend gemacht und durchgesetzt werden könnte.[260]

aa) Teleologische Auslegung

Welche Auslegung des Begriffes „Rechte und Pflichten aus dem Arbeitsverhältnis" richtig ist, bestimmt sich nach dem Regelungsziel des § 613a Abs. 1 S. 1 BGB und der Funktion dieses Begriffes innerhalb der Norm.[261] § 613a Abs. 1 S. 1 BGB schloss bei seiner Einführung eine Lücke im Kündigungsschutz der Arbeitnehmer.[262] Diese Lücke ergab sich daraus, dass der Käufer eines Betriebes diesen er-

---

259 Diese Rechte und Pflichten gehören nicht mehr zum Begriffskern des normativen Begriffes des Arbeitsverhältnisses, wie er in § 613a Abs. 1 BGB verwendet wird.

260 BGHZ 64, 122 (125); 92, 194 (196); 115, 99 (103 f.); BGH NJW 1997, 2944 (2945); Erman/*Ebert*, § 273 BGB Rdn. 15; Palandt/*Grüneberg*, § 273 BGB Rdn. 9 ff.; MünchKommBGB/*Krüger*, § 273 Rdn. 13; *Unberath* in Bamberger/Roth, BeckOK BGB, § 273 Rdn. 18.

261 *Wank*, Die juristsiche Begriffsbildung, S. 79. Zur Notwendigkeit der Beachtung der Schutzzwecke des § 613a BGB bei der Interpretation der Vorschrift siehe auch STAUDINGER/*Annuß* (2011) § 613a BGB Rdn. 13; MünchHdbArbR/*Wank*, § 102 Rdn. 9.

262 STAUDINGER/*Annuß* (2011) § 613a BGB Rdn. 4 ff.; *Krejci*, Betriebsübergang und Arbeitsvertrag, S. 24, 243 f., 247; ErfK/*Preis*, § 613a BGB Rdn. 2 f., 5; *Steffan* in Ascheid/Preis/

werben konnte, ohne dass der Bestand der an die Arbeitsplätze im Betrieb gebundenen Arbeitsverhältnisse durch die Anordnung einer Fortgeltung („Kauf bricht nicht Arbeitsvertrag") gesichert war.[263] Der Erwerber von Betrieben konnte sich daher aussuchen, ob und welche Arbeitnehmer des Betriebes er übernimmt und zu welchen Konditionen. Der Veräußerer, der meist nach dem Betriebs(teil)übergang keine Beschäftigungsmöglichkeit für seine Arbeitnehmer mehr hatte, war nach dem Kündigungsschutzrecht frei, jene Arbeitnehmer zu kündigen, die vom Erwerber nicht übernommen wurden. Obwohl die Betriebs(teil)organisation und die Arbeitsplätze fortbestanden, verloren damit die Arbeitnehmer die für sie existentielle Arbeit und damit ihre Einnahmequelle. [264]

Dies wurde schon frühzeitig als unbillig empfunden. In der Literatur wurden daher unterschiedliche Lösungen entwickelt.[265] *Nikisch* schlug vor, § 571 BGB a.F. (heute § 566 BGB) analog anzuwenden und die Arbeitsverhältnisse insgesamt bei einem Betriebsübergang kraft Gesetzes auf den neuen Betriebsinhaber überzuleiten.[266] Allgemein wurde aber die Notwendigkeit einer gesetzlichen Regelung gesehen, um die Lücke im Kündigungsschutz zu schließen.[267] Dies geschah mit Einführung des § 613a BGB. Der Hauptzweck der Regelung bestand darin, die Kontinuität des Arbeitsverhältnisses über den Betriebsübergang hinaus zu sichern und den Arbeitnehmern dadurch ihren Besitzstand zu erhalten.[268] Dazu griff der Gesetzgeber in die Privatautonomie der Parteien ein.

Schmidt, Kündigungsrecht, § 613a BGB Rdn. 1, 4; *Sulzberger-Schmitt*, Übergang der Arbeitsverhältnisse, S. 67 f.; *Willemsen* in Willemsen/Hohenstatt/Schnitker/Schweibert/Seibt (Hrsg.), Umstrukturierung, G 1 ff.

263 Siehe dazu vor Einführung des § 613a BGB *Nikisch*, Arbeitsrecht I, S. 657 f., 659 f. Vgl. auch *Gussen* in Rolfs/Giesen/Kreikebohm/Udsching, BeckOK Arbeitsrecht, § 613a BGB Rdn. 1; *Sulzberger-Schmitt*, Übergang der Arbeitsverhältnisse, S. 67 f.

264 STAUDINGER/*Annuß* (2011) § 613a BGB Rdn. 4 f.

265 Vgl. *Brecher*, Festschr. Walter Schmidt-Rimpler, S. 181 (224 ff., 234 f.) (§§ 419 BGB, 25 HGB beziehungsweise Funktionsnachfolge des öffentlichen Rechts als Grundlagen); *D. Gaul*, Betriebsübergang, S. 25. Für Österreich siehe auch *Krejci*, Betriebsübergang und Arbeitsvertrag, S. 82 ff., 87 ff., 120 ff.

266 *Nikisch*, Arbeitsrecht I, S. 659 ff.

267 *D. Gaul*, Betriebsübergang, S. 25 f. Vgl. Ausführungen zum Diskussionsstand vor Einführung des § 613a BGB bei BAGE 26, 301 (305 f.); 48, 59 (63 f.); *Brecher*, Festschr. Walter Schmidt-Rimpler, S. 181 (184 ff.); ErfK/*Preis*, § 613a BGB Rdn. 3; *Thüsing*, Europäisches Arbeitsrecht, § 5 Rdn. 1 ff.

268 Regierungsentwurf BetrVG 1972, BT-Drucksache VI/1786, S. 59; Unterrichtung durch die Bundesregierung zum Vorschlag der Betriebsübergangsrichtlinie, BT-Drucksache 7/2312, S. 5 ff.; BAG AP Nr. 49 zu § 615 BGB, Bl. 569; BAG AP Nr. 16 zu § 613a BGB, Bl. 473; BAG AP Nr. 387 zu § 613a BGB, Bl. 567; STAUDINGER/*Annuß* (2011), § 613a BGB Rdn. 9; *Brecher*, Festschr. Walter Schmidt-Rimpler, S. 181 (185 f.); ErfK/*Preis*, § 613a BGB Rdn. 2 f.; Erman/*Edenfeld*, § 613a BGB Rdn. 3; Kasseler Handbuch I/*Hattesen*, 1.7 Rdn. 10; *M. Fuchs* in Bamberger/Roth, BGB, § 613a BGB Rdn. 1 ff., 4; *Gussen* in Rolfs/Giesen/Kreikebohm/Udsching,

Der Veräußerer konnte sein Eigentum nunmehr nur „belastet“ übertragen; der Erwerber wurde gezwungen, die bestehenden Arbeitsverhältnisse zu übernehmen, also zu bestimmten Bedingungen mit bestimmten Personen Vertragsbeziehungen einzugehen, und die Arbeitnehmer wurden mit einem neuen Arbeitgeber konfrontiert.[269]

Wie weit dieser Eingriff in die Privatautonomie zum Schutz der Arbeitnehmer geht, muss daher auch danach bestimmt werden, welche Auslegung von § 613a Abs. 1 S. 1 BGB dem Regelungszweck des Bestandsschutzes ausreichend gerecht wird, ohne übermäßig in die Rechte der Beteiligten einzugreifen.[270]

Fraglich ist daher zunächst, was den geschützten Besitzstand der Arbeitnehmer, der durch einen Betriebsübergang nicht vermindert werden soll, ausmacht. Anknüpfungspunkt kann hier sein, welche Rechte und Pflichten aus dem Arbeitsverhältnis zwischen dem Altarbeitgeber und den Arbeitnehmern ohne den Betriebsübergang bestünden und bestandsgesichert wären.[271] Der Bestandsschutz im bestehenden Arbeitsverhältnis wird durch §§ 1, 2 KSchG gewährleistet. § 2 S. 1 KSchG schützt den Inhalt des Arbeitsverhältnisses[272] vor einseitigen Eingriffen durch den Arbeitgeber.

§ 2 S. 1 KSchG (Änderungskündigung) lautet: *„Kündigt der Arbeitgeber das Arbeitsverhältnis und bietet er dem Arbeitnehmer im Zusammenhang mit der Kündigung die Fortsetzung des Arbeitsverhältnisses zu geänderten Arbeitsbedingungen an, so kann der Arbeitnehmer dieses Angebot unter dem Vorbehalt annehmen, daß die Änderung der Arbeitsbedingungen nicht sozial ungerechtfertigt ist (§ 1 Abs. 2 Satz 1 bis 3, Abs. 3 Satz 1 und 2).“*

Bestandsgesichert sind damit die Arbeitsbedingungen, also die bisher zwischen den Parteien des Arbeitsverhältnisses vertraglich vereinbarten Bedingungen im Hinblick auf die Leistungserbringung des Arbeitnehmers.[273] Es sind damit diese Arbeitsbedingungen, die im Falle eines Betriebsüberganges zu sichern sind. Dies spricht dafür Rechte und Pflichten aus dem bestehenden Arbeitsverhältnis im Sinne von § 613a Abs. 1 S. 1 BGB dann anzunehmen, wenn die Auslegung der

---

BeckOK Arbeitsrecht, § 613a BGB Rdn. 2; *Kreitner,* Küttner/Röller (Hrsg.), Personalbuch 2012, Betriebsübergang, Rdn. 2; *Sulzberger-Schmitt*, Übergang der Arbeitsverhältnisse, S. 4 f.

269 Vgl. zur Interessenlage *Willemsen* in Willemsen/Hohenstatt/Schnitker/Schweibert/Seibt (Hrsg.), Umstrukturierung, G 20 ff.

270 *Willemsen* in Willemsen/Hohenstatt/Schnitker/Schweibert/Seibt (Hrsg), Umstrukturierung, G 22 ff. Vgl. allgemein zur Grundrechtsrelevanz des Kündigungsschutzes *Preis* in Ascheid/Preis/Schmidt, Kündigungsrecht, 1. Teil A. Rdn. 22 ff.

271 In diesem Sinne *Willemsen* in Willemsen/Hohenstatt/Schnitker/Schweibert/Seibt (Hrsg.), Umstrukturierung, G 170.

272 Statt aller *Künzl* in Ascheid/Preis/Schmidt, Kündigungsrecht, § 2 KSchG Rdn. 3 m.w.N.

273 Vgl. BAG AP Nr. 90 zu §§ 22, 23 BAT; BAG, Urt. v. 9.09.2010 – 2 AZR 446/09 – (juris); *Künzl* in Ascheid/Preis/Schmidt, Kündigungsrecht, § 2 KSchG Rdn. 18.

Vereinbarungen zwischen den Parteien des Arbeitsvertrages, der das Arbeitsverhältnis begründet hat, ergibt, dass es sich um Arbeitsbedingungen handeln soll.

bb) Systematische und historische Auslegung

Gegen die weitere Auslegung im Sinne von § 273 Abs. 1 BGB spricht auch die Systematik des Gesetzes. § 613a Abs. 1 BGB ist im 8. Abschnitt des Bürgerlichen Gesetzbuchs (Einzelne Schuldverhältnisse) unter Titel 8 (Dienstvertrag) in direktem Zusammenhang mit § 611 BGB geregelt worden. Die §§ 611 ff. BGB setzen sich mit dem Dienst- beziehungsweise Arbeitsverhältnis im Sinne eines durch Vertrag begründeten Dauerschuldverhältnisses auseinander, dessen Hauptpflichten die Leistungserbringung sowie deren Vergütung sind.

Zudem ist die Formulierung und die Rechtstechnik des § 613a Abs. 1 S. 1 BGB der älteren Regelung des § 566 Abs. 1 BGB (§ 571 BGB a.F.) nachempfunden.[274] § 566 Abs. 1 BGB schützt die Kontinuität des Mietverhältnisses bei Veräußerung der Mietimmobilie.[275] Auch diese Regelung knüpft an ein Schuldverhältnis im weiteren Sinne an, nämlich das Mietverhältnis. Im Rahmen des § 566 Abs. 1 BGB ist anerkannt, dass der Erwerber des Grundstücks nur in solche Rechte und Pflichten eintritt, die sich aus dem Mietverhältnis ergeben, also in dem Mietvertrag selbst festgelegt sind oder auf einer Zusatzvereinbarung beruhen, die in einem *unlösbaren Zusammenhang* mit dem Mietvertrag steht.[276] Vereinbarungen, die lediglich aus Anlass des Mietvertrages getroffen wurden oder in wirtschaftlichem Zusammenhang mit ihm stehen, sollen nicht unter § 566 Abs. 1 BGB fallen. Welche Regelungen sich aus dem Mietverhältnis ergeben, ist durch Auslegung zu ermitteln.[277]

---

274 § 566 BGB beziehungsweise § 571 BGB a.F. normierte das damals dem BGB fremde Institut der Vertragsüberleitung schon vor § 613a BGB. Vgl. Ausführungen bei BAGE 26, 301 (307 ff., 310); *Bepler*, RdA 2009, 65; ErfK/*Preis*, § 613a BGB Rdn. 3; *M. Fuchs* in Bamberger/Roth, BGB, § 613a BGB Rdn. 1 f.; *D. Gaul*, ZTR 1989, 432 (433); *Gitter*, Gamillscheg/Hueck/Wiedemann (Hrsg.), 25 Jahre Bundesarbeitsgericht, S. 133 (141); *Kraft*, Gamillscheg/Hueck/Wiedemann (Hrsg.), 25 Jahre Bundesarbeitsgericht, S. 299 (307); *Sulzberger-Schmitt*, Übergang der Arbeitsverhältnisse, S. 82; MünchArbR I/*Wank*, § 102 Rdn. 1; *Thüsing*, Europäisches Arbeitsrecht, § 5 Rdn. 1; *Willemsen* in Willemsen/Hohenstatt/Schnitker/Schweibert/Seibt (Hrsg.), Umstrukturierung, G 18.

275 *Blank* in Blank/Börstinghaus, Miete, § 566 BGB Rdn. 1; MünchKommBGB/*Häublein*, § 566 Rdn. 1; *Herrmann* in Bamberger/Roth, BeckOK BGB, § 566 Rdn. 1.

276 BGHZ 141, 160 (166); 166, 125 (130); *Blank* in Blank/Börstinghaus, Miete, § 566 BGB Rdn. 43; Erman/*Lützenkirchen*, § 566 BGB Rdn. 14; MünchKommBGB/*Häublein*, § 566 Rdn. 32 f.; *Herrmann* in Bamberger/Roth, BeckOK BGB, § 566 Rdn. 22 ff.; Palandt/*Weidenkaff*, § 566 BGB Rdn. 15.

277 MünchKommBGB/*Häublein*, § 566 Rdn. 33; *Herrmann* in Bamberger/Roth, BeckOK BGB, § 566 Rdn. 24.

Dies wird damit begründet, dass § 566 Abs. 1 BGB in Ausnahme zum Erfordernis der Zustimmung des Gläubigers zur Schuld- beziehungsweise Vertragsübernahme (§ 415 Abs. 1 BGB) einen Vertrag, nämlich den Mietvertrag, gesetzlich überleitet. Damit wird es dem Mieter verwehrt, sich gegen einen neuen Vertragspartner, den er sich nicht ausgesucht hat, zu wehren. Seine Privatautonomie wird insoweit eingeschränkt. Dies geschieht zu seinem Schutz, um ihm die Nutzung seines gemieteten Wohnraums auch dann zu ermöglichen, wenn der von ihm gewählte Vertragspartner aufgrund der Veräußerung des Grundstücks nicht mehr in der Lage ist, ihm diesen zu überlassen und ihn in Stand zu halten.[278] Aus diesem Zweck ergibt sich, dass die Verpflichtungen überzuleiten sind, die im Zusammenhang mit dem Grundstück und dessen Überlassung stehen. Es ist indes auch nicht im Interesse des Mieters, wenn durch Gesetz auch der Schuldner weiterer, neben dem Mietverhältnis bestehender Verpflichtungen, wechselt. Hier entspricht es dem Mieterinteresse, dass er seinen alten Vertragspartner behält.[279]

Der Gesetzgeber hat sich bei der Schaffung des § 613a Abs. 1 S. 1 BGB der Gesetzesmechanik des § 571 BGB a.F. (§ 566 Abs. 1 BGB n.F.) bedient.[280] Die Argumentation für die oben beschriebene Auslegung des § 566 Abs. 1 BGB lässt sich zudem teilweise auf die Fälle des Betriebsübergangs entsprechend anwenden. Zwar ist der Arbeitnehmer gegenüber dem Mieter schutzwürdiger[281], und es besteht die Besonderheit, dass das Arbeitsverhältnis weitgehend von kollektivrechtlichen Regelungen ausgestaltet wird. Diesen Unterschieden trägt § 613a BGB aber auf vielfältige Weise Rechnung. So ist eine Kündigung der Arbeitsverhältnisse, und dazu gehört auch die Änderungskündigung, allein wegen des Betriebsübergangs sowohl durch den Altarbeitgeber als auch durch den Erwerber unzulässig (§ 613a Abs. 4 S. 1 BGB). Zum anderen tritt der Erwerber eines Betriebes oder Betriebsteiles in alle vergangenen, gegenwärtigen und zukünftigen Rechte und Pflichten aus den übergehenden Arbeitsverhältnissen ein und nicht nur in die zukünftigen. Es erfolgt daher anders als beim Mietverhältnis keine „Zäsur".[282] § 613a Abs. 1 S. 2 bis 4 BGB regeln das Schicksal kollektivrechtlicher Regelungen.

Die Argumentation zum Umfang der Rechtsfolgen nach § 566 BGB trifft insoweit zu, als es bei § 613a Abs. 1 S. 1 BGB ebenfalls nicht als unproblematisch empfunden wurde, dass dem Arbeitnehmer ein neuer Vertragspartner kraft Ge-

---

278 BGHZ 141, 160 (165 f.); BGH NJW 2008, 2773; Erman/*Lützenkirchen*, § 566 BGB Rdn. 1; Palandt/*Weidenkaff*, § 566 BGB Rdn. 1 ff., 12. Grundlegend zum Aspekt der „Dingbezogenheit" des Mietverhältnisses *Brecher*, Festschr. Walter Schmidt-Rimpler, S. 181 (215 ff.).

279 Vgl. BGHZ 141, 160 (165 ff., 167).

280 Siehe oben Fußnote 274.

281 Vgl. Kapitel 2 A.II.2.a) aa) (1), S. 51 f.

282 So beschreibt *Blank* in Blank/Börstinghaus, Miete, § 566 BGB Rdn. 40, den Vorgang beim Eintritt des Erwerbers von Immobilien in bestehende Mietverhältnisse.

setzes ohne seine Zustimmung aufgedrängt wird. Die Rechtsprechung[283] und ihr folgend der Gesetzgeber[284] haben daher dem Arbeitnehmer ein Widerspruchsrecht (§ 613a Abs. 6 BGB) eingeräumt. Dadurch wird es ihm ermöglicht, an seinem alten Vertragspartner festzuhalten. Sei es, weil er diesen für solventer hält. Sei es, weil er diesen aus persönlichen Gründen bevorzugt.

Bei einem solchen Widerspruch muss der Arbeitnehmer aber immer bedenken, dass ihm bei seinem alten Arbeitgeber möglicherweise die betriebsbedingte Kündigung droht, weil sein Arbeitsplatz dort nicht mehr vorhanden, sondern auf den Erwerber übergegangen ist, und eine andere Beschäftigungsmöglichkeit nicht besteht. Fasst man daher den Begriff des Arbeitsverhältnisses weit, dann gehen auf den Erwerber auch Rechte und Pflichten über, die nur aus Anlass des Arbeitsverhältnisses begründet wurden oder lose mit diesem in Zusammenhang stehen. Damit wird der Erwerber nicht nur Schuldner weiterer Verpflichtungen, sondern auch Gläubiger weiterer Rechte. Dem Arbeitnehmer, der sich dagegen zur Wehr setzen wollte, bliebe nichts anderes übrig, als dem Übergang des Arbeitsverhältnisses insgesamt zu widersprechen und die damit verbundenen Risiken in Kauf zu nehmen, auch wenn er nur den Eintritt in ein bestimmtes „Nebengeschäft" verhindern wollte. Dies erscheint unbillig. Der Übergang seines Arbeitsverhältnisses rechtfertigt sich aufgrund des Übergangs seines Arbeitsplatzes.[285]

§ 613a Abs. 1 S. 1 BGB erfasst damit Leistungs- (§ 611 BGB), Rücksichts- und Fürsorgepflichten (§ 241 Abs. 2 BGB) sowie Gestaltungsrechte, die aus dem Arbeitsverhältnis erwachsen, nicht aber sämtliche Rechte und Pflichten, bei denen ein innerer natürlicher und wirtschaftlicher Zusammenhang zum Arbeitsverhältnis besteht.[286] Der Erwerber tritt also in die Rechtsstellung des Veräußerers in-

283 BAGE 26, 301 (304 ff., 311); BAG AP Nr. 8, 10, 21 zu § 613a BGB; BAGE 45, 140 (142 ff.); 53, 251 (260 ff., 263 f.); 61, 369 (375); 70, 238 (249 ff., 255 ff.); BAG AP Nr. 103 zu § 613a BGB, Bl. 1297 f. Anerkannt vom EuGH: EuGHE I 1992, 6577 (6608 f.) („**Katsikas**"); EuGHE I 2002, 969 (1004 f.) („**Temco**"). Vgl. auch Ausführungen bei *O. Meier*, Informationspflichten, S. 3 ff.

284 Abs. 6 wurde in § 613a BGB erst durch Art. 4 des Gesetzes zur Änderung des Seemannsgesetzes und anderer arbeitsrechtlicher Gesetze vom 23. März 2002 (BGBl. I 2002, S. 1163 (1167 f.)), in Kraft seit 1. April 2002, eingefügt. Vgl. auch Regierungsentwurf eines Gesetzes zur Änderung des Seemannsgesetzes und anderer Gesetze, BT-Drucksache 14/7760, S. 19 f.

285 BAG AP Nr. 49 zu § 615 BGB, Bl. 569; BAG NZA 2007, 1431 (1434); *Bepler*, RdA 2009, 65; ErfK/*Preis*, § 613a BGB Rdn. 2 f., 66; Erman/*Edenfeld*, § 613a BGB Rdn. 3; *H. Meyer*, Der Tatbestand des Betriebsübergangs, S. 33 f.; *Müller-Feldhammer*, Erwerberhaftung, S. 853 f.; Palandt/*Weidenkaff*, § 613a BGB Rdn. 2; Prütting/Wegen/Weinreich – *Lingemann*, § 613a BGB Rdn. 1; *Thüsing*, Europäisches Arbeitsrecht, § 5 Rdn. 1 ff.; *Willemsen*, NZA 2009, 289 (292).

286 Im Ergebnis vgl. BAG NJW 1973, 822 f. (zur Identitätswahrung bei gewillkürter Übertragung des Arbeitsverhältnisses als Ganzem); BAG AP Nr. 387 zu § 613a BGB, Bl. 568; *Alsbaek*, Betriebsübergang, S. 187 f., 193; *von Alvensleben*, Die Rechte der Arbeitnehmer, S. 230, 239; *Burgmer/Richter*, Betriebsübergang, S. 56; *Dreher* in Bernsau/Dreher/Hauck, Betriebsübergang, § 613a BGB Rdn. 130 ff., 208 ff., 211; ErfK/*Preis*, § 613a BGB Rdn. 73 ff.; Erman/*Edenfeld*, § 613a BGB Rdn. 58 ff.; *B. Fuchs*, Betriebliche Sozialleistungen, S. 49 ff., 71 f.; *M. Fuchs*

soweit ein, als sie sich aus dem Arbeitsverhältnis zum Arbeitnehmer zum Zeitpunkt des Betriebsübergangs ergibt. Dies gilt für Ansprüche, Rücksichts- und Fürsorgepflichten sowie Gestaltungsrechte, auch wenn und soweit sie schon vor Betriebsübergang entstanden sind.[287] Die betriebliche Übung sowie Gesamt- und Einheitszusage begründen arbeitsvertragliche Ansprüche, welche damit ebenfalls übergehen.[288] Da die Identität des Arbeitsverhältnisses erhalten bleibt, tritt der Erwerber auch in Anwartschaften ein[289] und muss rechtsbegründende tatsächliche Umstände, die sich aus dem Arbeitsverhältnis und der Tätigkeit im Zusammenhang damit ergeben, wie zum Beispiel die Betriebszugehörigkeit, soweit gegen sich gelten lassen, als sie schon aufgrund von beim Veräußerer bestehenden Vereinbarungen beziehungsweise aufgrund gesetzlicher Bestimmungen teilweise rechtsbegründend gewirkt haben.[290] Inwieweit nicht-arbeitsvertragliche

---

in Bamberger/Roth, BGB, § 613a BGB Rdn. 28; *Gussen* in Rolfs/Giesen/Kreikebohm/Udsching, § 613a BGB Rdn. 81, 93; *Hauck*, Festschr. Wolfgang Leinemann, S. 223 (230); *Kraft*, Gamillscheg/Hueck/Wiedemann (Hrsg.), 25 Jahre Bundesarbeitsgericht, S. 299 (310 f.); *Moll*, Oetker/Preis/Rieble (Hrsg.), 50 Jahre Bundesarbeitsgericht, S. 59 (60 f., 64); *Müller-Feldhammer*, Erwerberhaftung, S. 861; Palandt/*Weidenkaff*, § 613a BGB Rdn. 18-22, 26; *Picot/Schnitker*, Unternehmenskauf, Teil I Rdn. 201 ff.; Prütting/Wegen/Weinreich – *Lingemann*, § 613a BGB Rdn. 11; *Steffan* in Ascheid/Preis/Schmidt, Kündigungsrecht, § 613a BGB Rdn. 89 f.; *Willemsen/Müller-Bonanni*, ZIP 2003, 1177 (1180). Weiter geht wohl das Verständnis bei Schaub/*Koch*, ArbR-Hdb. § 118 Rdn. 18.

287 BAG AP Nr. 49 zu § 615 BGB, Bl. 569; *Alsbaek*, Betriebsübergang, S. 42; *von Alvensleben*, Die Rechte der Arbeitnehmer, S. 230, 239 f.; *Dreher* in Bernsau/Dreher/Hauck, Betriebsübergang, § 613a BGB Rdn. 130 ff., 208; ErfK/*Preis*, § 613a BGB Rdn. 73 ff.; *M. Fuchs* in Bamberger/Roth, BGB, § 613a BGB Rdn. 28; *Kraft*, Gamillscheg/Hueck/Wiedemann (Hrsg.), 25 Jahre Bundesarbeitsgericht, S. 299 (310 f.); Palandt/*Weidenkaff*, § 613a BGB Rdn. 23, 25 f.; *Müller-Feldhammer*, Erwerberhaftung, S. 861; Prütting/Wegen/Weinreich – *Lingemann*, § 613a BGB Rdn. 11 f.; Schaub/*Koch*, ArbR-Hdb. § 118 Rdn. 5 ff., 20. Zur Übernahme des „Entwicklungsstandes“ eines Schuldverhältnisses bei einer Vertragsübernahme allgemein vgl. auch *Pieper*, Vertragsübernahme, S. 210 ff.

288 BAG AP Nr. 4 zu § 151 BGB, Bl. 273 f., 277; *Bachner/Gerhardt*, Betriebsübergang, A 148; *Dreher* in Bernsau/Dreher/Hauck, Betriebsübergang, § 613a BGB Rdn. 130; ErfK/*Preis*, § 613a BGB Rdn. 74 f.; Erman/*Edenfeld*, § 613a BGB Rdn. 61; *Gussen* in Rolfs/Giesen/Kreikebohm/Udsching, § 613a BGB Rdn. 81; *Picot/Schnitker*, Unternehmenskauf, Teil I Rdn. 205 f.; Prütting/Wegen/Weinreich – *Lingemann*, § 613a BGB Rdn. 11; Schaub/*Koch*, ArbR-Hdb. § 118 Rdn. 16.

289 ErfK/*Preis*, § 613a BGB Rdn. 73; Erman/*Edenfeld*, § 613a BGB Rdn. 45; *D. Gaul*, Betriebsübergang, S. 99 ff.; *Gussen* in Rolfs/Giesen/Kreikebohm/Udsching, § 613a BGB Rdn. 97; Palandt/*Weidenkaff*, § 613a BGB Rdn. 26; *Picot/Schnitker*, Unternehmenskauf, Teil I Rdn. 204.

290 Vgl. *Alsbaek*, Betriebsübergang, S. 42; *von Alvensleben*, Die Rechte der Arbeitnehmer, S. 239; *Brinkmann*, Spaltung von Rechtsträgern, S. 163; ErfK/*Preis*, § 613a BGB Rdn. 73 ff.; *M. Fuchs* in Bamberger/Roth, BGB, § 613a BGB Rdn. 28; *Gussen* in Rolfs/Giesen/Kreikebohm/Udsching, § 613a BGB Rdn. 96; *Picot/Schnitker*, Unternehmenskauf, Teil I Rdn. 207; Prütting/Wegen/Weinreich – *Lingemann*, § 613a BGB Rdn. 11; Schaub/*Koch*, ArbR-Hdb. § 118 Rdn. 17; *Schiefer, Worzalla*, DB 2007, 1566 (1570).

Vereinbarungen unter § 613a Abs. 1 S. 1 BGB fallen, ist durch Auslegung der Vereinbarungen zu ermitteln.

b) Auslegung von Art. 3 Abs. 1 RL 2001/23/EG

Fraglich ist, ob unter Berücksichtigung der Regelung des Art. 3 Abs. 1 RL 2001/23/EG der oben vorgenommenen Auslegung der Formulierung „Rechte und Pflichten aus dem Arbeitsverhältnis" der Vorzug zu geben ist, oder ob die europarechtliche Vorschrift im Zuge der richtlinienkonformen Auslegung ein weites Verständnis im Sinne eines einheitlichen Lebenssachverhalts verlangt.

Dabei ist bei der Auslegung von Europarecht grundsätzlich mit der Auslegung nach dem Wortlaut zu beginnen.[291] Allerdings ist dabei zu beachten, dass die Europäische Gemeinschaft über mehrere offizielle Sprachen verfügt und daher die verschiedenen geltenden Sprachfassungen europarechtlicher Vorschriften dahingehend zu berücksichtigen sind, ob sich aus ihnen vielleicht ein engeres oder weiteres Verständnis bestimmter Begrifflichkeiten aufdrängt als aus der jeweils für einen Mitgliedstaat maßgeblichen Sprachfassung.[292] Art. 3 Abs. 1 RL 2001/23/EG lautet in der deutschen Fassung: „*Die Rechte und Pflichten des Veräußerers aus einem zum Zeitpunkt des Übergangs bestehenden Arbeitsvertrag oder Arbeitsverhältnis gehen aufgrund des Übergangs auf den Erwerber über.*" Dabei ist nach Art. 2 Abs. 1 lit. a) RL 2001/23/EG unter Veräußerer eine natürliche oder juristische Person zu verstehen, die aufgrund eines Übergangs als Inhaber aus dem Unternehmen, dem Betrieb oder Unternehmens- beziehungsweise Betriebsteil ausscheidet. Und nach Art. 2 Abs. 1 lit. b) RL 2001/23/EG ist Erwerber, wer aufgrund des Übergangs als Inhaber in das Unternehmen, den Betrieb oder Unternehmens- beziehungsweise Betriebsteil eintritt. Es ergeben sich danach zunächst dieselben Kriterien wie bei Auslegung des § 613a Abs. 1 S. 1 BGB. Wobei Arbeitsverhältnis hier nicht europarechtlich zu definieren ist, da Art. 2 Abs. 1 lit. d) RL 2001/23/EG insoweit auf die nationalen Vorschriften verweist.[293] Die englische Sprachfassung spricht von „*transferor's rights and obliga-*

291 Vgl. EuGH EuZW 2009, 47 (48) („**Juuri**"); EuGH EuZW 2009, 223 (225) („**Klarenberg/Ferrotron**"); *Brechmann*, Die richtlinienkonforme Auslegung, S. 260; *Joussen*, Die Auslegung europäischen (Arbeits-)Rechts, S. 52, 55 ff.; *Thüsing*, Europäisches Arbeitsrecht, § 1 Rdn. 43; *Windt*, Tatbestand des Betriebsübergangs, S. 115.

292 EuGHE 1985, 457 (466) („**Wendelboe**"); EuGH EuZW 2007, 638 (639 f.) („**Jouini**"); *Joussen*, Die Auslegung europäischen (Arbeits-)Rechts, S. 56 f.; *Thüsing*, Europäisches Arbeitsrecht, § 1 Rdn. 43; *Windt*, Tatbestand des Betriebsübergangs, S. 115 f.

293 Vgl. EuGHE 1985, 457 (467) („**Wendelboe**"); 1985, 2639 (2653) („**Mikkelsen**"); 1987, 5465 (5486) („**Ny Mølle Kro**"); 1988, 3057 (3077) („**Bork International**"); EuGHE I 2000, 6659 (6703 f.) („**Collino**"); BAGE 125, 333 (341); Kommissionsbericht, KOM(2007) 334 endgültig, S. 3; *Alsbaek*, Betriebsübergang, S. 32 f., 35; *Fach*, Zulässigkeit von Bindungsklauseln,

tions arising from a contract of employment or from an employment relationship existing on the date of a transfer" und verlangt somit auch den Übergang von Rechten aus einem Schuldverhältnis, nämlich einem Arbeitsverhältnis, und nicht etwa von Rechten und Pflichten im Zusammenhang mit einem Arbeitsverhältnis. Diesem Verständnis entsprechen auch die dänische,[294] die spanische,[295] die französische,[296] die italienische[297] und die niederländische[298] Sprachfassung.

Für die oben für die nationale Vorschrift vorgenommene Auslegung spricht auch die Systematik der Richtlinie „zur Angleichung der Rechtsvorschriften der Mitgliedstaaten über die Wahrung von Ansprüchen der Arbeitnehmer beim Übergang von Unternehmen, Betrieben oder Unternehmens- oder Betriebsteilen". Aus dem Titel der Richtlinie 2001/23/EG in Verbindung mit der Begriffsdefinition in Art. 2 Abs. 1 lit. d) sowie in Verbindung mit Erwägungsgründen 3 und 4 der Richtlinie ergibt sich, dass es der Richtlinie darum geht, Arbeitnehmern bei einem Betriebsübergang den Schutz zu erhalten, der ihnen von den nationalen Vorschriften aufgrund ihres Arbeitnehmerstatus gewährt wird, sowie die Ansprüche zu erhalten, die sich aus der abhängigen Tätigkeit in einer wirtschaftlichen Einheit gegen einen Betriebsinhaber ergeben.[299]

Die engere Auslegung der Begriffe „Rechte und Pflichten aus dem Arbeitsverhältnis" entspricht dem Sinn und Zweck der Richtlinie 2001/23/EG. Zwar sind die nationalen Vorschriften so zu gestalten und auszulegen, dass dem Ge-

---

S. 213 f.; ErfK/*Preis*, § 613a BGB Rdn. 67; *Thüsing*, Europäisches Arbeitsrecht, § 5 Rdn. 34; *Waas*, EuZW 1999, 458 (459). Anderer Ansicht aber *Friedrich*, Europäisches Arbeitsrecht und Privatisierungen, S. 55 ff., 63 ff.

294 *„Overdragerens rettigheder og forpligtelser i henhold til en arbejdskontrakt eller et arbejdsforhold, som bestod på tidspunktet for overførslen, overgår som følge af denne overførsel til erhververen."*

295 *"Los derechos y obligaciones que resulten para el cedente de un contrato de trabajo o de una relación laboral existente en la fecha del traspaso, serán transferidos al cesionario como consecuencia de tal traspaso."*

296 *"Les droits et les obligations qui résultent pour le cédant d'un contrat de travail ou d'une relation de travail existant à la date du transfert sont, du fait de ce transfert, transférés au cessionnaire."*

297 *"I diritti e gli obblighi che risultano per il cedente da un contratto di lavoro o da un rapporto di lavoro esistente alla data del trasferimento sono, in conseguenza di tale trasferimento, trasferiti al cessionario."*

298 *„De rechten en verplichtingen welke voor de vervreemder voortvloeien uit de op het tijdstip van de overgang bestaande arbeidsovereenkomst of arbeidsbetrekking, gaan door deze overgang op de verkrijger over."*

299 Vgl. EuGHE 1985, 2639 (2653) („**Mikkelsen**"); EuGHE I 2000, 6659 (6703 f.) („**Collino**"); EuGHE I 2003, 12859 (12904 f.) („**Martin u. a.**"); EuGH EuZW 2009, 47 (48 f.) („**Juuri**"); Kommissionsbericht, KOM(2007) 334 endgültig, S. 2; *Rebhahn, Kietaibl*, ZfA 2007, 325 (329 f.).

meinschaftsrecht größtmögliche Wirksamkeit zukommt (effet utile),[300] allerdings erfordert der Schutz der Arbeitsplätze und der Arbeitsverhältnisse der Arbeitnehmer sowie ihrer Ansprüche bei einem Betriebsübergang nicht, dass alle Ansprüche im Zusammenhang mit dem Arbeitsverhältnis übergehen. Auch die Richtlinie will nur den Umstand ausgleichen, dass die Arbeitsplätze aufgrund des Betriebsübergangs beim Veräußerer wegfallen und eine Beschäftigung daher sinnvoll nur noch beim Erwerber in Betracht kommt.[301] Dort sollen die Arbeitsbedingungen, in dem Stand, in dem sie sich beim Übergang befanden und in dem sie bei Betriebsübergang bestandsgesichert waren, erhalten bleiben. Sie sollen sich also nicht allein aufgrund des Übergangs verschlechtern. Dabei sieht die Richtlinie 2001/23/EG kein Widerspruchsrecht der Arbeitnehmer vor. Der Europäische Gerichtshof hat dazu ausgeführt, dass es dem Arbeitnehmer möglich sei, das Arbeitsverhältnis wegen des Betriebsübergangs zu kündigen.[302] Er hielt es aber für nicht erforderlich, dass das nationale Recht Regelungen, die das Arbeitsverhältnis zum alten Inhaber erhalten, vorhält.[303] Damit entspricht es nach den Mindestvorgaben der Richtlinie noch weniger den Arbeitnehmerinteressen, weitere Rechtsverhältnisse aus Anlass des Arbeitsverhältnisses oder im Zusammenhang mit dem Arbeitsverhältnis überzuleiten. Hier wäre der Arbeitnehmer, wenn er den neuen Schuldner und Gläubiger nicht akzeptieren will, sogar gezwungen, sein Arbeitsverhältnis direkt zu beenden.

Auch unter Berücksichtigung der Regelungen der Richtlinie 2001/23/EG tritt der Erwerber daher bei einem Betriebsübergang nur in die Gesamtheit der Rechte und Pflichten, die sich nach Auslegung der Parteivereinbarungen aus dem Arbeitsverhältnis zwischen Veräußerer und Arbeitnehmer ergeben, ein.

3. Erfasste Rechte und Pflichten im Einzelnen

Nun lässt sich darstellen, welche Auswirkungen es auf Sozialleistungen im Konzern im Einzelnen hat, wenn ein Betrieb oder Betriebsteil beziehungsweise mehrere wirtschaftliche Einheiten auf einen konzernfremden Dritten übergehen. Zunächst wird diese Frage für die oben erläuterten Ansprüche aus „nicht-arbeits-

300 EuGHE I 1994, 3325 (3357) („**Faccini Dori**"); EuGH EuZW 2009, 47 (49) („**Juuri**"); EuGH EuZW 2009, 223 (226) („**Klarenberg/Ferrotron**"); BAGE 82, 211 (225 ff.); *Ahlborn*, ZfA 2005, 109 (124); *Windt*, Tatbestand des Betriebsübergangs, S. 116 f.; *Wißmann*, AuR 2001, 370 (371).

301 Vgl. EuGH EuZW 2009, 47 (48 f.) („**Juuri**"); BAG NZA 2009, 1091 (1094); *Windt*, Tatbestand des Betriebsübergangs, S. 156 ff., 172.

302 EuGHE 1985, 2639 (2651) („**Mikkelsen**"); EuGHE 1988, 2559 (2581 f.) („**Berg und Busschers**"); EuGHE I 1992, 6577 (6608 f.) („**Katsikas**").

303 Vgl. nur EuGHE 1988, 2559 (2581 f.) („**Berg und Busschers**").

rechtlichen Verträgen“ untersucht (a). In einem zweiten Schritt ist zu untersuchen, inwieweit Leistungen unter Einbezug anderer Konzerngesellschaften übergehen (b).

a) Nicht-arbeitsrechtliche Verträge zwischen Arbeitgeber und Arbeitnehmer

In Kapitel 2 A.I. wurde dargelegt, dass es im Zusammenhang mit Zusatzleistungen zwischen Arbeitgeber und Arbeitnehmer häufig zum Abschluss weiterer schuldrechtlicher Verträge kommt. Dort wurde die Vereinbarungsstruktur daraufhin untersucht, inwieweit diese Vereinbarungen Teil des Arbeitsverhältnisses sind oder in welchem näher zu bestimmenden Zusammenhang sie mit dem Arbeitsverhältnis stehen. Im Folgenden wird für diese Vereinbarungen geklärt, welchen Einfluss ein Betriebsübergang auf sie hat.

aa) Betriebliche Altersversorgung

Die betriebliche Altersversorgung stellt Entgelt für die Leistungen des Arbeitnehmers, insbesondere für seine Betriebstreue dar.[304] Im Falle des § 1a Abs. 1 S. 1 BetrVG setzt der Arbeitnehmer zudem eigenes Entgelt zur Altersvorsorge ein. Unabhängig davon, ob der Arbeitgeber eine unmittelbare Versorgungszusage abgibt oder einen mittelbaren Versorgungsweg (Direktversicherung, Pensionsfonds, Pensionskasse, Unterstützungskasse) wählt, steht er für die Erfüllung seiner Versorgungszusage gemäß § 1 Abs. 1 S. 3 BetrAVG ein. Diese entspringt einer Arbeitgeberzusage, welche Teil des Arbeitsverhältnisses ist. Dies gilt auch für Versorgungszusagen, die auf betrieblicher Übung oder dem Grundsatz der Gleichbehandlung beruhen (vgl. § 1b Abs. 1 S. 4 BetrAVG). Damit gehen Versorgungsanwartschaften, gleich ob sie unverfallbar sind (§ 1b BetrAVG) oder nicht, als Ansprüche aus dem Arbeitsverhältnis gemäß § 613a Abs. 1 S. 1 BGB über.[305] Zudem geht die Arbeitgeberzusage auf Altersversorgung über und verpflichtet nun den Erwerber. Dieser kann Veränderungen nur für die Zukunft und nur einvernehmlich mit dem Arbeitnehmer in den Grenzen des Betriebsrentengesetzes

---

304 Siehe Kapitel 2 A.I.1.

305 BAG AP Nr. 7, 15 zu § 613a BGB; BAGE 50, 62 (69); 60, 118 (125 f.); 68, 160 (165 f.); BAG AP Nr. 13, 15 zu § 1 BetrAVG Betriebsveräußerung; *Brinkmann*, Spaltung von Rechtsträgern, S. 153; *Commandeur/Kleinebrink*, Betriebs- und Firmenübernahme, Rdn. 315 f., 320; Erman/*Edenfeld*, § 613a BGB Rdn. 45; *B. Fuchs*, Betriebliche Sozialleistungen, S. 119; *Lützeler*, Aktienoptionen, S. 93; MünchArbR I/*Andresen, Cisch,* § 151 Rdn. 14; Palandt/*Weidenkaff*, § 613a BGB Rdn. 26; *Picot/Schnitker*, Unternehmenskauf, Teil I Rdn. 204, Teil VI Rdn. 44; *Powietzka*, DB 2008, 2593 (2594); Prütting/Wegen/Weinreich – *Lingemann*, § 613a BGB Rdn. 27; *Reichel/Schmandt*, Betriebliche Altersversorgung, C 80; Schaub/*Koch*, ArbR-Hdb. § 118 Rdn. 14; *Tenbrock*, Die betriebliche Altersversorgung, S. 100 f., 147.

vornehmen. Der Veräußerer und Altarbeitgeber scheidet aus dem Arbeitsverhältnis und der Versorgungszusage aus. Er haftet allerdings gemäß § 613a Abs. 2 S. 1 BGB neben dem neuen Arbeitgeber dann, wenn Altersversorgungsansprüche vor dem Übergang entstanden sind und sie vor Ablauf von einem Jahr nach dem Zeitpunkt des Übergangs fällig werden. Der Altarbeitgeber haftet nach § 613a Abs. 2 S. 2 BGB bei Fälligkeit nach dem Betriebsübergang nur in dem Umfang, der dem im Zeitpunkt des Übergangs abgelaufenen Bemessungszeitraum entspricht. Für Versorgungsansprüche, welche erst nach einem Jahr nach dem Betriebsinhaberwechsel fällig werden, haftet damit nur noch der Erwerber.[306] Das Risiko einer Insolvenz des neuen Arbeitgebers wird wie beim Veräußerer über die Regelungen des Betriebsrentengesetzes (§§ 7, 14 BetrAVG) durch den Pensionssicherungsverein abgedeckt. Nach dem Übergang ist trotz der Regelung des § 613a Abs. 2 BGB für fällig werdende Versorgungsansprüche die Insolvenz des neuen Inhabers entscheidend und nicht die des Altarbeitgebers. Der neue Inhaber trägt insoweit das Insolvenzrisiko seines gewählten Vertragspartners.

Fraglich ist, was mit den einzelnen Rechtsverhältnissen geschieht, wenn beim Veräußerer die betriebliche Altersversorgung über mittelbare Durchführungswege organisiert war.

(1) Direktversicherungen

Bei der Direktversicherung (§ 1b Abs. 2 S. 1 BetrAVG) entsteht, wie oben[307] beschrieben, ein Dreiecksverhältnis zwischen Arbeitgeber, Arbeitnehmer und Lebensversicherer. Von § 613a Abs. 1 S. 1 BGB erfasst wird die Arbeitgeberzusage. Die kann sich zum einen darauf richten, eine Lebensversicherung mit bestimmtem Inhalt abzuschließen, zum anderen kann Inhalt der Zusage aber auch die Verschaffung eines Versicherungsanspruchs im Versorgungsfall sein. Aus dieser Zusage ist mit Betriebsinhaberwechsel der Veräußerer nicht mehr verpflichtet, sondern der Erwerber. Der Veräußerer haftet auf gesetzlicher Grundlage (§ 613a Abs. 2 BGB) gesamtschuldnerisch mit ihm. Der Versicherungsvertrag zwischen dem Altarbeitgeber und dem Versicherungsunternehmen wird allerdings als selbstständiges Rechtsverhältnis nicht gemäß § 613a Abs. 1 S. 1 BGB übergeleitet.[308] Er stellt kein Recht aus dem Arbeitsverhältnis dar. Das Bezugsrecht des Arbeitnehmers und seiner Hinterbliebenen gegenüber der Versicherungsgesell-

306 Vgl. nur BAG NZA-RR 2007, 310 (314); BAGE 117, 112 (120); BAG NZA 2009, 848; *Powietzka*, DB 2008, 2593 (2594).

307 Kapitel 2 A.I.1.a).

308 *Brinkmann*, Spaltung von Rechtsträgern, S. 153; *B. Fuchs*, Betriebliche Sozialleistungen, S. 120; *Picot/Schnitker*, Unternehmenskauf, Teil VI Rdn. 72; *Lützeler*, Aktienoptionen, S. 94; *Reichel/Schmandt*, Betriebliche Altersversorgung, C 166; *Rolfs*, NZA 2008, Beil. 4, S. 164 (166); *Tenbrock*, Die betriebliche Altersversorgung, S. 149.

schaft bleibt aufgrund des Versicherungsvertrages, der einen Vertrag zugunsten Dritter darstellt, zunächst bestehen. Es kommt zu einem Auseinanderfallen von Deckungs- und Valutaverhältnis.[309]

Der Erwerber, der an die Versorgungszusage des Arbeitgebers gebunden ist, kann die betriebliche Altersversorgung nun auf verschiedenen Wegen organisieren, wobei der Besitzstand des Arbeitnehmers gewahrt und die Arbeitgeberzusage erfüllt werden muss. Er könnte zunächst weiter Zahlungen auf den zwischen dem Betriebsveräußerer und dem Versicherungsunternehmen bestehenden Versicherungsvertrag zugunsten des Arbeitnehmers leisten, um seine Pflichten zu erfüllen. Dabei ist zu beachten, dass das Bezugsrecht des Arbeitnehmers ursprünglich widerruflich oder unwiderruflich eingeräumt worden sein kann. Im Regelfall wird es widerruflich eingeräumt (§ 159 Abs. 1 VVG). Die Besonderheit bei einem widerruflichen Bezugsrecht ist, dass der Versicherungsnehmer, also in diesem Falle der Altarbeitgeber, es grundsätzlich widerrufen oder die Ansprüche aus dem Vertrag abtreten oder beleihen kann.[310] Ist das Bezugsrecht unwiderruflich, kann er das nur mit Zustimmung des Bezugsberechtigten, also des Arbeitnehmers. Damit trägt der neue Betriebsinhaber im Falle eines widerruflichen Bezugsrechts des übernommenen Arbeitnehmers bei Weiterzahlung der Versicherungsprämien das Risiko, dass der Veräußerer, der noch immer Versicherungsnehmer ist, die Versicherung wirtschaftlich verwertet. Dies kann er auch dann tun, wenn man die Regelung des § 1b Abs. 2 BetrAVG für anwendbar hält, da diese gegenüber dem Versicherungsunternehmen keine Wirkung entfaltet.[311]

Dieses Risiko könnte der Erwerber bei Übernahme der bisher entstandenen Ansprüche dann umgehen, wenn er den Versicherungsvertrag übernimmt.[312] Dies kann er nur in Absprache mit dem Veräußerer und mit Zustimmung des Versicherungsunternehmens tun. Der neue Arbeitgeber kann mit Zustimmung der Arbeitnehmer aber die Arbeitgeberzusage auch durch Abschluss eines gleichwertigen Versicherungsschutzes erfüllen.[313]

---

309 *Tenbrock*, Die betriebliche Altersversorgung, S. 149 f., 151.

310 *Picot/Schnitker*, Unternehmenskauf, Teil VI Rdn. 75; *Rolfs*, NZA 2008, Beil. 4, S. 164 (166); *Tenbrock*, Die betriebliche Altersversorgung, S. 151.

311 BAG AP Nr. 15, 26 zu § 1 BetrAVG Lebensversicherung; *Rolfs* in Blomeyer/Rolfs/Otto, BetrAVG, § 1b Rdn. 214; *Kemper/Kisters-Kölkes/Berenz/Huber*, BetrAVG, § 1b Rdn. 126 ff.; *Rolfs*, NZA 2008, Beil. 4, S. 164 (166); *Tenbrock*, Die betriebliche Altersversorgung, S. 151.

312 *Picot/Schnitker*, Unternehmenskauf, Teil VI Rdn. 72; *Reichel/Schmandt*, Betriebliche Altersversorgung, C 166; *Rolfs*, NZA 2008, Beil. 4, S. 164 (166); *Tenbrock*, Die betriebliche Altersversorgung, S. 150.

313 *Picot/Schnitker*, Unternehmenskauf, Teil VI Rdn. 75; Prütting/Wegen/Weinreich – *Lingemann*, § 613a BGB Rdn. 27; *Reichel/Schmandt*, Betriebliche Altersversorgung, C 166; *Rolfs*, NZA 2008, Beil. 4, S. 164 (166); *Tenbrock*, Die betriebliche Altersversorgung, S. 150.

(2) Pensionskassen

Etwas anders ist das Verhältnis zwischen Arbeitgeber, Arbeitnehmer und Pensionskasse organisiert.[314] Hier besteht wiederum eine Arbeitgeberzusage, welche gemäß § 613a Abs. 1 S. 1 BGB auf den Erwerber übergeht. Die Pensionskasse als rechtsfähige Versorgungseinrichtung bleibt vom Betriebsübergang bei einem Mitgliedsunternehmen unberührt.[315] Der Arbeitnehmer, der sowohl Mitglied der Pensionskasse als auch Versicherungsnehmer war, bleibt ruhendes Mitglied, wenn dies die Satzung beziehungsweise die Richtlinien der Pensionskasse vorsehen.[316] Dann erfolgen für ihn keine Beitragszahlungen mehr, aber sein erworbener Anspruch bleibt bestehen. Regelmäßig ist die Mitgliedschaft in einer Pensionskasse jedoch für den Fall des Wechsels des Arbeitgebers auflösend bedingt.[317]

Der Erwerber kann wieder unterschiedlich seiner Verpflichtung zur Altersversorgung nachkommen. Zum einen kann er, wenn dies die Satzung der Pensionskasse erlaubt oder diese dahingehend geändert wird, in die Pensionskasse als Mitgliedsunternehmen eintreten.[318] Des Weiteren kann er den Arbeitnehmern einen gleichwertigen Anspruch gegen eine bei ihm bestehende oder zu gründende Pensionskasse verschaffen. Zudem kann er einen anderen unmittelbaren oder mittelbaren Versorgungsweg wählen, insbesondere die Versorgung aufgrund einer Direktzusage.[319]

(3) Pensionsfonds

Auch der Pensionsfonds ist eine eigenständige, rechtsfähige Versorgungseinrichtung (§ 1b Abs. 3 S. 1 BetrAVG). Der Arbeitnehmer wird durch den Arbeitgeber aufgrund der gegebenen Zusage versichert und steht zum Pensionsfonds in einem Leistungsverhältnis.[320] Der Erwerber tritt in die Arbeitgeberzusage ein (§ 613a Abs. 1 S. 1 BGB). Er selbst und die auf ihn übergegangenen Arbeitnehmer fallen

314 Vgl. Kapitel 2 A.I.1.b).

315 Vgl. *B. Fuchs*, Betriebliche Sozialleistungen, S. 122 f.; Palandt/*Weidenkaff*, § 613a BGB Rdn. 26; *Picot/Schnitker*, Unternehmenskauf, Teil VI Rdn. 76; *Rolfs*, NZA 2008, Beil. 4, S. 164 (166).

316 *Reichel/Schmandt*, Betriebliche Altersversorgung, C 162; *Rolfs*, NZA 2008, Beil. 4, S. 164 (166); *Tenbrock*, Die betriebliche Altersversorgung, S. 152 f.

317 *Rolfs*, NZA 2008, Beil. 4, S. 164 (166).

318 *Picot/Schnitker*, Unternehmenskauf, Teil VI Rdn. 76; *Reichel/Schmandt*, Betriebliche Altersversorgung, C 161 ff.; *Rolfs*, NZA 2008, Beil. 4, S. 164 (166); *Tenbrock*, Die betriebliche Altersversorgung, S. 152 f.

319 *Picot/Schnitker*, Unternehmenskauf, Teil VI Rdn. 80 f.; *Reichel/Schmandt*, Betriebliche Altersversorgung, C 164; *Rolfs*, NZA 2008, Beil. 4, S. 164 (166); *Tenbrock*, Die betriebliche Altersversorgung, S. 153.

320 Vgl. Kapitel 2 A.I.1.c).

häufig aus dem satzungsmäßigen Geltungsbereich des Pensionsfonds heraus. In Betracht kommt insoweit eine Satzungsänderung.[321] Wenn eine solche nicht gewollt ist, kann der Erwerber mit einem anderen Pensionsfonds abschließen oder aber einen anderen Versorgungsweg wählen.[322] Auch hier ist zu beachten, dass die Arbeitgeberzusage bei der Wahl eines anderen Versorgungsweges den bereits erworbenen Besitzstand unangetastet lassen muss und die Zusage auch in der Zukunft vollumfänglich zu erfüllen ist. Die neue Versorgung muss also gleich- oder höherwertig sein.

(4) Unterstützungskassen

Entsprechend stellt sich die Situation bei den Unterstützungskassen dar.[323] Die Arbeitgeberzusage geht nach § 613a Abs. 1 S. 1 BGB mit ihrem bestehenden Inhalt über. Die Unterstützungskasse kann nur mittels Vereinbarung übertragen werden.[324] Geschieht dies, so werden mit ihr regelmäßig auch die Versorgungsansprüche der Arbeitnehmer übernommen, die bereits vor dem Betriebsübergang ausgeschieden sind.[325] Je nach Ausgestaltung der Unterstützungskasse bleiben die Arbeitnehmer nach dem Betriebsübergang Mitglieder der Unterstützungskasse, allerdings ruht ihr Anspruch.[326] Inwieweit sie dann vom Erwerber wegen ihrer vor dem Betriebsinhaberwechsel erworbenen Ansprüche noch an die Unterstützungskasse verwiesen werden können, richtet sich ebenfalls nach den Regelungen bei der Unterstützungskasse.[327] Regelmäßig wird hier der Anspruch aber zumindest mit Ende der Mithaftung des Altarbeitgebers ausgeschlossen sein, so dass der Erwerber entscheiden muss, welchen gleichwertigen Versorgungsweg er nunmehr wählen möchte.

---

321 *Reichel/Schmandt*, Betriebliche Altersversorgung, C 163, 165; *Tenbrock*, Die betriebliche Altersversorgung, S. 152 ff.

322 *Reichel/Schmandt*, Betriebliche Altersversorgung, C 164 f.; *Rolfs*, NZA 2008, Beil. 4, S. 164 (166 f.); *Tenbrock*, Die betriebliche Altersversorgung, S. 152 ff.

323 Vgl. Kapitel 2 A.I.1.d).

324 BAG AP Nr. 7, 15 zu § 613a BGB; BAGE 60, 118 (125); *Commandeur/Kleinebrink*, Betriebs- und Firmenübernahme, Rdn. 322; ErfK/*Preis*, § 613a BGB Rdn. 73; Erman/*Edenfeld*, § 613a BGB Rdn. 45; Palandt/*Weidenkaff*, § 613a BGB Rdn. 26; *Picot/Schnitker*, Unternehmenskauf, Teil I Rdn. 204; *Powietzka*, DB 2008, 2593 (2594); *Reichel/Schmandt*, Betriebliche Altersversorgung, C 152; *Rolfs*, NZA 2008, Beil. 4, S. 164 (167); Schaub/*Koch*, ArbR-Hdb. § 118 Rdn. 15; *Tenbrock*, Die betriebliche Altersversorgung, S. 154 ff.

325 *Picot/Schnitker*, Unternehmenskauf, Teil VI Rdn. 86; *Reichel/Schmandt*, Betriebliche Altersversorgung, C 156; *Rolfs*, NZA 2008, Beil. 4, S. 164 (167); Schaub/*Koch*, ArbR-Hdb. § 118 Rdn. 15. Hier besteht die Gefahr, dass der Veräußerer seiner Dotierungspflicht nicht ausreichend nachkommt. A.A. *Powietzka*, DB 2008, 2593 (2595).

326 Vgl. *Tenbrock*, Die betriebliche Altersversorgung, S. 155 f.

327 Vgl. *Tenbrock*, Die betriebliche Altersversorgung, S. 155 f.

Zusammenfassend lässt sich feststellen, dass die Zusage des Arbeitgebers auf Altersvorsorge unverändert auf den Betriebserwerber übergeht und dabei die erworbenen Anwartschaften, ob verfallbar oder nicht, erhalten bleiben.

bb) Versicherungsverträge

Für Versicherungen, die auch private Risiken des Arbeitnehmers abdecken,[328] lassen sich die Grundsätze über Direktversicherungen zur betrieblichen Altersversorgung übertragen. Hat der Arbeitgeber die Versicherungsleistungen einfach eingeräumt, dabei aber einen Freiwilligkeitsvorbehalt[329] ausgesprochen, so besteht keine Verpflichtung, diese Leistungen weiter zu gewähren. Auch eine betriebliche Übung kommt dann nicht in Betracht. Hat der Arbeitgeber allerdings eine bestimmte Versicherungsleistung oder die Beitragsleistung für eine bestimmte Versicherung zugesagt oder ohne Freiwilligkeitsvorbehalt über einen bestimmten Zeitraum gewährt und so eine betriebliche Übung geschaffen, so geht der Anspruch auf die Versicherungsleistung oder die Beitragsleistung zu einer bestimmten Versicherung auf den Erwerber nach § 613a Abs. 1 S. 1 BGB über. Der Versicherungsvertrag besteht indes zwischen Veräußerer und Versicherungsunternehmen fort. Der Erwerber kann die Police mit Zustimmung der Versicherung vom Veräußerer übernehmen oder aber den Arbeitnehmer selbst für diese Schadensfälle in entsprechender Höhe versichern oder die Versicherungsleistung im Schadensfall direkt gewähren.

cc) Arbeitgeberdarlehen

Wie in Kapitel 2 dargestellt[330], wird vorliegend unter Arbeitgeberdarlehen allein der Abschluss eines Darlehensvertrages mit gegenüber den Marktkonditionen verbesserten Geschäftsbedingungen aus Anlass des Arbeitsverhältnisses zwischen Arbeitgeber und Arbeitnehmer verstanden. Ein Arbeitgeberdarlehen liegt nach diesem Verständnis dann schon begrifflich nicht vor, wenn der Arbeitgeber dem Arbeitnehmer einen Vorschuss oder einen Abschlag gewährt. Vorschuss und Abschlag sind Formen der Entgeltgewährung. Abreden über einen Vorschuss oder einen Abschlag sind damit Teil des Arbeitsverhältnisses. Die Rechte und Pflichten aus einer Vereinbarung über Vorschussgewährung beziehungsweise Abschlagszahlungen sind damit solche aus dem Arbeitsverhältnis, welche nach § 613a Abs. 1 S. 1 BGB übergehen.[331]

---

328 Kapitel 2 A.I.2.

329 Zum Freiwilligkeitsvorbehalt bei Sonderzahlungen siehe BAG AP Nr. 274 zu § 611 BGB Gratifikation; Henssler/Willemsen/Kalb-*Thüsing*, § 611 BGB Rdn. 508 ff.

330 Kapitel 2 A.I.3.

331 BAG, Urt. v. 21.01.1999 – 8 AZR 373/97 – (juris); *Commandeur/Kleinebrink*, Betriebs- und Firmenübernahme, Rdn. 400; *Dreher* in Bernsau/Dreher/Hauck, Betriebsübergang, § 613a BGB Rdn. 209; *Düwell, Wichert* in Arens/Düwell/Wichert, Umstrukturierung und Arbeitsrecht, § 7

Ein Darlehensverhältnis mit verbesserten Konditionen steht allerdings – wie dargestellt[332] – grundsätzlich selbstständig neben dem Arbeitsverhältnis. Bei den Ansprüchen auf Darlehensgewährung und Darlehensrückzahlung handelt es sich nicht um Ansprüche, die aus dem Arbeitsverhältnis herrühren.[333]

Dies soll nach Auffassung des Landesarbeitsgerichts Köln dann anders sein, wenn der Darlehensvertrag mit dem Bestand des Arbeitsverhältnisses „verknüpft" ist.[334] Als Verknüpfung soll es ausreichen, wenn entweder ein Gehaltsvorschuss vorliegt[335] oder wenn es sich bei dem Darlehen um eine freiwillige soziale Leistung handelt, die nach der Parteivereinbarung mit Beendigung des Arbeitsverhältnisses ebenfalls endet.[336]

Die Auslegung der Parteivereinbarungen erfolgt nach dieser Auffassung parallel zur Auslegung der Formulierung „aus dem Arbeitsverhältnis" in tariflichen Ausschlussfristen.[337] Hier legt das Bundesarbeitsgericht die Formulierung „aus dem Arbeitsverhältnis" so aus, dass auch eng verknüpfte Arbeitgeberdarlehen darunter fallen. Dieses Verständnis der Formulierung begründet es damit, dass diese Klauseln zur Rechtssicherheit weit auszulegen sind, da es dem Interesse der Parteien entspricht, das Arbeitsverhältnis und damit in Zusammenhang stehende Ansprüche umfassend und endgültig zu regeln.[338] Sinn und Zweck des § 613a Abs. 1 S. 1 BGB wiederum ist nicht die Regelung der Vergangenheit oder des Status quo, sondern der Bestandsschutz. Dieser knüpft an die Parteivereinbarungen an. Bei der Verknüpfung von Darlehensverhältnis und Arbeitsverhältnis geht es den Parteien darum, festzulegen, unter welchen Voraussetzungen der Arbeitnehmer ein Darlehen zu Vorzugskonditionen erhält, unter welchen Umständen der Arbeitgeber als

---

Rdn. 137; *Gussen* in Rolfs/Giesen/Kreikebohm/Udsching, § 613a BGB Rdn. 94; *Maschmann/Sieg*, Unternehmensumstrukturierung, Rdn. 204; *Moll*, Oetker/Preis/Rieble (Hrsg.), 50 Jahre Bundesarbeitsgericht, S. 59 (63); Schaub/*Koch*, ArbR-Hdb. § 118 Rdn. 18.

332 Kapitel 2 A.I.3.

333 *Dreher* in Bernsau/Dreher/Hauck, Betriebsübergang, § 613a BGB Rdn. 209; *Düwell, Wichert* in Arens/Düwell/Wichert, Umstrukturierung und Arbeitsrecht, § 7 Rdn. 137; *B. Fuchs*, Betriebliche Sozialleistungen, S. 117; *Gussen* in Rolfs/Giesen/Kreikebohm/Udsching, § 613a BGB Rdn. 94; *Maschmann/Sieg*, Unternehmensumstrukturierung, Rdn. 204; *Moll*, Oetker/Preis/Rieble (Hrsg.), 50 Jahre Bundesarbeitsgericht, S. 59 (63); *Picot/Schnitker*, Unternehmenskauf, Teil I Rdn. 228; *Willemsen* in Willemsen/Hohenstatt/Schnitker/Schweibert/Seibt (Hrsg.), Umstrukturierung, G 174. A.A. wohl Schaub/*Koch*, ArbR-Hdb. § 118 Rdn. 18.

334 LAG Köln, NZA-RR 2001, 174 (174 f.); LAG Köln, NZA-RR 2002, 369 (370). Zustimmend *Lützeler*, Aktienoptionen, S. 84 f.

335 Dann liegt nach der hier verwendeten Terminologie aber schon kein Arbeitgeberdarlehen vor (Kapitel 2 A.I.3).

336 LAG Köln, NZA-RR 2001, 174 (174 f.); LAG Köln, NZA-RR 2002, 369 (370); *Bachner/Gerhardt*, Betriebsübergang, A 148; Schaub/*Koch*, ArbR-Hdb. § 118 Rdn. 18; *Lützeler*, Aktienoptionen, S. 84 f.

337 Vgl. LAG Köln, NZA-RR 2001, 174 (175); *Lützeler*, Aktienoptionen, S. 82 ff.

338 Statt aller BAG NZA 2010, 356 (359).

Darlehensgeber verlangen kann, dass der Arbeitnehmer das Darlehen ganz oder teilweise zurückzahlt, und in welcher Art und Weise die Rückzahlung erfolgen soll. Sie wollen den grundsätzlich eigenen Regeln unterstehenden Darlehensvertrag mehr oder minder den Regelungen des Arbeitsverhältnisses unterstellen. Die Parteien regeln also ihre zukünftigen Rechtsbeziehungen. Ihnen ist nicht daran gelegen, zurückliegende Rechtsbeziehungen vollständig abzuwickeln. Deshalb lässt sich die Rechtsprechung des Bundesarbeitsgerichts zu Ausschlussklauseln vorliegend nicht unbesehen auf die Frage übertragen, ob Rechte und Pflichten im Sinne von § 613a Abs. 1 S. 2 BGB aus dem Arbeitsverhältnis herrühren und übergehen.

Fraglich ist vielmehr, ob der Zweck, den die Parteien durch die Verknüpfung des Darlehensvertrages mit dem Bestand des Arbeitsverhältnisses erreichen wollten, es erfordert, den Darlehensvertrag als Gesamtheit von Rechten und Pflichten aufzufassen, die im Sinne des § 613a Abs. 1 S. 1 BGB aus dem Arbeitsverhältnis resultieren. Dies ist aus mehreren Gründen nicht der Fall.[339] Zunächst ist zu beachten, dass die freiwillige Zusatzleistung grundsätzlich nicht in der Darlehensvaluta, sondern in der Gewährung von im Vergleich zu den Marktkonditionen besseren Bedingungen (dazu zählt auch die Darlehensgewährung selbst trotz Fehlens ausreichender Sicherheiten etc.) besteht. Hat der Arbeitgeber zugesagt, diese Sonderkonditionen für Arbeitnehmer unter bestimmten Umständen zu gewähren, ist diese Arbeitgeberzusage Teil des Arbeitsverhältnisses, nicht aber der Darlehensvertrag. Dieser dient der Erfüllung dieser Zusage. Die Erfüllungswirkung wiederum tritt nur ein, wenn die Bedingungen der Darlehensgewährung inhaltlich der Zusage des Arbeitgebers entsprechen.

Die Verknüpfung des Bestandes des Arbeitsverhältnisses zwischen den Parteien mit dem Darlehensverhältnis erfolgt regelmäßig dann, wenn der Arbeitgeber mit der Darlehensgewährung einen bestimmten, mit dem Arbeitsverhältnis verknüpften Zweck verfolgt. Als Beispiel kann hier der Sachverhalt dienen, der der Entscheidung des Bundesarbeitsgerichts zur Auslegung einer tariflichen Ausschlussfrist zugrunde lag[340]. Hier hatte der Arbeitgeber im Gegenzug für einen tariflichen Gehaltsverzicht der Arbeitnehmer ein Mitarbeiterbeteiligungsmodell aufgelegt. Die Arbeitnehmer mussten den Erwerb der Beteiligung nicht selbst finanzieren, sondern erhielten für den Zweck des Erwerbs der Beteiligung ein Darlehen.[341] Das Bundesarbeitsgericht führt dazu aus[342]:

„Die Forderung hat ihren Grund in der arbeitsvertraglichen Beziehung der Parteien. Die Schuldnerin hat nämlich in einer schwierigen wirtschaftlichen

339 Im Ergebnis so *B. Fuchs*, Betriebliche Sozialleistungen, S. 117; *Maschmann/Sieg*, Unternehmensumstrukturierung, Rdn. 204; *Moll*, Oetker/Preis/Rieble (Hrsg.), 50 Jahre Bundesarbeitsgericht, S. 59 (63 f.); *Willemsen* in Willemsen/Hohenstatt/Schnitker/Schweibert/Seibt (Hrsg.), Umstrukturierung, G 174.

340 BAG NZA 2010, 356 ff.

341 BAG NZA 2010, 356.

342 BAG NZA 2010, 356 (359).

Lage ihren Arbeitnehmern ein Arbeitgeberdarlehen zur Finanzierung der Mitarbeiterbeteiligung gewährt. Dieses war an den Bestand des Arbeitsverhältnisses gekoppelt. Nach den zu Grunde liegenden Verträgen war nicht nur das Darlehen von der Arbeitgeberin des Bekl. finanziert. Durch die vertraglichen Regelungen war zudem sichergestellt, dass der Arbeitnehmer bei Darlehensfinanzierung der Mitarbeiterbeteiligung weder die laufenden Kosten aufbringen noch das Darlehen aus seinem eigenen Vermögen tilgen musste. Das ergibt sich aus dem Gesamtgefüge der vertraglichen Beziehungen zwischen der Arbeitgeberin des Bekl., dem Bekl., diesem und der Beteiligungsgesellschaft sowie der Beteiligungsgesellschaft und der Arbeitgeberin. Der Arbeitnehmer musste die Zinsen auch nicht aus eigenen Finanzmitteln aufbringen. Schließlich trug er nicht – wie etwa bei einem mit einem Darlehen des Arbeitgebers finanzierten Kauf von Belegschaftsaktien – das volle Risiko etwaiger Kursschwankungen. Das Mitarbeiterbeteiligungsmodell war bei einer Darlehensfinanzierung der Beteiligung letztlich von der Schuldnerin selbst finanziert. Es stellte sich aus der Sicht des durchschnittlichen Darlehensempfängers als Kompensation für den mit der DAG vereinbarten Gehaltsverzicht und als Teil der mit dem Sanierungskonzept angestrebten Sicherung der Arbeitsplätze dar.“

Der Zweck solcher Vereinbarungen zwischen Arbeitgeber und Arbeitnehmer wird am besten dadurch erreicht, dass die Rechtsbeziehungen zwischen den ursprünglichen Parteien fortbestehen. Führt der Betriebsübergang dazu, dass der Zweck, für den das Darlehen gewährt wurde, nicht mehr erreicht werden kann beziehungsweise nicht mehr fortbesteht, und ergibt die Auslegung der Parteivereinbarungen, dass die dementsprechenden Vereinbarungen rückabzuwickeln sind, so entspricht es nicht dem Parteiinteresse sämtliche Rechtsverhältnisse erst überzuleiten, um dann eine Abwicklung zwischen dem Neuarbeitgeber und dem Mitarbeiter vorzunehmen. Es entspricht dann dem Interesse der Parteien, ihre Rechtsbeziehungen im Leistungsverhältnis abzuwickeln. Aber selbst in den Fällen, in denen der Zweck auch beim Betriebserwerber fortbesteht, sind die Parteivereinbarungen dahingehend auszulegen, dass das Leistungsverhältnis nicht mit dem Valutaverhältnis, sprich dem Arbeitsverhältnis übergeht. In einem solchen Fall ist die Arbeitgeberzusage der Sonderleistung Vorzugskonditionen regelmäßig dahingehend auszulegen, dass der Erfüllungsanspruch des Arbeitnehmers, falls der Darlehensvertrag mit dem Altarbeitgeber gekündigt wird oder automatisch endet, wieder auflebt und vom Erwerber zu erfüllen ist. Dies entspricht den Interessen der Parteien. Dem Altarbeitgeber kommen die von ihm bezweckten Vorteile aus der Leistung des Arbeitnehmers nicht mehr zugute. Er hat aber ursprünglich die Darlehensvaluta zur Verfolgung dieses Zwecks aufgebracht. Es ist nur billig, wenn er die Darlehensvaluta jetzt in der Form zurück erhält, die er mit dem Arbeitnehmer vereinbart hat. Der Arbeitnehmer ist geschützt, denn er hat einen Anspruch gegen den Erwerber auf Darlehensgewährung. Je nachdem, ob der Arbeitnehmer verpflichtet sein sollte, eigenes Kapital zur Rückzahlung aufzubringen oder nicht, kann sich sein Anspruch gegen den Erwerber entweder auf Ablösung des Altdarlehens richten oder auf Gewährung eines neuen Darlehens.

Dies lässt sich am oben beschriebenen Beispielsfall illustrieren. Der Arbeitnehmer hatte eine Mitarbeiterbeteiligung an einer Beteiligungsgesellschaft erworben. Finanziert hatte er dies über ein Arbeitgeberdarlehen. Das Risiko der Werthaltigkeit der mittelbaren Mitarbeiterbeteiligung sollte nach der Parteivereinbarung der Arbeitgeber tragen. Durch die Finanzierung der Mitarbeiterbeteiligung wollten die Parteien erreichen, dass der Arbeitnehmer für die Beteiligung keinerlei Mittel aus seinem eigenen Vermögen aufbringen muss. Führt der Betriebsübergang zur (teilweisen) Abwicklung der Mitarbeiterbeteiligung beim Veräußerer, so macht es Sinn, dass der Arbeitnehmer im Gegenzug für die Rückübertragung der Anteile von seinem Altarbeitgeber von der Darlehensverbindlichkeit befreit wird. Die Zusage seines Arbeitgebers, eine Mitarbeiterbeteiligung zu gewähren und auf Wunsch der Arbeitnehmer ihre Finanzierung zu übernehmen, geht als Recht aus dem Arbeitsverhältnis über. Der neue Arbeitgeber, der nun auch von dem Lohnverzicht profitiert, ist – was interessengerecht ist – verpflichtet, die Arbeitgeberzusage zu erfüllen.

Aber auch dann, wenn die Beteiligung an der Beteiligungsgesellschaft des Altarbeitgebers bestehen bleiben sollte, ist es interessengerecht, wenn das entsprechende Darlehensverhältnis ebenfalls in diesem Verhältnis bestehen bleibt. Denn eine zwingende Verbindung besteht hier nur zwischen dem finanzierten Gegenstand (der Beteiligung) und dem Darlehen.

Zusammenfassend lässt sich festhalten, dass das Darlehen auch dann nicht Teil des Arbeitsverhältnisses wird, wenn sein Schicksal an den Bestand des Arbeitsverhältnisses geknüpft wird.[343] Es ist vielmehr durch Auslegung der Parteivereinbarungen zu ermitteln, ob eine Arbeitgeberzusage besteht und welchen Inhalt diese hat. Ein Anspruch der Arbeitnehmer auf die Gewährung besteht dann, wenn der Arbeitgeber diese zu bestimmten Konditionen oder generell zugesagt hat oder eine betriebliche Übung mit diesem Inhalt besteht. Ein solcher Anspruch geht dann mit einem Betriebsinhaberwechsel auf den Erwerber über, soweit er nicht erfüllt ist (§ 613a Abs. 1 S. 1 BGB). Der Arbeitnehmer kann daher ab Übergang, wenn er die Voraussetzungen der Zusage erfüllt, vom Erwerber die Gewährung eines Arbeitgeberdarlehens verlangen. Die Abwicklung eines Darlehensvertrages, der noch mit dem Veräußerer abgeschlossen wurde, erfolgt allerdings allein in diesem Verhältnis. Hier muss auch nicht danach unterschieden werden, ob die Darlehensvaluta bereits ausgezahlt wurde oder nicht. Denn die Verpflichtung des Veräußerers ergibt sich allein aus dem Darlehensvertrag. Ist

343 Siehe Nachweise in Fußnote 339.

der Darlehensbetrag bereits geflossen, spricht für dieses Ergebnis überdies die Tatsache, dass die Darlehenssumme vom Veräußerer aufgebracht wurde, ohne dass die Arbeitsleistung Gegenleistung dafür gewesen wäre, so dass auch ihm eine Rückzahlung zuzufließen hat. Die Auslegung einer etwaigen übergehenden Arbeitgeberzusage kann hier ergeben, dass der neue Arbeitgeber verpflichtet ist, das Darlehen in der Form zu gewähren, dass er das bestehende Darlehen gegenüber dem Altarbeitgeber ablöst.

dd) Überlassungsverträge

Die Überlassung von Dienstwagen, Mobiltelefonen oder Wohnraum auch zur privaten Nutzung kann als tatsächliche Leistung im Rahmen des Arbeitsverhältnisses erfolgen. Wenn insoweit ein Anspruch aus Zusage oder betrieblicher Übung besteht, ist dieser Teil des Arbeitsverhältnisses und geht bei Betriebsübergang nach § 613a Abs. 1 S. 1 BGB über.[344] Werden zwischen Arbeitgeber und Arbeitnehmer aber Miet- oder Leihverträge über bestimmte Gegenstände anlässlich des Arbeitsverhältnisses geschlossen, so stellt die Gewährung eines Preis- oder anderen Vorteils gegenüber den üblichen Konditionen auf dem Markt Vergütung im weiteren Sinne dar. Durch einen Betriebsübergang übergeleitet werden nur etwaige Ansprüche auf Abschluss von Miet- oder Leihverträgen zu bestimmten Konditionen, nicht aber die Miet- oder Leihverträge und die überlassenen Gegenstände. Diese Überlassungsverträge sind mit dem Veräußerer abzuwickeln.[345] Diese müssen, soweit der Erwerber daran Interesse hat, von diesem kraft Rechtsgeschäfts übernommen werden.

Etwas anderes gilt für die Überlassung von Werkdienstwohnungen, die per definitionem (§ 576b Abs. 1 BGB) Teil des Arbeitsverhältnisses ist. Hier geht auch das Wohnrecht nach § 613a Abs. 1 S. 1 BGB über.[346]

---

344 Vgl. *Commandeur/Kleinebrink*, Betriebs- und Firmenübernahme, Rdn. 379, 396; Erman/*Edenfeld*, § 613a BGB Rdn. 61; *Gussen* in Rolfs/Giesen/Kreikebohm/Udsching, § 613a BGB Rdn. 100; Schaub/*Koch*, ArbR-Hdb. § 118 Rdn. 19; *Willemsen* in Willemsen/Hohenstatt/Schnitker/Schweibert/Seibt (Hrsg.), Umstrukturierung, G 172.

345 Vgl. *Dreher* in Bernsau/Dreher/Hauck, Betriebsübergang, § 613a BGB Rdn. 211; ErfK/*Preis*, § 613a BGB Rdn. 77; *Gussen* in Rolfs/Giesen/Kreikebohm/Udsching, § 613a BGB Rdn. 100; *Lützeler*, Aktienoptionen, S. 86 f.; Schaub/*Koch*, ArbR-Hdb. § 118 Rdn. 19; *Willemsen* in Willemsen/Hohenstatt/Schnitker/Schweibert/Seibt (Hrsg.), Umstrukturierung, G 171.

346 *Commandeur/Kleinebrink*, Betriebs- und Firmenübernahme, Rdn. 382; *Düwell, Wichert* in Arens/Düwell/Wichert, Umstrukturierung und Arbeitsrecht, § 7 Rdn. 138; ErfK/*Preis*, § 613a BGB Rdn. 77; *Gussen* in Rolfs/Giesen/Kreikebohm/Udsching, § 613a BGB Rdn. 100; *Lützeler*, Aktienoptionen, S. 87 f.; *Picot/Schnitker*, Unternehmenskauf, Teil I Rdn. 223; Schaub/*Koch*, ArbR-Hdb. § 118 Rdn. 19; *Willemsen* in Willemsen/Hohenstatt/Schnitker/Schweibert/Seibt (Hrsg.), Umstrukturierung, G 175.

ee) Kaufverträge

Auch für Personalrabattsysteme gilt, dass ein bestehender Anspruch auf Rabattgewährung auf bestimmte Produkte oder Dienstleistungen nach § 613a Abs. 1 S. 1 BGB übergeht.[347] Die einzelnen Kauf- oder Dienst- beziehungsweise Werkverträge bestehen aber als Erfüllungsgeschäfte neben dem Arbeitsverhältnis und stellen den Rechtsgrund für den Leistungsaustausch dar. Sie werden von § 613a Abs. 1 S. 1 BGB nicht erfasst.

ff) Mitarbeiterbeteiligungen

Bei Mitarbeiterbeteiligungen wurden in Kapitel 2 A.I.6. insbesondere Gewinn- und Vermögensbeteiligungen unterschieden. Für Gewinnbeteiligungen, also Sonderausschüttungen, bei denen die Arbeitnehmer am Erfolg ihres Arbeitgeberunternehmens beteiligt werden, indem bestimmte Zahlungen an dessen Gewinn, Ertrag oder Leistung gekoppelt werden, handelt es sich um Vergütung im Rahmen des Arbeitsverhältnisses. Diese Verpflichtungen gehen nach § 613a Abs. 1 S. 1 BGB auf den Erwerber über. Problematisch sind die Vermögensbeteiligungen, da es auch hier zu weiteren Rechtsgeschäften zwischen Arbeitgeber und Arbeitnehmer neben dem Arbeitsvertrag und seinen Zusatzabreden kommt.

(1) Gesellschaftsanteile

Gesellschaftsanteile in Form von Aktien, GmbH-Anteilen, Kommanditeinlagen oder anderen können an Arbeitnehmer unentgeltlich oder entgeltlich überlassen werden. Arbeitsvertraglich begründete Ansprüche, also auch solche aus betrieblicher Übung und dem allgemeinen Gleichbehandlungsgrundsatz auf die Gewährung von Anteilen sind Ansprüche aus einem Arbeitsverhältnis im Sinne von § 613a Abs. 1 S. 1 BGB.

Die zum Erwerb von Anteilen vom Arbeitnehmer und Arbeitgeber beziehungsweise der Beteiligungsgesellschaft abgeschlossenen Kaufverträge über Anteile oder Beitrittsverträge stehen – wie oben gesehen[348] – selbstständig neben dem Arbeitsverhältnis, genau wie das durch Anteilserwerb entstehende Gesellschaftsverhältnis. Ebenfalls neben dem Arbeitsverhältnis stehen Ansprüche aus einem Arbeitgeberdarlehen zur Finanzierung des Anteilserwerbs.[349] In den Fällen, in denen das Arbeitgeberdarlehen zunächst durch Verrechnung mit den Gewinnan-

347 BAGE 112, 23 (29 f.) („**Daimler-Benz AG**“); BAG NZA 2007, 325 (326) „**Flugvergünstigungen bei Swissair**“); ErfK/*Preis*, § 613a BGB Rdn. 73; *M. Fuchs* in Bamberger/Roth, BGB, § 613a BGB Rdn. 28.

348 Kapitel 2 A.I.6.a).

349 Kapitel 2 A.I.3. und Kapitel 3 B.I.3.a)cc).

teilen aus der Beteiligung getilgt wird und in denen Anteilserwerb und Darlehen in einer Urkunde verbunden werden, bilden diese beiden Vertragsverhältnisse eine Einheit neben dem Arbeitsverhältnis. Die Tatsache, dass der Arbeitnehmer für den Anteilserwerb eigenes Kapital, vielleicht sogar Entgelt verwendet, ändert an der Selbstständigkeit dieser Verträge ebenfalls nichts, da die Verwendung von Entgelt einen Anspruch aus Darlehens- oder Gesellschaftsvertrag nicht zu einem arbeitsrechtlichen Anspruch macht. Damit gehen schon bestehende Verträge über den Anteilserwerb nicht über. Sie bestehen mit dem Veräußerer oder einer Beteiligungsgesellschaft fort.[350] Auf die Stellung als Anteilsinhaber hat der Betriebsübergang an sich keinen Einfluss. Regelmäßig wird sich der alte Arbeitgeber aber für diese Fälle ein Kündigungsrecht vorbehalten haben.

(2) Aktienoptionsprogramme

In Kapitel 2 A.I.6.b) wurden Aktienoptionsprogramme als moderne Mitarbeiterbeteiligungsprogramme bereits näher erläutert. Es wurde gezeigt, dass es sich bei dem Optionsrecht um Vergütung im weiteren Sinne handelt und dass eine etwaige Zusage über die Gewährung von Aktienoptionen Teil des Arbeitsverhältnisses ist.[351] Eine solche Verpflichtung muss der Gewährung von Aktienoptionen aber auf Seiten des Arbeitgebers nicht zugrunde liegen, denn es handelt sich um eine freiwillige Leistung.[352] Bei einem Betriebsübergang tritt der Erwerber bei einer zugrundeliegenden Arbeitgeberverpflichtung in diese gemäß § 613a Abs. 1 S. 1 BGB ein.[353] Welche Verpflichtung ihn genau trifft, ergibt sich aus dem Inhalt der Arbeitgeberzusage. Aus ihr ergeben sich in Verbindung mit dem Aktienoptionsplan die Voraussetzungen der Optionsgewährung sowie der Umfang der geschuldeten Rechtseinräumung (Anzahl der Optionen, Ausgabepreis, Zeitraum, Ausübbarkeit etc.). Vom Veräußerer schon gewährte Optionsrechte verbleiben bei diesem, denn sie stehen selbstständig neben dem Arbeitsverhältnis. Sie sind im Rechtsverhältnis Arbeitnehmer und Altarbeitgeber abzuwickeln.[354]

350 Vgl. Kapitel 2 A.I.6.a) und *B. Fuchs*, Betriebliche Sozialleistungen, S. 137 f.

351 Vgl. BAG WM 2008, 1923 (1927, 1929); *Moll*, Oetker/Preis/Rieble (Hrsg.), 50 Jahre Bundesarbeitsgericht, S. 59 (61 f.); *Willemsen* in Willemsen/Hohenstatt/Schnitker/Schweibert/Seibt (Hrsg.), Umstrukturierung, G 178.

352 BAGE 104, 324 (331 ff., 334 f.) („**Nokia**"); *Lützeler*, Aktienoptionen, S. 126; *Maschmann/Sieg*, Unternehmensumstrukturierung, Rdn. 220.

353 LAG München, Urt. v. 6.06.2007 – 10 Sa 1349/06 – (juris); *B. Fuchs*, Betriebliche Sozialleistungen, S. 139; *Lützeler*, Aktienoptionen, S. 126; *Nehls*, *Sudmeyer*, ZIP 2002, 201 (202 ff.); *Urban-Crell*, *Manger*, NJW 2004, 125 (127); *Willemsen* in Willemsen/Hohenstatt/Schnitker/Schweibert/Seibt (Hrsg.), Umstrukturierung, G 178.

354 LAG München, Urt. v. 6.06.2007 – 10 Sa 1349/06 – (juris); *Düwell, Wichert* in Arens/Düwell/Wichert, Umstrukturierung und Arbeitsrecht, § 7 Rdn. 131; *B. Fuchs*, Betriebliche Sozialleistungen, S. 138; *Moll*, Oetker/Preis/Rieble (Hrsg.), 50 Jahre Bundesarbeitsgericht, S. 59 (62);

(3) Wandel- und Gewinnschuldverschreibungen

Wandel- und Gewinnschuldverschreibungen im Sinne von § 221 Abs. 1 S. 1 AktG führen zu einem Darlehensverhältnis, welches selbstständig neben dem Arbeitsverhältnis steht.[355] Daher ergeben sich aus solchen Rechtsverhältnissen auch keine Rechte und Pflichten aus dem Arbeitsverhältnis im Sinne von § 613a Abs. 1 S. 1 BGB. Dieser erfasst wiederum nur ein etwaiges arbeitsvertragliches Versprechen des Arbeitgebers, Wandel- oder Gewinnschuldverschreibungen zu bestimmten Konditionen auszugeben. In ein solches Arbeitgeberversprechen tritt ein Betriebserwerber ein.

(4) Investmentanteile und Mitarbeiterbeteiligungsfonds

Sowohl beim Erwerb von Investmentanteilen als auch bei der Anlage von Kapital in einem Mitarbeiterbeteiligungsfonds setzt der Arbeitgeber für den Arbeitnehmer Kapital ein. Dieses Kapital stellt Entgelt dar.[356] Die Zusage, bestimmte Mittel für Arbeitnehmer für Investmentanteile oder Mitarbeiterbeteiligungsfonds zu verwenden, stellt eine Entgeltabrede dar, die Teil des Arbeitsverhältnisses ist. Hier wechselt beim Betriebsübergang mit dem Arbeitgeber also auch der Verpflichtete (§ 613a Abs. 1 S. 1 BGB). Die schon vom Arbeitnehmer erlangten Anteile an einem Kapitalfonds beziehungsweise einem Mitarbeiterbeteiligungsfonds bleiben vom Betriebsübergang unberührt.

(5) Genussrechte

Entsprechend den Wandel- und Gewinnschuldverschreibungen geht bei einem Betriebsübergang eine individualarbeitsrechtliche Verpflichtung zur Gewährung von Genussrechten als Vergütung nach § 613a Abs. 1 S. 1 BGB über.

Nehls, Sudmeyer, ZIP 2002, 201 (204 f.); *Piran*, DB 2003, 1066 (1067); STAUDINGER/*Annuß* (2011) § 613a BGB Rdn. 161 f.; *Urban-Crell, Manger*, NJW 2004, 125 (127); *Willemsen, Müller-Bonanni*, ZIP 2003, 1177 (1180). A.A. *Lützeler*, Aktienoptionen, S. 126 f. für solche Optionen, die mit dem Arbeitsvertrag eng verknüpft sind oder für die Arbeitsentgelt verwendet wird. Anders auch *Lembke*, BB 2001, 1469 (1474); Palandt/*Weidenkaff*, § 613a BGB Rdn. 26; *Tappert*, NZA 2002, 1188 (1189 ff.). *Schnitker, Grau*, BB 2002, 2497 (2498 f.) unterscheiden nach nicht ausübungsreifen Optionen (sollen übergehen) und ausübungsreifen Optionen (sollen nicht übergehen). Dies überzeugt jedoch nicht, da entscheidend die schuldrechtlichen Beziehungen sind. Diese unterscheiden sich in diesen Fällen nicht.

355 Kapitel 2 A.I.6.c).

356 Kapitel 2 A.I.6.d).

(6) Stille Beteiligungen

Eine stille Beteiligung (§ 230 Abs. 1 HGB) des Arbeitnehmers am Arbeitgeberunternehmen oder einem Beteiligungsunternehmen begründet zwischen den Parteien eine Innengesellschaft.[357] Diese Innengesellschaft bleibt von einem Betriebsübergang unberührt, das heißt ihre Parteien und die sich daraus ergebenden Rechte und Pflichten, die sich nach Gesellschaftsrecht richten, bleiben gleich. Übergehen kann auch hier nur ein noch nicht erfüllter Anspruch auf die Ermöglichung von stillen Beteiligungen zu bestimmten Konditionen.

b) Vereinbarungen unter Beteiligung weiterer Konzerngesellschaften

Der Erwerber tritt nach § 613a Abs. 1 S. 1 BGB in die Rechte und Pflichten des Veräußerers aus bestehenden Arbeitsverhältnissen ein. Er tritt also an die Stelle des Arbeitgebers. Arbeitgeber ist auch im Konzern das Unternehmen, das den Arbeitnehmer im eigenen Namen eingestellt hat. Allein aus der Konzernverflechtung folgt nicht, dass Leistungen anderer Konzerngesellschaften im Hinblick auf das bestehende Arbeitsverhältnis zu einer Tochter- oder Schwestergesellschaft Teil des Arbeitsverhältnisses werden.[358]

Der Betriebserwerber tritt daher nur in solche Leistungszusagen ein, aus denen auch das Arbeitgeberunternehmen, also der Veräußerer ursprünglich verpflichtet war. Eine solche Verpflichtung kann auf Vertrag, betrieblicher Übung und dem Gleichbehandlungsgrundsatz sowie einer Rechtsscheinhaftung beruhen.

Das Leistungsversprechen kann sich schon ursprünglich auf verschiedene Dinge bezogen haben. Der Altarbeitgeber kann eine eigene Leistung versprochen haben, er kann zugesagt haben, eine Leistung durch ein anderes Konzernunternehmen zu erbringen, oder er kann in Bezug auf die Leistung einer Schwester-, Tochter- oder Muttergesellschaft ein Verschaffungs- oder Garantieversprechen abgegeben haben.[359] Er kann auch einer Verpflichtung einer anderen Konzerngesellschaft beigetreten sein oder sie übernommen haben.

Hat der Altarbeitgeber nicht selbst Zusagen erteilt, so kann er doch unter den Voraussetzungen des § 164 Abs. 1 S. 1 BGB durch einen Vertreter des Konzerns wirksam verpflichtet worden sein. Lag keine Vollmacht vor und wurde die Zusage nicht genehmigt, so kann der Altarbeitgeber trotz allem gegenüber dem Arbeitnehmer aus der Zusage in Verbindung mit den Grundsätzen der Duldungs- oder Anscheinsvollmacht gebunden sein.[360]

---

357 Kapitel 2 A.I.6.f).

358 Vgl. ausführlich Kapitel 1 B.II. und C sowie Kapitel 2 A.II.

359 Kapitel 2 A.II.1.a)aa).

360 Kapitel 2 A.II.2.c)aa) und bb).

Darüber hinaus wurde in Kapitel 2 A.II.2.a) gezeigt, dass bei der Gewährung konzernweiter Zusatzleistungen der allgemeine Gleichbehandlungsgrundsatz zu beachten ist und dass die Grundsätze der betrieblichen Übung auch bei solchen Leistungen Anwendung finden.

All diese Verpflichtungsgründe wirken auf arbeitsvertraglicher Ebene. Lässt sich also vor Betriebsübergang eine Verpflichtung des Arbeitgeberunternehmens aufgrund eines dieser Tatbestände feststellen, so tritt der Erwerber nach § 613a Abs. 1 S. 1 BGB in diese Verpflichtung ein. Unter welchen Voraussetzungen er eine Leistung zu erbringen hat und zu welchen Konditionen richtet sich nach der Zusage. Häufig wird eine Voraussetzung für die Leistungsgewährung die Mitgliedschaft des Arbeitgeberunternehmens im Konzern sein.

Zusagen von Konzernunternehmen, die selbstständig neben dem Arbeitsverhältnis stehen und die den ursprünglichen Arbeitgeber nicht mit verpflichteten, bleiben vom Betriebsübergang unberührt.[361] Wegen Ansprüchen auf solche Zusatzleistungen muss sich der Arbeitnehmer auch nach dem Betriebsübergang allein gegen das jeweils versprechende Konzernunternehmen wenden. Daran ändert es nichts, dass die Zahlungen den Charakter von Vergütung im weiteren Sinne haben. Dies führt nur dazu, dass die Konzernunternehmen bei der Leistungsgewährung an die arbeitsrechtlichen Grundsätze der betrieblichen Übung und der Gleichbehandlung gebunden sind.[362]

Zusammenfassend lässt sich feststellen, dass nur Arbeitgeberzusagen durch den Betriebsübergang übergeleitet werden. Erfüllungsgeschäfte und andere schuldrechtliche oder gesellschaftsrechtliche Verhältnisse zwischen Altarbeitgeber und Arbeitnehmer werden regelmäßig nicht erfasst.

---

361 BAGE 104, 324 (331 ff.) („**Nokia**"); BAG AP Nr. 12 zu § 305 BGB, Bl. 2071; BAG WM 2008, 1923 (1927); *Dreher* in Bernsau/Dreher/Hauck, Betriebsübergang, § 613a BGB Rdn. 212; *Düwell, Wichert* in Arens/Düwell/Wichert, Umstrukturierung und Arbeitsrecht, § 7 Rdn. 129; ErfK/*Preis*, § 613a BGB Rdn. 73; *M. Fuchs* in Bamberger/Roth, BGB, § 613a BGB Rdn. 28; *Groeger*, ArbRB 2003, 132; *Lingemann, Diller, Mengel*, NZA 2000, 1191 (1198); *Lützeler*, Aktienoptionen, S. 129, 132; *Maschmann/Sieg*, Unternehmensumstrukturierung, Rdn. 220; *Picot/Schnitker*, Unternehmenskauf, Teil I Rdn. 217; *Piran*, DB 2003, 1066 (1067); Prütting/Wegen/Weinreich – *Lingemann*, § 613a BGB Rdn. 28; *Schnitker, Grau*, BB 2002, 2497 (2499); *v. Steinau-Steinrück*, NZA 2003, 473 f.; *Thüsing*, Europäisches Arbeitsrecht, § 5 Rdn. 36; *Urban-Crell, Manger*, NJW 2004, 125 ff.; *Willemsen, Müller-Bonanni*, ZIP 2003, 1177 (1180, 1184). A.A. *Lipinski, Melms*, BB 2003, 150 (151 ff.).

362 Siehe Kapitel 2 A.II.2.

4. Modifizierung von Ansprüchen und Zulässigkeit von Verfallklauseln

Mit der Überleitung des Arbeitsverhältnisses und der daraus resultierenden Rechte und Pflichten kommt es zu einer Herauslösung des Arbeitsverhältnisses aus der Betriebs-, Unternehmens- beziehungsweise Konzernorganisation des Veräußerers und einer Einbettung in die Veräußererorganisation.[363] Diese Umweltveränderungen können eine Anpassung der Arbeitgeberzusage erforderlich machen (unter a). Aus dem Zusammenspiel von § 613a Abs. 1 S. 1 BGB und allgemeinen vertragsrechtlichen Grundsätzen lassen sich Rückschlüsse für die Beurteilung der Zulässigkeit arbeitsvertraglicher Vereinbarungen zum Verlust bestimmter Ansprüche für den Fall der Beendigung der arbeitsrechtlichen Beziehung zum Altarbeitgeber beziehungsweise des Verlusts der Konzernzugehörigkeit (Verfallklauseln) ziehen (unter b).

a) Modifizierung von übergegangenen Ansprüchen

Bei der Erfüllung einiger Ansprüche, die von § 613a Abs. 1 S. 1 BGB erfasst werden, können sich für den Erwerber Probleme ergeben. Diese können darauf beruhen, dass Produkte oder Dienstleistungen verbilligt oder kostenfrei angeboten worden sind, die im Betrieb, Unternehmen oder Konzern des Veräußerers vorrätig waren, also produziert oder angeboten wurden (aa). Ähnlich verhält es sich mit der Zusage von Vermögensbeteiligungen am Veräußererunternehmen oder einem Unternehmen im Verbund des Veräußerers (bb). Zu Schwierigkeiten kann es aber auch dann kommen, wenn keine fixen Leistungen oder Leistungen in Abhängigkeit von den Arbeitsergebnissen des Arbeitnehmers beziehungsweise der übergehenden Betriebs- oder Betriebsteilbelegschaft vereinbart worden sind, sondern solche in Abhängigkeit von anderen Größen, wie dem Unternehmens- oder sogar Konzernergebnis beim Veräußerer (cc).

aa) Personalrabatte

Personalrabatte bieten sich als Zusatzleistungen für Arbeitnehmer gleich aus mehreren Gründen an. Zum einen wird die Identifikation der Mitarbeiter mit den hergestellten Produkten oder angebotenen Dienstleistungen und so mit ihrem Arbeitgeber erhöht.[364] Zum anderen fließen die Vorteile den Mitarbeitern erst dann zu, wenn sie tatsächlich Dienstleistungen in Anspruch nehmen oder Pro-

363 Ausführlich in Kapitel 1.

364 BAGE 112, 23 (30) („**Daimler-Benz AG**"); BAG NZA 2007, 325 (327) („**Flugvergünstigungen bei Swissair**"); *Moll*, Oetker/Preis/Rieble (Hrsg.), 50 Jahre Bundesarbeitsgericht, S. 59 (68).

dukte erwerben. Sie müssen also selbst Geld einsetzen, um dann einen Nutzen zu realisieren.[365] Darüber hinaus wird auch die Abgabe von Produkten und Dienstleistungen unter dem marktüblichen Preis für den Produzenten beziehungsweise Anbieter, also den Arbeitgeber oder mit ihm verbundene Unternehmen, noch einen Gewinn erbringen oder doch zumindest kostenneutral sein.[366] Zudem kann der Arbeitgeber auf diesem Wege die Absatzzahlen erhöhen und auch hoffen, dass seine Mitarbeiter sich gegenüber weiteren potentiellen Kunden positiv über ihre Firma und deren Produkte äußern.[367] All diese Vorteile bedingen notwendig, dass die Produkte im eigenen Betrieb, Unternehmen oder Konzern hergestellt beziehungsweise die Dienstleistungen dort angeboten werden. Ein Einkauf von Services und Produkten auf dem freien Markt ist weder geeignet, die Identifikation mit dem Unternehmen zu fördern, noch ist dieser kostenneutral oder ermöglicht eine gewinnbringende Abgabe der Produkte unter dem Marktpreis. Er hat auch keine positive Wirkung auf das Geschäft des Arbeitgebers. All dies ist den Arbeitnehmern bekannt, wenn ihnen Zusatzleistungen in Form von Personalrabatten angeboten werden.[368]

Gehen ihre Arbeitsverhältnisse nun auf einen Dritten über, der weder in diesem Betrieb, noch im Unternehmen oder im Konzern die versprochenen Dienste oder Produkte anbietet, erscheint es problematisch, ihn unverändert an die Zusage des Altarbeitgebers zu binden, obwohl er aus dieser Vergütungsform keinen Nutzen mehr ziehen kann.

Dieses Problem war Gegenstand einer Entscheidung des Bundesarbeitsgerichts vom 7. September 2004.[369] Der Kläger begehrte in diesem Fall von seinem Arbeitgeber die Verschaffung eines preisreduzierten Jahreswagens. Er war ursprünglich in einem Unternehmen der Daimler-Benz Gruppe angestellt. Für dieses Unternehmen bestand eine Gesamtzusage über die Teilnahme am Personalrabattsystem für Jahreswagen der Marke Mercedes. Im Jahr 2000 wurde seine Abteilung im Wege eines Verkaufs auf ein Unternehmen der Telekom-Gruppe

365 Vgl. BAGE 112, 23 (30) („**Daimler-Benz AG**"); BAG NZA 2007, 325 (327) („**Flugvergünstigungen bei Swissair**"); LAG Schleswig-Holstein, Urt. v. 16.01.2008 – 3 Sa 347/07 – (juris); LAG Schleswig-Holstein, Urt. v. 11.06.2008 – 3 Sa 15/08 – (juris); *Moll*, Oetker/Preis/Rieble (Hrsg.), 50 Jahre Bundesarbeitsgericht, S. 59 (68).

366 BAGE 112, 23 (30) („**Daimler-Benz AG**"); BAG NZA 2007, 325 (327) („**Flugvergünstigungen bei Swissair**"); *Moll*, Oetker/Preis/Rieble (Hrsg.), 50 Jahre Bundesarbeitsgericht, S. 59 (68).

367 BAGE 112, 23 (30) („**Daimler-Benz AG**"); BAG NZA 2007, 325 (327) („**Flugvergünstigungen bei Swissair**"); *Moll*, Oetker/Preis/Rieble (Hrsg.), 50 Jahre Bundesarbeitsgericht, S. 59 (68).

368 BAGE 112, 23 (30) („**Daimler-Benz AG**"); BAG NZA 2007, 325 (327) („**Flugvergünstigungen bei Swissair**"); *Moll*, Oetker/Preis/Rieble (Hrsg.), 50 Jahre Bundesarbeitsgericht, S. 59 (68).

369 BAGE 112, 23 („**Daimler-Benz AG**").

übertragen. Dieses Unternehmen sollte nun der Verpflichtung aus der Gesamtzusage nachkommen und ihm einen im Preis reduzierten Jahreswagen der Marke Mercedes verschaffen.

Das Bundesarbeitsgericht lehnte einen Anspruch des Klägers im Kern mit der folgenden Begründung ab: Zwar handele es sich bei der Teilnahme an Personaleinkäufen grundsätzlich um eine Belohnung des Arbeitnehmers im Hinblick auf das Arbeitsverhältnis, also um Entgelt im weiteren Sinne, welches nach § 611 Abs. 1 BGB geschuldet wird. Arbeitsvertraglich bestünde damit eine Verpflichtung des Arbeitgebers, mit dem Arbeitnehmer die für den Bezug der Vergünstigung erforderlichen Rechtsgeschäfte zu schließen, die grundsätzlich bei einem Betriebsübergang nach § 613a Abs. 1 S. 1 BGB übergehe.[370] Es handele sich insoweit um sogenannte „verdeckte“ Sachleistungen.[371] Allerdings stehe die Zusage der Teilnahme am Personaleinkauf unter dem Vorbehalt, dass der Arbeitgeber die genannten Produkte herstelle. Dies ergebe sich wegen des besonderen Charakters der Sozialleistung aus der Auslegung der Arbeitgeberzusage nach §§ 133, 157, 242 BGB.[372] Der Arbeitgeber schulde die Sachleistung nicht unmittelbar. Sie sei durch den Kauf des Fahrzeugs vermittelt. Aus den verschiedenen Zwecken der Sachleistung – die hier schon genannt wurden – ergebe sich zudem, dass Inhalt der Leistung die Verschaffung eigener Produkte und Dienstleistungen ist und eben nicht die Beschaffung am Markt.[373] Damit würde sich der Rechtscharakter der Verpflichtung ändern, wenn ein Betriebs- oder Betriebsteilerwerber, der die Produktion nicht fortführt, die Produkte zur preisreduzierten Abgabe am Markt erwerben müsse.[374] Daher falle der Anspruch auf Personaleinkauf dann weg, wenn der Arbeitgeber die Produktion oder den Service einstellt beziehungsweise der Betrieb- oder Betriebsteil an jemanden veräußert wird, der die Produktion beziehungsweise den Dienstleistungsbetrieb nicht übernimmt. Dieser Wegfall widerspräche bei einem Betriebsübergang auch nicht § 613a Abs. 1 S. 1 BGB, da der Rechtsverlust nicht auf dem Wechsel des Arbeitgebers, sondern auf dem Wegfall tatsächlicher und rechtlicher Voraussetzungen für die Teilnahme am Unternehmensangehörigengeschäft, nämlich dem Verlust der unmittelbaren Verfügung des Arbeitgebers über die hergestellten Produkte, beruhe.[375] Es sei auch keine Anspruchsgrundlage für einen Ausgleichsanspruch ersichtlich.[376]

Diese vom 9. Senat aufgestellten Grundsätze hat der 10. Senat des Bundesarbeitsgerichts in einem Urteil zum Anspruch auf Flugvergünstigungen im

---

370 BAGE 112, 23 (29) („**Daimler-Benz AG**“).
371 BAGE 112, 23 (30) („**Daimler-Benz AG**“).
372 BAGE 112, 23 (30) („**Daimler-Benz AG**“).
373 BAGE 112, 23 (30, 33 f.) („**Daimler-Benz AG**“).
374 BAGE 112, 23 (33 f.) („**Daimler-Benz AG**“).
375 BAGE 112, 23 (31) („**Daimler-Benz AG**“).
376 BAGE 112, 23 (33 ff.) („**Daimler-Benz AG**“).

Konzern übernommen und von der Unternehmensebene auf die Konzernebene erstreckt.[377] Der Kläger war bei der Bodenabfertigung der Swissair-Gruppe beschäftigt. Laut seines Arbeitsvertrages und der bestehenden Richtlinien der Gruppe war der Kläger ursprünglich berechtigt, Flugvergünstigungen der Gesellschaft S zu erhalten und überdies zu bestimmten Dienstjubiläen Jubiläumsflüge in Anspruch zu nehmen. Die S unterhielt selbst ein Flugnetz und kooperierte mit anderen Fluggesellschaften im Rahmen eines Poolabkommens und verschiedener bilateraler Abkommen. Im Rahmen des Flugvergünstigungsprogramms für Mitarbeiter vermittelte die S eigene Flüge, aber auch Flüge anderer Fluggesellschaften aus dem Pool sowie Flüge mit Gesellschaften, mit denen bilaterale Abkommen bestanden. In Ausnahmefällen wurde auch versucht, Flüge mit Gesellschaften zu vermitteln, die kein Abkommen mit der S geschlossen hatten. Das Arbeitsverhältnis des Klägers ging 1999 durch Teilbetriebsübergang auf eine andere Gesellschaft der Gruppe über. Auch diese gewährte weiter Flugvergünstigungen über die S. Im März 2002 stellte die S den Flugverkehr vollständig ein. Das Flugnetz wurde aufgelöst. Die Abkommen mit anderen Fluggesellschaften endeten. Die Beklagte schied aus dem Konzernverbund aus. Von ihr verlangte der Kläger nun vergünstigte Flugscheine.

Das Bundesarbeitsgericht legte die Vereinbarungen zu Flugvergünstigungen dahingehend aus, dass sie unter dem Vorbehalt stünden, dass im Konzernverbund noch Flüge stattfinden.[378] Dem stehe nicht entgegen, dass auch Flüge mit anderen Gesellschaften ursprünglich vermittelt wurden. Denn der Bezug auf bestehende Abkommen mache deutlich, dass Flugvergünstigungen an ein eigenes Flugnetz des Konzerns gebunden seien oder doch zumindest an das Bestehen von Abkommen mit anderen Fluggesellschaften.[379] Der Arbeitgeberzusage ließe sich auch nicht der Wille entnehmen, Arbeitnehmern unabhängig vom Bestehen eines eigenen Flugnetzes jedenfalls einen finanziellen Vorteil gewähren zu wollen. Dies ergebe sich schon aus der ursprünglichen Unterscheidung zwischen eigenen und Fremdflügen. Auf die Vermittlung letzterer habe kein Anspruch bestanden.[380]

Diesen vom Bundesarbeitsgericht entwickelten Grundsätzen ist zuzustimmen.[381] Nach § 613a Abs. 1 S. 1 BGB gehen die Rechte und Pflichten aus dem Arbeitsverhältnis mit dem Inhalt über, den sie zum Zeitpunkt des Betriebsüber-

377 BAG NZA 2007, 325 („**Flugvergünstigungen bei Swissair**").

378 BAG NZA 2007, 325 (327) („**Flugvergünstigungen bei Swissair**").

379 BAG NZA 2007, 325 (327 f.) („**Flugvergünstigungen bei Swissair**").

380 BAG NZA 2007, 325 (327 f.) („**Flugvergünstigungen bei Swissair**").

381 LAG Schleswig-Holstein, Urt. v. 16.01.2008 – 3 Sa 347/07 – (juris); LAG Schleswig-Holstein, Urt. v. 11.06.2008 – 3 Sa 15/08 – (juris); *Boemke* AP Nr. 17 zu § 611 BGB Sachbezüge, Bl. 863 ff.; *Düwell, Wichert* in Arens/Düwell/Wichert, Umstrukturierung und Arbeitsrecht, § 7 Rdn. 132; *M. Fuchs* in Bamberger/Roth, BGB, § 613a BGB Rdn. 28; *C. Meyer*, SAE 2006, 264; Schaub/*Koch*, ArbR-Hdb. § 118 Rdn. 18; *Schiefer, Worzalla*, DB 2007, 1566 (1569).

gangs haben. Inhalt der Arbeitgeberzusage ist aber die preisgeminderte Überlassung von Produkten und Dienstleistungen, die im Unternehmen oder Konzern vorgehalten werden, und nicht die Beschaffung von solchen Leistungen am Markt zur preisgeminderten Weitergabe an die Arbeitnehmer. So muss ein verständiger Arbeitnehmer (§§ 133, 157, 242 BGB) das Angebot des Arbeitgebers auch bei Berücksichtigung der ihm bekannten Umstände und Zwecke verstehen. Daher sind Entgeltzusagen in Bezug auf Personaleinkauf, welche vor dem Betriebsübergang gegeben wurden, zunächst auszulegen. Anhand der Gestaltung der Arbeitgeberzusage ist festzustellen, ob der Arbeitgeber den Personaleinkauf nur solange ermöglichen will, wie die Produkte beziehungsweise Dienstleistungen im Unternehmen vorgehalten werden, oder ob er sich darüber hinaus verpflichtet, die Rabatte solange zu gewähren, wie diese im Konzern vorgehalten werden. Fallen diese Voraussetzungen dann beim Erwerber fort, da er selbst die Produktion beziehungsweise Dienstleistungsaufgabe nicht übernommen hat und sich auch in seinem Unternehmen und Konzern eine solche Produktion beziehungsweise Dienstleistung nicht findet, so fällt die Entgeltzusage weg. Ihre Voraussetzungen sind nicht mehr gegeben. Auf eine Anwendung der Vorschriften zur wirtschaftlichen Unmöglichkeit (§ 275 Abs. 2 BGB) oder der Störung der Geschäftsgrundlage (§ 313 BGB) kommt es daher nicht mehr an.[382]

bb) Mitarbeiterbeteiligungen

Optionen und Gesellschaftsanteile, welche schon gewährt wurden, gehen nicht nach § 613a Abs. 1 S. 1 BGB über. Von dieser Vorschrift werden nur etwa bestehende Ansprüche auf Optionen oder Anteile am Arbeitgeberunternehmen erfasst, die zum Zeitpunkt des Betriebsübergangs noch bestehen und nicht durch Erfüllung untergegangen sind. Egal ob man diesen Ansprüchen nun aber entnimmt, dass Anteile oder Optionen auf Anteile am Altarbeitgeberunternehmen einzuräumen sind, oder ob man sie so modifiziert, dass nach dem Betriebsübergang Anteile oder Optionen auf Anteile an der Erwerbergesellschaft geschuldet sind, erscheint die Verpflichtung des Erwerbers zur Gewährung von Beteiligungen problematisch.

Im ersten Fall würde dies dazu führen, dass der Erwerber beim Altarbeitgeber erreichen müsste, dass dieser den Arbeitnehmern, mit denen nun bei ihm kein Arbeitsverhältnis mehr besteht, Anteile an seinem Unternehmen einräumt. Dies

382 *C. Meyer*, SAE 2006, 264 (266). Ein Ausgleich soll dann in Betracht kommen, wenn durch den Wegfall das Gegenseitigkeitsverhältnis der Hauptpflichten beeinträchtigt wird. Dies ist aber nur dann der Fall, wenn die Personalrabatte Entgelt im engeren Sinne sind und etwa 25% der Vergütung ausmachen (BAG NZA 2007, 325 (328) („**Flugvergünstigungen bei Swissair**")). Dies wird nur in den seltensten Fällen so vereinbart sein.

widerspricht dem Interesse des Altarbeitgebers, der mit der ursprünglichen Vereinbarung nur eine Beteiligung für eigene Arbeitnehmer ermöglichen wollte und damit das Ziel verfolgt hat, diese an sich zu binden und ihre Identifikation mit dem Unternehmen zu fördern. Zudem kann der Erwerber die Gesellschaftsanteile oder Optionen nicht einfach selbst bereit stellen, er muss vielmehr auf einen Dritten – soweit er das kann – Druck ausüben, damit dieser gegen seine Interessen Anteile an ihn beziehungsweise die Mitarbeiter überträgt. Dieses Ziel wird er häufig noch nicht einmal über eine hohe Zahlung erzielen können. Außerdem kann er die Mitarbeiter nicht zu einer besseren Arbeit bei ihm motivieren, indem er ihnen Anteile an einem dritten Unternehmen gewährt. Auch die Arbeitnehmer können durch ihre Arbeitsleistung auf den Wert der Anteile am Veräußerer überhaupt keinen Einfluss mehr nehmen.

Modifiziert man den Anspruch soweit, dass man den Erwerber als verpflichtet ansieht, nun Optionen oder Anteile für sein Unternehmen anzubieten, so würde man von ihm verlangen, unabhängig von der Struktur seiner Gesellschaft und ohne Rücksicht auf seine Interessen, Anteile an seinem Eigentum abzugeben. Es käme zu einem Kontrahierungszwang, der inhaltlich nicht mit der übergegangenen Entgeltzusage übereinstimmt, sondern der vielmehr zu einer Novation führen würde.[383] § 613a Abs. 1 S. 1 BGB soll aber nur den Status quo erhalten und den Arbeitnehmern nicht aufgrund des Betriebsübergangs mehr Rechte zuweisen, als ihnen vor diesem zustanden.[384]

Der Charakter einer Zusage von Optionen beziehungsweise Anteilen entspricht daher dem Charakter einer Entgeltzusage in Form von Personalrabatten. Die vom Bundesarbeitsgericht entwickelten Grundsätze[385] sind daher hier ebenfalls anzuwenden. Es ist anzunehmen, dass die Verpflichtung eines Arbeitgeberunternehmens, Optionen auf Aktien der eigenen oder einer verbundenen Gesellschaft oder Anteile an der eigenen oder einer Beteiligungsgesellschaft zu gewähren, unter dem Vorbehalt steht, dass die Arbeitnehmer weiter im Unternehmen beziehungsweise in einem Unternehmen der Gruppe tätig sind. Geht der Betrieb oder Betriebsteil daher auf ein anderes Unternehmen beziehungsweise eine konzernfremde Person über, geht der Anspruch unter.[386] Auch der Zusage

383 Vgl. zur Problemlage statt aller *Fach*, Zulässigkeit von Bindungsklauseln, S. 223 f., 224 ff., 230 f.

384 *Moll*, Oetker/Preis/Rieble (Hrsg.), 50 Jahre Bundesarbeitsgericht, S. 59 (70, 77).

385 BAGE 112, 23 („**Daimler Benz AG**"); BAG NZA 2007, 325 („**Flugvergünstigungen bei Swissair**"). Über § 313 BGB lösen dieses Problem aber: *Picot/Schnitker*, Unternehmenskauf, Teil I Rdn. 221; *Schnitker*, *Grau*, BB 2002, 2497 (2500 f.). Anderer Ansicht *Tappert*, NZA 2002, 1188 (1189 f.).

386 Vgl. LAG München, Urt. v. 6.06.2007 – 10 Sa 1349/06 – (juris); *Lembke*, BB 2001, 1469 (1474); *Lützeler*, Aktienoptionen, S. 142 ff.; *Maschmann/Sieg*, Unternehmensumstrukturierung, Rdn. 220; Schaub/*Koch*, ArbR-Hdb. § 118 Rdn. 18; *Urban-Crell*, *Manger*, NJW 2004, 125

solcher Beteiligungen lässt sich kein darüber hinausgehender Wille des Arbeitgebers entnehmen, zumindest eine Ausgleichszahlung zu gewähren. Eine solche hätte keine vergleichbare Anreizwirkung und wäre mit viel Ungewissheit belastet, da im Voraus nicht gesagt werden kann, ob der Arbeitnehmer mit seiner Beteiligung einen Gewinn und wenn ja in welcher Höhe erwirtschaften kann. Auch sind die Gesellschafter des Arbeitgeberunternehmens regelmäßig zwar bereit, eine Verwässerung ihrer Anteile hinzunehmen. Ein entsprechender Gesellschafterbeschluss umfasst aber nicht die Hinnahme des Abflusses von Liquidität aus dem Unternehmen. Etwas anderes kann die Auslegung der Zusage dann ergeben, wenn die Vermögensbeteiligung ausnahmsweise als Teil der Vergütung im engeren Sinne vereinbart wurde und einen wesentlichen Bestandteil dieser Vergütung ausmacht.[387] Solche Vereinbarungen finden sich zum Teil in Arbeitsverträgen kleinerer Start-Up-Unternehmen, die so Know-how-Träger anwerben und an sich binden wollen.

Auch bei der Zusage von Vermögensbeteiligungen unter Vorbehalt beruht der Anspruchsverlust nicht auf dem Betriebsübergang allein, sondern auf dem Wegfall tatsächlicher Rahmenbedingungen, die von § 613a Abs. 1 S. 1 BGB nicht erfasst werden. So ergibt sich auch daraus keine andere Wertung.[388] Überdies besteht kein Anspruch auf Schadensersatz, da die Übertragung eines Betriebs keine Pflichtverletzung gegenüber den Arbeitnehmern darstellt, solange kein Fall des Rechtsmissbrauchs vorliegt. Auch § 162 Abs. 1 BGB setzt voraus, dass der Eintritt einer Bedingung wider Treu und Glauben verhindert wird. Diese Voraussetzung erfüllt die rechtsgeschäftliche Übertragung eines Betriebs oder Betriebsteils ebenfalls nicht.

cc) Variable Vergütung

Häufig vereinbaren Arbeitnehmer und Arbeitgeber im Arbeitsvertrag eine Kombination aus festen und variablen Lohnbestandteilen. Die variablen Bestandteile können sich nach der Arbeitsleistung des Arbeitnehmers berechnen. Dann stellt sich beim Betriebsübergang kein Problem. Sie können aber auch im Verhältnis zu der Leistung bestimmter Einheiten, wie einer Abteilung, eines Betriebes, eines Unternehmens oder sogar einer Gruppe von Unternehmen oder eines ganzen Konzerns,

---

(128); *Willemsen* in Willemsen/Hohenstatt/Schnitker/Schweibert/Seibt (Hrsg.), Umstrukturierung, G 177 ff. Über den Umweg des Wegfalls der Geschäftsgrundlage: *Fach*, Zulässigkeit von Bindungsklauseln, S. 226 ff., 230 f.

387 Vgl. BAGE 104, 324 (332) („**Nokia**"); BAGE 112, 23 (33) („**Daimler Benz AG**"); *Düwell, Wichert* in Arens/Düwell/Wichert, Umstrukturierung und Arbeitsrecht, § 7 Rdn. 133; *Willemsen* in Willemsen/Hohenstatt/Schnitker/Schweibert/Seibt (Hrsg.), Umstrukturierung, G 177 ff.

388 Vgl. nur *Willemsen* in Willemsen/Hohenstatt/Schnitker/Schweibert/Seibt (Hrsg.), Umstrukturierung, G 177 ff.

stehen. Geht die gesamte Einheit, deren Ergebnis bisher für die Berechnung der variablen Vergütung ausschlaggebend war, auf den Erwerber über, bleibt die Berechnungsgrundlage gleich. Maßgebend muss dann aber weiterhin die ursprüngliche Einheit bleiben und nicht eine neue Einheit, die durch Einfügung in die Organisation des Erwerbers entsteht.[389] Beeinträchtigt wird die Berechnungsgrundlage dann, wenn nur ein Teil der entsprechenden wirtschaftlichen Einheit auf den Erwerber übertragen wird. Denn dann wird der übernommene Betrieb- oder Betriebsteil aus dem maßgebenden Organismus herausgelöst. Dieser verbleibt beim Veräußerer. An dessen Ergebnis sind die Arbeitnehmer, welche nun beim Erwerber beschäftigt sind, nicht mehr beteiligt. Der Erwerber profitiert vom Ergebnis dieser Einheit nicht. Das Ergebnis hat also keinerlei Einfluss mehr auf den Wert, welchen die Arbeitsleistung für den Arbeitgeber hat. Zudem kann es für den Erwerber unter Umständen unmöglich sein, die genauen Kennzahlen vom Veräußerer zu erfahren.

Insgesamt entfällt durch diese Herauslösung einer wirtschaftlichen Einheit aus dem betrieblichen und unternehmerischen Umfeld keine Voraussetzung für die Zahlung einer variablen Vergütung an sich. Was gestört ist, ist die Bemessungsgrundlage. In Betracht kommt daher die Anwendung der Grundsätze der Störung der Geschäftsgrundlage (§ 313 BGB).[390] Nach § 313 Abs. 1 BGB kann die Anpassung eines Vertrags verlangt werden, wenn sich Umstände, die zur Grundlage des Vertrages geworden sind, nach Vertragsschluss schwerwiegend verändern und die Parteien den Vertrag nicht oder nicht mit gleichem Inhalt geschlossen hätten, wenn sie diese Veränderung vorausgesehen hätten. Die Anpassung kann insoweit verlangt werden, als einem Teil unter Berücksichtigung aller Umstände des Einzelfalls, insbesondere der vertraglichen oder gesetzlichen Risikoverteilung, das Festhalten am unveränderten Vertrag nicht zugemutet werden kann.

(1) Nachträgliche Störung der Geschäftsgrundlage für variable Vergütung

Die Geschäftsgrundlage eines Vertrages wird gebildet durch die nicht zum eigentlichen Vertragsinhalt erhobenen, beim Vertragsschluss aber zutage getretenen, dem Geschäftsgegner erkennbaren und von ihm nicht beanstandeten Vorstellungen des einen Vertragsteils oder durch die gemeinsamen Vorstellungen beider Teile vom Vorhandensein oder künftigen Eintritt gewisser Umstände, sofern der Geschäftswille auf diesen Vorstellungen aufbaut.[391] Die

389 Zu diesem Gesichtspunkt vgl. *Picot/Schnitker*, Unternehmenskauf, Teil I Rdn. 210; *Willemsen* in Willemsen/Hohenstatt/Schnitker/Schweibert/Seibt (Hrsg.), Umstrukturierung, G 177.

390 *Commandeur/Kleinebrink*, Betriebs- und Firmenübernahme, Rdn. 306; Erman/*Edenfeld*, § 613a BGB Rdn. 59; *Picot/Schnitker*, Unternehmenskauf, Teil I Rdn. 210; *Willemsen* in Willemsen/Hohenstatt/Schnitker/Schweibert/Seibt (Hrsg.), Umstrukturierung, G 177.

391 BGHZ 121, 378 (391); BAG AP Nr. 45 zu § 242 BGB Auskunftspflicht, Bl. 652; Erman/*Hohloch*, § 313 BGB Rdn. 7 ff.; Palandt/*Grüneberg*, § 313 BGB Rdn. 2 ff.

Eingliederung des Arbeitsverhältnisses und der wirtschaftlichen Einheit, der es zuzuordnen ist, in das Unternehmen beziehungsweise den Konzern ist ein Umstand, den sowohl der Arbeitnehmer als auch der Arbeitgeber kennen, wenn sie variable Vergütungsbestandteile vereinbaren. Sie gehen auch regelmäßig davon aus, dass es bei dieser Eingliederung bleibt. Diese Vorstellung machen sie dadurch zur Grundlage ihrer Vereinbarung, dass sie bei der Berechnung einer ihnen als angemessen erscheinenden variablen Vergütung Unternehmens- oder Konzernkennziffern als Maßstab verabreden. Sie gehen insoweit übereinstimmend davon aus, dass der Arbeitnehmer durch seine Arbeitsleistung direkt oder indirekt auf diese Kennziffern Einfluss hat. Damit ist die Eingliederung in die größere Organisation Geschäftsgrundlage für die Vereinbarung der variablen Vergütung.[392] Wenn diese Eingliederung im Zuge eines Betriebsübergangs nachträglich wegfällt, wird diese Geschäftsgrundlage schwerwiegend gestört, da das ganze Beziehungsgefüge fortfällt. Dies haben die Parteien auch nicht vorausgesehen, denn sonst hätten sie als Berechnungsgröße eine Variable verwendet, die von der Eingliederung in das Unternehmen beziehungsweise den Konzern unabhängig ist.

(2) Unzumutbarkeit des Festhaltens am Vertrag für Erwerber

Eine Vertragsanpassung kann indes nach § 313 Abs. 1 BGB nur verlangt werden, wenn einer Partei das Festhalten am Vertrag in unveränderter Form unzumutbar ist. Dies ist dann der Fall, wenn die Verpflichtung der Partei zur unveränderten Fortführung des Vertrages zu untragbaren, mit Recht und Gerechtigkeit nicht mehr zu vereinbarenden Ergebnissen führen würde.[393] Der Wertungswiderspruch, der bei Bindung des Erwerbers an Kennzahlen, die beim Veräußerer eines Betriebes ohne Rücksicht auf die übernommene wirtschaftliche Einheit entstehen, offen zu Tage tritt, wurde oben schon näher erläutert. Der Unbilligkeit einer solchen Verpflichtung auf Seiten des Erwerbers steht kein berechtigtes Interesse der Arbeitnehmer am Festhalten am Vertrag gegenüber. Die Arbeitnehmer haben keinen Einfluss mehr auf das Erreichen bestimmter Ziele beim Veräußerer oder in dessen Unternehmensgruppe. Ihre Arbeitsleistung steht in keinerlei Verhältnis mehr zu diesem wirtschaftlichen Ergebnis. Der Zweck einer variablen Vergütung, nämlich höhere Löhne zu zahlen, wenn es dem Arbeitgeber oder seiner Gruppe gut geht, aber auch geringere Lohnausgaben zu haben, wenn es dem Unternehmen nicht gut geht, kann nicht mehr erreicht werden. Die Arbeitnehmer würden bei Beibehaltung der Rege-

392 So auch Erman/*Edenfeld*, § 613a BGB Rdn. 59.

393 BGHZ 127, 212 (218); 133, 316 (321); BAG AP Nr. 45 zu § 242 BGB Auskunftspflicht, Bl. 652; Erman/*Hohloch*, § 313 BGB Rdn. 27 f.; Palandt/*Grüneberg*, § 313 BGB Rdn. 24.

lung für die Zukunft dann geringere Löhne erhalten, wenn es einem anderen Unternehmen am Markt nicht gut ginge. Sie würden aber auch dann höhere Löhne beanspruchen können, wenn es diesem Unternehmen wirtschaftlich gut ginge, ihrem Arbeitgeber indessen nicht. Damit würden sie die wirtschaftliche Grundlage ihres Arbeitsverhältnisses angreifen und negativen Einfluss auf die Wettbewerbsfähigkeit ihres Unternehmens haben. Dies widerspricht dem Sinn und Zweck der variablen Vergütung und den Interessen aller Beteiligten, so dass das Festhalten an dem unveränderten Vertrag hier zumindest für den Erwerber als unzumutbar zu betrachten ist.[394]

Bei der Anpassung dieser variablen Vergütungsbestandteile sollte der Erwerber zunächst versuchen, mit den Arbeitnehmern Einvernehmen zu erreichen. Bei dieser Anpassung sollte berücksichtigt werden, ob beim Erwerber entsprechende Bezugsebenen vorhanden sind, an die angeknüpft werden kann. Es bietet sich auch an, sich die Berechnungsgrundlage beim Veräußerer für die letzten Geschäftsjahre anzuschauen, um festzustellen, welchen Stellenwert und welchen Anteil der variable Vergütungsbestandteil etwa einnimmt.[395] Bei der Festlegung von Kennzahlen beim Erwerber sollte der Stellenwert des Lohnbestandteils etwa gleichwertig bleiben, ohne dass auf die flexible Ausgestaltung verzichtet wird.[396] Es erscheint sinnvoll, die Arbeitnehmer im Rahmen der Unterrichtung nach § 613a Abs. 5 BGB über die Notwendigkeit einer Anpassung einzelner Vergütungsbestandteile beim Erwerber zu informieren und soweit schon vorhanden, die Vorstellungen des Erwerbers von einer solchen Anpassung darzulegen. Auf diese Weise werden Veränderungen für die Arbeitnehmer transparent gemacht und diese können frühzeitig darauf reagieren und ihre Interessen wahrnehmen. So kann unter Umständen verhindert werden, dass es zu Rechtsstreitigkeiten wegen des Anpassungsbedarfs kommt.

b) Verfallklauseln

Ein Mittel zur vorausschauenden Gestaltung von Arbeitgeberzusagen stellen die sogenannten Verfallklauseln dar. Diese legen fest, unter welchen Bedingungen der Anspruch eines Arbeitnehmers aus einer Arbeitgeberzusage untergehen soll. Die Zulässigkeit von Verfallklauseln, die tatbestandlich auch den Übergang des Arbeitsverhältnisses bei einem Betriebsübergang erfassen oder die explizit den

394 Vgl. Erman/*Edenfeld*, § 613a BGB Rdn. 59.

395 Vgl. Überlegungen bei Erman/*Edenfeld*, § 613a BGB Rdn. 59; *Picot/Schnitker*, Unternehmenskauf, Teil I Rdn. 210.

396 Vgl. Erman/*Edenfeld*, § 613a BGB Rdn. 59; *Picot/Schnitker*, Unternehmenskauf, Teil I Rdn. 210.

Untergang eines Anspruchs bei Betriebsübergang ausschließen,[397] ist umstritten.[398]

aa) Nicht übergehende Ansprüche

Zunächst stellt sich die Frage der Zulässigkeit für solche Ansprüche, die beim Veräußerer oder einem mit ihm verbundenen Unternehmen verbleiben. Einige Autoren vertreten die Ansicht, dass § 613a Abs. 1 S. 1 BGB der Wirksamkeit von Verfallklauseln generell entgegenstehe.[399] Eine Unwirksamkeit der Regelung nach § 613a Abs. 1 S. 1 BGB i. V. m. § 134 BGB kommt aber nur dann in Betracht, wenn Verfallklauseln eine Umgehung der Betriebsübergangsregelung darstellen. Eine Vereinbarung stellt dann eine Umgehung des § 613a Abs. 1 S. 1 BGB dar, wenn es Grund und Ziel der Vereinbarung ist, zu verhindern, dass der künftige Betriebserwerber in sämtliche bestehenden Rechte und Pflichten aus dem Arbeitsverhältnis eintritt. Bei der Umgehung ist nicht nur ein bestimmter Weg zum Ziel, sondern das Ziel selbst verboten. Dabei kommt es nicht auf eine Umgehungsabsicht oder eine bewusste Missachtung der zwingenden Rechtsnormen an; entscheidend ist die objektive Funktionswidrigkeit des Rechtsgeschäfts.[400] Wie oben festgestellt, findet § 613a Abs. 1 S. 1 BGB jedoch auf nicht-arbeitsrechtliche Gewährungsverträge und Verträge mit Konzernunternehmen keine Anwendung. Eine Umgehung scheidet daher aus. § 613a Abs. 1 S. 1 BGB steht der Wirksamkeit von Verfallklauseln nicht entgegen.[401] Die Wirksamkeit solcher Verfallklauseln hängt daher allein von allgemeinen zivilrechtlichen Maßstäben ab. Werden Verfallklauseln – wie meist – als Allgemeine Geschäftsbedingungen gestellt, so hängt ihre Wirksamkeit von einer Interessenabwägung nach § 307 BGB ab. Dabei dürfte das Interesse des Arbeitgebers an einer Abweichung von seinen vertraglichen Pflichten regelmäßig nur für noch nicht ausübbare Optionen überwiegen.[402] Hat der Arbeitnehmer die Wartezeit bereits beim Arbeitgeber ab-

397 Zum Inhalt von Verfallklauseln statt aller *Hergenröder*, AR-Blattei SD Betriebsinhaberwechsel I Rdn. 1125.

398 Vgl. allgemein zur Problematik *Ascheid* in Schliemann (Hrsg.), Das Arbeitsrecht im BGB, § 613a Rdn. 5; ErfK/*Preis*, § 613a BGB Rdn. 82 f.; MünchHdbArbR/*Wank*, § 102 Rdn. 14. Diskutiert wird das Instrument der Verfallklauseln vor allem für Aktienoptionsprogramme: statt aller *Fach*, Zulässigkeit von Bindungsklauseln, S. 207 ff.

399 *Helmert*, Aktienoptionen, S. 190 f.; *Nehls, Sudmeyer*, ZIP 2002, 201 (205); *Stiegel*, Aktienoptionen, S. 547 f.; *Tappert*, NZA 2002, 1188 (1192 f.).

400 BAGE 124, 345 (346 f.); BAG NZA 2009, 1091 (1093 f.).

401 Vgl. LAG München, Urt. v. 6.06.2007 – 10 Sa 1349/06 – (juris); *J-H. Bauer, Göpfert, v. Steinau-Steinrück*, ZIP 2001, 1129 (1132); *Fach*, Die Zulässigkeit von Bindungsklauseln, S. 225 ff.; *Lembke*, BB 2001, 1469 (1474); *Schnitker, Grau*, BB 2002, 2497 (2499 f.); *Urban-Crell, Manger*, NJW 2004, 125 (127 f.).

402 Dazu *Buhr, Radtke*, DB 2001, 1882 (1885); *Schnitker, Grau*, BB 2002, 2497 (2499 f.); *Urban-Crell, Manger*, NJW 2004, 125 (128).

solviert und erfüllt er auch sonst alle Voraussetzungen für die Optionsausübung, so kommt ein Verfall nicht mehr in Betracht.[403]

bb) Übergehende Ansprüche

Ordnet eine Verfallklausel den Verfall für von § 613a Abs. 1 S. 1 BGB grundsätzlich erfasste Ansprüche an, kommt eine Umgehung dieser zum Schutz der Arbeitnehmer einseitig zwingenden Norm[404] jedoch in Betracht. Eine solche wäre dann anzunehmen, wenn die Wirkung der Verfallklausel objektiv funktionswidrig wäre, also dem Schutzgedanken des § 613a Abs. 1 S. 1 BGB zuwiderlaufen würde.[405] Dies kommt nach der hier vertretenen Auffassung zumindest dann nicht in Betracht, wenn eine Verfallklausel sich auf solche Ansprüche bezieht, die ihrem Sinn und Zweck nach und für den Arbeitnehmer erkennbar schon ihrer Natur nach nur unter der Bedingung entstehen, dass der Arbeitnehmer zum Zeitpunkt der Geltendmachung des Anspruchs noch Arbeitnehmer im Unternehmen bzw. Konzern des Arbeitgebers ist (siehe Ausführungen unter Kapitel 3 B.I.4.a)aa) und bb)). Denn Grund für den Anspruchsverlust ist hier der Umstand, dass eine tatsächliche Voraussetzung für den Anspruch wegfällt und die Leistung deshalb ihrem vereinbarten Zweck nicht mehr dienen kann.[406] Der Arbeitgeber ist in der Ausgestaltung freiwilliger Leistungen frei. Er kann entscheiden ob er die Leistung verspricht und auch unter welchen Voraussetzungen und zu welchem Zweck. Regelt er, dass ein Anspruch auf die Leistung dann nicht besteht, wenn der Zweck nicht mehr erreicht werden kann, verhält er sich nicht objektiv funktionswidrig. Er regelt ausdrücklich, was sich aus den allgemeinen auslegungs- und vertragsrechtlichen Grundsätzen ergibt. Kann der Arbeitgeber aber den Verfall des Anspruches für andere Fälle der Beendigung des Arbeitsverhältnisses zwischen ihm und dem Arbeitnehmer anordnen, dann muss er dies auch für den Fall des Betriebsübergangs können,[407] denn § 613a Abs. 1 S. 1 BGB soll nur eine Verschlechterung der Position des Arbeitnehmers verhindern, nicht aber ihn besser stellen. Nicht zulässig sind Verfallklauseln nach diesen Gesichtspunkten aber in den unter 4.a) cc) beschriebenen Fällen. Hier besteht kein sachlicher Grund für den Wegfall der Leistung, sondern nur für die Anpassung der Berechnungsgrundlage.

403 Vgl. *Schnitker, Grau*, BB 2002, 2497 (2502); *Urban-Crell, Manger*, NJW 2004, 125 (128).

404 BAGE 27, 291 (298 f.); 115, 340 (346 f.); 130, 90 (95 f.); BAG AP Nr. 11, 333 zu § 613a BGB; BAG, Urt. v. 15.12.2011 – 8 AZR 197/11 – (juris); ErfK/*Preis*, § 613a BGB Rdn. 82.

405 BAGE 124, 345 (346 f.); BAG NZA 2009, 1091 (1093 f.). Vgl. auch Ausführungen bei *Fach*, Zulässigkeit von Bindungsklauseln, S. 223 ff.

406 Vgl. BAGE 112, 23 („**Daimler Benz AG**"); BAG NZA 2007, 325 („**Flugvergünstigungen bei Swissair**"). Vgl. auch Ausführungen bei LAG München, Urt. v. 6.06.2007 – 10 Sa 1349/06 – (juris).

407 So zumindest grundsätzlich BAGE 115, 340 (346).

Verfallklauseln sind also dann zulässig, wenn sie den Anspruch auf eine Leistung vernichten, die aufgrund ihrer Zweckrichtung unter dem Vorbehalt stand, dass der Arbeitnehmer bei Gewährung der Leistung noch für das Unternehmen beziehungsweise die Unternehmensgruppe tätig ist.[408] Die Verfallklausel ist aber nur dann wirksam, wenn sie die Anforderungen erfüllt, die an Änderungsvorbehalte für Arbeitsentgelt im engeren und weiteren Sinne im Allgemeinen gestellt werden.[409]

II. Rechtsfolgen auf kollektivrechtlicher Ebene

Kollektivvereinbarungen, also Tarifverträge und Betriebsvereinbarungen, werden nicht von § 613a Abs. 1 S. 1 BGB, sondern von § 613a Abs. 1 S. 2 bis 4 BGB erfasst. Im Folgenden wird untersucht, wie sich der Betriebsübergang auf Betriebs-, Gesamtbetriebs- und Konzernbetriebsvereinbarungen auswirkt. Da die Regelung von Zusatzleistungen im Konzern regelmäßig nicht in Tarifverträgen erfolgt, werden diese hier – genau wie in Kapitel 2 – ausgeklammert.

1. Fortgeltung nach § 613a Abs. 1 S. 2 BGB

§ 613a Abs. 1 S. 2 BGB regelt, dass Rechte und Pflichten, die durch Rechtsnormen eines Tarifvertrages oder durch eine Betriebsvereinbarung geregelt sind, Inhalt des Arbeitsverhältnisses zwischen dem neuen Inhaber und dem Arbeitnehmer werden und dass sie nicht vor Ablauf eines Jahres nach dem Zeitpunkt des Übergangs zum Nachteil der Arbeitnehmer geändert werden dürfen. Dabei erfasst der Begriff Betriebsvereinbarungen sowohl Einzel- als auch Gesamt- und Konzernbetriebsvereinbarungen.[410]

a) Fortgeltung als Inhalt des Arbeitsverhältnisses

Die Regelung wurde überwiegend dahingehend verstanden, dass die kollektivrechtlichen Normen in das Individualarbeitsverhältnis zu transformieren sind,[411]

---

408 So im Ergebnis auch *Fach*, Zulässigkeit von Bindungsklauseln, S. 224 ff., 230 f.

409 Zu den Anforderungen allgemein *Leder*, RdA 2010, 93 ff.; ErfK/*Preis*, § 310 BGB Rdn. 51 ff.

410 *von Alvensleben*, Die Rechte der Arbeitnehmer, S. 241; Erman/*Edenfeld*, § 613a BGB Rdn. 81; *W. Kamlah,* Bestandsschutz, S. 53; MünchKommBGB/*Müller-Glöge*, § 613a BGB Rdn. 155.

411 Vgl. BAG RdA 2003, 297 (299); NZA 2008, 420 (421); *Bachner* in Bachner/Köstler/Matthießen/Trittin, Betriebsübergang, § 4 Rdn. 132 ff.; *Burgmer/Richter*, Betriebsübergang, S. 91; *Commandeur/Kleinebrink*, Betriebs- und Firmenübernahme, Rdn. 462; Erman/*Edenfeld*, 12. Aufl. 2008, § 613a BGB Rdn. 72; *Dreher* in Bernsau/Dreher/Hauck, Betriebsübergang,

wobei die Besonderheit galt, dass den transformierten Regelungen keine weitergehende Rechtswirkung zugesprochen wurde als den vorher unmittelbar geltenden Kollektivnormen.[412] Wegen dieser Besonderheiten bei der Fortgeltung von Kollektivnormen nach § 613a Abs. 1 S. 2 BGB lehnten einige Literaturstimmen das Konzept der Transformation der Kollektivverträge in das Individualarbeitsverhältnis ab und gingen von einer beschränkt normativen Fortgeltung aus.[413]

In einem Urteil vom 22. April 2009[414] hat das Bundesarbeitsgericht nun für die Fortgeltung von Tarifverträgen nach § 613a Abs. 1 S. 2 BGB ausgesprochen, dass „*[d]ie Wirkungsweise der nach § 613a Abs. 1 Satz 2 BGB in das Arbeitsverhältnis zwischen Betriebserwerber und Arbeitnehmer transformierten Normen [...] regelmäßig derjenigen [entspricht], die bei einem Austritt des Veräußerers aus dem tarifschließenden Arbeitgeberverband hinsichtlich des zur Zeit des Austritts geltenden Verbandstarifvertrages nach § 3 Abs. 3 TVG eintreten würde. Dabei [entspräche] das Ende der Sperrfrist nach § 613a Abs. 1 Satz 2 und 4 BGB dem Ende des nachbindenden Tarifvertrages.*“[415] Nach Ansicht des Bundesarbeitsgerichts habe der Gesetzgeber in § 613a Abs. 1 Satz 2 BGB zwar eine Transformation der Kollektivnormen angeordnet, er habe aber „*den Charakter der zu transformierenden Normen nicht eindeutig festgelegt.*“[416] Der Wortlaut der Regelung („Inhalt des Arbeitsverhältnisses“ nicht „Inhalt des Arbeitsvertrages“), die Systematik des Gesetzes (§ 613a Abs. 1 S. 3 und 4 BGB) und auch der Sinn und Zweck sowie die Auslegung der der Norm zugrundeliegenden Richtlinie 2001/23/EG sprächen vielmehr dafür, dass der Charakter der transformierten Normen kollektivrechtlich in Anlehnung an § 3 Abs. 3 TVG zu bestimmen sei.[417]

---

§ 613a BGB Rdn. 287 ff., 294; *Düwell, Wichert* in Arens/Düwell/Wichert, Umstrukturierung und Arbeitsrecht, § 7 Rdn. 146; *Franzen*, Betriebsinhaberwechsel, S. 171, 175, 181 f.; *M. Fuchs* in Bamberger/Roth, BGB, § 613a BGB Rdn. 34; *D. Gaul*, ZTR 1989, 432 (433); *Gussen* in Rolfs/Giesen/Kreikebohm/Udsching, § 613a BGB Rdn. 191; Palandt/*Weidenkaff*, 70. Aufl. 2011, § 613a BGB Rdn. 29; *Preis, M. Richter*, ZIP 2004, 925; *Schiefer, Pogge*, NJW 2003, 3734 (3738).

412 Vgl. BAGE 80, 139 (142 f.); BAG AP Nr. 25 zu § 77 BetrVG 1972; ErfK/*Preis*, 8. Aufl. 2008, § 613a BGB Rdn. 121, 125. Vgl. auch Begründung BAGE 130, 237 (243 f.).

413 *Hohenstatt* in Willemsen/Hohenstatt/Schnitker/Schweibert/Seibt (Hrsg.), Umstrukturierung, 3. Aufl. 2008, E 2, 36.

414 BAGE 130, 237 ff.

415 BAGE 130, 237 (Ls. 2).

416 BAGE 130, 237 (252).

417 BAGE 130, 237 (243 ff., 252 ff., 257). Zustimmend *Hohenstatt* in Willemsen/Hohenstatt/Schnitker/Schweibert/Seibt (Hrsg.), Umstrukturierung, E 2, 36 ff.; *Rinck*, RdA 2010, 216 (220 f.); *Sagan*, RdA 2011, 163 (167 ff.). *Preis* geht noch weiter und nimmt einen Eintritt des Erwerbers in die kollektivrechtlichen Bindungen des Veräußerers an (ErfK/*Preis*, § 613a BGB Rdn. 112).

Der Entscheidung des Bundesarbeitsgerichts[418] ist zuzustimmen. Sie verwirft die bisher für die Fortgeltung von Kollektivnormen nach § 613a Abs. 1 S. 2 BGB entwickelten Grundsätze nicht; sie begründet sie vielmehr neu und konsistent sowie unter Berücksichtigung der in der Literatur geäußerten Kritik.

Unabhängig davon, ob man die Fortgeltung nach § 613a Abs. 1 S. 2 BGB als individual-, kollektivrechtlich oder gemischt charakterisiert, lässt sich die Frage, welche Kollektivnormen, wann, wie und für wie lange gemäß § 613a Abs. 1 S. 2 BGB beim Betriebsübergang mit übergehen, allein durch Auslegung der Norm des § 613a Abs. 1 S. 2 bis 4 BGB beantworten.

Aus dem Wortlaut der Regelung, die von Rechtsnormen spricht, die Rechte und Pflichten regeln, ist zu schließen, dass schuldrechtliche Verpflichtungen aus Betriebsvereinbarungen nicht erfasst werden.[419] Weit überwiegend wird wegen dieser Formulierung auch angenommen, dass nicht alle normativen Regelungen einer Betriebsvereinbarung fortgelten, sondern nur solche, die Rechte und Pflichten für die Arbeitnehmer regeln.[420] Darunter fallen die Inhaltsnormen einer Betriebsvereinbarung sowie die Beendigungsnormen.[421] Abschlussnormen gelten dann nicht weiter, wenn sie – wie in den weit überwiegenden Fällen – keine Regelungen für bestehende Arbeitsverhältnisse enthalten.[422] Betriebsnormen sind

---

418 BAGE 130, 237 ff.

419 BAG NZA 2010, 173 (174); BAG NZA 2010, 238 (241); *Bachner* in Bachner/Köstler/Matthießen/Trittin, Betriebsübergang, § 4 Rdn. 135; *Burgmer/Richter*, Betriebsübergang, S. 91; Erman/*Edenfeld*, § 613a BGB Rdn. 82; *Gussen* in Rolfs/Giesen/Kreikebohm/Udsching, § 613a BGB Rdn. 191; *Hohenstatt* in Willemsen/Hohenstatt/Schnitker/Schweibert/Seibt (Hrsg.), Umstrukturierung, E 37; *W. Kamlah*, Bestandsschutz, S. 62; *Lerch*, Auswirkungen von Betriebsübergängen, S. 112; Schaub/*Koch*, ArbR-Hdb. § 119 Rdn. 15.

420 *Bachner* in Bachner/Köstler/Matthießen/Trittin, Betriebsübergang, § 4 Rdn. 135; *Commandeur/Kleinebrink*, Betriebs- und Firmenübernahme, Rdn. 462; Erman/*Edenfeld*, § 613a BGB Rdn. 81; *Franzen*, Betriebsinhaberwechsel, S. 171 f., 175 f., 181 f,; *Gussen* in Rolfs/Giesen/Kreikebohm/Udsching, § 613a BGB Rdn. 191; *Gussen*, Festschr. Wolfgang Leinemann, S. 207 (208 f.); *Gussen/Dauck*, Weitergeltung von Betriebsvereinbarungen und Tarifverträgen, Rdn. 44 f., 135 f., 141; *Hohenstatt* in Willemsen/Hohenstatt/Schnitker/Schweibert/Seibt (Hrsg.), Umstrukturierung, E 37; *Lerch*, Auswirkungen von Betriebsübergängen, S. 112 f. A.A. *Friedrich*, Europäisches Arbeitsrecht und Privatisierungen, S. 198; *W. Kamlah*, Bestandsschutz, S. 57 ff.

421 *Bachner* in Bachner/Köstler/Matthießen/Trittin, Betriebsübergang, § 4 Rdn. 135; *Commandeur/Kleinebrink*, Betriebs- und Firmenübernahme, Rdn. 462; Erman/*Edenfeld*, § 613a BGB Rdn. 81; *Franzen*, Betriebsinhaberwechsel, S. 175 f., 181 f.; *Gussen* in Rolfs/Giesen/Kreikebohm/Udsching, § 613a BGB Rdn. 191; *Gussen/Dauck*, Weitergeltung von Betriebsvereinbarungen und Tarifverträgen, Rdn. 44 f., 135 f., 141; *Hohenstatt* in Willemsen/Hohenstatt/Schnitker/Schweibert/Seibt (Hrsg.), Umstrukturierung, E 37; *W. Kamlah*, Bestandsschutz, S. 57 ff.; *Lerch*, Auswirkungen von Betriebsübergängen, S. 112 f.; *Niklas*, DB 2008, 2250 (2252).

422 Erman/*Edenfeld*, § 613a BGB Rdn. 81; *Franzen*, Betriebsinhaberwechsel, S. 175 f., 181 f.; *Hohenstatt* in Willemsen/Hohenstatt/Schnitker/Schweibert/Seibt (Hrsg.), Umstrukturierung, E 37; *W. Kamlah*, Bestandsschutz, S. 58; *Lerch*, Auswirkungen von Betriebsübergängen, S. 113; *Niklas*, DB 2008, 2250 (2252).

danach grundsätzlich nicht erfasst, außer sie regeln auch Rechte und Pflichten der Arbeitnehmer.[423]

Gegen diese Beschränkungen wird teilweise vorgebracht, dass die Regelung des § 613a Abs. 1 S. 2 BGB, wenn man nur eine Überleitung inhaltlicher Normen vornehme, gegen Europarecht verstoße.[424] § 613a Abs. 1 S. 2 bis 4 BGB setzt Art. 3 Abs. 3 der Richtlinie 2001/23/EG um. Dieser lautet: *„Nach dem Übergang erhält der Erwerber die in einem Kollektivvertrag vereinbarten Arbeitsbedingungen bis zur Kündigung oder zum Ablauf des Kollektivvertrags bzw. bis zum Inkrafttreten oder bis zur Anwendung eines anderen Kollektivvertrags in dem gleichen Maße aufrecht, wie sie in dem Kollektivvertrag für den Veräußerer vorgesehen waren."* Die Kritik bezieht sich hier auf das Erfordernis der Aufrechterhaltung „in dem gleichen Maße".[425] Dabei wird zum Teil angenommen, dass der Wortlaut von § 613a Abs. 1 S. 2 bis 4 BGB eine europarechtskonforme Auslegung nicht zulasse.[426] Aufschluss kann insoweit die Gesetzgebungshistorie geben. Vor Einführung der Sätze 2 bis 4 in § 613a Abs. 1 BGB wurde bereits diskutiert, welche Auswirkungen der Betriebsübergang auf den normativen Fortbestand von Kollektivvereinbarungen hat. Bei Betriebsvereinbarungen bestand weitgehend Einigkeit, dass diese dann normativ fortgelten sollten, wenn der Betrieb seine Identität trotz Übergangs behielt. Dann sollte der Erwerber nach betriebsverfassungsrechtlichen Grundsätzen kraft Gesetzes in die Stellung des Veräußerers als Betriebsverfassungspartei einrücken.[427] Diese betriebsverfassungsrechtlichen Grundsätze wollte der Gesetzgeber auch unangetastet lassen.[428] Mit der Einfügung der Sätze 2 bis 4 in § 613a Abs. 1 BGB wollte er lediglich einem darüber hinausgehenden Anpassungsbedarf genügen.[429] Es ist daher davon

---

423 *Bachner* in Bachner/Köstler/Matthießen/Trittin, Betriebsübergang, § 4 Rdn. 135; *Commandeur/Kleinebrink*, Betriebs- und Firmenübernahme, Rdn. 462; *Dreher* in Bernsau/Dreher/Hauck, Betriebsübergang, § 613a BGB Rdn. 292; Erman/*Edenfeld*, § 613a BGB Rdn. 81; *Franzen*, Betriebsinhaberwechsel, S. 175 f., 181 f.; *Gussen/Dauck*, Weitergeltung von Betriebsvereinbarungen und Tarifverträgen, Rdn. 44 f., 135 f., 141; *Hohenstatt* in Willemsen/Hohenstatt/Schnitker/Schweibert/Seibt (Hrsg.), Umstrukturierung, E 37; *W. Kamlah,* Bestandsschutz, S. 59 ff.; *Lerch*, Auswirkungen von Betriebsübergängen, S. 113.

424 *von Alvensleben*, Die Rechte der Arbeitnehmer, S. 244 ff., 306 ff.; *W. Kamlah,* Bestandsschutz, S. 44 f., 57 ff.; *Thüsing*, Europäisches Arbeitsrecht, § 5 Rdn. 56.

425 *von Alvensleben*, Die Rechte der Arbeitnehmer, S. 244 ff., 306 ff.

426 *von Alvensleben*, Die Rechte der Arbeitnehmer, S. 308 f. Anders müssten dies diejenigen sehen, die auch im Rahmen von § 613a Abs. 1 S. 2 BGB eine normative Fortgeltung annehmen.

427 Vgl. BAGE 4, 232 (235 ff.); 98, 224 (228); *Bracker*, Betriebsübergang, S. 68, 73, 75 ff., 77 ff.; *Gussen* in Rolfs/Giesen/Kreikebohm/Udsching, § 613a BGB Rdn. 190, 192; *P. Hanau, Vossen*, Festschr. Marie Luise Hilger und Hermann Stumpf, S. 271 (272).

428 Erman/*Edenfeld*, § 613a BGB Rdn. 71 ff.; *M. Fuchs* in Bamberger/Roth, BGB, § 613a BGB Rdn. 36; *Gussen* in Rolfs/Giesen/Kreikebohm/Udsching, § 613a BGB Rdn. 197 f.; *Gussen*, Festschr. Wolfgang Leinemann, S. 207 (212).

429 Vgl. BAGE 67, 168 (188 f.); BAG AP Nr. 118 zu § 613a BGB, Bl. 1141; BAGE 98, 314 (322); 102, 356 (362 f.); *Bachner/Gerhardt*, Betriebsübergang, B 4 f.; *Bachner* in Bachner/Köstler/

auszugehen, dass § 613a Abs. 1 S. 2 BGB nur in solchen Fällen Anwendung finden soll, in denen eine normative Fortgeltung der Betriebsvereinbarungen nicht in Betracht kommt, wenn also die Identität des Betriebes nicht gewahrt wird.[430] Etwas anderes ergibt sich entgegen *Preis*[431] auch nicht aus der neueren Rechtsprechung des Bundesarbeitsgerichts[432], weil sich der Geltungsbereich und der Umfang der Regelung in § 613a Abs. 1 S. 2 BGB aus dieser selbst ergeben und unverändert sind. § 613a Abs. 1 S. 2 BGB ordnet nur an, dass die durch Rechtsnormen einer Kollektivvereinbarung geregelten Rechte und Pflichten fortgelten. Die Norm regelt ausdrücklich nur einen Ausschnitt und ordnet nicht generell die kollektivrechtliche Fortgeltung bestehender Kollektivvereinbarungen an.[433] Die Regelung ist insoweit teleologisch zu reduzieren.[434] § 613a Abs. 1 S. 2 BGB kann die Fortgeltung von Vereinbarungen zu Sozialeinrichtungen und Betriebsnormen nicht leisten, da diese denknotwendig am Fortbestehen des Betriebes ansetzen. Der Schutz, der insoweit gewährt wird, entspricht allerdings den europäischen

---

Matthießen/Trittin, Betriebsübergang, § 4 Rdn. 101 ff.; *Bepler*, RdA 2009, 65 (66); *Dreher* in Bernsau/Dreher/Hauck, Betriebsübergang, § 613a BGB Rdn. 287 f., 294; *Gussen* in Rolfs/Giesen/Kreikebohm/Udsching, § 613a BGB Rdn. 192; Palandt/*Weidenkaff*, § 613a BGB Rdn. 28; *Preis, M. Richter*, ZIP 2004, 925; Schaub/*Koch*, ArbR-Hdb. § 119 Rdn. 2.

430 BAGE 67, 168 (189); BAG AP Nr. 118 zu § 613a BGB, Bl. 1141; BAGE 98, 314 (322); 102, 356 (362 f., 366); *Bachner/Gerhardt*, Betriebsübergang, B 4 f.; *Brinkmann*, Spaltung von Rechtsträgern, S. 164 f.; *Burgmer/Richter*, Betriebsübergang, S. 86; *Commandeur/Kleinebrink*, Betriebs- und Firmenübernahme, Rdn. 447; *Dreher* in Bernsau/Dreher/Hauck, Betriebsübergang, § 613a BGB Rdn. 287 f., 294; *Düwell, Wichert* in Arens/Düwell/Wichert, Umstrukturierung und Arbeitsrecht, § 7 Rdn. 147; Erman/*Edenfeld*, § 613a BGB Rdn. 73 ff.; *Franzen*, Betriebsinhaberwechsel, S. 180 ff.; *Friedrich*, Europäisches Arbeitsrecht und Privatisierungen, S. 195; *M. Fuchs* in Bamberger/Roth, BGB, § 613a BGB Rdn. 36; *D. Gaul*, ZTR 1989, 432 (436); *Gussen* in Rolfs/Giesen/Kreikebohm/Udsching, § 613a BGB Rdn. 192; *Gussen*, Festschr. Wolfgang Leinemann, S. 207 (209, 212); *Gussen/Dauck*, Weitergeltung von Betriebsvereinbarungen und Tarifverträgen, Rdn. 46 ff.; *P. Hanau, Vossen*, Festschr. Marie Luise Hilger und Hermann Stumpf, S. 271 (271 f., 274 f.); *Hauck*, Festschr. Wolfgang Leinemann, S. 223 (230); *Heinze*, Festschr. Günter Schaub, S. 275 (278, 282 f., 287); *Jacobs*, Festschr. Horst Konzen, S. 345 (348); *Kreft*, Festschr. Hellmut Wissmann, S. 347 f.; *Lerch*, Auswirkungen von Betriebsübergängen, S. 107 f.; Palandt/*Weidenkaff*, § 613a BGB Rdn. 28; *Preis, M. Richter*, ZIP 2004, 925; *Rüthers, Bakker*, ZfA 1990, 245 (317); Schaub/*Koch*, ArbR-Hdb. § 119 Rdn. 2; *Schiefer, Pogge*, NJW 2003, 3734 (3738, 3740); *S. Simon, Zerres*, Festschr. Wolfgang Leinemann, S. 255 (268). Anderer Ansicht *Wank*, NZA 1987, 505 (507 f.).

431 ErfK/*Preis*, § 613a BGB Rdn. 113.

432 BAGE 130, 237; BAG, Urt. v. 16.11.2011 – 4 AZR 822/09 – (juris); BAG, Urt. v. 14.12.2011 – 4 AZR 179/10 – (juris).

433 Anderer Ansicht ErfK/*Preis*, § 613a BGB Rdn. 112 f.

434 *Gussen* in Rolfs/Giesen/Kreikebohm/Udsching, § 613a BGB Rdn. 193 f.; *Gussen*, Festschr. Wolfgang Leinemann, S. 207 (210); *Gussen/Dauck*, Weitergeltung von Betriebsvereinbarungen und Tarifverträgen, Rdn. 48.

Vorgaben, denn diese verlangen ebenfalls nur den Schutz der Rechte und Pflichten der Arbeitnehmer.[435]

Bei Regelungen zu konzernweiten Zusatzleistungen handelt es sich um Inhaltsnormen, die von § 613a Abs. 1 S. 2 BGB erfasst werden. Nicht erfasst werden Regelungen zu Sozialeinrichtungen.

b) Ausnahme nach § 613a Abs. 1 S. 3 BGB

§ 613a Abs. 1 S. 2 BGB findet in den Fällen des Satzes 3 keine Anwendung. Dieser regelt, dass Satz 2 dann nicht gelten soll, wenn die Rechte und Pflichten bei dem neuen Inhaber durch Rechtsnormen eines anderen Tarifvertrages oder durch eine andere Betriebsvereinbarung geregelt werden. Er enthält damit eine Kollisionsregel für den Fall, dass beim Erwerber kollektive Regelungen mit einem gleichen Regelungsgehalt bestehen, die nach ihrem Geltungsbereich auch auf die übernommenen Arbeitnehmer beziehungsweise die übernommene wirtschaftliche Einheit Anwendung finden.[436] Der Regelungsgehalt einer beim Erwerber bestehenden Kollektivvereinbarung muss nicht deckungsgleich sein, es genügt, wenn dieselbe Sachgruppe geregelt wird.[437] In diesem Fall soll das Ablöseprinzip greifen.[438] Damit wird dem Erwerberinteresse an einer einheitlichen Gestaltung der Arbeitsbedingungen in seinem Betrieb beziehungsweise Unternehmen oder Konzern der Vorrang vor den Bestandserhaltungsinteressen der Arbeitnehmer eingeräumt.[439] Eine Ablösung findet damit unabhängig davon

---

435 Vgl. EuGH EuZW 2009, 47 (49) („**Juuri**"); BAG NZA 2010, 173 (175); *Bepler*, RdA 2009, 65 (66); *Gussen* in Rolfs/Giesen/Kreikebohm/Udsching, § 613a BGB Rdn. 195 ff.; *Gussen*, Festschr. Wolfgang Leinemann, S. 207 (210 f.); *Gussen/Dauck*, Weitergeltung von Betriebsvereinbarungen und Tarifverträgen, Rdn. 53 ff., 56.

436 BAGE 98, 323 (332 f.); *Bachner* in Bachner/Köstler/Matthießen/Trittin, Betriebsübergang, § 4 Rdn. 141; *Bepler*, RdA 2009, 65 (70); *Commandeur/Kleinebrink*, Betriebs- und Firmenübernahme, Rdn. 453 ff.; Erman/*Edenfeld*, § 613a BGB Rdn. 87; *Hohenstatt* in Willemsen/Hohenstatt/Schnitker/Schweibert/Seibt (Hrsg.), Umstrukturierung, E 47; Palandt/*Weidenkaff*, § 613a BGB Rdn. 31; Prütting/Wegen/Weinreich – *Lingemann*, § 613a BGB Rdn. 15; Schaub/*Koch*, ArbR-Hdb. § 119 Rdn. 12.

437 Vgl. *Bachner* in Bachner/Köstler/Matthießen/Trittin, Betriebsübergang, § 4 Rdn. 141; *Bepler*, RdA 2009, 65 (70); *Hohenstatt* in Willemsen/Hohenstatt/Schnitker/Schweibert/Seibt (Hrsg.), Umstrukturierung, E 47; *Niklas*, DB 2008, 2250 (2252). Für den tariflichen Bereich lehnt es *C. Meyer*, DB 2004, 1886 (1887) ab, auf die Sachgruppe abzustellen. Er will vielmehr bei Anwendbarkeit neuer Tarifverträge die tarifvertragliche Ordnung des Veräußerers vollumfänglich ablösen.

438 BAGE 98, 323 (332 ff.); BAG NZA 2010, 41 (43 ff., 46 f.); *Commandeur/Kleinebrink*, Betriebs- und Firmenübernahme, Rdn. 474; Erman/*Edenfeld*, § 613a BGB Rdn. 87; *Hohenstatt* in Willemsen/Hohenstatt/Schnitker/Schweibert/Seibt (Hrsg.), Umstrukturierung, E 44.

439 *Bachner* in Bachner/Köstler/Matthießen/Trittin, Betriebsübergang, § 4 Rdn. 141; Erman/*Edenfeld*, § 613a BGB Rdn. 87; *Hohenstatt* in Willemsen/Hohenstatt/Schnitker/Schweibert/Seibt (Hrsg.), Umstrukturierung, E 45; *W. Kamlah*, Bestandsschutz, S. 77 f.

statt, ob die Vereinbarungen beim neuen Inhaber günstiger sind oder nicht.[440] Nicht entscheidend ist danach auch, auf welcher Ebene eine kollektive Regelung beim neuen Arbeitgeber besteht, das heißt Betriebsvereinbarungen werden – soweit Regelungsidentität besteht und die Regelungen sich auf die neuen Arbeitnehmer erstrecken – von bestehenden Betriebs-, Gesamt- und Konzernbetriebsvereinbarungen und bei beidseitiger Tarifbindung[441] auch von Tarifverträgen (sog. Überkreuzablösung)[442] abgelöst. Dabei geht die überwiegende Auffassung auch aufgrund der Regelungen in §§ 50 Abs. 1 S. 1, 2. Hs. und 58 Abs. 1 S. 1, 2. Hs. BetrVG davon aus, dass Gesamt- und Konzernbetriebsvereinbarungen nach §§ 50 Abs. 1, 58 Abs. 1 BetrVG beim Erwerber regelmäßig auch für später zum Unternehmen oder Konzern hinzukommende Betriebe gelten.[443] Da Satz 3 von Rechten und Pflichten spricht, die durch Rechtsnormen „geregelt werden", kann die Ablösung auch durch nach Betriebsübergang abgeschlossene Kollektivvereinbarungen erfolgen, ohne dass Satz 2 und insbesondere die Veränderungssperre greift.[444]

---

440 BAG NZA 2010, 41 (43 ff.); *Commandeur/Kleinebrink*, Betriebs- und Firmenübernahme, Rdn. 454, 474; Erman/*Edenfeld*, § 613a BGB Rdn. 87; *Hohenstatt* in Willemsen/Hohenstatt/Schnitker/Schweibert/Seibt (Hrsg.), Umstrukturierung, E 46; *Niklas*, DB 2008, 2250 (2252).

441 BAGE 97, 107 (112); BAG, Urt. v. 22.04.2009 – 4 AZR 100/08 – (juris); *Bepler*, RdA 2009, 65 (70); *Döring, Grau*, BB 2009, 158 (159); Erman/*Edenfeld*, § 613a BGB Rdn. 89; *Hauck*, Festschr. Wolfgang Leinemann, S. 223 (230); Palandt/*Weidenkaff*, § 613a BGB Rdn. 31; *Preis, M. Richter*, ZIP 2004, 925 (926); *Schiefer, Pogge*, NJW 2003, 3734 (3738); *Schiefer, Worzalla*, DB 2007, 1566 (1571). Einseitige Bindung lassen dagegen ausreichen: *Commandeur/Kleinebrink*, Betriebs- und Firmenübernahme, Rdn. 455, 479; *Gussen/Dauck*, Weitergeltung von Betriebsvereinbarungen und Tarifverträgen, Rdn. 111 ff., 115; *Heinze*, Festschr. Günter Schaub, S. 275 (290 f.); *Lerch*, Auswirkungen von Betriebsübergängen, S. 131 f.; *Lützeler*, Aktienoptionen, S. 79.

442 *Bachner* in Bachner/Köstler/Matthießen/Trittin, Betriebsübergang, § 4 Rdn. 147; *Commandeur/Kleinebrink*, Betriebs- und Firmenübernahme, Rdn. 455 f., 478; Erman/*Edenfeld*, § 613a BGB Rdn. 87; *Lerch*, Auswirkungen von Betriebsübergängen, S. 129; *Lützeler*, Aktienoptionen, S. 80; *C. Meyer*, BB 2005, Beil. 114, S. 5 (7); Palandt/*Weidenkaff*, § 613a BGB Rdn. 31.

443 *Bachner* in Bachner/Köstler/Matthießen/Trittin, Betriebsübergang, § 4 Rdn. 146; *Hohenstatt* in Willemsen/Hohenstatt/Schnitker/Schweibert/Seibt (Hrsg.), Umstrukturierung, E 13 f.; *Niklas*, DB 2008, 2250. A.A. wohl *Salamon*, RdA 2007, 103 (109); *Salamon*, RdA 2009, 175 (177 f.). Diese Gesamt- und Konzernbetriebsvereinbarungen gelten dann nicht, wenn sich dies durch Auslegung für neu hinzukommende Betriebe ergibt.

444 So im Ergebnis BAGE 80, 139 (142 f.); 98, 323 (333); BAG NZA 2010, 41 (46 f.); *Bachner* in Bachner/Köstler/Matthießen/Trittin, Betriebsübergang, § 4 Rdn. 142; *Bepler*, RdA 2009, 65 (70); *Commandeur/Kleinebrink*, Betriebs- und Firmenübernahme, Rdn. 474; *Döring, Grau*, BB 2009, 158 (161); Erman/*Edenfeld*, § 613a BGB Rdn. 87; *M. Fuchs* in Bamberger/Roth, BGB, § 613a BGB Rdn. 38; *D. Gaul*, ZTR 1989, 432 (441 f.); *Hauck*, Festschr. Wolfgang Leinemann, S. 223 (230); *Niklas*, DB 2008, 2250 (2252); Palandt/*Weidenkaff*, § 613a BGB Rdn. 31; Schaub/*Koch*, ArbR-Hdb. § 119 Rdn. 14; *Schiefer, Pogge*, NJW 2003, 3734 (3738); *Schiefer, Worzalla*, DB 2007, 1566 (1571).

Eine Einschränkung erfährt das nach § 613a Abs. 1 S. 3 BGB geltende Ablöseprinzip bei Betriebsvereinbarungen zur betrieblichen Altersversorgung. Hier ist der erworbene Besitzstand zu erhalten. Durch § 613a Abs. 1 S. 3 BGB wird dem Erwerber keine weitergehende Änderung einer aufgrund einer Betriebsvereinbarung bestehenden Versorgungszusage ermöglicht, als sie dem Veräußerer möglich gewesen wäre.[445] Eine Anwendung der beim Erwerber bestehenden Regelungen kommt nur ex nunc in Betracht.[446]

c) Einschränkung der Veränderungssperre gemäß § 613a Abs. 1 S. 4 BGB

§ 613a Abs. 1 S. 4 BGB regelt eine Ausnahme zur Veränderungssperre für transformierte Regelungen aus Satz 2 a. E. Danach können Rechte und Pflichten vor Ablauf der Frist nach Satz 2 geändert werden, wenn der Tarifvertrag oder die Betriebsvereinbarung nicht mehr gilt oder bei fehlender beidseitiger Tarifgebundenheit im Geltungsbereich eines anderen Tarifvertrags dessen Anwendung zwischen dem neuen Inhaber und dem Arbeitnehmer vereinbart wird. Diese Vorschrift berücksichtigt den ursprünglichen Charakter der Regelungen als kollektive Rechtsnormen. Dies bedeutet, dass nur nachwirkende Regelungen auch schon innerhalb eines Jahres individualvertraglich abgeändert werden können.[447] Zudem können sie geändert werden, wenn die Geltung der Kollektivvereinbarung innerhalb dieses Jahres endet.[448] Sie können durch die Vereinbarung der Anwendung eines Tarifvertrags als Ganzem abgeändert werden, da für tarifvertragliche Vereinbarungen die Vermutung einer ausgeglichenen und gerechten Regelung gilt.[449]

445 BAGE 98, 224 (230 f.); *Bachner* in Bachner/Köstler/Matthießen/Trittin, Betriebsübergang, § 4 Rdn. 143; *M. Fuchs* in Bamberger/Roth, BGB, § 613a BGB Rdn. 38; *Hohenstatt* in Willemsen/Hohenstatt/Schnitker/Schweibert/Seibt (Hrsg.), Umstrukturierung, E 47; *Picot/Schnitker*, Unternehmenskauf, Teil VI Rdn. 56 f., 107; Prütting/Wegen/Weinreich – *Lingemann*, § 613a BGB Rdn. 16; *Reichel/Schmandt*, Betriebliche Altersversorgung, C 125 ff.; *Schnitker* in Willemsen/Hohenstatt/Schnitker/Schweibert/Seibt (Hrsg.), Umstrukturierung, J 470 ff.

446 BAGE 98, 224 (231 f.); *Bachner* in Bachner/Köstler/Matthießen/Trittin, Betriebsübergang, § 4 Rdn. 143; Erman/*Edenfeld*, § 613a BGB Rdn. 90; *M. Fuchs* in Bamberger/Roth, BGB, § 613a BGB Rdn. 38; *Gussen/Dauck*, Weitergeltung von Betriebsvereinbarungen und Tarifverträgen, Rdn. 108 f.; *Picot/Schnitker*, Unternehmenskauf, Teil VI Rdn. 54, 107; *Schnitker* in Willemsen/Hohenstatt/Schnitker/Schweibert/Seibt (Hrsg.), Umstrukturierung, J 470 ff.

447 BAG AP Nr. 225 zu § 613a BGB, Bl. 327; ErfK/*Preis*, § 613a BGB Rdn. 117; Erman/*Edenfeld*, § 613a BGB Rdn. 93; *Hohenstatt* in Willemsen/Hohenstatt/Schnitker/Schweibert/Seibt (Hrsg.), Umstrukturierung, E 40; MünchKommBGB/*Müller-Glöge*, § 613a BGB Rdn. 157.

448 ErfK/*Preis*, § 613a BGB Rdn. 121; Erman/*Edenfeld*, § 613a BGB Rdn. 93; MünchKommBGB/*Müller-Glöge*, § 613a BGB Rdn. 157.

449 Vgl. BAG NZA 2010, 41 (46 ff.); *M. Fuchs* in Bamberger/Roth, BGB, § 613a Rdn. 41.

2. Normative Fortgeltung von Betriebs-, Gesamt- und Konzernbetriebsvereinbarungen

§ 613a Abs. 1 S. 2 BGB findet überdies – wie unter 1. dargelegt – nur dann Anwendung, wenn die Betriebsvereinbarungen nicht trotz des Betriebsübergangs normativ fortgelten. Wie in Kapitel 2 B. erläutert, können für einen Betrieb beziehungsweise Betriebsteil in einem Konzern Betriebsvereinbarungen auf Betriebs-, Unternehmens- und Konzernebene normativ gelten. Auf allen drei Ebenen kommt auch eine Herauslösung einer wirtschaftlichen Einheit durch Betriebsübergang und eine Wiedereingliederung beim Erwerber in Betracht. Im Folgenden ist daher für Betriebs-, Gesamt- und Konzernbetriebsvereinbarungen zu untersuchen, ob und unter welchen Voraussetzungen sie normativ fortgelten.

a) Betriebsvereinbarungen

Betriebsvereinbarungen sollen nach allgemeiner Ansicht dann fortgelten, wenn die Identität des Betriebes erhalten bleibt.[450] Einigkeit besteht auch darüber, dass die Identität eines Betriebes zumindest dann gewahrt wird, wenn er in seiner Gesamtheit auf einen Erwerber übertragen wird und dieser ihn selbstständig fortführt.[451] Darüber hinaus ist jedoch stark umstritten, welche Anforderungen an die Identität zu stellen sind. Einige wollen den Begriff im engsten Wortsinn allein als Übereinstimmung oder Wesenseinheit verstehen. Sie nehmen eine Wahrung der Identität daher nur in den eng umgrenzten Fällen des Übergangs eines Betriebes als solchem an.[452] Dagegen wenden andere ein, dass sich die Identität nicht feststellen ließe, ohne dass die relevanten Merkmale eines Betriebes vorher beschrieben würden. Insoweit setzen einige am Fortbestehen des Betriebsrats insgesamt

---

450 BAG AP Nr. 118 zu § 613a BGB, Bl. 1141; BAGE 98, 224 (228); 100, 166 (168); 101, 273 (275 f.); 102, 356 (362 f., 365); *Bachner/Gerhardt*, Betriebsübergang, B 4 f.; *Bachner* in Bachner/Köstler/Matthießen/Trittin, Betriebsübergang, § 4 Rdn. 101 ff.; *Brinkmann*, Spaltung von Rechtsträgern, S. 164 ff.; *Commandeur/Kleinebrink*, Betriebs- und Firmenübernahme, Rdn. 447; *Düwell, Wichert* in Arens/Düwell/Wichert, Umstrukturierung und Arbeitsrecht, § 7 Rdn. 152 f.; Erman/*Edenfeld*, § 613a BGB Rdn. 73; *Heinze*, Festschr. Günter Schaub, S. 275 (278, 283, 287); *Kreft*, Festschr. Hellmut Wissmann, S. 347 f.; *Preis, M. Richter*, ZIP 2004, 925 (927); *Rüthers, Bakker*, ZfA 1990, 245 (317); *Salamon*, NZA 2009, 471; Schaub/*Koch*, ArbR-Hdb. § 119 Rdn. 22; *Schnitker, Grau*, ZIP 2008, 394 (399 f.).

451 BAGE 102, 356 (362 f., 365); *Brinkmann*, Spaltung von Rechtsträgern, S. 181; *Commandeur/Kleinebrink*, Betriebs- und Firmenübernahme, Rdn. 447; *Heinze*, Festschr. Günter Schaub, S. 275 (283); *Kreft*, Festschr. Hellmut Wissmann, S. 347 (351); *Preis, M. Richter*, ZIP 2004, 925 (927); *Rüthers, Bakker*, ZfA 1990, 245 (317); *Salamon*, NZA 2009, 471.

452 *Commandeur/Kleinebrink*, Betriebs- und Firmenübernahme, Rdn. 447, 451; *Heinze*, Festschr. Günter Schaub, S. 275 (283, 287).

beziehungsweise kraft Übergangsmandats (§ 21a BetrVG) an.[453] Wieder andere verlangen lediglich, dass die übergehende wirtschaftliche Einheit weiter unterscheidbar oder abgrenzbar bleibt.[454] Dabei wird in der Regel zwischen den Fällen unterschieden, in denen beim neuen Betriebsinhaber noch keine Betriebe und damit auch keine Betriebsverfassungsorgane bestehen (dazu unter aa), und den Fällen, in denen beim Erwerber Betriebe und auch Betriebsverfassungsorgane vorhanden sind (dazu unter bb).

aa) Übernahme durch Erwerber ohne Betriebe

Unstreitig ist bei der Übernahme durch einen betriebslosen Erwerber, wie oben dargestellt, dass der Übergang eines ganzen Betriebes identitätswahrend erfolgt und dass Betriebsvereinbarungen in diesem Fall normativ fortgelten. Problematisch erscheint es, wenn nur ein Betriebsteil auf den Erwerber übergeht und dieser diesen als Betrieb fortführt. Dabei können hier noch die Fälle unterschieden werden, in denen der übergehende Betriebsteil die Voraussetzungen des § 1 Abs. 1 BetrVG erfüllt, und diejenigen, in denen die Voraussetzungen des § 1 Abs. 1 BetrVG fortfallen.

Im ersten Fall dürfte regelmäßig § 21a Abs. 1 BetrVG greifen. Für diesen hat das Bundesarbeitsgericht in einer viel beachteten Entscheidung[455] die Wahrung der Identität des Betriebes und die Fortgeltung von Betriebsvereinbarungen angenommen. Ein Unternehmer ohne eigene Betriebe hatte einen Betrieb und zwei Betriebsteile eines Unternehmens mit gebildetem Gesamtbetriebsrat übernommen. Der im Ganzen übertragene Betrieb und auch die zwei Betriebe, welche aufgespalten wurden, besaßen vor dem Übergang jeweils einen Betriebsrat. Für das Unternehmen des Veräußerers galt eine Betriebsordnung in der Form einer Gesamtbetriebsvereinbarung. Der Erwerber führte sowohl den Betrieb als auch die Betriebsteile je als eigene Betriebe fort. Nach dem Übergang der wirtschaftlichen Einheiten wurde in den zwei früheren Betriebsteilen je ein Betriebsrat gewählt. Zudem wurde für das Unternehmen des Erwerbers ein Gesamtbetriebsrat gebildet. Der neue Inhaber kündigte unter Einhaltung der Kündigungsfristen allein gegenüber dem von Anfang an bestehenden Betriebsrat des übergegangenen Betriebes die Betriebsordnung. Dieser war der Ansicht, dass diese Kündigung unwirksam sei, weil sie nicht gegenüber dem Gesamtbetriebsrat ausgesprochen wurde. Dieser sei jedoch für die Kündigung der weiterhin als Gesamtbetriebsvereinbarung geltenden Betriebsordnung zuständig gewesen.[456]

453 BAGE 102, 356 (365 ff., 369 f.); *Brinkmann*, Spaltung von Rechtsträgern, S. 179 ff.; *Gussen* in Rolfs/Giesen/Kreikebohm/Udsching, § 613a BGB Rdn. 202 ff.; tw. *Kreutz* in GK-BetrVG II, § 77 Rdn. 377 f.; *C. Meyer*, BB 2005, Beil. 114, S. 5 (6); Schaub/*Koch*, ArbR-Hdb. § 119 Rdn. 22.

454 *Lerch*, Auswirkungen von Betriebsübergängen, S. 146 f.

455 BAGE 102, 356 ff.

456 BAGE 102, 356 ff.

Das Gericht hatte zu klären, ob und in welcher Form die Betriebsordnung normativ fortwirkte. Dazu ging es zunächst auf die Frage ein, ob eine Betriebsvereinbarung normativ für die übergegangenen Betriebsteile fortgelten würde, ob diese also ihre Identität gewahrt hätte. Der Senat stellte fest, dass § 21a BetrVG unmittelbar nur die Amtsfortdauer und die Kompetenzen des Betriebsrats als Organ regele, nicht aber die Fortgeltung von Betriebsvereinbarungen.[457] Auf der anderen Seite erfasse § 21a BetrVG Fälle, in denen eine betriebliche Organisation nicht aufgelöst, sondern nur aufgespalten werde. Damit würden die Betriebsvereinbarungen nach einer Aufspaltung weiterhin für dieselben Belegschaften gelten und behielten ihre demokratische Legitimation. Würde man daher den Betriebsvereinbarungen die normative Geltung absprechen, obwohl der Betriebsrat mit voller Regelungsbefugnis auch für den übergegangen Betriebsteil im Amt bleibe, so würde man dem Sinn und Zweck von § 21a BetrVG zuwider handeln. Betriebsvereinbarungen würden daher in den Fällen des § 21a BetrVG normativ für die übergehenden Betriebsteile fortgelten.[458]

Dieser Auffassung ist zuzustimmen.[459] Sie wird durch die wörtliche, systematische und teleologische Auslegung der Vorschriften des Betriebsverfassungsgesetzes gestützt. Nach § 77 Abs. 2 BetrVG sind Betriebsvereinbarungen Vereinbarungen zwischen Arbeitgeber und Betriebsrat, die diese gemeinsam zu beschließen und schriftlich niederzulegen haben. Voraussetzung für den wirksamen Abschluss einer Betriebsvereinbarung ist also, dass der Arbeitgeber mit dem Betriebsrat zu einer Einigung über eine Regelung kommt, die in die Zuständigkeit des Betriebsrates fällt, und dass diese Einigung nach ordentlichem Beschluss auf Arbeitgeber- und Betriebsratsseite schriftlich niedergelegt wird.[460] Zudem dürfen die Regelungen nicht gegen höherrangiges Recht verstoßen.[461] Für

457 BAGE 102, 356 (365).

458 BAGE 102, 356 (370).

459 *Bachner/Gerhardt*, Betriebsübergang, B 15 f.; *Bachner* in Bachner/Köstler/Matthießen/Trittin, Betriebsübergang, § 4 Rdn. 108; *Burgmer/Richter*, Betriebsübergang, S. 89; *Düwell, Wichert* in Arens/Düwell/Wichert, Umstrukturierung und Arbeitsrecht, § 7 Rdn. 154; *Gussen* in Rolfs/Giesen/Kreikebohm/Udsching, § 613a BGB Rdn. 202 ff.; *Gussen*, Festschr. Wolfgang Leinemann, S. 207 (213 f.); *Hauck*, Festschr. Wolfgang Leinemann, S. 223 (230); *Kreft*, Festschr. Hellmut Wissmann, S. 347 (351, 353 ff.); *Kreutz* in GK-BetrVG II, § 77 Rdn. 377 f.; *Salamon*, NZA 2009, 471; Schaub/*Koch*, ArbR-Hdb. § 119 Rdn. 22; *Wahlig, Witteler*, AuA 2004, 14 (16). A.A. *Hohenstatt* in Willemsen/Hohenstatt/Schnitker/Schweibert/Seibt (Hrsg.), Umstrukturierung, E 20 ff.; *Jacobs*, Festschr. Horst Konzen, S. 345 (349); *W. Kamlah*, Bestandsschutz, S. 95; *Lerch*, Auswirkungen von Betriebsübergängen, S. 150 f.; MünchKommBGB/*Müller-Glöge*, § 613a BGB Rdn. 151; *Preis, M. Richter*, ZIP 2004, 925 (928 ff.); *Salamon*, NZA 2009, 471; *S. Simon, Zerres*, Festschr. Wolfgang Leinemann, S. 255 (268 f.); *Tenbrock*, Die betriebliche Altersversorgung, S. 173 f. A.A. *Niklas*, DB 2008, 2250 (2251). Nun auch abweichend: ErfK/*Preis*, § 613a BGB Rdn. 114.

460 Vgl. *Brinkmann*, Spaltung von Rechtsträgern, S. 177; *Kreutz* in GK-BetrVG II, § 77 Rdn. 38 ff., 44 ff., 74 ff., 83 ff., 165 ff.; *Preis, M. Richter*, ZIP 2004, 925 (927 f.).

461 *Kreutz* in GK-BetrVG II, § 77 Rdn. 291 ff.

die Fortgeltung der Betriebsvereinbarung verlangt das Betriebsverfassungsgesetz nur, dass sie ordnungsgemäß zustande gekommen ist.[462] Die Regelungen in § 77 Abs. 4 S. 1, Abs. 5 und 6 BetrVG zeigen, dass das Gesetz als Beendigungstatbestände für Betriebsvereinbarungen allein die Kündigung sowie das Erreichen des von den Betriebsverfassungsorganen festgesetzten Beendigungszeitpunkts beziehungsweise der vereinbarten Bedingung kennt.[463] Veränderungen in der Belegschaft, das Ende der Amtszeit des Betriebsrats[464] und auch das vorübergehende oder dauernde Fortfallen des Betriebsrats[465] haben auf die Fortwirkung der Betriebsvereinbarungen nach dem Gesetz keinen Einfluss.

Betriebsvereinbarungen können indes gegenstandslos werden. Dies ist unter anderem dann der Fall, wenn ihr räumlicher und sachlicher Geltungsbereich wegfällt.[466] Ein solcher Fall tritt dann ein, wenn ein Betrieb nicht nur aufgespalten, sondern aufgelöst wird.[467] Danach kann eine Betriebsvereinbarung dann normativ fortgelten, wenn nur ein Betriebsteil seine Identität wahrt. Es liegt dann begrifflich im Verhältnis zum Ursprungsbetrieb Teilidentität vor.[468] Dies entspricht auch dem Sinn und Zweck der betriebsverfassungsrechtlichen Vorschriften. Denn es existiert weiterhin die Organisation, auf deren Gestaltung der Betriebsrat, der fortbesteht, zum Schutz der Arbeitnehmer Einfluss nehmen soll und für die er regelungsbefugt ist. Überdies entspricht es den Interessen des Erwerbers und der übernommenen Belegschaft. Denn der Erwerber kann so zunächst auf eine bestehende Struktur zurückgreifen und diese mit dem Betriebsrat – ohne dass eine Veränderungssperre griffe – neu regeln[469]. Letzterer wiederum wird regelmäßig kein Interesse daran haben, dass die von ihm vereinbarten Regelungen allein wegen der Übertragung des Betriebsteils ihre normative Geltung verlieren.[470]

---

462 Denn die normative Wirkung begründet sich durch die den Betriebsverfassungsparteien durch Gesetz übertragene Rechtsetzungsbefugnis, vgl. dazu *Kreutz* in GK-BetrVG II, § 77 Rdn. 165 ff., 192 ff., 213 ff., 220 ff., 227 ff.; *Rieble, Gutzeit*, ZIP 2004, 693 (696).

463 *Bracker*, Betriebsübergang, S. 68; *Kreft*, Festschr. Hellmut Wissmann, S. 347 (349 f.); *Kreutz* in GK-BetrVG II, § 77 Rdn. 201, 353 ff.

464 BAGE 102, 356 (366); *Kreft*, Festschr. Hellmut Wissmann, S. 347 (349 f.); *Kreutz* in GK-BetrVG II, § 77 Rdn. 382; *Salamon*, NZA 2009, 471.

465 BAGE 102, 356 (366); *Kreft*, Festschr. Hellmut Wissmann, S. 347 (349 f.); *Kreutz* in GK-BetrVG II, § 77 Rdn. 383; *Salamon*, NZA 2009, 471. Anders aber *Schlüter*, Festschr. Peter Schwerdtner, S. 341 (350 f.), der bei freiwilligen Betriebsvereinbarungen annimmt, dass sie fortfallen. Bei erzwingbaren Betriebsvereinbarungen wendet er § 77 Abs. 6 BetrVG an.

466 Vgl. *Kreutz* in GK-BetrVG II, § 77 Rdn. 377 f.; *Salamon*, NZA 2009, 471.

467 *Kreft*, Festschr. Hellmut Wissmann, S. 347 (351); *Salamon*, NZA 2009, 471.

468 BAGE 102, 356 (369 f.); *Kreft*, Festschr. Hellmut Wissmann, S. 347 (354); *Kreutz* in GK-BetrVG II, § 77 Rdn. 378; *Wahlig, Witteler*, AuA 2004, 14 (16).

469 BAGE 102, 356 (367); *Preis, M. Richter*, ZIP 2004, 925 (927).

470 BAGE 102, 356 (367).

Die in § 21a BetrVG beschriebene Betriebsaufspaltung kann auch dazu führen, dass übergehende Betriebsteile nicht mehr die Voraussetzungen des § 1 Abs. 1 BetrVG erfüllen. Dann verändert sich die Interessenlage des Erwerbers. Im Falle der normativen Fortgeltung der Betriebsvereinbarungen steht ihm nun kein Regelungspartner mehr zur Verfügung, so dass er die Betriebsverfassung nicht kollektiv neu regeln kann. Ihm bleibt nur die Möglichkeit, die Wirkung der Betriebsvereinbarung unter Einhaltung der vereinbarten oder gesetzlichen Kündigungsfrist gegenüber allen erfassten Arbeitnehmern zu beenden[471] und dann auf individualvertraglichem Wege neue Regelungen zu schaffen. Dieses veränderte Interesse rechtfertigt indes eine unterschiedliche Behandlung dieser Betriebsteile nicht. Die Vorschriften des Betriebsverfassungsgesetzes dienen dem Schutz der Arbeitnehmer vor der Organisationsgewalt und wirtschaftlichen Macht des Arbeitgebers.[472] Das Interesse der Arbeitnehmer an einem Erhalt der von ihnen bereits erreichten Regelungen für ihren Betriebsteil bleibt gleich. Auch ist die Kontinuität des Betriebsrats keine Voraussetzung für die Fortgeltung von Betriebsvereinbarungen. Der Geltungsbereich bleibt unverändert. Damit gelten Betriebsvereinbarungen auch dann normativ fort, wenn Betriebe aufgespalten werden und dann ein Betriebsteil, der nicht mehr betriebsratsfähig ist, auf einen Dritten übergeht und dort als Betrieb fortgeführt wird.[473]

bb) Übernahme durch Erwerber mit Betrieben und betriebsverfassungsrechtlicher Struktur

Fraglich ist, ob die Voraussetzungen für eine normative Fortgeltung auch dann vorliegen, wenn Betriebe oder Betriebsteile auf einen Erwerber übergehen, der selbst schon Betriebe besitzt, die verfasst sind. Dabei ist davon auszugehen, dass dies der normativen Geltung dann nicht entgegensteht, wenn ein Betrieb als Ganzes oder ein Betriebsteil übertragen und dann selbstständig fortgeführt wird, denn dann lassen sich die bisher entwickelten Grundsätze ohne Weiteres anwenden. Die Identität des Betriebes oder Betriebsteils bleibt erhalten. Zu untersuchen ist die Frage für die Fälle, in denen ein Betrieb oder Betriebsteil in einen Betrieb des Übernehmers eingegliedert wird oder in denen Betriebe oder Betriebsteile zusammengefasst werden.

---

471 BAGE 102, 356 (366); *Kreft*, Festschr. Hellmut Wissmann, S. 347 (350). Anderer Ansicht wohl *Hohenstatt* in Willemsen/Hohenstatt/Schnitker/Schweibert/Seibt (Hrsg.), Umstrukturierung, E 61; *Salamon*, RdA 2007, 103 (104); *Schlüter*, Festschr. Peter Schwerdtner, S. 341 (352 f.).

472 *Bracker*, Betriebsübergang, S. 62; *Wiese* in GK-BetrVG I, Einleitung, Rdn. 57, 70 ff.

473 Vgl. Ausführungen zu den Voraussetzungen der Wahrung der Betriebsidentität bei *Lerch*, Auswirkungen von Betriebsübergängen, S. 150 ff.; *Salamon*, NZA 2009, 471. A.A. *Gussen*, Festschr. Wolfgang Leinemann, S. 207 (213 f.); *Kreft*, Festschr. Hellmut Wissmann, S. 347 (354, 361); *Kreutz* in GK-BetrVG II, § 77 Rdn. 394; *Preis, M. Richter*, ZIP 2004, 925 (928 ff.).

§ 21a Abs. 1 S. 1 BetrVG schließt ein Übergangsmandat für einen abgespaltenen Betriebsteil dann aus, wenn die Betriebsteile in einen Betrieb eingegliedert werden, in dem ein Betriebsrat besteht. § 21a Abs. 2 S. 1 BetrVG regelt, dass bei der Zusammenfassung zweier verfasster Betriebe oder Betriebsteile der Betriebsrat des größeren Betriebs das Übergangsmandat wahrnimmt. Unschädlich ist danach für das Übergangsmandat, wenn ein Betrieb oder Betriebsteil in einen betriebsratslosen Betrieb oder Betriebsteil eingegliedert oder mit diesem zusammengelegt wird.[474] Für diesen Fall unterfallen die Arbeitnehmer nicht der Regelungsbefugnis eines neuen Betriebsverfassungsorgans. Der Geltungsbereich der alten Betriebsvereinbarung bleibt somit erhalten, so dass in diesen Fällen auch von einer normativen Fortgeltung auszugehen ist, solange der Geltungsbereich noch zweifelsfrei identifiziert werden kann.[475] Bei einer Eingliederung in einen Betrieb mit Betriebsrat wird dieser zuständig. Bei der Zusammenlegung mehrerer Betriebe wird der Betriebsrat zuständig, dem der größere Betrieb zuzuordnen ist. Die Regelung des § 21a BetrVG soll Schutzlücken bei betrieblichen Umstrukturierungen schließen und eine Wahrnehmung der Arbeitnehmerinteressen auf betrieblicher Ebene sicherstellen. Besteht in dem aufnehmenden Betrieb ein Betriebsrat oder bestehen zwei Betriebsräte, von denen einer zuständig wird, so ist diese Repräsentation sichergestellt. Ein Nebeneinander von zwei Arbeitnehmervertretungen ist nicht notwendig.[476] Da die Eingliederung in einen verfassten Betrieb grundsätzlich dazu führt, dass die Arbeitnehmer nun dem Geltungsbereich von Betriebsvereinbarungen für diesen Betrieb unterfallen, besteht kein Raum mehr für Regelungen des alten Betriebsrats. Bei der Zusammenlegung gilt die Betriebsverfassung des größeren Betriebes. Der Betrieb verliert insoweit seine Identität.[477] Eine normative Weitergeltung der Betriebsvereinbarungen kommt nicht in Betracht.[478]

Kommt es zu einer Fortgeltung von Betriebsvereinbarungen, weil der Betrieb oder Betriebsteil selbstständig weitergeführt wird oder weil eine Eingliederung in beziehungsweise Zusammenlegung mit einem betriebsratslosen Betrieb(steil) erfolgt, stellt sich unter Umständen ein Kollisionsproblem mit kollektiven Rege-

474 Für eine teleologische Reduktion des § 21a BetrVG: *Kreutz* in GK-BetrVG I, § 21a Rdn. 60 ff., 68.

475 So *Bachner/Gerhardt*, Betriebsübergang, B 15 f.; *Bachner* in Bachner/Köstler/Matthießen/Trittin, Betriebsübergang, § 4 Rdn. 101 ff. (keine Beschränkung auf betriebsratslose Erwerberbetriebe); *Lerch*, Auswirkungen von Betriebsübergängen, S. 154 ff. A.A. *Maschmann/Sieg*, Unternehmensumstrukturierung, Rdn. 420; *Niklas*, DB 2008, 2250 (2251).

476 Vgl. *Kreutz* in GK-BetrVG I, § 21a Rdn. 7.

477 *Rieble, Gutzeit*, ZIP 2004, 693 (696); *Salamon*, RdA 2007, 103 (109).

478 Ähnlich *Brinkmann*, Spaltung von Rechtsträgern, S. 183; *Hohenstatt* in Willemsen/Hohenstatt/Schnitker/Schweibert/Seibt (Hrsg.), Umstrukturierung, E 12; *C. Meyer*, BB 2005, Beil. 114, S. 5 (7); *Salamon*, RdA 2007, 103 (109); *Salamon*, NZA 2009, 471.

lungen, die beim Erwerber bestehen. Eine solche echte Konkurrenz ist anzunehmen, wenn diese Betriebe oder Betriebsteile nun einer Gesamt- oder Konzernbetriebsvereinbarung mit gleichem Regelungsgehalt beim Erwerber unterfallen. Es ist daher zu entscheiden, welche Kollisionsregeln anzuwenden sind. In Betracht kommt zunächst das Günstigkeitsprinzip. Dies findet jedoch nach seiner Konzeption nur auf Regelungen unterschiedlicher Hierarchieebenen Anwendung.[479] Die kollidierenden Normen in den beschriebenen Fällen sind indes gleichrangig. Zwischen solchen gleichrangigen Normen können der Grundsatz der Spezialität[480] oder das Ablöseprinzip[481] Anwendung finden. Eine Anwendung des Spezialitätsgrundsatzes erscheint aus mehreren Gründen nicht interessengerecht. Zum einen entsteht die Konkurrenz zwischen den Normen erst nachträglich durch die Zuordnung von organisatorischen Einheiten zu einem neuen Unternehmen oder Konzern. Aus diesem Grund würden die beim Veräußerer aufgestellten Regelungen den Regelungen beim Erwerber immer vorgehen, da sie für die übergehende Einheit grundsätzlich die speziellere Regelung sind.[482] Damit könnte aber in keinem Fall Veränderungen Rechnung getragen werden, die sich durch den Betriebsübergang ergeben. Zum anderen stellt sich die Kollisionsfrage nur bei solchen Regelungen, die dieselbe Sachgruppe behandeln, so dass es regelmäßig schwer fallen dürfte, nach dem Regelungsinhalt zu differenzieren. Aussagekräftig ist damit allein das Ablöseprinzip.[483] Für dessen Anwendung spricht auch die Regelung des § 613a Abs. 1 S. 3 BGB. Zwar kann diese nur dann direkt Anwendung finden, wenn Betriebsvereinbarungen gemäß § 613a Abs. 1 S. 2 BGB übergeleitet werden. Sie spiegelt indes die gesetzgeberische Wertung wider, wonach dem Vereinheitlichungsinteresse eines Erwerbers bei einem Betriebsübergang Vorrang zu gewähren ist.[484] Eine unterschiedliche Behandlung von Betriebsvereinbarungen, die normativ fortgelten, und solchen, die übergeleitet werden, widerspricht dieser gesetzlichen Wertung. Daher ist § 613a Abs. 1 S. 3 BGB auf die vorliegenden Kollisionsfälle analog anzuwenden.[485] Es gilt das Ablöseprinzip. Damit gelten

---

479 *Kreitner*, Küttner/Röller (Hrsg.), Personalbuch 2012, Günstigkeitsprinzip, Rdn. 1 f.; *Kreutz* in GK-BetrVG II, § 77 Rdn. 234 ff., 254; *Richardi* in Richardi, BetrVG, § 77 Rdn. 141 ff., 145.

480 Vgl. zum Spezialitätsgrundsatz ErfK/*Franzen*, § 4 TVG, Rdn. 67 ff.

481 Vgl. dazu nur *Kreutz* in GK-BetrVG II, § 77 Rdn. 356 ff. m. w. N.

482 Vgl. Überlegungen bei *Lerch*, Auswirkungen von Betriebsübergängen, S. 146 ff.

483 Vgl. BAGE 98, 224 (228); *Hohenstatt* in Willemsen/Hohenstatt/Schnitker/Schweibert/Seibt (Hrsg.), Umstrukturierung, E 44; MünchKommBGB/*Müller-Glöge*, § 613a BGB Rdn. 158; *Schnitker, Grau*, ZIP 2008, 394 (400).

484 Vgl. ErfK/*Preis*, § 613a BGB, Rdn. 124; *Schnitker, Grau*, ZIP 2008, 394 (400).

485 Vgl. *Bachner* in Bachner/Köstler/Matthießen/Trittin, Betriebsübergang, § 4 Rdn. 127 f., 149; *Burgmer/Richter*, Betriebsübergang, S. 90; Erman/*Edenfeld*, § 613a BGB Rdn. 87; *Gussen/Dauck*, Weitergeltung von Betriebsvereinbarungen und Tarifverträgen, Rdn. 60 ff., 72; *Kreft*, Festschr. Hellmut Wissmann, S. 347 (362); *Niklas*, DB 2008, 2250 (2254); *Schnitker, Grau*, ZIP 2008, 394 (400); *S. Simon, Zerres*, Festschr. Wolfgang Leinemann, S. 255 (270 f.); *Wahlig*,

Betriebsvereinbarungen dann nicht kollektivrechtlich nach allgemeinen Grundsätzen fort, wenn entsprechende Vereinbarungen beim Erwerber bestehen.

Zusammenfassend ist festzustellen, dass auch beim Übergang von Betriebsteilen Betriebsvereinbarungen normativ fortgelten. Dies gilt zunächst unabhängig davon, ob der Betriebsteil weiter die Voraussetzungen des § 1 Abs. 1 BetrVG erfüllt und ob beim Erwerber bereits Betriebe und Betriebsverfassungsorgane vorhanden sind. Ein Einfügen des Betriebsteils in einen Erwerberbetrieb ist dann unschädlich, wenn der Geltungsbereich der Betriebsvereinbarung unangetastet bleibt. Dies ist der Fall, wenn eine Eingliederung in einen betriebsratslosen Betrieb stattfindet und die eingegliederte Einheit noch abtrennbar beziehungsweise abgrenzbar vorhanden ist. Bei der Eingliederung in einen verfassten Betrieb verliert der Betriebsteil seine Identität. Eine Fortgeltung kommt nur nach § 613a Abs. 1 S. 2 BGB in Betracht. Kollidieren grundsätzlich normativ fortgeltende Betriebsvereinbarungen mit kollektiven Vereinbarungen beim Erwerber in der Weise, dass diese auch die übergegangenen Arbeitnehmer erfassen und denselben Regelungsgehalt haben, so ist § 613a Abs. 1 S. 3 BGB analog anzuwenden.

b) Gesamtbetriebsvereinbarungen

Wenn Betriebsvereinbarungen bei Wahrung der Betriebsidentität normativ fortgelten, so stellt sich die Frage, ob diese Aussage auf Gesamtbetriebsvereinbarungen übertragen werden kann. Unbestritten ist dies für Gesamtbetriebsvereinbarungen, die der Gesamtbetriebsrat im Rahmen seiner Auftragszuständigkeit nach § 50 Abs. 2 BetrVG geschlossen hat,[486] da es sich dabei um Einzelbetriebsvereinbarungen handelt.[487] Für diese gilt, dass sie normativ fort-

---

Witteler, AuA 2004, 14 (18). Zum Teil wird das Ablöseprinzip unabhängig von einer Analogie zu § 613a Abs. 1 S. 3 BGB angewendet: *Hohenstatt* in Willemsen/Hohenstatt/Schnitker/Schweibert/Seibt (Hrsg.), Umstrukturierung, E 44. Dies macht im Ergebnis keinen Unterschied. *Hertzfeld*, DB 2006, 2177, wendet § 613a Abs. 1 S. 3 BGB an, bevor er nach einer kollektiven oder individuellen Fortgeltung von kollektiven Vereinbarungen fragt. A.A. *Lerch*, Auswirkungen von Betriebsübergängen, S. 146 ff.

486 Vgl. BAGE 102, 356 (364); *Bachner/Gerhardt*, Betriebsübergang, B 28; *Bachner* in Bachner/Köstler/Matthießen/Trittin, Betriebsübergang, § 4 Rdn. 110, 112; *Gussen* in Rolfs/Giesen/Kreikebohm/Udsching, § 613a BGB Rdn. 215; *Gussen*, Festschr. Wolfgang Leinemann, S. 207 (219 f.); *Hohenstatt* in Willemsen/Hohenstatt/Schnitker/Schweibert/Seibt (Hrsg.), Umstrukturierung, E 68; *Jacobs*, Festschr. Horst Konzen, S. 345 (346); *Kreft*, Festschr. Hellmut Wissmann, S. 347 (359 f.); *Lerch*, Auswirkungen von Betriebsübergängen, S. 217; *Niklas*, DB 2008, 2250 (2253); *Preis, M. Richter*, ZIP 2004, 925 (937); *Rieble, Gutzeit*, NZA 2003, 233 (237); *Salamon*, RdA 2007, 103 (105); *S. Simon, Zerres*, Festschr. Wolfgang Leinemann, S. 255 (269).

487 Vgl. BAGE 102, 356 (364); *Bachner/Gerhardt*, Betriebsübergang, B 28; *Bachner* in Bachner/Köstler/Matthießen/Trittin, Betriebsübergang, § 4 Rdn. 110, 112; *Gussen* in Rolfs/Giesen/Kreikebohm/Udsching, § 613a BGB Rdn. 215; *Gussen*, Festschr. Wolfgang Leinemann, S. 207

gelten, wenn der Betrieb im Sinne der oben beschriebenen Voraussetzungen seine Identität wahrt.

Schwieriger ist die Frage für solche Vereinbarungen zu beantworten, die der Gesamtbetriebsrat kraft originärer Zuständigkeit nach § 50 Abs. 1 BetrVG abgeschlossen hat. § 50 Abs. 1 BetrVG setzt voraus, dass ein überbetriebliches Regelungsbedürfnis besteht und eine Regelung in den einzelnen Betrieben nicht möglich ist. Dieses Zuständigkeitserfordernis wirft die Frage auf, ob Gesamtbetriebsvereinbarungen einen anderen Charakter haben als Betriebsvereinbarungen; ob sie also keine Regelungen für den Betrieb, sondern für eine Gesamtheit von Betrieben beziehungsweise ein Unternehmen treffen und damit zwingend nicht nur die Identität des Betriebes, sondern die des Unternehmens voraussetzen.[488] Nimmt man dies an, so kommt eine normative Fortgeltung von Gesamtbetriebsvereinbarungen bei Betriebsübergang nur dann in Betracht, wenn sämtliche Betriebe, für die die Gesamtbetriebsvereinbarung geschlossen wurde, auf einen Erwerber übergehen und diese dort unverändert fortgeführt werden.[489]

Das Bundesarbeitsgericht hat es in der eben schon angesprochenen Entscheidung[490] abgelehnt, auf eine „Unternehmensidentität" oder „Identität der Betriebe des Unternehmens" abzustellen. Es hat vielmehr die für die Betriebsvereinbarung aufgestellten Voraussetzungen unverändert auf Gesamtbetriebsvereinbarungen angewandt. Folgt man dieser Auffassung, so gelten Gesamtbetriebsvereinbarungen auch dann normativ fort, wenn nur ein Betrieb- oder Betriebsteil identitätswahrend übertragen wird. Aufgrund ihres beim Erwerber begrenzten Geltungsbereichs kann man dann von der Weitergeltung als Einzelbetriebsvereinbarung

---

(219 f.); *Hohenstatt* in Willemsen/Hohenstatt/Schnitker/Schweibert/Seibt (Hrsg.), Umstrukturierung, E 68; *Jacobs*, Festschr. Horst Konzen, S. 345 (346); *Kreft*, Festschr. Hellmut Wissmann, S. 347 (359 f.); *Lerch*, Auswirkungen von Betriebsübergängen, S. 217; *Preis, M. Richter*, ZIP 2004, 925 (937); *Rieble, Gutzeit*, NZA 2003, 233 (237); *Salamon*, RdA 2007, 103 (105); *S. Simon, Zerres*, Festschr. Wolfgang Leinemann, S. 255 (269).

488 Für das Anknüpfen an eine Unternehmensidentität oder eine Gruppe von Betrieben sprechen sich aus: LAG Hamburg, Urt. v. 27.04.1999 – 3 Sa 29/97 – (juris); LAG Schleswig-Holstein, Beschl. v. 18.09.2001 – 1 TaBV 6 a/01 – (juris); LAG Hamm NZA-RR 2003, 369 (370); *Brinkmann*, Spaltung von Rechtsträgern, S. 184 ff.; *Gussen/Dauck*, Weitergeltung von Betriebsvereinbarungen und Tarifverträgen, Rdn. 81; *Hohenstatt* in Willemsen/Hohenstatt/Schnitker/Schweibert/Seibt (Hrsg.), Umstrukturierung, E 58 ff., 61; *Jacobs*, Festschr. Horst Konzen, S. 345 (350 ff.); *Lützeler*, Aktienoptionen, S. 81; *Preis, M. Richter*, ZIP 2004, 925 (937); *S. Simon, Zerres*, Festschr. Wolfgang Leinemann, S. 255 (269 f.); *Tenbrock*, Die betriebliche Altersversorgung, S. 189 ff., 193 f.

489 Vgl. BAGE 101, 273 (275 f.) (Voraussetzungen des Fortbestehens des Gesamtbetriebsrats); *Jacobs*, Festschr. Horst Konzen, S. 345 (353); *Preis, M. Richter*, ZIP 2004, 925 (937 f.); *S. Simon, Zerres*, Festschr. Wolfgang Leinemann, S. 255 (269 f.). *Commandeur/Kleinebrink*, Betriebs- und Firmenübernahme, Rdn. 452, nimmt sogar an, dass selbst bei Übergang aller Betriebe eines Unternehmens eine Gesamtbetriebsvereinbarung nicht normativ fortwirken kann.

490 BAGE 102, 356 (364 f., 368 f.).

sprechen.[491] Gehen mehrere, aber nicht alle, oder alle Betriebe eines Unternehmens über, so gilt die Gesamtbetriebsvereinbarung weiter überbetrieblich.[492]

Gemäß § 51 Abs. 5 BetrVG finden auf den Gesamtbetriebsrat die Vorschriften über die Rechte und Pflichten des Betriebsrats entsprechende Anwendung, soweit das Betriebsverfassungsgesetz keine besonderen Vorschriften enthält. Der Gesamtbetriebsrat ist den Betriebsräten nach § 50 Abs. 1 S. 2 BetrVG nicht übergeordnet, sondern hat dieselben Rechte und Pflichten. Nach § 50 Abs. 1 S. 1 BetrVG ist der Gesamtbetriebsrat für dieselben Angelegenheiten wie der Betriebsrat zuständig, wenn diese notwendig überbetrieblich zu regeln sind. Aus diesem Grund fällt die Zuständigkeit des Betriebsrats auch in dem Augenblick weg, in dem der Gesamtbetriebsrat originär zuständig wird.[493] Für Vereinbarungen, die der Gesamtbetriebsrat mit dem Arbeitgeber zur Regelung solcher Angelegenheiten trifft, gilt keine gesonderte gesetzliche Regelung, vielmehr findet § 77 BetrVG über § 51 Abs. 5 BetrVG Anwendung. Der Gesamtbetriebsrat schließt also ebenfalls Betriebsvereinbarungen mit dem Arbeitgeber, die nach § 77 Abs. 4 S. 1 BetrVG unmittelbar und zwingend für die erfassten Arbeitsverhältnisse gelten. Das Gesetz selbst verwendet für diese auch keine andere Bezeichnung. Der Begriff „Gesamtbetriebsvereinbarungen" findet keine Grundlage im Gesetz.[494] Das Erfordernis der überbetrieblichen Regelung führt zur Zuständigkeit des Gesamtbetriebsrats. Einmal wirksam von ihm geschlossene Betriebsvereinbarungen gelten bis zu ihrem Ablauf oder zu ihrer Kündigung aber ohne Rücksicht auf das weitere Vorliegen eines überbetrieblichen Regelungserfordernisses[495] und die weitere Existenz eines Gesamtbetriebsrats.[496] Die Gesamtbetriebsvereinbarung muss nicht für das Unternehmen, sie kann auch nur für einen Teil der Betriebe

491 BAGE 102, 356 (366 f.).

492 BAGE 102, 356 (367 f.).

493 BAG AP Nr. 2 zu § 50 BetrVG 1972, Bl. 628 f.; BAG NZA 1993, 31 (33); ErfK/*Koch*, § 50 BetrVG Rdn. 2; Hess/Schlochauer/Worzalla/Glock/Nicolai/Rose - *Glock*, § 50 BetrVG Rdn. 5; MünchArbR II/*Joost*, § 225 Rdn. 30; *Röder, Gragert*, DB 1996, 1674 (1675 f.); *Salamon*, RdA 2007, 103 (105); *Salamon*, NZA 2009, 471 (473).

494 *Gussen* in Rolfs/Giesen/Kreikebohm/Udsching, § 613a BGB Rdn. 214; *Gussen*, Festschr. Wolfgang Leinemann, S. 207 (219); *C. Meyer*, BB 2005, Beil. 114, S. 5 (6); *Tenbrock*, Die betriebliche Altersversorgung, S. 189 ff.

495 BAGE 102, 356 (366); *P. Hanau, Vossen*, Festschr. Marie Luise Hilger und Hermann Stumpf, S. 271 (275 f.); *Lerch*, Auswirkungen von Betriebsübergängen, S. 229 f.; *Salamon*, RdA 2007, 103 (106 f.); *Salamon*, NZA 2009, 471. Ein solches fortbestehendes Interesse fordern jedoch *Bachner/Gerhardt*, Betriebsübergang, B 38; *Bachner* in Bachner/Köstler/Matthießen/Trittin, Betriebsübergang, § 4 Rdn. 118; *Jacobs*, Festschr. Horst Konzen, S. 345 (352, 356); *Tenbrock*, Die betriebliche Altersversorgung, S. 189 ff., 193 f.

496 BAGE 102, 356 (366 ff.); *P. Hanau, Vossen*, Festschr. Marie Luise Hilger und Hermann Stumpf, S. 271 (275 f.); *Jacobs*, Festschr. Horst Konzen, S. 345 (352 ff., 355); *Lerch*, Auswirkungen von Betriebsübergängen, S. 229 f.; *Salamon*, RdA 2007, 103 (104); *Salamon*, NZA 2009, 471.

(mindestens zwei) geschlossen werden. Damit ist ihr Geltungsbereich nicht das Unternehmen. Die Betriebsvereinbarungen gelten in den jeweiligen Betrieben.[497] Im Rahmen der originären Zuständigkeit abgeschlossene Gesamtbetriebsvereinbarungen haben damit denselben Charakter wie Einzelbetriebsvereinbarungen. Sie unterscheiden sich nur durch das Organ, welches sie auf Arbeitnehmerseite abgeschlossen hat. Damit finden die Grundsätze, welche zur Betriebsvereinbarung entwickelt wurden, hier uneingeschränkt Anwendung.[498] Entscheidend ist, ob der Betrieb oder Betriebsteil nach den oben beschriebenen Kriterien die Identität bewahrt.

c) Konzernbetriebsvereinbarungen

Inwieweit sich diese Grundsätze auch auf Konzernbetriebsvereinbarungen übertragen lassen, ist höchstrichterlich noch nicht geklärt. Einige Autoren gehen davon aus, dass eine solche Übertragung mit gleich bleibender Begründung ohne Weiteres möglich ist.[499] Dies kann aber nur für Konzernbetriebsvereinbarungen nach § 58 Abs. 2 BetrVG gelten, die je nach Auftrag Einzel- oder Gesamtbetriebsvereinbarungen darstellen.[500] Bei Vereinbarungen nach § 58 Abs. 1 BetrVG ist zu

497 BAGE 102, 356 (365 f., 369); *Düwell, Wichert* in Arens/Düwell/Wichert, Umstrukturierung und Arbeitsrecht, § 7 Rdn. 155; *P. Hanau, Vossen*, Festschr. Marie Luise Hilger und Hermann Stumpf, S. 271 (275 f.); *Kreft*, Festschr. Hellmut Wissmann, S. 347 (359 f.); *Niklas*, DB 2008, 2250 (2253); *Salamon*, RdA 2007, 103 (108); *Salamon*, NZA 2009, 471; *Salamon*, RdA 2009, 175 (178).

498 BAGE 102, 356 (369 f.); *Bachner/Gerhardt*, Betriebsübergang, B 36 f.; *Bachner* in Bachner/Köstler/Matthießen/Trittin, Betriebsübergang, § 4 Rdn. 114 ff.; *Burgmer/Richter*, Betriebsübergang, S. 90; *Dreher* in Bernsau/Dreher/Hauck, Betriebsübergang, § 613a BGB Rdn. 296; *Düwell, Wichert* in Arens/Düwell/Wichert, Umstrukturierung und Arbeitsrecht, § 7 Rdn. 155 f.; *M. Fuchs* in Bamberger/Roth, BGB, § 613a BGB Rdn. 36; *Gussen* in Rolfs/Giesen/Kreikebohm/Udsching, § 613a BGB Rdn. 214 ff.; *Gussen*, Festschr. Wolfgang Leinemann, S. 207 (219 ff.); *P. Hanau, Vossen*, Festschr. Marie Luise Hilger und Hermann Stumpf, S. 271 (275 f.); *C. Meyer*, ZIP 2004, 545; *Niklas*, DB 2008, 2250 (2253); *Salamon*, NZA 2009, 471; Schaub/*Koch*, ArbR-Hdb. § 119 Rdn. 26; *Wahlig, Witteler*, AuA 2004, 14 (16 ff.). A.A. BAGE 50, 62 (71); *Bracker*, Betriebsübergang, S. 87 f.; *Hohenstatt* in Willemsen/Hohenstatt/Schnitker/Schweibert/Seibt (Hrsg.), Umstrukturierung, E 58 ff., 61; *Preis, M. Richter*, ZIP 2004, 925 (931 ff.).

499 *Burgmer/Richter*, Betriebsübergang, S. 90; *Gussen* in Rolfs/Giesen/Kreikebohm/Udsching, § 613a BGB Rdn. 216; *Gussen*, Festschr. Wolfgang Leinemann, S. 207 (220); *P. Hanau, Vossen*, Festschr. Marie Luise Hilger und Hermann Stumpf, S. 271 (275 f.); *C. Meyer*, BB 2005, Beil. 114, S. 5 (6 ff., 8 f.); *Salamon*, NZA 2009, 471 (471 f., 474 f.); *Schnitker, Grau*, ZIP 2008, 394 (400).

500 Zum Charakter von Konzernbetriebsvereinbarungen nach § 58 Abs. 2 BetrVG: *Bachner/Gerhardt*, Betriebsübergang, B 45; *Bachner* in Bachner/Köstler/Matthießen/Trittin, Betriebsübergang, § 4 Rdn. 131; *C. Meyer*, BB 2005, Beil. 114, S. 5 (6). *Jacobs*, Festschr. Horst Konzen, S. 345 (346 f.) schließt Konzernbetriebsvereinbarungen aus seinen Betrachtungen aus, da er

beachten, dass Arbeitgeber im Sinne von § 77 BetrVG in diesen Fällen nicht der Betriebsveräußerer selbst ist, in dessen Position der Erwerber eintritt. Arbeitgeber ist das Konzernunternehmen, welches eine konzernweite Leistung ausschütten will,[501] also die Mutter- oder eine Schwestergesellschaft. In deren Position tritt der Erwerber indes nicht ein. Der Erwerber ist auch in den hier besprochenen Fällen nicht selbst Konzerngesellschaft. In die Position der Abhängigkeit beziehungsweise Konzernzugehörigkeit tritt er kraft der Einzelrechtsnachfolge oder kraft § 613a Abs. 1 BGB nicht ein. Die Konzernbetriebsvereinbarung gilt aber nur für Betriebe, die in einen Unterordnungskonzern eingegliedert sind und damit der Regelungsmacht des Konzernbetriebsrats unterfallen. Endet die Zugehörigkeit zum Konzern, endet nicht nur die Zuständigkeit des Konzernbetriebsrats, sondern auch die der Konzernspitze oder Schwestergesellschaft. Der Betrieb unterfällt nicht mehr dem Geltungsbereich der Konzernbetriebsvereinbarung.[502] Eine normative Fortgeltung kommt daher nur dann in Betracht, wenn Betriebe innerhalb eines Konzerns übertragen werden,[503] nicht aber bei einem Betriebsübergang aus dem Konzern heraus.[504] Hier lässt sich die Argumentation gegen eine normative Fortgeltung von Tarifverträgen vergleichend heranziehen. Ist der Erwerber nicht Mitglied desselben Arbeitgeberverbandes wie der Veräußerer, so wird eine Fortgeltung von Tarifverträgen gerade auch mit der Begründung abgelehnt, dass der Betriebsübernehmer in die Mitgliedschaftsposition nicht ein-

---

eine eigenständige Behandlung dieser (unabhängig von den Aussagen zur Gesamtbetriebsvereinbarung) für notwendig hält.

501 Siehe Kapitel 2 B.III.

502 So wohl *Niklas*, DB 2008, 2250 (2254); *S. Simon, Zerres*, Festschr. Wolfgang Leinemann, S. 255 (270). Anderer Ansicht mit Verweis auf den Normcharakter der Konzernbetriebsvereinbarung *Salamon*, NZA 2009, 471 (472), der die Tatsache, das auch der Regelungspartner des Konzernbetriebsrats fortfällt, unbeachtlich findet. Dies ist im Hinblick auf die Gesetzessystematik, die die rechtliche Bindung von Unternehmen im Konzern durch eine Mutter- oder Schwestergesellschaft ermöglicht, nicht überzeugend. Die Rechtsetzungsmacht dieser Gesellschaften rechtfertigt sich durch die einheitliche Leitung im Unterordnungskonzern.

503 Für diese Fälle ist die normative Fortgeltung weithin anerkannt. Siehe dazu *Bachner/Gerhardt*, Betriebsübergang, B 44; *Brinkmann*, Spaltung von Rechtsträgern, S. 186; *Gussen/Dauck*, Weitergeltung von Betriebsvereinbarungen und Tarifverträgen, Rdn. 81; *Hohenstatt* in Willemsen/Hohenstatt/Schnitker/Schweibert/Seibt (Hrsg.), Umstrukturierung, E 70; *C. Meyer*, BB 2005, Beil. 114, S. 5 (7 f.); *Niklas*, DB 2008, 2250 (2254); *Schnitker, Grau*, ZIP 2008, 394 (400); *S. Simon, Zerres*, Festschr. Wolfgang Leinemann, S. 255 (270).

504 *Bachner/Gerhardt*, Betriebsübergang, B 44 (muss wohl dahingehend verstanden werden, wenn er in B 38 für Gesamtbetriebsvereinbarungen das Fortbestehen des überbetrieblichen Regelungserfordernisses verlangt); *Brinkmann*, Spaltung von Rechtsträgern, S. 186; *Gussen/Dauck*, Weitergeltung von Betriebsvereinbarungen und Tarifverträgen, Rdn. 81; *Hohenstatt* in Willemsen/Hohenstatt/Schnitker/Schweibert/Seibt (Hrsg.), Umstrukturierung, E 70; *Niklas*, DB 2008, 2250 (2254). A.A. *Salamon*, NZA 2009, 471 ff., 474 f.; *Schnitker, Grau*, ZIP 2008, 394 (400).

tritt.[505] Auch bei Firmentarifverträgen wird es abgelehnt, den Betriebserwerber in die Position des Veräußerers als abschließende Partei eintreten zu lassen, da sich dies nicht zwingend aus dem Eintritt in die Arbeitsverhältnisse ergibt.[506]

Insgesamt ist daher bei einem Betriebsübergang aus dem Konzern heraus eine normative Fortgeltung von Konzernbetriebsvereinbarungen ausgeschlossen. Dieselbe Wertung lässt sich auf den Anteilsverkauf an Unternehmen übertragen, so dass auch beim Share Deal die normative Geltung von Konzernbetriebsvereinbarungen durch Verlust der Konzernzugehörigkeit endet.[507]

Für die Fälle des Betriebsübergangs verbleibt die Regelung des § 613a Abs. 1 S. 2 BGB. Für die Fälle des Share Deal – also bei gleichbleibender Rechtspersönlichkeit des Inhabers bei gleichzeitigem Verlust der Konzernzugehörigkeit – fielen die Regelungen der Konzernbetriebsvereinbarung jedoch einfach weg. Hier kommt eine analoge Anwendung von § 613a Abs. 1 S. 2 BGB in Betracht. Eine solche Analogie setzt voraus, dass eine planwidrige Regelungslücke sowie eine vergleichbare Interessenlage gegeben sind.[508] Wie sich schon bei der Prüfung in Kapitel 2 B.III. gezeigt hat, sind die Regelungen zum Konzernbetriebsrat und dementsprechend zu Konzernvereinbarungen lückenhaft.[509] Fraglich ist daher, ob die Interessenlage hier vergleichbar zu der eines Betriebsübergangs ist, so dass die Rechtsregel des § 613a Abs. 1 S. 2 BGB hier nach Treu und Glauben anzuwenden ist. Sowohl beim Asset (Einzelrechtsnachfolge) als auch beim Share Deal handelt es sich um häufig verwandte Formen der gewillkürten Unternehmensübertragung. Bei schwierigeren Transaktionen kommen auch Kombinationen aus Asset und Share Deal in Betracht. Gerichtet sind alle diese Vereinbarungen darauf, einer anderen Person oder Personengruppe die Kontrolle über ein Unternehmen beziehungsweise Betriebe oder Betriebsteile einzuräumen. Die Wahl der Mittel hängt von unterschiedlichen Umständen ab, so häufig auch von steuerrechtlichen Fragen. Dabei hat die Übertragung im Sinne eines Anteilskaufs nur auf den ersten Blick weniger gravierende Folgen für die Arbeitnehmer, da ihr Arbeitgeber zumindest prima facie derselbe bleibt. Die Auswechslung der hinter einer Gesell-

505 *Bepler*, RdA 2009, 65 (66); *Gussen* in Rolfs/Giesen/Kreikebohm/Udsching, § 613a BGB Rdn. 190; *Schnitker, Grau*, ZIP 2008, 394 (401).

506 BAG NZA 2010, 238 (240 f.); *Brinkmann*, Spaltung von Rechtsträgern, S. 176; *Düwell, Wichert* in Arens/Düwell/Wichert, Umstrukturierung und Arbeitsrecht, § 7 Rdn. 150. Anders nur bei Eintritt aufgrund Gesamtrechtsnachfolge.

507 *Hohenstatt* in Willemsen/Hohenstatt/Schnitker/Schweibert/Seibt (Hrsg.), Umstrukturierung, E 71 f.

508 BVerfGE 82, 6 (11 ff.); 115, 51 (65 f.); BGHZ 149, 165 (174); BGH NJW 2008, 2773; BGH, Urt. v. 17.11.2009 – XI ZR 36/09 – (juris); BAG, Urt. v. 13.05.2004 – 8 AZR 92/03 – (juris); BAG, Urt. v. 28.09.2006 – 8 AZR 704/05 – (juris).

509 *Hohenstatt* in Willemsen/Hohenstatt/Schnitker/Schweibert/Seibt (Hrsg.), Umstrukturierung, E 72. Gegen eine Lücke wohl *Rieble, Gutzeit*, NZA 2003, 233 (235).

schaft stehenden Teilhaber hat aber faktisch genauso gravierende Auswirkungen wie der Wechsel des Unternehmensträgers, denn die Gesellschafter entscheiden über die Unternehmenspolitik, das Management (und damit die Vorgesetzten) sowie über die Unternehmensstruktur und damit indirekt auch über die Arbeitsorganisation. Essentiell sind auch die Gesellschafterentscheidungen zur Kapitalausstattung des Unternehmens. In der Wirtschaftspraxis versuchen Handelspartner diesen Umständen häufig dadurch Rechnung zu tragen, dass sie in Verträge mit Gesellschaften sogenannte Change-of-control-Klauseln aufnehmen, wonach der Vertrag seine Gültigkeit verliert oder gekündigt werden kann, wenn die Gesellschafterzusammenstellung sich in einem bestimmten Umfang ändert.[510] Die Situation der Arbeitnehmer beim Share und Asset Deal ist damit vergleichbar. Die Interessen der Beteiligten decken sich weitgehend. Daher ist § 613a Abs. 1 S. 2 BGB beim Anteilsverkauf von Unternehmen an konzernfremde Dritte für Konzernbetriebsvereinbarungen analog anzuwenden.[511]

3. Modifizierung kollektiver Ansprüche

Genau wie individualvertragliche Regelungen können auch Kollektivvereinbarungen unter einem Vorbehalt stehen und mit dem Betriebsübergang aufgrund dessen gegenstandslos werden. Dies wurde oben für Regelungen zu Personalrabatten und Mitarbeiterbeteiligungen bereits dargestellt.[512] Der Annahme eines solchen Vorbehalts steht auch nicht entgegen, dass der normative Teil von Betriebsvereinbarungen wie ein Gesetz auszulegen ist, so dass der Willen der Parteien nur insoweit maßgeblich ist, als er in der Regelung Niederschlag gefunden hat.[513] Denn den oben beschriebenen Regelungen lässt sich der Vorbehalt aufgrund ihrer zutage getretenen Zwecksetzung entnehmen.[514]

Problematisch waren in diesem Zusammenhang auch unternehmens- beziehungsweise konzernspezifische Berechnungsregelungen für variable Vergütungsbestandteile.[515] Im Rahmen der Diskussion über die normative Fortgeltung von Betriebs-, Gesamt- und Konzernbetriebsvereinbarungen wird die Ansicht vertreten, dass Betriebsvereinbarungsregelungen, die sich spezifisch auf das

---

510 Vgl. zu solchen Klauseln *Dauner-Lieb*, DB 2008, 567; *Disput*, NZM 2008, 305 ff.; MünchKomm-AktG/*Spindler*, § 87 AktG Rdn. 82.

511 *Hohenstatt* in Willemsen/Hohenstatt/Schnitker/Schweibert/Seibt (Hrsg.), Umstrukturierung, E 72.

512 Kapitel 3 B.I.4.a)aa) und bb).

513 Zur Auslegung BAG AP Nr. 117 zu § 87 BetrVG 1972 Lohngestaltung, Bl. 1225; *Kreutz* in GK-BetrVG II, § 77 Rdn. 63 ff.

514 Vgl. *C. Meyer*, NZA 2007, 1408 (1409). Anderer Ansicht wohl *Salamon*, RdA 2009, 175 (176 f.).

515 Kapitel 3 B.I.4.a)cc).

Unternehmen oder den Konzern beziehen, nicht normativ fortgelten.[516] Nimmt man dies an, so sind diese Regelungen nach § 613a Abs. 1 S. 2 BGB überzuleiten. Nimmt man dies nicht an, so stellt sich die Frage, ob auch auf kollektiver Ebene die Grundsätze über die Störung der Geschäftsgrundlage Anwendung finden.[517] Besteht der Betriebsrat fort, so ist dies im Verhältnis Arbeitgeber und Betriebsrat zu bejahen, so dass der Arbeitgeber die Anpassung beziehungsweise den Neuabschluss einer entsprechenden Betriebsvereinbarung verlangen kann.[518] Besteht kein Arbeitnehmerorgan mehr, kann der Arbeitgeber gegenüber allen Arbeitnehmern die Betriebsvereinbarung kündigen. Er kann die so nicht mehr durchführbare Norm aber nicht mehr mit Hilfe eines Betriebsverfassungsorgans anpassen. In diesen Fällen erscheint eine normative Fortgeltung der Betriebsvereinbarungen unangemessen. Hier endet die normative Fortgeltung, so dass grundsätzlich § 613a Abs. 1 S. 2 BGB Anwendung findet.[519] Dann stellt sich die Frage, ob auf diese übergeleiteten Kollektivnormen § 313 BGB Anwendung findet. Dies wäre recht unproblematisch zu bejahen, wenn die Kollektivnormen mit dem Betriebsübergang in der Weise in das individuelle Arbeitsverhältnis transformiert würden, dass sie von nun an individualrechtlich zwischen den Arbeitsvertragsparteien gelten. Fraglich ist, ob die Grundsätze der Störung der Geschäftsgrundlage (§ 313 BGB) nach der Konzeption des § 613a Abs. 1 S. 2 BGB dann greifen, wenn man annimmt, dass er eine § 3 Abs. 3 TVG vergleichbare kollektive Fortgeltung anordnet.[520] Dies ist grundsätzlich zu bejahen,[521] da es sich bei einer Betriebsvereinbarung um einen privatrechtlichen kollektiven Normenvertrag handelt. § 613a Abs. 1 S. 2 BGB ordnet auch nach der neueren Rechtsprechung die Fortgeltung einzelner Normen zwischen den Arbeitsvertragsparteien an, so dass dann zwi-

516 In diese Richtung BAGE 102, 356 (367); *Bachner/Gerhardt*, Betriebsübergang, B 35, 38; *Commandeur/Kleinebrink*, Betriebs- und Firmenübernahme, Rdn. 447; *Dreher* in Bernsau/Dreher/Hauck, Betriebsübergang, § 613a BGB Rdn. 297; *Gussen* in Rolfs/Giesen/Kreikebohm/Udsching, § 613a BGB Rdn. 199 f.; *P. Hanau, Vossen*, Festschr. Marie Luise Hilger und Hermann Stumpf, S. 271 (275 f.).

517 Im öffentlichen Recht nimmt man für ähnliche Fälle eine Geltungsbeendigung infolge Funktionslosigkeit an. Vgl. BVerwG NVwZ-RR 1997, 512 f.; BVerwG, Beschluss v. 9.10.2003 – 4 B 85/03 – (juris); BVerwG NVwZ 2004, 1244 (1245); BFH DStRE 1999, 359 (361).

518 BAG AP Nr. 86 zu § 112 BetrVG 1972, Bl. 1090; *Bracker*, Betriebsübergang, S. 82 ff., 86 (der in gravierenden Fällen auch außerordentliche Kündigung der Betriebsvereinbarung zulassen will); *Kreutz* in GK-BetrVG II, § 77 Rdn. 384; *Salamon*, RdA 2007, 103 (108); *Salamon*, RdA 2009, 175 (179).

519 *Salamon*, RdA 2009, 175 (179 f.).

520 BAGE 130, 237 (243 ff., 252 ff., 257); BAG, Urt. v. 16.11.2011 – 4 AZR 822/09 – (juris); BAG, Urt. v. 14.12.2011 – 4 AZR 179/10 – (juris); *Hohenstatt* in Willemsen/Hohenstatt/ Schnitker/ Schweibert/Seibt (Hrsg.), Umstrukturierung, E 2, 36 ff.; *Rinck*, RdA 2010, 216 (220 f.); *Sagan*, RdA 2011, 163 (167 ff.).

521 BAGE 130, 237 (242); BAG AP Nr. 376 zu § 613a BGB, Bl. 483.

schen diesen – wie vorher zwischen Betriebsrat und Arbeitgeber – § 313 BGB Anwendung findet. Die Notwendigkeit der Vertragsanpassung ergibt sich in den hier behandelten Fällen aus dem Wegfall der Berechnungsgrundlage für die Bestimmung des Umfangs von Sonderleistungen, so dass der Anwendung von § 313 BGB die gesetzlichen Wertungen des § 613a Abs. 1 BGB nicht entgegenstehen.[522]

Problematisch sind auch Betriebs-, Gesamt- und Konzernbetriebsvereinbarungen, die die Form, die Ausgestaltung und die Verwaltung von Sozialeinrichtungen regeln (§ 87 Abs. 1 Nr. 8 BetrVG), denn sie setzen voraus, dass der Arbeitgeber positiv über das Ob einer solchen Einrichtung entschieden hat beziehungsweise dass er eine solche vorhält.[523] Daher sind Betriebsvereinbarungen auch in diesem Zusammenhang auszulegen, um festzustellen, ob sie unter einem Vorbehalt stehen. Ist dies nicht der Fall, so kommt auch hier eine Anpassung über die Grundsätze der Störung der Geschäftsgrundlage in Betracht.

Im Regelfall gelten also Betriebs- und Gesamtbetriebsvereinbarungen trotz eines Betriebsübergangs normativ weiter. Sie werden nach § 613a Abs. 1 S. 2 BGB übergeleitet, wenn ein Betrieb oder Betriebsteil in einen verfassten Erwerberbetrieb eingegliedert wird oder wenn der Betrieb oder Betriebsteil aus dem Geltungsbereich des Betriebsverfassungsgesetzes herausfällt (z.B. § 188 Abs. 2 BetrVG)[524] und auch dann, wenn die Arbeitnehmervertretung die Rechtsform wechselt.[525] § 613a Abs. 1 S. 2 BGB gilt beim Betriebsübergang auf einen konzernfremden Dritten zudem vollumfänglich für Konzernbetriebsvereinbarungen. Diese können nicht normativ fortgelten, da der Erwerber nicht in die Position der Konzernspitze beziehungsweise Schwestergesellschaft oder in die „Konzernmitgliedschaft" des Veräußerers eintritt.

§ 613a Abs. 1 S. 3 BGB findet analog auf die Fälle der normativen Fortgeltung Anwendung. Für die betriebliche Altersversorgung unterliegt dessen Geltung je-

---

522 Für Tarifverträge zweifelt das Bundesarbeitsgericht an, dass allein die Veränderungen aufgrund des Betriebsübergangs eine Anpassung rechtfertigen können (BAGE 130, 237 (242), BAG AP Nr. 376 zu § 613a BGB, Bl. 483). Richtig ist, dass die Berechnungsgrundlage in den geschilderten Fällen regelmäßig nur anzupassen ist und dass die Interessenabwägung nach § 313 BGB dem Arbeitgeber regelmäßig kein Kündigungsrecht gibt. Darüber hinaus steht der Bestandsschutzgedanke des § 613a Abs. 1 BGB einer sinnvollen Anpassung der Regelungen zur Bestimmung der Leistungshöhe aber nicht entgegen, weil diese unter Berücksichtigung der beidseitigen Interessen erfolgt.

523 *Salamon*, RdA 2009, 175 (176).

524 Erman/*Edenfeld*, § 613a BGB Rdn. 75; *Gussen* in Rolfs/Giesen/Kreikebohm/Udsching, § 613a BGB Rdn. 217 f.; *Gussen*, Festschr. Wolfgang Leinemann, S. 207 (220 f.); *Hohenstatt* in Willemsen/Hohenstatt/Schnitker/Schweibert/Seibt (Hrsg.), Umstrukturierung, E 13; *Niklas*, DB 2008, 2250; Schaub/*Koch*, ArbR-Hdb. § 119 Rdn. 24.

525 Erman/*Edenfeld*, § 613a BGB Rdn. 75; *Gussen* in Rolfs/Giesen/Kreikebohm/Udsching, § 613a BGB Rdn. 219; *Gussen*, Festschr. Wolfgang Leinemann, S. 207 (220 f.); *Hohenstatt* in Willemsen/Hohenstatt/Schnitker/Schweibert/Seibt (Hrsg.), Umstrukturierung, E 13.

doch den Einschränkungen, die sich aus der Rechtsprechung des Bundesarbeitsgerichts zur Abänderung von Anwartschaften ergeben. Auch bei kollektiver Regelung kann bei Personalrabatten und Vermögensbeteiligungen ein durch Auslegung zu ermittelnder Vorbehalt vorliegen, so dass die Ansprüche dann fortfallen, wenn die Arbeitnehmer beim Erwerber die Voraussetzungen nicht mehr erfüllen können. Kommt eine solche Auslegung nicht in Betracht, so finden grundsätzlich die Regelungen zur Störung der Geschäftsgrundlage Anwendung. In Ausnahmefällen kommt für solche Regelungen eine normative Fortgeltung nicht in Betracht.

Kapitel 4: Gesamtbetrachtung

Zusammenfassend lässt sich feststellen, dass das Schicksal konzernweiter Sonderleistungen bei einem Betriebsübergang auf einen konzernfremden Dritten im Einzelnen vielfältige Fragen aufgeworfen hat. Im Folgenden wird daher die Verpflichtungsstruktur nach einem Betriebsübergang zusammengefasst dargestellt (dazu A.). Daran schließt sich die Frage an, ob dieses Ergebnis aufgrund gesetzlicher Wertungen im Wege einer Analogie zu korrigieren ist (dazu B.). Das Ergebnis ist einer rechtspolitischen Kritik zu unterwerfen, um festzustellen, ob das Recht die angesprochenen Fälle interessengerecht und effektiv regelt (dazu C.).

A. Die Verpflichtungsstruktur nach dem Betriebsübergang

Ausgangspunkt der Überlegungen dieser Untersuchung war, dass Arbeitnehmer auch konzernweite Leistungen von Konzerngesellschaften, die nicht gleichzeitig Arbeitgebergesellschaft sind, als Entgelt auffassen und häufig davon ausgehen, dass sie dieses Entgelts auch bei einem Betriebsübergang nicht verlustig gehen, dass also der Erwerber ebenfalls zur Erbringung der Zusatzleistungen verpflichtet ist. Diese Grundannahme hat sich für eine Vielzahl von Fällen als nicht richtig erwiesen. Dabei hat sich auch gezeigt, dass die Umstände, die zu einer anderen Bewertung im Rahmen des § 613a Abs. 1 BGB und in der Folge des Betriebsübergangs zwingen, den Arbeitnehmern regelmäßig bekannt sind, auch wenn sie daraus keine rechtlichen Rückschlüsse ziehen. Im Folgenden werden noch einmal die individualarbeitsrechtliche (dazu I.) und die kollektivrechtliche Verpflichtungssituation (dazu II.) zusammenfassend dargestellt.

I. Individualarbeitsrechtliche Verpflichtungsstruktur nach dem Betriebsübergang

Auf individualvertraglicher Ebene lässt sich zunächst differenzieren zwischen den Rechten und Pflichten, die nach § 613a Abs. 1 S. 1 BGB auf den Erwerber übergehen (1.), und jenen, die beim Veräußerer oder einem konzernverbundenen Unternehmen verbleiben (2.).

1. Übergehende Ansprüche

§ 613a Abs. 1 S. 1 BGB regelt, dass bei einem Betriebsübergang der neue Inhaber des Betriebs in die Rechte und Pflichten aus den im Zeitpunkt des Übergangs bestehenden Arbeitsverhältnissen eintritt. Diese Formulierung entspricht den Vorgaben des Art. 3 Abs. 1 RL 2001/23/EG. Es hat sich gezeigt, dass unter „Rechten und Pflichten aus dem Arbeitsverhältnis" solche Rechtspositionen zu verstehen sind, die die Arbeitsvertragsparteien, als Parteien einer Sonderrechtsbeziehung, als Arbeitsbedingungen vereinbaren beziehungsweise die der Arbeitgeber zusagt.[526] Diese Leistungsverpflichtungen, die sich aus dem Arbeitsverhältnis im weiteren Sinne ergeben, gehen nach § 613a Abs. 1 S. 1 BGB über. Dies folgt nicht zuletzt aus der Gesetzestechnik der gesetzlichen Vertragsüberleitung.

Der Arbeitgeber ist in seiner Entscheidung, Zusatzleistungen zu gewähren, frei. Er kann Sonderleistungen ohne arbeitsvertragliche Zusage rein tatsächlich erbringen. Eine Anspruchsentstehung für die Zukunft kann er durch einen klar formulierten Freiwilligkeitsvorbehalt dann ausschließen, wenn es sich – wie in den hier besprochenen Fällen regelmäßig – bei den Sonderzuwendungen um Entgelt im weiteren Sinne handelt. Erklärt er keinen Freiwilligkeitsvorbehalt, kann sich ein Anspruch bei mehrfacher, gleichförmiger Gewährung aus einer betrieblichen Übung ergeben. Die Grundsätze dieses Rechtsinstituts sind auf vom Arbeitgeber verschiedene Konzernunternehmen dann anwendbar, wenn sie Konzernarbeitnehmern Leistungen im Hinblick auf das mit einem Konzernunternehmen bestehende Arbeitsverhältnis gewähren.[527] Der Arbeitgeber kann die Sonderzuwendungen aber auch direkt arbeitsvertraglich zusagen oder sich der Einheits- oder Gesamtzusage bedienen. Ein Anspruch auf Gewährung von Sonderzuwendungen kann sich bei sachwidriger Gruppenbildung zudem aus dem allgemeinen arbeitsrechtlichen Gleichbehandlungsgrundsatz ergeben. Dieser gilt dann – wie die Grundsätze der betrieblichen Übung – für Konzernunternehmen, die nicht Arbeitgeber sind, wenn sie konzernweite Leistungen gewähren.[528] Alle diese Verpflichtungstatbestände begründen Rechte und Pflichten aus dem Arbeitsverhältnis, die nach § 613a Abs. 1 S. 1 BGB übergehen. Schließt der Arbeitgeber in Erfüllung dieser arbeitsvertraglichen Verpflichtungen weitere Verträge mit dem Arbeitnehmer oder Dritten ab, so handelt es sich dabei nicht um Rechte und Pflichten aus dem Arbeitsverhältnis, sondern um Verträge im Zusammenhang

526 Kapitel 3 B.I.2.
527 Kapitel 2 A.II.2.b).
528 Kapitel 2 A.II.2.a).

mit dem Arbeitsvertrag. Diese unterfallen § 613a Abs. 1 S. 1 BGB regelmäßig nicht.[529] Daher gehen nur die Arbeitgeberzusagen über die betriebliche Altersversorgung samt erworbenen Anwartschaften, über den Abschluss von Versicherungsverträgen, die Gewährung von Arbeitgeberdarlehen, die Überlassung von Gegenständen und Wohnraum, die Teilnahme an Personalrabattsystemen sowie die Ermöglichung von Mitarbeiterbeteiligungen nach § 613a Abs. 1 S. 1 BGB auf den Betriebserwerber über. Eine Ausnahme bilden Werkdienstwohnungen (§ 576b Abs. 1 BGB), bei denen kein Mietvertrag neben dem Arbeitsverhältnis besteht, so dass der Erwerber hier auch in das Wohnrecht eintritt. Dieser tritt auch in solche Ansprüche ein, die vor Betriebsübergang aufgrund der Zusage entstanden sind. Neben ihm haftet der Betriebsveräußerer nach § 613a Abs. 2 BGB gesamtschuldnerisch für solche Verpflichtungen, die vor dem Zeitpunkt des Übergangs entstanden sind und vor Ablauf von einem Jahr ab diesem Zeitpunkt fällig werden. Tritt die Fälligkeit nach dem Betriebsübergang ein, haftet der alte Arbeitgeber für Ansprüche nur in dem Umfang, der dem im Zeitpunkt des Übergangs abgelaufenen Teil ihres Bemessungszeitraums entspricht. Diese Regelung macht deutlich, dass der alte Arbeitgeber aus dem Arbeitsverhältnis wie aus dem Betrieb vollständig ausscheidet. Er haftet nur aufgrund von § 613a Abs. 2 BGB und nur begrenzt auf ein Jahr weiter.

Bei Leistungen, die von vom Arbeitgeber verschiedenen Konzerngesellschaften erbracht werden, kommt ein Eintritt des Erwerbers nur dann in Betracht, wenn die Leistungen zumindest auch aufgrund einer Zusage des Arbeitgebers erfolgen.[530] Eine solche Zusage kann direkt erfolgen und sich auf eine eigene Zuwendungsleistung richten, die nicht in Person zu erbringen ist, explizit die Leistung durch ein anderes Unternehmen vorsehen oder die Form eines Verschaffungs- oder Garantieversprechens annehmen. Zudem kann der Arbeitgeber auch durch Schuldbeitritt und Schuldübernahme die von anderen Gesellschaften begründeten Verpflichtungen (mit-)übernehmen. Eine mit Rechtsbindungswillen abgegebene Erklärung eines Vertreters eines verbundenen Unternehmens bindet den Arbeitgeber dann, wenn der Vertreter mit Vollmacht handelte oder die Grundsätze der Anscheins- und Duldungsvollmacht greifen. Dabei werden bei Bestehen eines konzerneinheitlichen Personalwesens häufig die Voraussetzungen der Duldungsvollmacht erfüllt sein.[531] Bei der Anscheinsvollmacht gilt, dass bei der Bestimmung der Umstände, aus denen jemand, der mit einem Konzern in geschäftlichen Kontakt tritt, auf eine Bevollmächtigung oder Duldung der Vertretung schließen kann, und bei der Bestimmung der Sorgfaltspflichten der einzelnen verbundenen Unternehmen im Geschäftskontakt der Konzerntatbestand

529 Kapitel 3 B.I.

530 Kapitel 2 A.II.

531 Kapitel 2 A.II.2.c)aa).

zu berücksichtigen ist.[532] Der neue Betriebsinhaber tritt in all diesen Fällen nur in die vom Arbeitgeber übernommene Verpflichtung ein und nicht in die Rechte und Pflichten des anderen Konzernunternehmens.

Unter bestimmten Umständen hat eine Modifizierung der übergegangenen Ansprüche stattzufinden.[533] Dies ist dann der Fall, wenn im Zusammenhang mit dem Betriebsübergang tatsächliche Umstände fortfallen, die Voraussetzung des Anspruchs oder dessen Geschäftsgrundlage sind. So ergibt eine ergänzende Vertragsauslegung von Personalrabattzusagen regelmäßig, dass diese unter dem Vorbehalt stehen, dass die Produkte und Dienstleistungen, auf welche Rabatt gewährt wird, weiter im Betrieb, Unternehmen oder Konzern des Arbeitgebers vorgehalten werden.[534] Auch die Gewährung von Mitarbeiterbeteiligungen steht regelmäßig unter dem Vorbehalt, dass der Arbeitnehmer noch in einem Betrieb des Unternehmens oder Konzerns tätig ist.[535] Stellen variable Vergütungsabsprachen auf Verhältnisse beim Erwerber oder in dessen Unternehmensgruppe ab, auf die die übergegangene Einheit aufgrund des Wechsels des Inhabers keinen Einfluss mehr hat, so kommt regelmäßig eine Anpassung über § 313 BGB (Störung der Geschäftsgrundlage) in Betracht.[536]

2. Von § 613a Abs. 1 S. 1 BGB nicht erfasste Ansprüche

§ 613a Abs. 1 S. 1 BGB erfasst die nicht-arbeitsvertraglichen Vereinbarungen zwischen Arbeitgeber und Arbeitnehmer nicht.[537] Der Veräußerer bleibt daher Partei von Direkt- und anderen Versicherungen, von Arbeitgeberdarlehen, von Überlassungsverträgen, von Kaufverträgen, von Verträgen über den Erwerb von Gesellschaftsanteilen, von Aktienoptionen, von Wandel- und Gewinnschuldverschreibungen und Genussrechten sowie von Verträgen über stille Beteiligungen. In die Vereinbarungen zwischen Arbeitgeber und Unterstützungskassen, Pensionskassen und Pensionsfonds tritt der Erwerber ebenfalls nicht ein. Diese bleiben vom Betriebsübergang unberührt.[538] Damit sind Rechte und Pflichten aus diesen Verträgen weiter gegenüber dem alten Arbeitgeber geltend zu machen.

Zudem stehen die Verpflichtungen anderer Konzernunternehmen zur Gewährung von Leistungen selbstständig neben dem Arbeitsverhältnis, wenn der

532 Kapitel 2 A.II.2.c)bb).
533 Kapitel 3 B.I.4.a).
534 Kapitel 3 B.I.4.a)aa).
535 Kapitel 3 B.I.4.a)bb).
536 Kapitel 3 B.I.4.a)cc).
537 Kapitel 3 B.I.2. und 3.
538 Kapitel 3 B.I.3.a)aa).

Arbeitgeber in Bezug auf diese Leistungen nicht selbst verpflichtet ist.[539] In diese Vereinbarungen mit Dritten tritt der Erwerber ebenfalls nicht nach § 613a Abs. 1 S. 1 BGB ein. Auch hier muss der Arbeitnehmer seine Ansprüche weiterhin gegen seinen ursprünglichen Vertragspartner durchsetzen.

II. Kollektivarbeitsrechtliche Verpflichtungsstruktur nach dem Betriebsübergang

Die Weitergeltung von Betriebs-, Gesamt- und Konzernbetriebsvereinbarungen regelt § 613a Abs. 1 S. 2 bis 4 BGB nur unvollständig.[540] Eine normative Fortgeltung nach betriebsverfassungsrechtlichen Grundsätzen geht der Anwendung des § 613a Abs. 1 S. 2 BGB vor. Dabei ist zu beachten, dass auch hier der Grundsatz des § 613a Abs. 1 S. 3 BGB, also das Ablöseprinzip, zu beachten ist.[541] Es lassen sich daher folgende Fallkonstellationen unterscheiden:

- Beim Erwerber bestehen kollektive Vereinbarungen, deren Regelungsbereich identisch ist mit beim Veräußerer bestehenden Betriebs-, Gesamt- oder Konzernbetriebsvereinbarungen. Diese erfassen ihrem Geltungsbereich nach auch die kraft des Betriebsübergangs übertragenen Arbeitsverhältnisse (dazu 1.).
- Solche Betriebsvereinbarungen bestehen beim Erwerber nicht. Bei dem Betriebsübergang wird die Identität des übergehenden Betriebes beziehungsweise Betriebsteils gewahrt (dazu 2.).
- Die Identität des Betriebes geht beim Übergang verloren (dazu 3.).

1. Ablösung von Betriebsvereinbarungen durch kollektive Regelungen beim Erwerber

Gelten für die übergehenden Arbeitsverhältnisse beim Erwerber bestehende kollektive Vereinbarungen mit gleichem Regelungsinhalt wie beim Veräußerer, so lösen diese nach § 613a Abs. 1 S. 3 BGB die beim Veräußerer bestehenden Regelungen ab.[542] Diese gelten für den übergegangenen Betrieb oder Betriebsteil in keiner Weise weiter. Der Erwerber ist allein an die bei ihm bestehenden Regelungen gebunden. Dabei wird § 613a Abs. 1 S. 3 BGB für Versorgungsanwartschaf-

539 Kapitel 3 B.I.3.b).
540 Kapitel 3 B.II.1.
541 Kapitel 3 B.II.2.a)bb).
542 Kapitel 3 B.II.1.b).

ten eingeschränkt.[543] Die Ablösung erfolgt hier ex nunc. Die Anwartschaften bleiben unverändert bestehen. Eine Abänderung ist nur in dem Rahmen möglich, in dem sie auch dem Veräußerer möglich gewesen wäre.

Als beim Veräußerer bestehende Kollektivvereinbarungen kommen bei beidseitiger Tarifbindung auch Tarifverträge in Betracht (Überkreuzablösung). Ausreichend ist es, wenn die Betriebsvereinbarungen oder Tarifverträge erst nach dem Betriebsübergang geschlossen werden und in Kraft treten.

2. Normative Fortgeltung von Betriebs-, Gesamt- und Konzernbetriebsvereinbarungen

Betriebs- und auch Gesamtbetriebsvereinbarungen, welche vor dem Übergang im Betrieb oder Betriebsteil gelten, gelten dann normativ für diesen Betrieb oder den Betriebsteil fort, wenn die Identität des Betriebs(teils) beim Betriebsinhaberwechsel erhalten bleibt.[544] Die Identität des Betriebes bleibt erhalten, wenn ein Betrieb oder Betriebsteil auf einen Erwerber ohne Betriebe übertragen und dort fortgeführt wird. Dies gilt unabhängig davon, ob der Betrieb noch die Voraussetzungen des § 1 Abs. 1 BetrVG erfüllt.[545] In Anlehnung an § 21a BetrVG bleibt die Identität des Betriebs(teils) auch dann erhalten, wenn die Zusammenlegung mit einem betriebsratslosen Betrieb erfolgt. Unschädlich ist auch eine Eingliederung in einen betriebsratslosen Betrieb, solange der übergehende Betrieb(steil) abgrenzbar bleibt.[546] Ist der Betrieb(steil) nach der Eingliederung nicht mehr abgrenzbar oder erfolgt eine Zusammenlegung mit beziehungsweise Eingliederung in einen verfassten Betrieb, so geht die Identität des übergehenden Betriebs(teils) verloren. Eine normative Fortgeltung kommt nicht in Betracht.[547]

Konzernbetriebsvereinbarungen können beim Verlust der Konzernzugehörigkeit nicht normativ fortgelten, da der Erwerber nicht in die Stellung der abschließenden Konzerngesellschaft beziehungsweise in die Abhängigkeitsposition des Altarbeitgebers eintritt, so dass der Betrieb(steil) aus dem Geltungsbereich der Konzernbetriebsvereinbarung herausfällt.[548] Dies gilt auch für solche Betriebe oder Betriebsteile, die aufgrund eines Share Deal aus dem Konzernverbund ausscheiden. Hier ist im Wege der Rechtsanalogie § 613a Abs. 1 S. 2 BGB heranzuziehen, obwohl kein Betriebsinhaberwechsel stattfindet.[549]

543 Kapitel 3 B.II.1.b).
544 Kapitel 3 B.II.2.a) und b).
545 Kapitel 3 B.II.2.a)aa).
546 Kapitel 3 B.II.2.a)bb).
547 Kapitel 3 B.II.2.a)bb).
548 Kapitel 3 B.II.2.c).
549 Kapitel 3 B.II.2.c).

Auch für normativ fortgeltende Regelungen kommt eine Modifizierung der Ansprüche aufgrund Fortfalls tatsächlicher Umstände in Betracht. Für Personalrabatte und Mitarbeiterbeteiligungen lässt sich den Regelungen in Betriebs- und Gesamtbetriebsvereinbarungen wie auch den individualvertraglichen Vereinbarungen entnehmen, dass sie unter einem Vorbehalt stehen.[550] Lässt sich ein Vorbehalt nicht feststellen, so sind auch auf Betriebs- und Gesamtbetriebsvereinbarungen die Grundsätze der Störung der Geschäftsgrundlage anzuwenden. Ein Fortfallen der normativ geltenden Regelungen kommt dort in Betracht, wo die Durchführung nicht sinnvoll möglich ist und zudem kein Betriebsrat als Regelungspartner besteht.

3. Identitätsverlust des übergehenden Betriebs(teils)

Kommt eine normative Fortgeltung nicht in Betracht, so greift § 613a Abs. 1 S. 2 BGB ein. Es werden solche Normen der Betrieb-, Gesamt- oder Konzernbetriebsvereinbarung übergeleitet, die Rechte und Pflichten der Arbeitnehmer regeln.[551] Diese Regelungen unterliegen einem zeitlich begrenzten Inhaltsschutz nach § 613a Abs. 1 S. 2 a. E. BGB. Danach dürfen diese Regelungen nicht vor Ablauf eines Jahres ab dem Zeitpunkt des Betriebsübergangs zum Nachteil des Arbeitnehmers geändert werden. Diese Veränderungssperre gilt für individualvertragliche Vereinbarungen. Eine Ausnahme regelt § 613a Abs. 1 S. 4 BGB. Dieser erlaubt während des ersten Jahres nach dem Zeitpunkt des Betriebsübergangs Regelungen auch zum Nachteil des Arbeitnehmers, wenn der Tarifvertrag oder die Betriebsvereinbarung nicht mehr gilt oder bei fehlender beiderseitiger Tarifgebundenheit im Geltungsbereich eines anderen Tarifvertrags dessen Anwendung zwischen dem neuen Inhaber und dem Arbeitnehmer vereinbart wird.[552]

Auch bei den übergeleiteten Regelungen sind die Grundsätze zur Modifizierung von Ansprüchen auf Personalrabatt, Mitarbeiterbeteiligung und variable Vergütung anzuwenden.[553]

B. Mögliche Ansatzpunkte einer Rechtsanalogie

Der Arbeitnehmer, der alle ihm aufgrund und im Zusammenhang mit seiner Tätigkeit gewährten Vorteile als Entgelt für seine Leistung und Betriebstreue auf-

550 Kapitel 3 B.II.3.

551 Kapitel 3 B.II.1.a).

552 Vgl. Kapitel 3 B.II.1.c).

553 Kapitel 3 B.II.3.

fasst und damit – wie ein Blick ins Steuer- und Sozialversicherungsrecht zeigt – nicht allein ist, wird von den oben gefundenen Ergebnissen häufig überrascht sein. Dass ein Arbeitnehmer regelmäßig Schwierigkeiten hat, die rechtlichen, wirtschaftlichen und sozialen Folgen eines Betriebsübergangs abzuschätzen, wurde vom europäischen[554] und deutschen Gesetzgeber indes erkannt. Der Veräußerer und der Erwerber sind daher nach § 613a Abs. 5 BGB verpflichtet, die betroffenen Arbeitnehmer vor dem Übergang in Textform darüber zu unterrichten, welche rechtlichen, wirtschaftlichen und sozialen Auswirkungen der Betriebsübergang für sie hat (Nr. 3) und welche Maßnahmen hinsichtlich der Arbeitnehmer geplant sind (Nr. 4). Im Rahmen dieser Information muss den Arbeitnehmern verständlich dargelegt werden, welche Vergütungsansprüche übergehen und welche nicht. In diesem Zusammenhang sind konzernweite Leistungen, auch soweit sie von Dritten zugesagt worden sind, darzustellen. Ist der Arbeitnehmer mit den veränderten Rahmenbedingungen nicht einverstanden, so verbleibt ihm nur der Widerspruch gegen den Übergang des Arbeitsverhältnisses (§ 613a Abs. 6 BGB).

Gegen dieses Ergebnis haben vor allem *Lipinski* und *Melms*[555] Einwände erhoben. Ihrer Ansicht nach widerspricht ein Verlust von Rechten beim Betriebsübergang, insbesondere solchen, die Vergütung darstellen, der Ratio des § 613a Abs. 1 S. 1 BGB und des Art. 3 Abs. 1 RL 2001/23/EG. Die Autoren stützen sich insoweit auf ähnliche Argumente wie der Kläger im vom Bundesarbeitsgericht entschiedenen Nokiafall[556]. So wird zunächst die Beteiligung der Arbeitgebergesellschaft bei der Zusage und der Ausschüttung der Optionen beschrieben (dazu I.). Es wird die Gefahr dargelegt, dass Konzerne sich unter Berücksichtigung der oben entwickelten Grundsätze ihren Verpflichtungen entziehen könnten, indem sie die gewährende Gesellschaft aus dem Verbund frei auswählen könnten. Dem widerspräche, dass die Arbeitnehmer auf die Umstände der Gewährung der Leistung keinen Einfluss hätten, da diese allein in den Einflussbereich des Konzerns fielen (dazu II.). Auch sei der Arbeitsvertrag als Rechtsgrund der Gewährung anzusehen (dazu III.). Weiterhin würde durch diese Auslegung des § 613a Abs. 1 S. 1 BGB die steuerrechtliche Behandlung solcher Sonderzuwendungen nicht ausreichend beachtet (dazu IV.). Erwogen wird auch die Heranziehung der Wertungen des § 1 Abs. 1 S. 3 BetrAVG (dazu V.).

---

554 Artikel 7 RL 2001/23/EG.

555 *Lipinski*, *Melms*, BB 2003, 150 ff.

556 BAGE 104, 324 („**Nokia**“).

I. Beteiligung der Arbeitgebergesellschaft

Im Nokiafall war dem Kläger die Teilnahme am Aktienoptionsprogramm zwar durch die Muttergesellschaft angeboten worden. In den Bedingungen, die dem Kläger wieder in einem Schreiben der Muttergesellschaft übermittelt wurden, wurde der Kläger wegen weiterer Details jedoch an die für ihn zuständige Personalabteilung und die dort zuständige Kontaktperson verwiesen.[557] Seine Arbeitgebergesellschaft war also an der Durchführung des von der Muttergesellschaft aufgelegten Optionsplans beteiligt. Der Kläger vertrat daher die Ansicht, dass auch seine Arbeitgeberin aus dem Optionsplan verpflichtet sei.[558] Diese Kritik verfängt nicht. Die Handlungen und Erklärungen der Beteiligten sind nach allgemeinen Grundsätzen auszulegen. Ein Angebot seiner Arbeitgeberin auf Gewährung von Optionen und eine Annahme seinerseits hat der Kläger nicht dargelegt. Auch hat er keine Umstände vorgetragen, die auf einen anderen Verpflichtungsgrund hinweisen. Allein die tatsächliche Beteiligung der Arbeitgeberin an der Durchführung als Durchlauf- oder Zahlungsstelle stellt keine konkludente Erklärung mit dem Inhalt dar, dass auch sie rechtlich gebunden sein wollte. Ein solches Vorgehen ist regelmäßig allein der Praktikabilität geschuldet. Die Arbeitgeberin ist es ja auch, die die persönlichen Daten zum Arbeitnehmer, insbesondere seine Anschrift und Kontoverbindung, vorhält. Die Beteiligung des Arbeitgeberunternehmens bei der Durchführung konzernweiter Programme ist daher regelmäßig kein Umstand, der den Anspruch gegen ein Konzernunternehmen einem Anspruch aus dem Arbeitsverhältnis gleichstellt.

II. Gewährungsgestaltung durch die Konzernmutter oder die Schwestergesellschaft

Der Kläger im Nokiafall verwies weiterhin darauf, dass die Optionen einen Vergütungsbestandteil darstellen. Dieser müsse unabhängig davon, wer die Vergütung gewähre, nach § 613a Abs. 1 S. 1 BGB übergehen, da sonst die Gefahr bestünde, „*dass Konzerne sich aus der Verpflichtung von Aktienoptionsplänen lösen könnten, wenn nur sichergestellt werde, dass die Zusage von einer anderen Gesellschaft erfolge. Der Arbeitnehmer verlöre auf Grund von Umständen, die er nicht beeinflussen könne, einen wesentlichen Teil seiner Gesamtvergütung.*“[559] Dieser Einschätzung lässt sich entgegenhalten, dass es bei den hier beschriebe-

557 BAGE 104, 324 (325) („**Nokia**“).
558 BAGE 104, 324 (327 f.) („**Nokia**“).
559 BAGE 104, 324 (328) („**Nokia**“).

nen konzernweiten Zusatzleistungen und insbesondere auch bei Aktienoptionen regelmäßig um Entgelt im weiteren Sinne geht. Die Entscheidung über das Ob der Gewährung solcher Leistungen obliegt dem Arbeitgeber beziehungsweise den mit ihm verbundenen Unternehmen. Will er die Leistung zusätzlich zum Entgelt im engeren Sinne erbringen, so kann er diese außerdem legitim einem Freiwilligkeitsvorbehalt unterstellen, der verhindert, dass der Arbeitnehmer einen Rechtsanspruch erhält. Aus der Qualifizierung der Leistungen auch anderer Konzernunternehmen als Vergütung im weiteren Sinne kann daher kein Rückschluss darauf erfolgen, dass immer auch der Arbeitgeber verpflichtet ist. § 613a Abs. 1 BGB erfasst nur Ansprüche im Verhältnis Arbeitnehmer und Arbeitgeber. § 613a Abs. 1 S. 1 BGB friert diese Ansprüche im Stand zum Betriebsübergang ein und schützt sie so in ihrem Bestand und Inhalt vor einer Verschlechterung allein aufgrund des Betriebsübergangs. Darüber hinaus bietet § 613a Abs. 1 BGB keinen Schutz. Einen expliziten Inhaltsschutz sieht die Norm zudem nur für übergeleitete kollektive Regelungen vor (§ 613a Abs. 1 S. 2 a. E. BGB).[560] Es stellt daher auch nach den Wertungen des § 613a Abs. 1 S. 1 BGB keine Umgehung oder unlautere Praxis dar, konzernweite Leistungen zu gewähren, ohne einen Anspruch gegen die Arbeitgebergesellschaft einzuräumen.[561] Insoweit liegt keine planwidrige Regelungslücke vor, da § 613a Abs. 1 S. 1 BGB diese Fälle auch seiner Ratio nach nicht erfassen soll.

III. Arbeitsverhältnis als Rechtsgrund

Lipinski/Melms[562] nehmen an, dass das Arbeitsverhältnis Rechtsgrund für eine Optionsgewährung ist. Daher sei die Option unabhängig davon, wer sie gewähre, Teil des Arbeitsverhältnisses und werde von § 613a Abs. 1 S. 1 BGB erfasst. In Kapitel 2 A.I.6.b) wurde jedoch schon dargelegt, dass der Optionsvertrag beziehungsweise die Option selbstständig neben dem Arbeitsvertrag stehen und den Rechtsgrund in sich selbst tragen. Der Optionsvertrag beziehungsweise die Optionszusage begründen also das Recht auf den Anteilserwerb. Das Bestehen eines Arbeitsverhältnisses ist daher mitnichten immer Rechtsgrund der Optionsgewährung. Er ist vielmehr meist nur Motiv oder Bedingung.[563]

560 Vgl. BAGE 124, 345 (347); BAG NZA 2009, 1091 (1093 f.).

561 BAGE 104, 324 (332 f.) („**Nokia**"). Anders *Lipinski*, *Melms*, BB 2003, 150 (153 f.).

562 *Lipinski*, *Melms*, BB 2003, 150 (151 ff.).

563 Vgl. auch BAGE 104, 324 (332 f.) („**Nokia**").

IV. Steuerrechtliche Behandlung

Die steuerrechtliche Behandlung von Sonderzuwendungen auch durch konzernverbundene Unternehmen knüpft an den tatsächlichen Zufluss von Kapital im Zusammenhang mit nichtselbstständiger Arbeit an. Eine Aussage über den Verpflichtungsgrund solcher Leistungen treffen die steuerrechtlichen Regeln jedoch nicht. Dem Bundesarbeitsgericht[564] ist daher dahingehend zuzustimmen, dass sich aus der steuerrechtlichen Wertung für die zivil- und arbeitsrechtliche Bewertung der getroffenen Vereinbarungen keine Schlussfolgerungen ziehen lassen.

V. Wertung des § 1 Abs. 1 S. 3 BetrAVG

Lipinski/Melms[565] vertreten überdies die Auffassung, dass sich der Arbeitnehmer bei konzernweiten Zusatzleistungen genauso der Konzernunternehmen bediene, wie er sich bei der betrieblichen Altersversorgung der Hilfe Dritter (Unterstützungskasse, Pensionskasse, Pensionsfonds, Direktversicherung) bediene. Ein solcher Schluss kann aus der Regelung des § 1 BetrAVG nicht gezogen werden. Nach § 1 Abs. 1 S. 1 BetrAVG liegt nur dann ein Fall der betrieblichen Altersversorgung vor, wenn einem Arbeitnehmer Leistungen der Alters-, Invaliditäts- oder Hinterbliebenenversorgung aus Anlass seines Arbeitsverhältnisses vom Arbeitgeber zugesagt werden. Wenn also eine solche Leistungszusage von Seiten des Arbeitgebers vorliegt, so greift Satz 3 der Vorschrift, der besagt, dass der Arbeitgeber für die Erfüllung der von ihm zugesagten Leistungen auch dann einsteht, wenn die Durchführung nicht unmittelbar über ihn erfolgt. Damit lässt sich § 1 Abs. 1 S. 3 BetrAVG kein Rechtsgedanke dahingehend entnehmen, dass Leistungen Dritter im Hinblick auf das Arbeitsverhältnis immer eine Arbeitgeberzusage zugrundeliegt. Vielmehr wurde schon in Kapitel 1 B.III. gezeigt, dass die Konzernmutter oder Schwestergesellschaften mit konzernweiten Zusatzleistungen eigene Ziele verfolgen.[566]

Allein die Einordnung der konzernweiten Leistungen durch Dritte als Vergütung im weiteren Sinne rechtfertigt damit keine direkte und auch keine analoge Anwendung von § 613a Abs. 1 S. 1 BGB. Die Regelung enthält insoweit weder eine planwidrige Regelungslücke, noch ist die Interessenlage vergleichbar mit der bei Ansprüchen gegen den Arbeitgeber. Die Arbeitnehmer wissen, dass der Drit-

564 BAGE 104, 324 (333) („**Nokia**“).

565 *Lipinski*, *Melms*, BB 2003, 150 (152 f.).

566 Vgl. auch BAGE 104, 324 (333 f.) („**Nokia**“).

te die Leistungen freiwillig erbringt und sie daher auch entsprechend dem Zweck der Zuwendung unter Bedingungen und Vorbehalten gewähren kann.

C. Rechtspolitische Kritik

Es bleibt also dabei, dass nicht-arbeitsrechtliche Verträge und Verträge mit vom Arbeitgeber verschiedenen Konzernunternehmen nicht nach § 613a Abs. 1 S. 1 BGB übergehen. Dies entspricht regelmäßig nicht der Erwartung der Arbeitnehmer. Fraglich ist aber, ob es auch ihren von § 613a Abs. 1 S. 1 BGB geschützten Interessen widerspricht. Die Arbeitnehmer sind ursprünglich ein Arbeitsverhältnis mit dem Veräußerer eingegangen. Ihn haben sie sich als Vertragspartner ausgesucht und ihm gegenüber haben sie sich zur Erbringung abhängiger Arbeit verpflichtet. Überdies haben sie mit dem Arbeitgeber oder mit einem mit ihm verbundenen Unternehmen weitere Verträge geschlossen. An diese Vereinbarungen sind die beteiligten Personen gebunden. Gäbe es die Regelung des § 613a Abs. 1 BGB nicht, so wäre der Arbeitgeber bei jeder Betriebsveräußerung in der Lage, das Arbeitsverhältnis des Arbeitnehmers betriebsbedingt zu kündigen und sich so von seinen Verpflichtungen für die Zukunft zu lösen. § 613a BGB kommt nun die Funktion zu, den Betriebsübergang als Kündigungsgrund auszuscheiden (§ 613a Abs. 4 BGB) und die Arbeitsverhältnisse mit dem bestehenden Kündigungsschutz überzuleiten (§ 613a Abs. 1 BGB). Die Überleitung erfolgt, da der Bestand des Arbeitsverhältnisses mit dem Arbeitsplatz der einzelnen Arbeitnehmer verknüpft ist. Das Gesetz lässt daher das Arbeitsverhältnis diesem folgen. Dabei wird die Person des Arbeitgebers ohne Hinzutun des Arbeitnehmers ausgetauscht. Er erhält einen Vertragspartner, den er sich nicht ausgesucht hat. Widerspricht er dem Übergang nicht, verliert er seinen ursprünglichen Schuldner und Gläubiger. Dieser haftet nur noch sehr begrenzt (§ 613a Abs. 2 BGB) für die von ihm eingegangenen Verpflichtungen. Dass sich die Rahmenbedingungen ändern, ist dem Vorgang des Betriebsinhaberwechsels immanent. Das tatsächliche Arbeitsumfeld und die Einbettung im Unternehmen beziehungsweise Konzern ändern sich. Grundsätzlich ist kein Interesse der Arbeitnehmer erkennbar, weitere Vertragsverhältnisse mit dem Arbeitgeber oder einem verbundenen Unternehmen auf einen neuen, von ihnen nicht gewählten Partner zu übertragen. Denn es kann nicht als Regel betrachtet werden, dass der Betriebsübernehmer genauso solvent und wirtschaftsstark ist wie das Veräußererunternehmen. Wie oben gesehen[567] könnte der Arbeitnehmer aber bei Erstreckung des § 613a Abs. 1 S. 1 BGB nicht wählen, welche Ver-

567 Kapitel 3 B.I.2.a).

tragsverhältnisse übergehen sollen und welche nicht. Ihm bliebe nur die Option, dem gesamten Übergang zu widersprechen.

Der Arbeitnehmer wird dann ein Interesse an der Überleitung der Verträge haben, wenn die Durchsetzung der Ansprüche gegen den Altarbeitgeber oder ein mit ihm verbundenes Unternehmen schwerfällt. Dies kann zum einen darauf beruhen, dass solche Verträge einem anderen Recht, vielleicht sogar einem ausländischen Gerichtsstand unterstellt sind. Dies kann aber auch darauf beruhen, dass diese Verträge dem ursprünglichen Vertragspartner die Möglichkeit einräumen, sich dann von ihnen zu lösen, wenn ein Arbeitsverhältnis zum Unternehmen oder zu einem Unternehmen des Konzerns nicht mehr besteht. Für die erste Fallgruppe ist festzustellen, dass die Rechtswahl und der Gerichtsstand in den Grenzen des Internationalen Privatrechts von den Parteien getroffen werden. Diese Bedingungen kennt der Arbeitnehmer bei Vertragsschluss. Ihnen stimmt er zu. Wird er dabei übervorteilt, so greifen die Regeln zur Wirksamkeit von Rechtswahlklauseln und Gerichtsstandsvereinbarungen. Teilweise greifen auch die Regeln über Allgemeine Geschäftsbedingungen. Diese regeln den Schutz des Arbeitnehmers umfassend in dem Sinne, dass sie die als berechtigt anzuerkennenden Interessen der Arbeitnehmer an einer ortsnahen Rechtsverfolgung und einer angemessenen Rechtswahl erschöpfend schützen. Im zweiten Fall sind die Vereinbarungen nur in ganz bestimmten Fällen (Kapitel 3 B.I.4.b)) möglich und unterliegen zudem den Beschränkungen, denen allgemein Vorbehalte hinsichtlich von Entgeltleistungen unterliegen (Kapitel 3 B.I.4.b)). Es besteht also ein Gleichklang zwischen den Änderungsmöglichkeiten des Arbeitgebers im bestehenden Arbeitsverhältnis und bei Betriebsübergang. In Betracht kommt auch hier eine Kontrolle über die Regeln zu Allgemeinen Geschäftsbedingungen. Sind die Klauseln nach diesen Wertungen unbedenklich, muss sich der Arbeitnehmer an der Zustimmung zu diesen Vereinbarungen festhalten lassen. Selbst bei einer Überleitung von Ansprüchen aufgrund von Zusagen durch Dritte wären die Vereinbarungen zu einer Beendigung bei Verlust der Unternehmens- oder Konzernzugehörigkeit zu prüfen. Wie die Ausführungen zur Modifizierung von Ansprüchen bei Betriebsübergang gezeigt haben, entsprechen diese Regelungen regelmäßig dem Umstand, dass der mit den Zuwendungen verfolgte Zweck nicht mehr erreicht werden kann. Der Zweck der Leistung und auch die Voraussetzungen der Zweckerreichung sind den Arbeitnehmern bekannt.

Die Regelung des § 613a Abs. 1 S. 1 BGB in der bestehenden Form entspricht daher den Interessen der Arbeitnehmer. Ein berechtigtes Interesse an einem weiterreichenden Schutz besteht nicht. Zu beachten ist in diesem Zusammenhang auch, dass die Erstreckung der Betriebsübergangsregelung auf nicht-arbeitsrechtliche Verträge und insbesondere Verträge mit anderen Konzerngesellschaften über das europarechtlich erforderliche Maß hinausgehen würde.[568] Die Regelungen in anderen Mitgliedstaaten der Europäischen Gemeinschaft erstrecken sich nicht auf diese Regelungen. Aus diesem Grund würde eine dahingehende Gesetzesänderung einseitig Unternehmen, welche in Deutschland tätig sind, belasten. Auch de lege ferenda bedarf die Regelung des § 613a Abs. 1 S. 1 BGB daher für die hier diskutierten Fälle keiner Neuregelung.

568 Vgl. Kapitel 3 B.I.2.b).

Literaturverzeichnis

aba Arbeitsgemeinschaft für Betriebliche Altersversorgung e.V., Mit der *Betriebsrente* in eine sichere Zukunft, Heidelberg 2005

Abeltshauser, Thomas E., *Leitungshaftung* im Kapitalgesellschaftsrecht. Zu den Sorgfalts- und Loyalitätspflichten von Unternehmensleitern im deutschen und US-amerikanischen Kapitalgesellschaftsrecht, Köln u.a. 1998 (zugleich: Habil. Gießen 1994)

Ackermann, Ulrich/Suchan, Stefan Wilhelm, Repricing von Stock Options – aktienrechtliche Zulässigkeit und bilanzielle Behandlung, in: BB 2002, 1497-1504

Ahlborn, Ilkka-Peter, Europäisierung des Arbeitsrechts: Betriebsübergang in Abgrenzung zur bloßen Funktionsnachfolge i.S.d. Rechtsprechung des EuGH und BAG, in: ZfA 2005, 109-164

Alsbaek, Henriette, Der *Betriebsübergang* und seine individualrechtlichen Folgen in Europa, Berlin 2001 (zugleich: Diss. Nürnberg 2000)

Altmeppen, Holger, Abschied vom „Durchgriff" im Kapitalgesellschaftsrecht, in: NJW 2007, 2657-2660

Alvensleben, Constantin von, *Die Rechte der Arbeitnehmer* bei Betriebsübergang im europäischen Gemeinschaftsrecht: eine Studie zu den gemeinschaftsrechtlichen Grundlagen des § 613a BGB, Baden-Baden 1992 (zugleich: Diss. Bonn 1991 u.d.T. „Die Sozialpolitik der Europäischen Gemeinschaft und die Rechte der Arbeitnehmer bei Betriebsübergängen")

Ammann, Helmut/Hucke, Anja, Haftungsrecht, Arbeitsrecht und Rechnungslegung im Konzern in rechtlich-betriebswirtschaftlicher Gesamtsicht, in: DStR 1998, 1391-1398

Amponsem, Heidi/Bauer, Stephan/Gerpott, Torsten J./Mattern, Klaus, Konzernorganisation nach Kernkompetenzen, in: Zeitschrift Führung und Organisation (zfo) 1996, 219-225

Andresen, Boy-Jürgen, Bearbeiter in Münchener Handbuch zum Arbeitsrecht

Andresen, Boy-Jürgen/Förster, Wolfgang/Rößler, Norbert/Rühmann, Jochen (Hrsg.), *Arbeitsrecht in der betrieblichen Altersversorgung* mit sozialversicherungsrechtlicher Grundlegung, Köln, 8. Lieferung: November 2005

Annuß, Georg, Bearbeiter in STAUDINGER

Annuß, Georg, Bearbeiter in Richardi, BetrVG

Annuß, Georg/Lembke, Mark, Aktienoptionspläne der Konzernmutter und arbeitsrechtliche Bindungen, in: BB 2003, 2230-2234

Antunes, José Engrácia, Liability of Corporate Groups. Autonomy and Control in Parent-Subsidiary Relationships in US, German and EU Law. An International and Comparative Perspective, Deventer, Boston 1994

Areeda, Phillip, Intraenterprise Conspiracy in Decline, in: Harvard Law Review 97 (1983), 451-473

Arens, Wolfgang/Düwell, Franz Josef/Wichert, Joachim (Hrsg.), Handbuch *Umstrukturierung und Arbeitsrecht*, 1. Auflage, Bonn 2008

Arnold, Arnd, Bearbeiter in Erman, Bürgerliches Gesetzbuch

Artmann, Eveline, Arbeitsverhältnisse im Konzern – Anmerkung zu OGH 11.11.2004 – 8 ObA 114/04d, in: DRdA 2005, 529-531

Artz, Markus, Bearbeiter in Münchener Kommentar zum Bürgerlichen Gesetzbuch

Ascheid, Reiner, Richtlinie 77/187 EWG: Harmonisierung europäischen und deutschen Richterrechts, in: Richterliches Arbeitsrecht – Festschrift für Thomas Dieterich zum 65. Geburtstag (München 1999), S. 9-27

Ascheid, Reiner, Bearbeiter in Schliemann (Hrsg.), Arbeitsrecht im BGB

Ascheid, Reiner/Preis, Ulrich/Schmidt, Ingrid (Hrsg.), Kündigungsrecht – Großkommentar zum gesamten Recht der Beendigung von Arbeitsverhältnissen, 4. Auflage, München 2012

Assmann, Heinz-Dieter, Microcorporatist Structures in German Law on Groups of Companies, in: Sugarman, David/Teubner, Gunther (Hrsg.), Regulating *Corporate Groups* in Europe (Baden-Baden 1990), S. 317-354

Assmann, Heinz-Dieter, Bearbeiter in Großkommentar zum Aktiengesetz

Axler, Ingeborg, Direktversicherung, in: AR-Blattei SD Betriebliche Altersversorgung IV (Stand: 134. Lieferung November 2004)

Bachner, Michael, Die Rechtsetzungsmacht der Betriebsparteien durch Konzernbetriebsvereinbarung, in: NZA 1995, 256-260

Bachner, Michael/Gerhardt, Peter, Betriebsübergang: Basiskommentar zu § 613a BGB mit den Folgen für die Mitbestimmung, 2. Auflage, Frankfurt a.M. 2012

Bachner, Michael/Köstler, Roland/Matthießen, Volker/Trittin, Wolfgang (Hrsg.), Arbeitsrecht bei Unternehmensumwandlung und *Betriebsübergang*, 4. Auflage, Baden-Baden 2012

Baeck, Ulrich/Diller, Martin, Arbeitsrechtliche Probleme bei Aktienoptionen und Belegschaftsaktien, in: DB 1998, 1405-1412

Bälz, Ulrich, Einheit und Vielheit im Konzern, in: Baur, Fritz u.a. (Hrsg.), Funktionswandel der Privatrechtsinstitutionen. Festschrift für Ludwig Raiser zum 70. Geburtstag (Tübingen 1974), S. 287-338

Ballerstedt, Kurt, Gesellschafts- und unternehmensrechtliche Probleme der Unternehmenskonzentration, in: Arndt, Helmut (Hrsg.), Die *Konzentration* in der Wirtschaft. On Economic Concentration. Erster Band (Berlin 1971), S. 603-644

Bamberger, Heinz-Georg/Roth, Herbert (Hrsg.), Kommentar zum Bürgerlichen Gesetzbuch, Band 2, 3. Auflage, München 2012 (zitiert: *Bearbeiter* in Bamberger/Roth, BGB)

Bamberger, Heinz-Georg/Roth, Herbert (Hrsg.), Beck'scher Online-Kommentar BGB, 22. Edition (Stand: 1. Februar 2012), München 2011 (zitiert: *Bearbeiter* in Bamberger/Roth, BeckOK BGB)

Bauer, Jobst-Hubertus/Göpfert, Burkhard/Steinau-Steinrück, Robert von, Aktienoptionen bei Betriebsübergang, in: ZIP 2001, 1129-1133

Bauer, Jobst-Hubertus/Thüsing, Gregor/Schunder, Achim, Das Allgemeine Gleichbehandlungsgesetz – Alter Wein in neuen Schläuchen?, in: NZA 2006, 774-778

Bayer, Walter, Bearbeiter in Münchener Kommentar zum Aktiengesetz

Bayreuther, Frank, Wirtschaftlich-existenziell *abhängige Unternehmen* im Konzern-, Kartell- und Arbeitsrecht. Zugleich ein Beitrag zur rechtlichen Erfassung moderner Unternehmensverträge, Berlin 2001 (zugleich: Diss. FU Berlin 1999)

Bayreuther, Frank, Die Durchsetzbarkeit des konzernweiten Kündigungsschutzes, in: NZA 2006, 819-825

Becker, André, Zur Stellung der *Sonderzuwendungen* des Arbeitgebers im Vergütungsgefüge, Aachen 1997 (zugleich: Diss. Marburg 1997)

Becker, Steffen/Menz, Wolfgang/Sablowski, Thomas, Ins Netz gegangen: Industrielle Beziehungen im Netzwerk-Konzern am Beispiel der Hoechst AG, in: Industrielle Beziehungen 6 (1999), 9-34

Becker, Steffen/Schumm, Wilhelm, Begrenzte Vernetzung – Restrukturierung von Großunternehmen der chemischen und pharmazeutischen Industrie in der Region Rhein-Main, in: Esser, Josef/Schamp, Eike W. (Hrsg.), *Metropolitane Region* in der Vernetzung – Der Fall Frankfurt/Rhein-Main (Frankfurt a.M. 2001), S. 105-130

Becker-Schaffner, Reinhard, Die Nutzung von Firmenfahrzeugen bei Beendigung des Arbeitsverhältnisses, in: DB 1993, 2078-2081

Béjot, Michel, Einige Elemente der konzernrechtlichen Sonderregeln in Frankreich, in: Mestmäcker, Ernst-Joachim/Behrens, Peter (Hrsg.), Das Gesellschaftsrecht der *Konzerne im internationalen Vergleich* – Ein Symposium des Max-Planck-Instituts für ausländisches und internationales Privatrecht, Hamburg (Baden-Baden 1991), S. 169-201

Bepler, Klaus, Tarifverträge im Betriebsübergang, in: RdA 2009, 65-76

Berenz, Claus, Hat die betriebliche Altersversorgung zukünftig noch eine Chance? in: NZA 1994, 385-390 und 433-438

Berger-Delhey, Ulf, Arbeitsrechtliche Probleme des Arbeitgeberdarlehens, in: DB 1990, 837-838

Bericht über die Verhandlungen der Unternehmensrechtskommission, herausgegeben vom Bundesministerium der Justiz, Köln 1980

Berle, Adolf A./Means, Gardiner C., The Modern Corporation and Private Property, New York 1968

Bernsau, Georg/Dreher, Daniel/Hauck, Friedrich (Hrsg.), Betriebsübergang: Kommentar zu § 613a BGB unter Einschluss von betriebsverfassungsrechtlichen und insolvenzrechtlichen Vorschriften, 3. Auflage, Köln 2010

Bezzenberger, Gerold, Bearbeiter in Münchener Handbuch des Gesellschaftsrechts

Birk, Ulrich-Arthur, Betriebliche Altersversorgung durch Direktzusage, in: AR-Blattei SD Betriebliche Altersversorgung II (Stand: 142. Lieferung Juli 2005)

Birk, Ulrich-Arthur, Betriebliche Altersversorgung durch Unterstützungskasse, in: AR-Blattei SD Betriebliche Altersversorgung III (Stand: 155. Lieferung August 2006)

Bittner, Lydia, Zur Struktur der *Unternehmensgruppe* im deutschen und europäischen Recht, Baden-Baden 2009 (zugleich: Diss. Halle-Wittenberg 2007)

Blank, Hubert, Bearbeiter in Blank/Börstinghaus, Miete

Blank, Hubert/Börstinghaus, Ulf P., Miete, 3. Auflage, München 2008

Block, Richard N./Berg, Peter/Roberts, Karen, Comparing and Quantifying Labor Standards in the United States and the European Union, in: International Journal of Comparative Labour Law and Industrial Relations 19 (2003), 441-467

Blomeyer, Wolfgang, Anmerkung zu BAG, Beschluss vom 12.06.1975 – 3 ABR 66/74 -, in: AP Nr. 3 zu § 87 BetrVG 1972 Altersversorgung, Bl. 262

Blomeyer, Wolfgang, Die zulässige Ungleichbehandlung im Arbeitsrecht – Dargestellt am Beispiel der betrieblichen Ruhegelder, in: Mayer-Maly, Theo u.a. (Hrsg.), Arbeitsleben und Rechtspflege. Festschrift für Gerhard Müller (Berlin 1981), S. 51-69

Blomeyer, Wolfgang, Neue arbeitsrechtliche Rahmenbedingungen für die Betriebsrente, in: BetrAV 2001, 430-441

Blomeyer, Wolfgang/Rolfs, Christian/Otto, Klaus (Hrsg.), Kommentar zum Betriebsrentengesetz, 5. Auflage, München 2010 (zitiert: *Bearbeiter* in Blomeyer/ Rolfs/ Otto, BetrAVG)

Blümich – Kommentar zum EStG-KStG-GewStG, herausgegeben von Heuermann, Bernd, Loseblattsammlung, 113. Ergänzungslieferung: November 2011 (zitiert: *Bearbeiter*, Blümich, EStG-KStG-GewStG)

Blumberg, Phillip I., The *Multinational Challenge* to Corporation Law – The Search for a New Corporate Personality, New York 1993

Blumberg, Phillip I., Accountability of Multinational Corporations: The Barriers Presented by Concepts of the Corporate Juridical Entity, in: Hastings International and Comparative Law Review 24 (2001), 297-320

Böhm, Wolfgang/Pawlowski, Hans-Martin, Konzernweite Beschäftigungsgarantien bei Umstrukturierungen – aber was, wenn die „Heuschrecken“ kommen, in: NZA 2005, 1377-1384
Boemke, Burkhard, Schuldvertrag und Arbeitsverhältnis, München 1999 (zugleich: Habil. Heidelberg 1996)
Boemke, Burkhard, Anmerkung zu BAG, Urt. v. 7.09.2004 – 9 AZR 631/03, AP Nr. 17 zu § 611 BGB Sachbezüge, Bl. 863-865
Bötticher, Eduard, Der Anspruch auf Gleichbehandlung im Arbeitsrecht, in: RdA 1953, 161-169
Bötticher, Eduard, Der Ansatz des Gleichbehandlungsanspruchs im Arbeitsrecht, in: RdA 1957, 317-319
Bontrup, Heinz-J., Der Vorschlag der Bundesregierung für „Mehr Mitarbeiterkapitalbeteiligung in Deutschland“, in: BB 2009, Beil. 1, S. 2-5
Bosman, Aleidus Gerard, Konzernverbundenheit und ihre Auswirkungen auf Verträge mit Dritten, Zürich 1984 (zugleich: Diss. Zürich 1984)
Bracker, Ulrich, Betriebsübergang und Betriebsverfassung, Berlin 1979 (zugleich: Diss. München 1979)
Brechbühl, Beat, Haftung aus erwecktem *Konzernvertrauen*, Bern 1998 (zugleich: Diss. Bern 1998)
Brecher, Fritz, Vertragsübergang, Betriebsnachfolge und Arbeitsverhältnis – Eine Studie zur Struktur der Schuld- und Organisationsverhältnisse, in: Rechts- und Staatswissenschaftliche Fakultät der Rheinischen Friedrich Wilhelms-Universität Bonn (Hrsg.), Festschrift zum 70. Geburtstag von Walter Schmidt-Rimpler (Karlsruhe 1957), S. 181-235
Brechmann, Winfried, Die richtlinienkonforme Auslegung: Zugleich ein Beitrag zur Dogmatik der EG-Richtlinie, München 1994 (zugleich: Diss. München 1993)
Bredow, Günther M., Mustervereinbarungen zu Aktienoptionsplänen für das Management und leitende Angestellte (Stock Option Plans), in: DStR 1998, 380-382
Breinersdorfer, Stefan, Praktische Aspekte des neuen Mitarbeiterkapitalbeteiligungsgesetzes, in: DStR 2009, 453-458
Brinkmann, Antje, Die *Spaltung von Rechtsträgern* nach dem neuen Umwandlungsrecht. Eine Analyse ihrer individualarbeitsrechtlichen Folgen, Berlin 1999 (zugleich: Diss. Göttingen 1998)
Broichmann, Alice/Burmeister, Julian, Konzernvertrauenshaftung – zahnloser Tiger oder tragfähiges Haftungskonzept?, in: NZG 2006, 687-691
Buchner, Herbert, Reform des Betriebsverfassungsrechts. Die aktuellen Änderungsvorschläge – Übersicht und Würdigung, in: AG 1971, 135-142 und 189-196

Buchner, Herbert, Die Zuständigkeit des Konzernbetriebsrats, in: Lieb, Manfred u.a. (Hrsg.), Festschrift für Wolfgang Zöllner zum 70. Geburtstag. Band II (Köln u.a. 1998), S. 697-714

Buchner, Herbert, Bearbeiter in Münchener Handbuch zum Arbeitsrecht

Büdenbender, Ulrich, Personalpolitik im RWE-Konzern, in: Zeitschrift für betriebswirtschaftliche Forschung (zfbf) 47 (1995), 1145-1167

Büren, Roland von, Die Haftung aus Konzernvertrauen – Die Geschichte vom Schaf im Wolfspelz, in: Geiser, Thomas u.a. (Hrsg.), Privatrecht im Spannungsfeld zwischen gesellschaftlichem Wandel und ethischer Verantwortung. Beiträge zum Familienrecht, Erbrecht, Persönlichkeitsrecht, Haftpflichtrecht, Medizinalrecht und allgemeinen Privatrecht. Festschrift für Heinz Hausheer zum 65. Geburtstag (Bern 2002), S. 631-646

Büren, Roland von, Der Konzern – Rechtliche Aspekte eines wirtschaftlichen Phänomens, 2. Auflage, Basel 2005

Buhr, Martina/Radtke, Stefanie, Internationale Aktienoptionspläne und deren arbeitsrechtliche Behandlung in Deutschland, in: DB 2001, 1882-1887

Burgmer, Christoph/Richter, Stefan, Der *Betriebsübergang* im Arbeitsrecht: Überblick über die Rechtslage und die Rechtsentwicklung, Stuttgart u.a. 2008

Burwitz, Gero, Förderung der Mitarbeiterkapitalbeteiligung, in: NZG 2008, 657

Burwitz, Gero, Inkrafttreten des Mitarbeiterkapitalbeteiligungsgesetzes zum 1.4.2009, in: NZG 2009, 378

Campbell, Andrew/Goold, Michael/Alexander, Marcus, Corporate Strategy: The Quest for Parenting Advantage, in: Harvard Business Review 1995, 120-132

Camps Ruiz, Luis Miguel, Die Mobilität im Konzern: Das spanische Recht, in: ZIAS 1995, 507-515

Canaris, Claus-Wilhelm, Die *Vertrauenshaftung* im deutschen Privatrecht, München 1971

Canaris, Claus-Wilhelm, Wandlungen des Schuldvertragsrechts – Tendenzen zu seiner „Materialisierung“, in: AcP 200 (2000), 273-364

Cisch, Theodor, Bearbeiter in Münchener Handbuch zum Arbeitsrecht

Coen, Martin, Der Kündigungsschutz im Konzern, in: RdA 1983, 348-353

Cohnen, Karl-Dietmar, Bearbeiter in Moll, Münchener Anwalts-Handbuch Arbeitsrecht

Collins, Hugh, Independent Contractors and the Challenge of Vertical Disintegration to Employment Protection Laws, in: Oxford Journal of Legal Studies 10 (1990), 353-380

Commandeur, Gert/Kleinebrink, Wolfgang, *Betriebs- und Firmenübernahme*: Eine Gesamtdarstellung der haftungsrechtlichen Folgen insbesondere bei Einzelrechtsnachfolge (§ 613a BGB, § 324 UmwG, §§ 25 ff. HGB, § 75 AO), 2. Auflage, München 2002

Cooke, Fang Lee/Earnshaw, Jill/Marchington, Mick/Rubery, Jill, For Better and for Worse? Transfer of Undertaking and the Reshaping of Employment Relations, in: International Journal of Human Resource Management 15 (2004), 276-294

Dachrodt, Heinz-G./Engelbert, Volker, Praktiker-Kommentar zum Betriebsverfassungsrecht, Herne, Berlin 2002 (zitiert: *Dachrodt/Engelbert*, BetrVG)

Däubler, Wolfgang/Kittner, Michael/Klebe, Thomas/Wedde, Peter (Hrsg.), Betriebsverfassungsgesetz mit Wahlordnung und EBR-Gesetz – Kommentar für die Praxis, 13. Auflage, Frankfurt a.M. 2012 (zitiert: *Bearbeiter* in Däubler/Kittner/Klebe/Wedde, BetrVG)

Dauner-Lieb, Barbara, Change of Control-Klauseln nach Mannesmann, in: DB 2008, 567-571

Davies, Paul, Die Umstrukturierung von Konzernen im Recht des Vereinigten Königreichs, in: ZIAS 1995, 532-543

De Leede, L. J. M., Die Repräsentation der Arbeitnehmer im Konzern durch „groepsondernemingsraden", in: ZIAS 1995, 544-550

Deakin, Simon, The Changing Concept of the „Employer" in Labour Law, in: Industrial Law Journal 30 (2001), 72-84

Delp, Udo A., Besteuerungsregeln der Aktienanleihen im Privatvermögen, in: BB 2001, 1438-1442

Dettling, Heinz-Uwe, Die Entstehungsgeschichte des Konzernrechts im Aktiengesetz von 1965, Tübingen 1997 (zugleich: Diss. Tübingen 1995/96)

Deutschmann, Kevin, Vergütungshalber gewährte *Aktienoptionen* im deutschen und US-amerikanischen Steuerrecht, Baden-Baden 2000 (zugleich: Diss. Konstanz 2000)

Disput, Anja, „Change of Control"-Klauseln im gewerblichen Mietvertrag, in: NZM 2008, 305-308

Döring, René/Grau, Timon, Überkreuz mit der Überkreuzablösung – Kein Vorrang von Betriebsvereinbarungen gegenüber „transformierten" tariflichen Ansprüchen beim Betriebsübergang?, in: BB 2009, 158-165

Dombrowski, Martin/Zettelmeyer, Bernd, Die Wertermittlung der Nutzungsvorteile von Firmenwagen im Rahmen der Karenzentschädigung nach § 74 II HGB, in: NZA 1995, 155-160

Dreher, Daniel, Bearbeiter in Bernsau/Dreher/Hauck, Betriebsübergang

Drexl, Josef, Wissenszurechnung im Konzern, in: ZHR 161 (1997), 491-521

Druey, Jean Nicolas, „Konzernvertrauen", in: Schneider, Uwe H. u.a. (Hrsg.), Festschrift für Marcus Lutter zum 70. Geburtstag – Deutsches und europäisches Gesellschafts-, Konzern- und Kapitalmarktrecht (Köln 2000), S. 1069-1082

Düwell, Franz Josef (Hrsg.), Handkommentar zum Betriebsverfassungsgesetz, 3. Auflage, Baden-Baden 2010 (zitiert: *Bearbeiter* in Düwell, HaKo-BetrVG)

Düwell, Franz Josef, Bearbeiter in Arens/Düwell/Wichert, Umstrukturierung und Arbeitsrecht

Dzida, Boris, Errichtung und Zusammensetzung eines Konzernbetriebsrats bei ausländischer Konzernspitze, in: NZA 2007, 945-949

Dzida, Boris, Die Mitbestimmung des Konzernbetriebsrats bei Ethik-Richtlinien, in: NZA 2008, 1265-1269

Ebert, Ina, Bearbeiterin in Erman, Bürgerliches Gesetzbuch

Ebke, Werner F., Die Konzernierung im US-amerikanischen Recht, in: Mestmäcker, Ernst-Joachim/Behrens, Peter (Hrsg.), Das Gesellschaftsrecht der *Konzerne im internationalen Vergleich* – Ein Symposium des Max-Planck-Instituts für ausländisches und internationales Privatrecht, Hamburg (Baden-Baden 1991), S. 279-327

Edenfeld, Stefan, Bearbeiter in Erman, Bürgerliches Gesetzbuch

Egger, Hartmut, Gestaltungsrecht und *Gleichbehandlungsgrundsatz* im Arbeitsverhältnis, Berlin 1979 (zugleich: Diss. Mannheim 1977)

Ehmann, Horst, Die Rechtsprechung des Bundesarbeitsgerichts im Jahre 1979, in: ZfA 1980, 683-862

Ehmann, Horst, Zur Causa-Lehre, in: JZ 2003, 702-714

Eisemann, Hans, Bearbeiter in Erfurter Kommentar zum Arbeitsrecht

Eisolt, Dirk/Wickinger, Solveig, Mitarbeiterbeteiligungen: Endbesteuerung auch im Fall von Wandelschuldverschreibungen?, in: BB 2001, 122-127

Ellenberger, Jürgen, Bearbeiter in Palandt, Bürgerliches Gesetzbuch

Emmerich, Volker/Habersack, Mathias, Aktien- und GmbH-Konzernrecht, 6. Auflage, München 2010

Emmerich, Volker/Habersack, Mathias, *Konzernrecht*. Ein Studienbuch, 9. Auflage, München 2008

Erfurter Kommentar zum Arbeitsrecht, herausgegeben von Müller-Glöge, Rudi u.a., 12. Auflage, München 2012 (zitiert: ErfK/*Bearbeiter*)

Erfurter Kommentar zum Arbeitsrecht, herausgegeben von Müller-Glöge, Rudi u.a., 8. Auflage, München 2008 (zitiert: ErfK/*Bearbeiter*, 8. Aufl. 2008)

Erman Bürgerliches Gesetzbuch, herausgegeben von Westermann, Harm Peter, 13. Auflage, Köln 2011 (zitiert: Erman/*Bearbeiter*)

Erman Bürgerliches Gesetzbuch, herausgegeben von Westermann, Harm Peter, 12. Auflage, Köln 2008 (zitiert: Erman/*Bearbeiter*, 12. Aufl. 2008)

Ettinger, Jochen, Stock Options, Köln 1999 (zugleich: Diss. Augsburg 1999)

Europäische Stiftung zur Verbesserung der Lebens- und Arbeitsbedingungen (Eurofound), *Finanzielle Beteiligung* der Arbeitnehmer in der Europäischen Union, Dublin 2006

Europäische Stiftung zur Verbesserung der Lebens- und Arbeitsbedingungen (Eurofound), Industrial relations development in Europe 2008, Luxemburg 2009
Eylert, Mario/Gotthardt, Michael, Liberalisierung des Welthandels und Arbeitsrecht, in: RdA 2007, 91-99
Fabricius, Fritz, Rechtsprobleme gespaltener *Arbeitsverhältnisse im Konzern*: dargestellt am Rechtsverhältnis der Ruhrkohle-AG zu ihren Betriebsführungsgesellschaften, Darmstadt, Neuwied 1982
Fach, Cornelia, *Die Zulässigkeit von Bindungsklauseln* im Rahmen von Aktienoptionsprogrammen, Frankfurt am Main u.a. 2006 (zugleich: Diss. Düsseldorf 2006)
Fastrich, Lorenz, Gleichbehandlung und Gleichstellung, in: RdA 2000, 65-81
Feldhoff, Kerstin, Bearbeiterin in Rust/Falke (Hrsg.), AGG
Feudner, Bernd W., Kündigungsschutz im Konzern, in: DB 2002, 1106-1110
Fiebig, Andreas, Konzernbezogener Kündigungsschutz nach der Rechtsprechung des Bundesarbeitsgerichts, in: DB 1993, 582-584
Fischer, Curt Eduard, Rechtsschein und Wirklichkeit – Rechtspolitische Betrachtungen zu einer Reform des Aktiengesetzes, in: AcP 154 (1955), 85-120
Fischer, Ulrich, Wettbewerbsverbot im internationalen Konzern bei Ausübung von Aktienoptionen durch Arbeitnehmer, in: DB 1999, 1702-1704
Fischinger, Philipp S., Bearbeiter in STAUDINGER
Fitting, Karl (Begr.)/Auffarth, Fritz/Engels, Gerd u.a. (Hrsg.), Handkommentar zum Betriebsverfassungsgesetz, 26. Auflage, München 2012 (zitiert: *Fitting*, BetrVG)
Fleischer, Holger, Konzernrechtliche Vertrauenshaftung, in: ZHR 163 (1999), 461-485
Fleischer, Holger, Konzernleitung und Leitungssorgfalt der Vorstandsmitglieder im Unternehmensverbund, in: DB 2005, 759-766
Föhr, Silvia, Bearbeiterin in Vahlens Großes Personallexikon
Förster, Wolfgang/Cisch, Theodor B./Karst, Michael (Hrsg.), Kommentar zum *Betriebsrentengesetz*, 13. Auflage, München 2012
Fohrmann, Axel, Der Arbeitnehmer als Gesellschafter, Köln u.a. 1982 (zugleich: Diss. Bochum 1981/82)
Fonk, Hans Joachim, Altersversorgung von Organmitgliedern im Umbruch, in: ZGR 2009, 413-446
Frantzen, Christopher, *Genussscheine* – zugleich eine Analyse der Genussscheinbedingungen deutscher Unternehmen, Köln u.a. 1993 (zugleich: Diss. Bonn 1992)
Franzen, Martin, Der *Betriebsinhaberwechsel* nach § 613a BGB im internationalen Arbeitsrecht, Heidelberg 1994 (zugleich: Diss. FU Berlin 1993)

Franzen, Martin, Bearbeiter in Erfurter Kommentar zum Arbeitsrecht
Franzen, Martin, Bearbeiter in GK-BetrVG
Friedrich, Michael, Europäisches Arbeitsrecht und Privatisierungen, Baden-Baden 2002 (zugleich: Diss. Konstanz 2001)
Fuchs, Bernhard, *Betriebliche Sozialleistungen* beim Betriebsübergang unter besonderer Berücksichtigung unternehmensspezifischer Sozialleistungen, Köln 2000 (zugleich: Diss. Freiburg 1999)
Fuchs, Maximilian, Bearbeiter in Bamberger/Roth, BGB
Fuchs, Rainer, Der *Konzernbetriebsrat* – Funktion und Kompetenz, Bern, Frankfurt a.M. 1974 (zugleich: Diss. Köln 1974)
Gamillscheg, Franz, *Arbeitsrecht I.* Arbeitsvertrags- und Arbeitsschutzrecht, 8. Auflage, München 2000
Gamillscheg, Katharina, Darlehen, in: AR-Blattei SD Darlehen (Stand: 144. Aktualisierung September 2005)
Gaßner, Otto, Rechtsanwendung beim doppeltypischen Vertrag am Beispiel der Werkdienstwohnung, in: AcP 186 (1986), 325-355
Gast, Wolfgang/Wissmann, Manfred, Mitarbeiterbeteiligung durch Genussrechte auf der Grundlage des Fünften Vermögensbildungsgesetzes, in: BB 1987, Beil. 17, S. 1-11
Gaul, Björn, Kehrtwende der Rechtsprechung zum Betriebsübergang im Dienstleistungsbereich: Klarstellung zum Anwendungsbereich des § 613a BGB bei Outsourcing und Auftragsnachfolge, in: ZTR 1998, 1-12
Gaul, Dieter, *Der Betriebsübergang.* Arbeitsrecht – Sozialrecht – Gesellschaftsrecht – Gewerblicher Rechtsschutz , Ehningen 1990
Gaul, Dieter, Die kollektivrechtlichen Auswirkungen eines rechtsgeschäftlich begründeten Betriebsüberganges, in: ZTR 1989, 432-442
Gemeinschaftskommentar zum Betriebsverfassungsgesetz, herausgegeben von Franzen, Martin u.a., 9. Auflage, Köln 2010 (zitiert: *Bearbeiter* in GK-BetrVG Bd.)
Gerpott, Torsten J., Perspektiven des Personalmanagements in der deutschen Automobilindustrie – Explorative Befunde, in: DBW 50 (1990), 611-623
Geßler, Ernst, Mitbestimmung im mehrstufigen Konzern, in: BB 1977, 1313-1319
Geßler, Ernst, Der Schutz vor Fremdeinflüssen im Aktienrecht, in: ZHR 145 (1981), 457-472
Gitter, Wolfgang, Betriebsübergang und Arbeitsverhältnis unter besonderer Berücksichtigung der Zustimmung des Arbeitnehmers, in: Gamillscheg, Franz/ Hueck, Götz/Wiedemann, Herbert (Hrsg.), 25 Jahre Bundesarbeitsgericht (München 1979), S. 133-151
Gleichmann, Karl, The Law of Corporate Groups in the European Community, in: Sugarman, David/Teubner, Gunther (Hrsg.), Regulating *Corporate Groups* in Europe (Baden-Baden 1990), S. 435-456

Gleichmann, Karl, Bericht über die Arbeiten zur normativen Erfassung des Problems der verbundenen Unternehmen, insbesondere der Konzerne, bei der europäischen Rechtsangleichung und im Rahmen der Schaffung Europäischen Gesellschaftsrechts, in: Mestmäcker, Ernst-Joachim/Behrens, Peter (Hrsg.), Das Gesellschaftsrecht der *Konzerne im internationalen Vergleich* – Ein Symposium des Max-Planck-Instituts für ausländisches und internationales Privatrecht, Hamburg (Baden-Baden 1991), S. 581-608

Glenk, Heinrich, Bearbeiter in Blümich, EStG-KStG-GewStG

Glock, Dirk, Bearbeiter in Hess/Schlochauer/Worzalla/Glock/Nicolai

Gloger, Christian, *Haftungsbeschränkung* versus Gläubigerschutz in der GmbH – Rechtsvergleichende Studie zum deutschen und brasilianischen Recht, Köln u.a. 2007 (zugleich: Diss. Freiburg 2005/2006)

Gloger, Christian/Goette, Constantin/van Huet, Fabienne, Die neue Rechtsprechung zur Existenzvernichtungshaftung mit Ausblick in das englische Recht, in: DStR 2008, 1141-1146 und 1194-1197

GmbH-Handbuch, herausgegeben von Centrale für GmbH Dr. Otto Schmidt, Band I, 128. Ergänzungslieferung, Köln 2009 (zitiert *Bearbeiter* in GmbH-Handbuch, Band I)

Gohdes, Alfred/Haferstock, Bernd/Schmidt, Rainer, Pensionsfonds nach dem AVmG aus heutiger Sicht, in: DB 2001, 1558-1562

Graeber, Thorsten, Der Konzerninsolvenzverwalter – Pragmatische Überlegungen zu Möglichkeiten eines Konzerninsolvenzverfahrens, in: NZI 2007, 265-270

Griese, Thomas, Bearbeiter in Küttner/Röller (Hrsg.), Personalbuch 2012

Groeger, Axel, Betriebsübergang und Ansprüche aus Aktienoptionsplan, in: ArbRB 2003, 132

Großkommentar zum Aktiengesetz, herausgegeben von Hopt, Klaus J./Wiedemann, Herbert (Hrsg.) (zitiert: *Bearbeiter* in Großkomm AktG Bd.), Erster Band (4. Auflage Berlin 2004)

Grüneberg, Christian, Bearbeiter in Palandt, Bürgerliches Gesetzbuch

Gruppe „Indikatoren" des Beschäftigungsausschusses der EU (EMCO), Monitoring and Analysis of Flexicurity policies, EMCO Reports 2/2009 (Juli 2009)

Güllich, Karl Heinz, *Die unmittelbare Geltung* von Betriebsvereinbarungen im Konzern zu Lasten von beherrschten Gesellschaften, Diss. Erlangen-Nürnberg 1978

Gussen, Heinrich, Zur Weitergeltung von Vereinbarungen des Konzernbetriebsrats beim Betriebsübergang nach § 613a BGB, in: Düwell, Franz Josef u.a. (Hrsg.), Bewegtes Arbeitsrecht – Festschrift für Wolfgang Leinemann zum 70. Geburtstag (Neuwied 2006), S. 207-222

Gussen, Heinz, Bearbeiter in Rolfs/Giesen/Kreikebohm/Udsching

Gussen, Heinz, Bearbeiter in Rolfs/Giesen/Kreikebohm/Udsching, BeckOK Arbeitsrecht

Gussen, Heinz/Dauck, Andreas, Die *Weitergeltung von Betriebsvereinbarungen und Tarifverträgen* bei Betriebsübergang und Umwandlung, 2. Auflage, Berlin 1997 (1. Auflage von Gussen unter dem Titel: Die Weitergeltung von Betriebsvereinbarungen und Tarifverträgen beim Betriebsübergang, zugleich: Diss. Bielefeld 1988)

Guth, Alexander, Das Ende des *GmbH-Konzernrechts*? Eine Auswertung der neuen Entwicklungen in der Rechtsprechung des Bundesgerichtshofes, Aachen 2005 (zugleich: Diss. Regensburg 2004)

Haas, Ulrich, Ist das Trihotel-Haftungsmodell Vorbild auch für andere dem Schutz der Gläubigergesamtheit dienende Ansprüche? in: ZIP 2009, 1257-1261

Habersack, Mathias, Bearbeiter in Münchener Kommentar zum Aktiengesetz

Habersack, Mathias/Verse, Dirk A., Europäisches Gesellschaftsrecht. Einführung für Studium und Praxis, 4. Auflage, München 2011 (zitiert: *Habersack/Verse*, EuGesR)

Häublein, Martin, Bearbeiter in Münchener Kommentar zum Bürgerlichen Gesetzbuch

Hamacher, Rolfjosef, Reverse Convertible Bonds, Umtauschanleihen und Partizipationsscheine, in: DB 2000, 2396-2400

Hanau, Hans, Der arbeitsrechtliche Gleichbehandlungsgrundsatz zwischen Privatautonomie und Kontrahierungszwang, in: Dauner-Lieb, Barbara u.a. (Hrsg.), Festschrift für Horst Konzen zum 70. Geburtstag (Tübingen 2006), S. 233-248

Hanau, Peter, Fragen der Mitbestimmung und Betriebsverfassung im Konzern, in: ZGR 1984, 468-494

Hanau, Peter/Vossen, Reinhard, Die Auswirkungen des Betriebsinhaberwechsels auf Betriebsvereinbarungen und Tarifverträge, in: Dieterich, Thomas u.a. (Hrsg.), Festschrift für Marie Luise Hilger und Hermann Stumpf (München 1983), S. 271-297

Handschin, Lukas, *Der Konzern* im geltenden schweizerischen Privatrecht, Zürich 1994 (zugleich: Habil. Basel 1992)

Hansen, Jürgen Rolf, Optimale Personalarbeit. Die globale Vorwerk-Familie, in: AuA 2007, 164-167

Hansmann, Henry/Kraakman, Reinier, The Essential Role of Organizational Law, in: Yale Law Journal 110 (2000), 387-440

Harsch, Sebastian, *Die einheitliche Leitung im Konzern* und ihre funktionale Bestimmung im Rahmen der aktienrechtlichen Verantwortlichkeit, Bern u.a. 2005 (zugleich: Diss. Basel 2004)

Hattesen, Michael, Bearbeiter in Kasseler Handbuch zum Arbeitsrecht

Hauck, Friedrich, Der Betriebsübergang nach § 613a BGB – Voraussetzungen, Rechtsfolgen, Neuregelung -, in: Düwell, Franz Josef u.a. (Hrsg.), Bewegtes Arbeitsrecht – Festschrift für Wolfgang Leinemann zum 70. Geburtstag (Neuwied 2006), S. 223-242

Hauck, Friedrich, Information über einen Betriebsübergang nach § 613a V BGB und Widerspruch nach § 613a VI BGB, in: NZA 2009, Beilage 1, S. 18-23

Heine, Marc Oliver, Risikoanalyse und Gestaltung der betrieblichen Altersversorgung in der Finanzmarktkrise, in: BB 2009, 942-946

Heinze, Meinhard, Ausgewählte Rechtsfragen zu § 613a BGB, in: Schlachter, Monika u.a. (Hrsg.), Tarifautonomie für ein neues Jahrhundert – Festschrift für Günter Schaub zum 65. Geburtstag (München 1998), S. 275-294

Heiz, Roman, *Das Arbeitsverhältnis im Konzern* – Ausgewählte individualarbeitsrechtliche Aspekte, Bern 2005 (zugleich: Diss. St. Gallen 2004)

Helle, Michael, *Konzernbedingte Kündigungsschranken* bei Abhängigkeit und Beherrschung durch Kapitalgesellschaften, Berlin 1989 (zugleich: Diss. FU Berlin 1988)

Helmert, Carsten, *Aktienoptionen* für Mitarbeiter aus der Sicht des Arbeitsrechts, München 2006 (zugleich: Diss. Leipzig 2006)

Henssler, Martin, Der *Arbeitsvertrag* im Konzern, Berlin 1983 (zugleich: Diss. Konstanz 1982/83)

Henssler, Martin/Willemsen, Heinz Josef/Kalb, Heinz-Jürgen (Hrsg.), Arbeitsrechtskommentar, 5. Auflage, Köln 2012 (zitiert: Henssler/Willemsen/Kalb-*Bearbeiter*)

Herdter, Fabian, Der *Gruppenversicherungsvertrag* – Grundlagen und ausgewählte Problemfelder, Karlsruhe 2010 (zugleich: Diss. Frankfurt am Main 2010)

Hergenröder, Curt Wolfgang, Rechtsgeschäftlicher Betriebsinhaberwechsel, in: AR-Blattei SD Betriebsinhaberwechsel I (Stand: 165. Aktualisierung Mai 2007)

Hergenröder, Curt Wolfgang, Betriebsinhaberwechsel durch Gesamtrechtsnachfolge, in: AR-Blattei SD Betriebsinhaberwechsel II (Stand: 174. Aktualisierung Dezember 2007)

Herrmann, Ulrich, Bearbeiter in Bamberger/Roth, BeckOK BGB

Hertzfeld, Herbert, Freiwillige Betriebsvereinbarungen nach dem Betriebsübergang, in: DB 2006, 2177-2180

Hess, Harald/Schlochauer, Ursula/Worzalla, Michael/Glock, Dirk/Nicolai, Andrea/Rose, Franz-Joesef (Hrsg.), Kommentar zum Betriebsverfassungsgesetz, 8. Auflage, Köln 2011 (zitiert: Hess/Schlochauer/Worzalla/Glock/Nicolai/Rose – *Bearbeiter*)

Heubeck, Klaus, Pensionsfonds – Grenzen und Möglichkeiten, in: DB 2001, Beil. 5, S. 2-5

Hill, Jennifer, Visions and revisions of the shareholder; in: American Journal of Comparative Law 48 (2000), 39-79

Höfer, Hugues, Auswertung der Umfrage zur betrieblichen Altersversorgung, in: BB 2007, 885-888

Höfer, Reinhold, Gesetz zur Verbesserung der betrieblichen Altersversorgung, Kommentar, Band I: Arbeitsrecht, München, 10. Ergänzungslieferung Mai 2008 (zitiert: *Höfer*, BetrAVG I)

Hölzle, Gerrit, Existenzvernichtungshaftung als Fallgruppe des § 826 BGB – Alte Haftung im neuen Gewand? – Eine juristische und rechtsökonomische Analyse, in: DZWiR 2007, 397-407

Hönn, Günther, Roma locuta? – Trihotel, Rechtsfortbildung und die gesetzliche Wertung, in: WM 2008, 769-778

Hörtnagl, Robert, Bearbeiter in Schmitt/Hörtnagl/Stratz (Hrsg.), Umwandlungsgesetz

Hofstetter, Karl A., Sachgerechte *Haftungsregeln* für Multinationale Konzerne – Zur zivilrechtlichen Verantwortlichkeit von Muttergesellschaften im Kontext internationaler Märkte, Tübingen 1995 (zugleich: Habil. Zürich 1994)

Hohenstatt, Klaus-Stefan, Bearbeiter in Willemsen/Hohenstatt/Schnitker/Schweibert/Seibt (Hrsg.), Umstrukturierung

Hohloch, Gerhard, Bearbeiter in Erman, Bürgerliches Gesetzbuch

Hommelhoff, Peter, Die *Konzernleitungspflicht* – Zentrale Aspekte eines Konzernverfassungsrechts, Köln u.a. 1982

Hommelhoff, Peter, Gesellschaftsformen als Organisationselemente im Konzernaufbau, in: Mestmäcker, Ernst-Joachim/Behrens, Peter (Hrsg.), Das Gesellschaftsrecht der *Konzerne im internationalen Vergleich* – Ein Symposium des Max-Planck-Instituts für ausländisches und internationales Privatrecht, Hamburg (Baden-Baden 1991), S. 91-132

Honsell, Heinrich, Haftung aus „Konzernvertrauen" im schweizerischen Recht, in: Jickeli, Joachim u.a. (Hrsg.), Gedächtnisschrift für Jürgen Sonnenschein (Berlin 2003), S. 661-670

Hopt, Klaus J., Europäisches Konzernrecht, in: Reichert, Klaus u.a. (Hrsg.), *Recht, Geist und Kunst*. Liber amicorum Rüdiger Volhard (Baden-Baden 1996), S. 74-88

Hoyningen-Huene, Gerrick von, Die *Billigkeit* im Arbeitsrecht. Ein Beitrag zur rechtsdogmatischen Präzisierung der Billigkeit im Zivilrecht – Dargestellt am Beispiel des Arbeitsrechts, München 1978 (zugleich: Habil. München 1977)

Hoyningen-Huene, Gerrick von/Windbichler, Christine, Der Übergang von Betriebsteilen nach § 613a BGB, in: RdA 1977, 329-336

Hromadka, Wolfgang, Zur betrieblichen Übung, in: NZA 1984, 241-246

Hueck, Alfred/Nipperdey, Hans Carl, Lehrbuch des Arbeitsrechts. Erster Band, 7. Auflage, Berlin und Frankfurt a.M. 1963

Hueck, Götz, Der Grundsatz der *gleichmäßigen Behandlung* im Privatrecht, München 1958 (zugleich: Habil. Münster 1958)

Hueck, Götz, Zwei Probleme der Konzernmitbestimmung, in: Hefermehl, Wolfgang u.a. (Hrsg.), Festschrift für Harry Westermann zum 65. Geburtstag (Karlsruhe 1974), S. 241-261

Hütte, Arne, Der *Gleichbehandlungsgrundsatz* im deutschen und französischen Recht der Personengesellschaften, Aachen 2003 (zugleich: Diss. München 2001/02)

Immenga, Ulrich, Company Systems and Affiliation, in: Conard, Alfred F., *International Encyclopedia of Comparative Law*. Volume XIII – Business and Private Organizations (Tübingen 1985), Chapter 7

Irujo, José Miguel Embid, Trends and Realities in the Law of Corporate Groups, in: European Business Organization Law Review 6 (2005), 65-91

Isay, Rudolf, Das Recht am Unternehmen, Berlin 1910

Jackson, Howell E., The expanding obligations of financial holding companies, in: Harvard Law Review 107 (1994), 509-618

Jacobs, Matthias, Gesamtbetriebsvereinbarung und Betriebsübergang, in: Dauner-Lieb, Barbara u.a. (Hrsg.), Festschrift für Horst Konzen zum siebzigsten Geburtstag (Tübingen 2006), S. 345-365

Jahnke, Volker, Die Mitbestimmung des Betriebsrats auf dem Gebiet der betrieblichen Sozialleistungen, in: ZfA 1980, 863-900

Jarass, Hans D., *Grundfragen* der innerstaatlichen Bedeutung des EG-Rechts: Die Vorgaben des Rechts der Europäischen Gemeinschaft für die nationale Rechtsanwendung und die nationale Rechtsetzung nach Maastricht, Köln u.a. 1994

Jauernig, Othmar (Hrsg.), Kommentar zum Bürgerlichen Gesetzbuch, 14. Auflage, München 2011 (zitiert: Jauernig/*Bearbeiter*)

Jesse, Lenhard/Schellen, Norbert, *Arbeitgeberdarlehen* und Vorschuss. Arbeitsrecht – Steuerrecht, Stuttgart 1990

John, Andreas/Stachel, Markus, Mitarbeiterbeteiligung konkret: Belegschaftsaktien, Aktienoptionen, Genussscheine und Zertifikate, in: BB 2009, Beil. 1, 17-20

Joost, Detlev, Ausfallhaftung im qualifizierten faktischen GmbH-Konzern, in: Hommelhoff, Peter u.a. (Hrsg.), Heidelberger Konzernrechtstage: *Der qualifizierte faktische GmbH-Konzern*. Analyse der Rechtsprechung – Folgerungen für die Praxis (Köln 1992), S. 133-166

Joost, Detlev, Bearbeiter in Münchener Handbuch zum Arbeitsrecht

Joussen, Jacob, Die Auslegung europäischen (Arbeits-)Rechts aus deutsch-italienischer Perspektive, Baden-Baden 2000 (zugleich: Diss. Münster 2000)

Jula, Rocco, Die Bildung besonderer *Konzernorgane*, Karlsruhe 1995 (zugleich: Diss. FU Berlin 1994)

Junker, Abbo, Internationales Arbeitsrecht im Konzern, Tübingen 1992 (zugleich: Habil. Münster (Westfalen) 1991/92)

Junker, Abbo, Grenzen des § 613a BGB (Betriebsübergang) bei Aktienoptionen im Konzern, in: WuB IX § 613a BGB 1.03

Kallfass, Hermann H., Ökonomische Analyse der Konzernbildung, in: Mestmäcker, Ernst-Joachim/Behrens, Peter (Hrsg.), Das Gesellschaftsrecht der *Konzerne im internationalen Vergleich* – Ein Symposium des Max-Planck-Instituts für ausländisches und internationales Privatrecht, Hamburg (Baden-Baden 1991), S. 19-48

Kallmeyer, Harald, Aktienoptionsprogramme für Führungskräfte im Konzern, in: AG 1999, 97-103

Kallmeyer, Harald, Bearbeiter in GmbH-Handbuch, Band I

Kamlah, Wulf, Bestandsschutz und Ablösung von Kollektivverträgen bei Betriebsübergang: Eine Untersuchung über die Fortgeltung kollektivvertraglicher Regelungen nach rechtsgeschäftlich begründetem Betriebsübergang, Frankfurt a.M. 1998 (zugleich: Diss. Bonn 1995)

Kania, Thomas, Nichtarbeitsrechtliche Beziehungen zwischen Arbeitgeber und Arbeitnehmer, Frankfurt am Main u.a. 1990 (zugleich: Diss. Köln 1989)

Kania, Thomas, Bearbeiter in Erfurter Kommentar zum Arbeitsrecht

Karamarias, Stylianos D., Bundesdeutsches Individualarbeitsrecht im Konzern, in: RdA 1983, 353-364

Karthaus, Boris, Betriebsübergang als interessenausgleichspflichtige Maßnahme nach der Richtlinie 2002/14/EG, in: AuR 2007, 114-120

Kasseler Handbuch zum Arbeitsrecht, herausgegeben von Leinemann, Wolfgang (zitiert: Kasseler Handbuch Bd./*Bearbeiter*), Band I (1. Auflage Neuwied, Kriftel 1997) und Band II (2. Auflage Neuwied, Kriftel 2000)

Katsuhito, Iwai, Persons, Things and Corporations: The Corporate Personality Controversy and Comparative Corporate Governance, in: American Journal of Comparative Law 47 (1999), 583-631

Kau, Wolfgang M./Kukat, Klaus, Aktienoptionspläne und Mitbestimmung des Betriebsrats, in: BB 1999, 2505-2509

Kau, Wolfgang M./Leverenz, Niklas, Mitarbeiterbeteiligung und leistungsgerechte Vergütung durch Aktien-Options-Pläne, in: BB 1998, 2269-2276

Keller, Thomas, Bearbeiter in Lutter (Hrsg.), Holding-Handbuch

Kemper, Kurt/Kisters-Kölkes, Margret/Berenz, Claus/Huber, Brigitte, Kommentar zum Betriebsrentengesetz, 4. Auflage, Köln 2010

Kessler, Manfred/Sauter, Thomas, Handbuch Stock Options. Rechtliche, steuerliche und bilanzielle Darstellung von Stock-Option-Plänen, München 2002
Keul, Thomas, Bearbeiter in Münchener Handbuch des Gesellschaftsrechts
Kiel, Heinrich, Die anderweitige Beschäftigungsmöglichkeit im Kündigungsschutz – Zugleich ein Beitrag zur „konzerndimensionalen Weiterbeschäftigung" im Individualarbeitsrecht, Frankfurt am Main u.a. 1990 (zugleich: Diss. Kiel 1990)
Kiel, Heinrich, Bearbeiter in Ascheid/Preis/Schmidt (Hrsg.), Kündigungsrecht
Kirchner, Christian, Ansätze zu einer ökonomischen Analyse des Konzernrechts, in: Jahrbuch für Neue Politische Ökonomie 3 (1984), 223-251
Klahold, Christoph, Aktienoptionen als Vergütungselement, Frankfurt am Main u.a. 1999 (zugleich: Diss. Münster (Westfalen) 1999)
Kleinhenz, Gerhard, Abteilung Arbeits- und Sozialrecht. Welche arbeits- und ergänzenden sozialrechtlichen Regelungen empfehlen sich zur Bekämpfung der Arbeitslosigkeit? Gutachten B, in: Ständige Deputation des Deutschen Juristentages (Hrsg.), Verhandlungen des dreiundsechzigsten Deutschen Juristentages, Band I Gutachten (Leipzig 2000), S. B9-B78 (zitiert: *Kleinhenz*, Deputation des Deutschen Juristentages (Hrsg.), Verhandlungen des 63. DJT, Band I, Gutachten)
Koch, Ulrich, Bearbeiter in Erfurter Kommentar zum Arbeitsrecht
Koch, Ulrich, Bearbeiter in Schaub/Koch, Arbeitsrecht von A-Z
Kock, Martin, Voraussetzungen eines Betriebsübergangs nach der aktuellen BAG-Rechtsprechung, in BB 2007, 714-718
Koehler, Tanja, Der *Gleichbehandlungsgrundsatz* bei Aktienemissionen, Berlin 2006 (zugleich: Diss. Tübingen 2004/05)
Koller-van Delden, Martin, Neue Leitlinien beim Betriebsübergang, in: DStR 2007, 1869-1874
Kollmorgen, Alexander/Feldhaus, Heiner, Zur Prospektpflicht bei aktienbasierten Mitarbeiterbeteiligungsprogrammen – Ungelöste Fragen der Anwendung des neuen Wertpapierprospektgesetzes, in: BB 2007, 225-230
Konzen, Horst, Arbeitsrechtliche Drittbeziehungen – Gedanken über Grundlagen und Wirkungen der „gespaltenen Arbeitgeberstellung", in: ZfA 1982, 259-310
Konzen, Horst, Arbeitnehmerschutz im Konzern, in: RdA 1984, 65-88
Konzen, Horst, Der „Konzern im Konzern" im Mitbestimmungsrecht – Anmerkung zum Beschluss des OLG Zweibrücken vom 9.11.1983 – 3 W 25/83 (ZIP 1984, 316), in: ZIP 1984, 269-272
Konzen, Horst, Unternehmensaufspaltungen und Organisationsänderungen im Betriebsverfassungsrecht, Heidelberg 1986
Konzen, Horst, Arbeitsverhältnisse im Konzern, in: ZHR 151 (1987), 566-607

Körner, Marita, Das französische Modell der Mitarbeiterbeteiligung, in: BB 2009, Beil. 1, S. 8-12
Kort, Michael, Bildung und Stellung des Konzernbetriebsrats bei nationalen und internationalen Unternehmensverbindungen, in: NZA 2009, 464-470
Kraft, Alfons, Betriebsübergang und Arbeitsverhältnis in der Rechtsprechung des Bundesarbeitsgerichts, in: Gamillscheg, Franz/Hueck, Götz/Wiedemann, Herbert (Hrsg.), 25 Jahre Bundesarbeitsgericht (1979), S. 299-314
Krause, Rüdiger, Bearbeiter in Münchener Handbuch zum Arbeitsrecht
Kreft, Burghard, Normative Fortgeltung von Betriebsvereinbarungen nach einem Betriebsübergang, in: Kohte, Wolfhard u.a. (Hrsg.), Arbeitsrecht im sozialen Dialog – Festschrift für Hellmut Wissmann zum 65. Geburtstag (München 2005), S. 347-363
Kreil, Linda, Arbeitsverhältnisse im Konzern – Probleme des Individualarbeitsrechts in verbundenen Unternehmen, Wien 1996 (zugleich: Diss. Salzburg 1995)
Kreitner, Jochen, Bearbeiter in Küttner/Röller (Hrsg.), Personalbuch 2012
Krejci, Heinz, Betriebsübergang und Arbeitsvertrag – Zugleich ein Beitrag zur Lehre von der Vertragsübernahme, Wien 1972 (zugleich: Habil. Wien 1972)
Kreutz, Peter, Bearbeiter in Gemeinschaftskommentar zum Betriebsverfassungsgesetz
Krieger, Gerd, Bearbeiter in Lutter/Scheffler/Schneider, Konzernfinanzierung
Kronstein, Heinrich, Die abhängige juristische Person, München u.a. 1931
Kropff, Bruno, Zur Konzernleitungspflicht, in: ZGR 1984, 112-133
Krüger, Wolfgang, Bearbeiter in Münchener Kommentar zum Bürgerlichen Gesetzbuch
Kruip, Dirk, Betriebsrentenanpassung und Sozialplandotierung in Konzern und Umwandlung, Heidelberg 1997 (zugleich: Diss. Freiburg 1997)
Künzl, Reinhard, Bearbeiter in Ascheid/Preis/Schmidt, Kündigungsrecht
Küttner, Wolfdieter/Röller, Jürgen (Hrsg.), Personalbuch 2012. Arbeitsrecht – Lohnsteuerrecht – Sozialversicherungsrecht, 19. Auflage, München 2012
Kukat, Klaus, Betriebsbedingte Kündigung und konzernbezogener Kündigungsschutz in der Rechtsprechung des Bundesarbeitsgerichts, in: BB 2000, 1242-1245
Kunz, Olaf, Gesamt- und Konzernbetriebsrat, in: AuA 2000, 360-363
Kurz, Dieter/Schellen, Norbert, Zu Rechtsfragen bei der Gewährung von Arbeitgeberdarlehen, in: Boewer, Dietrich (Hrsg.), Aktuelle Aspekte des Arbeitsrechts. Fest- und Jubiläumsschrift zum 65. Geburtstag und zum 30jährigen Bestehen der Arbeitsrechtlichen Arbeitskreise Dieter Gaul (Berlin u.a. 1987), S. 121-139 (zitiert: *Kurz, Schellen*, Festschr. Dieter Gaul (1987))

Kuzmic, Kristina, Haftung aus „*Konzernvertrauen*" – Die Außenhaftung des Konzerns im Schweizerischen Privatrecht, Zürich 1998 (zugleich: Diss. Zürich 1998)

Landers, Jonathan M., A Unified Approach To Parent, Subsidiary, and Affiliate Questions in Bankruptcy, in: University of Chicago Law Review 42 (1974/75), 589-652

Landwehr, Meike, Die *Durchgriffshaftung* in konzernverbundenen Gesellschaften – Eine Untersuchung nach US-amerikanischem Recht unter rechtsvergleichenden Aspekten, Frankfurt a.M. 2002 (zugleich: Diss. Freiburg 2000)

Larenz, Karl/Wolf, Manfred, Allgemeiner Teil des Bürgerlichen Rechts, 9. Auflage, München 2004 (zitiert: *Larenz/Wolf*, BGB-AT)

Laudi, Kristina, Der betriebsverfassungsrechtliche Arbeitgeber im Konzern, Aachen 2003 (zugleich: Diss. Kiel 2002)

Leder, Tobias, Aktuelles zur Flexibilisierung von Arbeitsbedingungen, RdA 2010, 93-100

Legerlotz, Christoph/Laber, Jörg, Hinweise zur Vertragsgestaltung, in: ArbRB 2001, 58-61

Lehmann, Helmut, Konzernorganisation, in: Grochla, Erwin (Hrsg.), Handwörterbuch der Organisation (2. Auflage, Stuttgart 1980), S. 1105-1112

Lembke, Mark, Die Ausgestaltung von Aktienoptionsplänen in arbeitsrechtlicher Hinsicht, in: BB 2001, 1469-1477

Lembke, Mark/Oberwinter, Jens-Wilhelm, Unterrichtungspflicht und Widerspruchsrecht beim Betriebsübergang im Lichte der neuesten Rechtsprechung, in: ZIP 2007, 310-314

Lerch, Sascha, *Auswirkungen von Betriebsübergängen* und unternehmensinternen Umstrukturierungen auf Betriebsvereinbarungen, Frankfurt am Main u.a. 2006 (zugleich: Diss. Mainz 2006)

Lieb, Manfred/Jacobs, Matthias, Arbeitsrecht, 9. Auflage, Heidelberg 2006

Liebscher, Thomas, GmbH-Konzernrecht, 1. Auflage, München 2006

Lindemann, Viola, *Flexible Gestaltung* von Arbeitsbedingungen nach der Schuldrechtsreform, Köln 2003 (zugleich: Diss. Köln 2003)

Lingemann, Stefan, Bearbeiter in Prütting/Wegen/Weinreich, BGB

Lingemann, Stefan/Diller, Martin/Mengel, Anja, Aktienoptionen im internationalen Konzern – ein arbeitsrechtsfreier Raum?, in: NZA 2000, 1191-1201

Lingemann, Stefan/von Steinau-Steinrück, Robert, Konzernversetzung und Kündigungsschutz – Zugleich Besprechung des BAG-Urteils vom 21.1.1999 – 2 AZR 648/97, DB 1999, 806, in: DB 1999, 2161-2166

Lipinski, Wolfgang, *Sonderkündigungsschutz* bei Betriebsübergang, Regensburg 2001 (zugleich: Diss. Mannheim 2001)

Lipinski, Wolfgang/Melms, Christopher, Die Gewährung von Aktienoptionen durch Dritte, z. B. eine Konzernmutter – von Dritten geleistetes Arbeitsentgelt?, in: BB 2003, 150-154

Lochmann, Uwe, Anmerkung zu BFH, Urt. vom 23.06.2005 – VI R 124/99 -, in: DB 2005, 1721-1722

Löhr, Andreas/Althaus, Jan/Weskamp, Heiner, Stock options bei deutschen Aktiengesellschaften, in: Wagner, Klaus R. (Hrsg.), Mitarbeiterbeteiligung – Visionen für eine Gesellschaft von Teilhabern. Festschrift für Michael Lezius zum 60. Geburtstag (Wiesbaden 2002), S. 340-353

Lörcher, Torsten, *Aktienoptionen bei Strukturveränderungen* der Arbeitgebergesellschaft – Der Schutz der Arbeitnehmeraktienoptionen bei Eingliederung, Squeeze-out, Umwandlung, Delisting, Betriebsübergang und Insolvenz, Hamburg 2004 (zugleich: Diss. Mannheim 2003)

Löwisch, Manfred/Kaiser, Dagmar (Hrsg.), Kommentar zum Betriebsverfassungsgesetz, 6. Auflage, Frankfurt a.M. 2010 (zitiert: *Löwisch/Kaiser*, BetrVG)

Lowitzsch, Jens, Mitarbeiterbeteiligung und Unternehmensnachfolge in KMU – Der Employee Stock Owner Plan (ESOP), in: BB 2009, Beil. 1, S. 12-16

Lützeler, Martin, *Aktienoptionen* bei einem Betriebsübergang gemäß § 613a BGB, Hamburg 2007 (zugleich: Diss. Bonn 2007)

Lützenkirchen, Klaus, Bearbeiter in Erman, Bürgerliches Gesetzbuch

Lutter, Marcus, Die Rechte der Gesellschafter beim Abschluss fusionsähnlicher Unternehmensverbindungen, in: BB 1973, Beil. 21, S. 1-15

Lutter, Marcus, Teilfusionen im Gesellschaftsrecht, in: Fischer, Robert u.a. (Hrsg.), Wirtschaftsfragen der Gegenwart. Festschrift für Carl Hans Barz zum 65. Geburtstag (Berlin, New York 1974), S. 199-218

Lutter, Marcus, Konzernrecht: Schutzrecht oder Organisationsrecht?, in: Reichert, Klaus u.a. (Hrsg.), *Recht, Geist und Kunst.* Liber amicorum Rüdiger Volhard (Baden-Baden 1996), S. 105-113

Lutter, Marcus, Haftung aus Konzernvertrauen?, in: Schön, Wolfgang (Hrsg.), Gedächtnisschrift für Brigitte Knobbe-Keuk (Köln 1997), S. 229-245

Lutter, Marcus (Hrsg.), Holding-Handbuch. Recht – Management – Steuern, 4. Auflage, Köln 2004

Lutter, Marcus/Scheffler, Eberhard/Schneider, Uwe H. (Hrsg.), Handbuch der *Konzernfinanzierung*, Köln 1998

Lutter, Marcus/Schneider Uwe H., Mitbestimmung im mehrstufigen Konzern – Überlegungen zur These vom Konzern im Konzern, in: BB 1977, 553-559

Macher, Ludwig, Beteiligung der Arbeitnehmer am Unternehmen – Mitarbeiterkapitalbeteiligungsgesetz, in: NZA 2009, 944

Maidl, Johannes, Bedingtes Kapital für Mitarbeiterbeteiligung bis zu 50% des Grundkapitals?, in: NZG 2007, 495-497

Maier-Reimer, Georg, Bearbeiter in Erman, Bürgerliches Gesetzbuch

Mansel, Heinz-Peter, Bearbeiter in Jauernig, Bürgerliches Gesetzbuch

Martens, Klaus-Peter, Tarifvertragliche Konzernregelungen, in: RdA 1970, 173-182

Martens, Klaus-Peter, Der Konzernbetriebsrat – Zuständigkeit und Funktionsweise, in: ZfA 1973, 297-319

Martens, Klaus-Peter, Das Arbeitsverhältnis im Konzern, in: Gamillscheg, Franz u.a. (Hrsg.), 25 Jahre Bundesarbeitsgericht (München 1979), S. 367-391

Martens, Klaus-Peter, Grundlagen des Konzernarbeitsrechts, in: ZGR 1984, 417-459

Maschmann, Frank/Sieg, Rainer, Unternehmensumstrukturierung aus arbeitsrechtlicher Sicht, 2. Auflage, München 2010

Matthes, Hans-Christoph, Bearbeiter in Münchener Handbuch zum Arbeitsrecht

Matthießen, Volker/Rößler, Norbert/Rühmann, Jochen, Die nachholende Anpassung von Betriebsrenten – Zu den Entscheidungen des BAG vom 28.4.1992, in: DB 1993, Beil. 5, S. 1-23

Maute, Hans-Bernd, Gleichbehandlung von Arbeitnehmern – Ein Beitrag zur Dogmatik und zu den Erscheinungsformen des arbeitsrechtlichen Gleichbehandlungsgrundsatzes, Frankfurt a.M. 1993 (zugleich: Diss. Bielefeld 1990)

Medicus, Dieter, Allgemeiner Teil des BGB, 10. Auflage, Heidelberg 2010 (zitiert: *Medicus*, BGB AT)

Meier, Karin, Finanzierungsstrategien für Verpflichtungen zur betrieblichen Altersversorgung, in: BB 2007, 708-713

Meier, Olaf, Informationspflichten des Arbeitgebers gegenüber den einzelnen Arbeitnehmern bei einem Betriebsübergang unter europarechtlichen Gesichtspunkten, Frankfurt a.M. 2003 (zugleich: Diss. Halle-Wittenberg 2002/2003)

Meister, Norbert, Der lange Weg zu einem Konzernsteuerrecht für den Binnenmarkt, in: NZG 2006, 212-216

Mellewigt, Thomas, Konzernorganisation und Konzernführung – Eine empirische Untersuchung börsennotierter Konzerne, Frankfurt a.M. 1995 (zugleich: Diss. Mainz 1995)

Mertens, Hans-Joachim, Empfiehlt sich die Einführung eines konzernbezogenen Reorganisationsverfahrens?, in: ZGR 1984, 542-559

Mestmäcker, Ernst-Joachim, Zur Systematik des Rechts der verbundenen Unternehmen im neuen Aktiengesetz, in: Biedenkopf, Kurt u.a. (Hrsg.), Das Unternehmen in der Rechtsordnung. Festgabe für Heinrich Kronstein aus Anlass seines 70. Geburtstages am 12. September 1967 (Karlsruhe 1967), S. 129-150

Meyer, Cord, Das Schicksal von Konzernbetriebsvereinbarungen beim Betriebsübergang, in: BB 2005, Beilage 114, S. 5-10

Meyer, Cord, Transformierende Betriebsvereinbarungen bei Betriebsübergang, in: NZA 2007, 1408-1410
Meyer, Cord, Gestaltungsfragen kollektiver Weitergeltung von Gesamtbetriebsvereinbarungen bei Betriebsübergang – wider ein betriebsverfassungsrechtliches Interregnum!, in: ZIP 2004, 545-548
Meyer, Cord, Regelungsidentität beim Betriebsübergang nach § 613a BGB, in: DB 2004, 1886-1889
Meyer, Cord, Anmerkung zu BAG, Urt. v. 7.09.2004 – 9 AZR 631/03, SAE 2006, 264-267
Meyer, Holger, *Der Tatbestand des Betriebsübergangs* nach der Rechtsprechung des Europäischen Gerichtshofs und des Bundesarbeitsgerichts, Frankfurt am Main u.a. 2004 (zugleich: Diss. Kiel 2003)
Michel, Bettina/Hernler, Daniela, Rechtsverhältnisse zwischen Arbeitgeber und Arbeitnehmer – Einkünftequalifizierung insbesondere im Hinblick auf Management-Investments, in: BB 2009, 193-198
Milde, Thomas, *Der Gleichordnungskonzern* im Gesellschaftsrecht, Berlin 1996 (zugleich: Diss. Mainz 1995)
Mösenfechtel, Ludwig/Schmitz, Gabriele, Zur Nachfolge des Erwerbers in die Tarifgebundenheit des Veräußerers bei Betriebsveräußerung, in: RdA 1976, 108-110
Mohd-Sulaiman, Aiman Nariman, Corporate Group Liability: A Malaysian Perspective, in: International and Comparative Corporate Law Journal 3 (2001), 191-209
Moll, Wilhelm, Betriebsübergang und Nebenleistungen, in: Oetker, Hartmut u.a. (Hrsg.), 50 Jahre Bundesarbeitsgericht (München 2004), S. 59-80
Moll, Wilhelm, Münchener Anwalts-Handbuch Arbeitsrecht, 2. Auflage, München 2009 (zitiert: Moll/*Bearbeiter*, MAH Arbeitsrecht)
Monjau, Herbert, Der Konzernbetriebsrat, in: BB 1972, 839-843
Monopolkommission, *17. Hauptgutachten* 2006/2007 – Weniger Staat, mehr Wettbewerb, BT-Drucksache 16/10140
Müller, Gerhard, Die Stellung des Gesamtbetriebsrates und des Konzernbetriebsrates nach dem neuen Betriebsverfassungsgesetz, in: Hablitzel, Hans/ Wollenschläger, Michael (Hrsg.), Recht und Staat – Festschrift für Günther Küchenhoff zum 65. Geburtstag am 21.08.1972 (Berlin 1972), S. 283-300
Müller-Bonanni, Thomas, Der *Betriebsinhaberwechsel* im Rahmen des Umwandlungsgesetzes. Zum Verhältnis der Vorschriften des Umwandlungsgesetzes vom 28.10.1994 zu den Regelungen des § 613a Abs. 1 BGB, Frankfurt am Main u.a. 2004 (zugleich Diss. Köln 2002)
Müller-Bonanni, Thomas, Betriebsübergang – ja oder nein? – Die aktuelle Rechtsprechung zum Tatbestand des § 613a BGB, in: NZA 2009, Beilage 1, S. 13-18

Müller-Feldhammer, Ralf, Die *Erwerberhaftung* bei rechtsgeschäftlicher Unternehmensübertragung: Eine rechtsvergleichende Untersuchung zu Grundfragen des zivil- und handelsrechtlichen Gläubigerschutzes beim Wechsel des Unternehmensträgers, Regensburg 2001 (zugleich: Habil. Leipzig 1999/2000)

Müller-Glöge, Rudi, Bearbeiter in Münchener Kommentar zum Bürgerlichen Gesetzbuch

Münchener Handbuch zum Arbeitsrecht, herausgegeben von Richardi, Reinhard u.a., 3. Auflage, München 2009 (zitiert: MünchArbR Bd./*Bearbeiter*)

Münchener Handbuch des Gesellschaftsrechts, herausgegeben von Riegger, Bodo u.a., 2. Auflage, München 2004 (zitiert: MünchHdbGesR/*Bearbeiter*)

Münchener Kommentar zum Aktiengesetz, herausgegeben von Kropff, Bruno/ Semler, Johannes (zitiert: MünchKommAktG/*Bearbeiter*), Band 1 (3. Auflage München 2008) und Band 2 (3. Auflage München 2008)

Münchener Kommentar zum Bürgerlichen Gesetzbuch, herausgegeben von Rebmann, Kurt u.a. (zitiert: MünchKommBGB/*Bearbeiter*), Bände 1, 2 und 3 sowie Band 4 (5. Auflage München 2009)

Nägele, Stefan, Probleme beim Einsatz von Dienstfahrzeugen, in: NZA 1997, 1196-1202

Nehls, Albrecht/Sudmeyer, Jan, Zum Schicksal von Aktienoptionen bei Betriebsübergang, in: ZIP 2002, 201-208

Nick, Thomas, *Konzernbetriebsrat* und Sozialplan im Konzern: Zugleich ein Beitrag zur Entwicklung einer interessendualistischen Konzernverfassung, Berlin 1992 (zugleich: Diss. Hohenheim 1991)

Niewarra, Manfred, Risikokapitalbeschaffung durch Mitarbeiterbeteiligung, in: BB 1984, 1652-1653

Nikisch, Arthur, *Arbeitsrecht I.* Band – Allgemeine Lehren und Arbeitsvertragsrecht, 3. Auflage, Tübingen 1961

Niklas, Thomas, Auswirkungen eines Betriebsübergangs auf betriebsverfassungsrechtliche Ansprüche, in: DB 2008, 2250-2254

Noll, Bernd, Haftungsbeschränkungen im Konzern – Eine ökonomische Analyse, in: ORDO 43 (1992), 205-235

Oetker, Hartmut, Konzernbetriebsrat und Unternehmensbegriff, in: ZfA 1986, 177-197

Oetker, Hartmut, Anmerkung zu BAG, Urt. v. 19.11.2002 – 3 AZR 631/97 -, in: SAE 2003, 355-358

Ostmann, Andreas, *Personelle Implikationen* des Management-Holding-Konzepts: strategische, organisatorische und rechtliche Einflussgrößen auf das Personalmanagement im Rahmen der Konzernführung, Bergisch Gladbach, Köln 1994 (zugleich: Diss. Münster 1994)

Palandt Bürgerliches Gesetzbuch, begründet von Palandt, Otto, 71. Auflage, München 2012 (zitiert: Palandt/*Bearbeiter*)
Palandt Bürgerliches Gesetzbuch, begründet von Palandt, Otto, 70. Auflage, München 2011 (zitiert: Palandt/*Bearbeiter*, 70. Aufl. 2011)
Passow, Richard, Betrieb, Unternehmung, Konzern, Jena 1925
Paulweber, Michael/Wurzberger, Rainer, Muss ein Unternehmen verschiedene Versorgungsordnungen angleichen? – Voraussetzungen und Grenzen einer Harmonisierungspflicht in der betrieblichen Altersversorgung, in: BB 2005, 325-330
Pennings, Frans, Flexibilität und Sicherheit: neue Entwicklungen im niederländischen Arbeitsrecht, in: ZIAS 1999, 153-164
Picot, Gerhard/Schnitker, Elmar, Arbeitsrecht bei *Unternehmenskauf* und Restrukturierung, München 2001
Pieper, Helmut, *Vertragsübernahme* und Vertragsbeitritt: Zugleich ein Beitrag zur Lehre vom Vertragsverhältnis, Köln und Berlin 1963
Pietzko, Joachim, Der Tatbestand des § 613a BGB, Berlin 1988 (zugleich: Diss. Köln 1987)
Ping, Jiang/Peilin, Zhang/Jian, Mi, Recht und Praxis der chinesischen Unternehmensgruppen – der gegenwärtige Stand, in: Münzel, Frank (Hrsg.), *Konzerne des Ostens*: Gesellschaftsrecht zwischen Plan und Markt. Ein Symposium am Max-Planck-Institut für ausländisches und internationales Privatrecht, Hamburg (Baden-Baden 1991), S. 15-30
Piran, Jacqueline, Anmerkung zu BAG, Urt. v. 12.02.2003 – 10 AZR 299/02, in: DB 2003, 1066-1067
Plenker, Jürgen, Die neue steuerliche Förderung der Mitarbeiterkapitalbeteiligung, in: BRZ 2009, 176-180
Posth, Martin, Arbeitsrechtliche Probleme beim *Betriebsinhaberwechsel* (§ 613a BGB), Köln 1978 (zugleich: Diss. FU Berlin 1977)
Pougin, Erwin, Genussrechte, in: Jagenburg, Walter u.a. (Hrsg.), Festschrift für Walter Oppenhoff zum 80. Geburtstag (München 1985), S. 275-290
Poutsma, Erik, Jüngste Entwicklungstendenzen bei der finanziellen *Beteiligung der Arbeitnehmer in der Europäischen Union*, Luxemburg 2001
Powietzka, Arnim, Die Unterstützungskasse bei Betriebsübergang und Unternehmenskauf, in: DB 2008, 2593-2598
Preis, Ulrich, Bearbeiter in Ascheid/Preis/Schmidt, Kündigungsrecht
Preis, Ulrich, Bearbeiter in Erfurter Kommentar zum Arbeitsrecht
Preis, Ulrich/Richter, Marcus, Grenzen der normativen Fortgeltung von Betriebsvereinbarungen beim Betriebsübergang, in: ZIP 2004, 925-940
Prinz, Ulrich, Eigenkapitalvernichtende Konsequenzen freiwilliger IAS/IFRS, in: Finanz-Rundschau Ertragssteuerrecht 2006, 566-572

Prütting, Hanns/Wegen, Gerhard/Weinreich, Gerd (Hrsg.), BGB Kommentar, 6. Auflage, Köln 2011 (zitiert: Prütting/Wegen/Weinreich – *Bearbeiter*)
Pulz, Fabian, *Personalbindung* durch aktienkursorientierte Vergütung, Heidelberg 2003 (zugleich Diss. Mannheim 2002)
Raabe, Werner, *Konzernmanagement* im faktischen GmbH-Konzern, Diss. Technische Universität Berlin, Fachbereich 14 – Wirtschaft und Management 1999
Raiser, Ludwig, Der Gleichbehandlungsgrundsatz im Privatrecht, in: ZHR 111 (1948), 75-101
Raiser, Thomas, Geklärte und ungeklärte Fragen der Konzernmitbestimmung, in: Forster, Karl-Heinz u.a. (Hrsg.), Festschrift für Bruno Kropff: Aktien- und Bilanzrecht (Düsseldorf 1997), S. 243-257
Raiser, Thomas/Veil, Rüdiger, *Recht der Kapitalgesellschaften* – Ein Handbuch für Praxis und Wissenschaft, 5. Auflage, München 2010
Rebhahn, Robert/Kietaibl, Christoph, Die Auswirkungen des Einsatzes von Subunternehmern auf die Anwendbarkeit des Betriebsübergangsrechts, in: ZfA 2007, 325-338
Rehbinder, Eckard, *Konzernaußenrecht* und allgemeines Privatrecht. Eine rechtsvergleichende Untersuchung nach deutschem und amerikanischem Recht, Bad Homburg v.d.H. u.a. 1969 (zugleich: Habil. Frankfurt a.M. 1968)
Rehbinder, Eckard, Gesellschaftsrechtliche Probleme mehrstufiger Unternehmensverbindungen, in: ZGR 1977, 581-649
Reich, Andreas/Reich, Bernhard/Reich, Christine, Kommentar zum *Betriebsverfassungsgesetz*, Bad Honnef 2003
Reichel, Christian/Schmandt, Ernst, *Betriebliche Altersversorgung* bei Unternehmenskauf und Umstrukturierung, München 2006
Reindl, Michael, Die Übertragung von *Versorgungsverbindlichkeiten* aus Direktzusagen vom Arbeitgeber auf Dritte und § 4 Abs. 1 BetrAVG – Dogmatische Untersuchung ausgewählter Probleme, Diss. Erlangen-Nürnberg 2003
Reinecke, Birgit, Bearbeiterin in Küttner/Röller (Hrsg.), Personalbuch 2012
Reinecke, Gerhard, Der betriebsrentenrechtliche Verschaffungsanspruch oder der „richtige" Beklagte im Betriebsrentenrecht, in: Kisters-Kölkes, Margret (Hrsg.), Festschrift für Kurt Kemper zum 65. Geburtstag (Neuwied 2005), S. 383-393
Rengier, Bernhard, Bearbeiter in Moll, Münchener Anwalts-Handbuch Arbeitsrecht
Reuter, Dieter, Der Partizipationsschein als Form der Mitarbeiterbeteiligung, in: Lutter, Marcus u.a. (Hrsg.), Festschrift für Robert Fischer (Berlin, New York 1979), S. 605-625
Richardi, Reinhard, Die Repräsentation der Arbeitnehmer im Konzern durch den Konzernbetriebsrat nach deutschem Recht, in: ZIAS 1995, 607-611

Richardi, Reinhard, Betriebsverfassungsgesetz mit Wahlordnung, 13. Auflage, München 2012 (zitiert: *Bearbeiter* in Richardi, BetrVG)
Richardi, Reinhard, Bearbeiter in STAUDINGER
Richardi, Reinhard, Bearbeiter in Münchener Handbuch zum Arbeitsrecht
Rieble, Volker, Delegation an den Gesamt- oder Konzernbetriebsrat, in: RdA 2005, 26-31
Rieble, Volker/Gutzeit, Martin, Betriebsvereinbarungen nach Unternehmensumstrukturierung, in: NZA 2003, 233-238
Rieble, Volker/Gutzeit, Martin, Übergangsmandat bei Betriebsverschmelzung: Streit zwischen Betriebsräten und Durchsetzung, in: ZIP 2004, 693-701
Rieckers, Oliver, *Konzernvertrauen* und Konzernrecht, München 2004 (zugleich: Diss. Göttingen 2003)
Rieckers, Oliver, Nochmals: Konzernvertrauenshaftung, in: NZG 2007, 125-128
Rinck, Ursula, Kollision von fortwirkenden Tarifnormen und Bezugnahmeklauseln und Betriebsübergang, in: RdA 2010, 216-225
Röder, Gerhard/Göpfert, Burkhard, Aktien statt Gehalt – Aktienoptionszusagen und Festgehalt nach dem Kurseinbruch am Neuen Markt, in: BB 2001, 2002-2006
Röder, Gerhard/Gragert, Nicola, Mitbestimmungsrechte bei Untätigkeit eines zuständigen Gesamt- beziehungsweise Konzernbetriebsrats am Beispiel von Betriebsänderungen, in: DB 1996, 1674-1678
Röller, Jürgen, Bearbeiter in Küttner/Röller (Hrsg.), Personalbuch 2012
Rolfs, Christian, Die betriebliche Altersversorgung beim Betriebsübergang, in: NZA 2008, Beilage 4, S. 164-172
Rolfs, Christian/Giesen, Richard/Kreikebohm, Ralf/Udsching, Peter (Hrsg.), Beck'scher Online-Kommentar Arbeitsrecht, 21. Edition (Stand: 1. September 2011), München 2011 (zitiert: *Bearbeiter* in Rolfs/Giesen/Kreikebohm/Udsching, BeckOK Arbeitsrecht)
Rolfs, Christian/Giesen, Richard/Kreikebohm, Ralf/Udsching, Peter (Hrsg.), Schwerpunktkommentar Arbeitsrecht, 1. Auflage, München 2008 (zitiert: *Bearbeiter* in Rolfs/Giesen/Kreikebohm/Udsching)
Roloff, Sebastian, Bearbeiter in Wlotzke/Preis/Kreft, BetrVG
Rost, Friedhelm, Kündigungsschutz im Konzern – Aktuelle Rechtsprechung des Bundesarbeitsgerichts zu Fragen eines unternehmensübergreifenden Kündigungsschutzes, in: Bauer, Jobst-Hubertus/Boewer, Dietrich (Hrsg.), Festschrift für Peter Schwerdtner zum 65. Geburtstag (München, Unterschleißheim 2003), S. 169-182
Roth, Markus, *Private Altersvorsorge*: Betriebsrentenrecht und individuelle Vorsorge – Eine rechtsvergleichende Gesamtschau, Tübingen 2009 (zugleich: Habil. Hamburg 2008)

Rothmann, Gerd W., Die Behandlung der Konzerne als gesellschaftsrechtliches Sonderproblem in Brasilien, in: Mestmäcker, Ernst-Joachim/Behrens, Peter (Hrsg.), Das Gesellschaftsrecht der *Konzerne im internationalen Vergleich* – Ein Symposium des Max-Planck-Instituts für ausländisches und internationales Privatrecht, Hamburg (Baden-Baden 1991), S. 217-248

Rüthers, Bernd/Bakker, Rainer, Arbeitnehmerentsendung und Betriebsinhaberwechsel im Konzern, in: ZfA 1990, 245-335

Rust, Ursula/Falke, Josef (Hrsg.), Kommentar zum Allgemeinen Gleichbehandlungsgesetz, Berlin 2007 (zitiert: *Bearbeiter* in Rust/Falke (Hrsg.), AGG)

Sadowski, Dieter, Zur Ökonomie von Unternehmensnetzwerken. Beitrag zum Internationalen Kolloquium „Arbeitsrecht und Konzern in europäischer Perspektive", IAAEG 11./12. November 1994, in: ZIAS 1995, 612-619

Sagan, Adam, Die kollektive Fortgeltung von Tarifverträgen und Betriebsvereinbarungen nach § 613a Abs. 1 Sätze 2-4 BGB, in: RdA 2011, 163-173

Salamon, Erwin, Die Fortgeltung von Gesamtbetriebsvereinbarungen beim Betriebsübergang, in: RdA 2007, 103-109

Salamon, Erwin, Die Konzernbetriebsvereinbarung beim Betriebsübergang, in: NZA 2009, 471-475

Salamon, Erwin, Auslegung, Wegfall der Geschäftsgrundlage und Auflösung von Konkurrenzen bei Gesamtbetriebsvereinbarungen – Folgefragen der kollektivrechtlichen Fortgeltung beim Betriebsübergang, RdA 2009, 175-181

Sattler, Hendrik, *Tarifvereinheitlichung im Konzern* – Instrumente zur Harmonisierung der Tarifgeltung unter besonderer Berücksichtigung des Konzernarbeitgeberverbands, Baden-Baden 2009 (zugleich: Diss. Frankfurt am Main 2008)

Schaber, Mathias/Kuhn, Steffen/Eichhorn, Sonja, Eigenkapitalcharakter von Genussrechten in der Rechnungslegung nach HGB und IFRS, in: BB 2004, 315-319

Schalle, Heidrun, Der *Bestandsschutz* der Arbeitsverhältnisse bei Unternehmensumwandlungen. Eine Untersuchung arbeitsrechtlicher Konsequenzen der Unternehmensorganisationsänderung nach dem UmwG, Berlin 1999 (zugleich: Diss. Rostock 1998)

Schanz, Kay-Michael, Mitarbeiterbeteiligungsprogramme, in: NZA 2000, 626-635

Schanze, Erich, Gesellschafterhaftung für unlautere Einflussnahme nach § 826 BGB: Die Trihotel-Doktrin des BGH, in: NZG 2007, 681-686

Schaub, Günter, Personalabbau im Konzern, in: ZIP 1999, 1949-1954

Schaub, Günter/Koch, Ulrich/Linck, Rüdiger/Treber, Jürgen/Vogelsang, Hinrich (Hrsg.), Arbeitsrechts-Handbuch – Systematische Darstellung und Nachschlagewerk für die Praxis, 14. Auflage, München 2011 (zitiert: Schaub/*Bearbeiter*, ArbR-Hdb.)

Schaub, Günter/Koch, Ulrich (Hrsg.), Arbeitsrecht von A-Z. Rund 650 Stichwörter zum aktuellen Recht, 18. Auflage, München 2009
Scheffler, Eberhard, Konzernmanagement – Betriebswirtschaftliche und rechtliche Grundlagen der Konzernführungspraxis, 2. Auflage, München 2005
Schenk, Gerald, Ökonomische Analyse des Minderheitenschutzes im Konzern, in: Zeitschrift für betriebswirtschaftliche Forschung (zfbf) 49 (1997), 652-673
Scheuer, Steffen, Aktienoptionen als Bestandteil der Arbeitnehmervergütung in den USA und der Bundesrepublik Deutschland, Berlin 2004 (zugleich: Diss. Freiburg 2003)
Schiefer, Bernd, Anmerkung zu BAG, Urt. vom 18.03.1999 – 8 AZR 190/98, SAE 2000, 286, in: SAE 2000, 289-293
Schiefer, Bernd/Pogge, Beate, Betriebsübergang und dessen Folgen – Tatbestandsvoraussetzungen des § 613a BGB und Fortgeltung kollektiv-rechtlicher Regelungen, in: NJW 2003, 3734-3741
Schiefer, Bernd/Worzalla, Michael, Betriebsübergang (§ 613a BGB) – Fragen über Fragen, in: DB 2007, 1566-1573
Schiemann, Gottfried, Bearbeiter in STAUDINGER, Eckpfeiler des Zivilrechts
Schiessl, Maximilian, Gesellschafts- und mitbestimmungsrechtliche Probleme der Spartenorganisation (Divisionalisierung), in: ZGR 1992, 64-86
Schilling, Wolfgang, Konzernfragen, in: JZ 1957, 529-531
Schilling, Wolfgang, Grundlagen eines GmbH-Konzernrechts, in: Fischer, Robert u.a. (Hrsg.), Strukturen und Entwicklungen im Handels-, Gesellschafts- und Wirtschaftsrecht. Festschrift für Wolfgang Hefermehl zum 70. Geburtstag am 18. September 1976 (München 1976), S. 383-403
Schimana, Rudolf/Frauenkorn, Karl-Peter, Arbeitsrechtliche Aspekte einer betrieblichen Regelung der Vermögensbildung durch Gewinn- und Kapitalbeteiligung, in: DB 1980, 445-451
Schlegel, Rainer, Bearbeiter in Küttner/Röller (Hrsg.), Personalbuch 2012
Schliemann, Harald, Das *Arbeitsrecht im BGB,* 2. Auflage, Berlin u.a. 2002
Schlüter, Martin, Betriebsvereinbarungen ohne Betriebsrat – Zum rechtlichen Schicksal von Betriebsvereinbarungen in betriebsratslos gewordenen Betrieben, in: Bauer, Jobst-Hubertus/Boewer, Dietrich (Hrsg.), Festschrift für Peter Schwerdtner zum 65. Geburtstag (München, Unterschleißheim 2003), S. 341-353
Schmidbauer, Albert, Der Konzernbegriff im Aktien- und Betriebsverfassungsrecht, Diss. Regensburg 1976
Schmidt, Berndt Th., Integrierte Konzernführung – Konzept und empirische Untersuchung von 75 großen und mittelständischen Konzernen, Aachen 1993 (zugleich: Diss. Augsburg 1993)

Schmidt, Christian, Steuerliche Entwicklungen in Gesetzgebung, Verwaltung und Rechtsprechung zu Mitarbeiter- und Managementbeteiligungen im Jahr 2008, in: DStR 2009, 1986-1991

Schmidt, Marlene, Steuerliche Förderung riskanter Kapitalanlagen? – Das Mitarbeiterbeteiligungs-Sondervermögen im Entwurf der Bundesregierung für ein Mitarbeiterkapitalbeteiligungsgesetz, in: BB 2009, Beil. 1, S. 23-26

Schmidt, Robert, Der *Durchgriff* im deutschen und südafrikanischen Gesellschaftsrecht, Berlin 2008 (zugleich: Diss. München 2007)

Schmiedl, Wolfgang, Variable Vergütung trotz fehlender Zielvereinbarung – neue höchstrichterliche Rechtsprechung, in: BB 2006, 2417-2419

Schmitt, Joachim/Hörtnagl, Robert/Stratz, Rolf-Christian (Hrsg.), Umwandlungsgesetz, Umwandlungssteuergesetz, 5. Auflage, München 2009 (zitiert: *Bearbeiter*, Schmitt/Hörtnagl/Stratz)

Schmitz-Justen, Ursula, Die Werkwohnung – Überblick und Ausblick, in: WuM 2000, 582-587

Schneider, Uwe H., Die Personengesellschaft als herrschendes Unternehmen im Konzern. Ein Beitrag zum Konzernrecht der Personengesellschaften, in: ZHR 143 (1979), 485-521

Schneider, Uwe H., Konzernleitung als Rechtsproblem – Überlegungen zu einem Konzernverfassungsrecht, in: BB 1981, 249-259

Schneider, Uwe H., Genussrechte an Konzernunternehmen, in: Havermann, Hans (Hrsg.), Bilanz- und Konzernrecht. Festschrift zum 65. Geburtstag von Dr. Dr. h.c. Reinhard Goedeler (Düsseldorf 1987), S. 511-530

Schnitker, Elmar, Bearbeiter in Willemsen/Hohenstatt/Schnitker/Schweibert/Seibt (Hrsg.), Umstrukturierung

Schnitker, Elmar/Grau, Timon, Übergang und Anpassung von Rechten aus Aktienoptionsplänen bei Betriebsübergang nach § 613a BGB, in: BB 2002, 2497-2503

Schnitker, Elmar/Grau, Timon, Arbeitsrechtliche Aspekte von Unternehmensumstrukturierungen durch Anwachsung von Gesellschaftsanteilen, in: ZIP 2008, 394-401

Schön, Wolfgang, Ein Allgemeiner Teil der Genussrechte, in: JZ 1993, 925-934

Schöne, Steffen, Die Novellierung der Gewerbeordnung und die Auswirkungen auf das Arbeitsrecht, in: NZA 2002, 829-833

Schramm, Karl-Heinz, Bearbeiter in Münchener Kommentar zum Bürgerlichen Gesetzbuch

Schreyögg, Georg/Kliesch, Martina/Lührmann, Thomas, Bestimmungsgründe für die organisatorische Gestaltung einer Management-Holding, in: Wirtschaftswissenschaftliches Studium (WiSt) 2003, 721-727

Schwab, Brent, Der Konzernbetriebsrat – Seine Rechtsstellung und Zuständigkeit, in: NZA-RR 2007, 337-343
Schwald, Sonja, Die Legitimation der Konzernbetriebsverfassung, Frankfurt am Main u.a. 2005 (zugleich: Diss. Mannheim 2003)
Schwanda, Klaus, Der *Betriebsübergang* in § 613a BGB unter besonderer Berücksichtigung des Betriebsbegriffs, Berlin 1992 (zugleich: Diss. Erlangen Nürnberg 1990)
Schwarz, Günter Christian, *Europäisches Gesellschaftsrecht*. Ein Handbuch für Wissenschaft und Praxis, Baden-Baden 2000
Schwarz, Walter, Die dogmatische Fundierung des arbeitsrechtlichen Gleichbehandlungsgrundsatzes, in: RdA 1968, 241-250
Schwind, Joachim, Novellierung des Versicherungsaufsichtsgesetzes – Auswirkungen auf Pensionskassen, in: BetrAV 2005, 638-641
Sciarra, Silvana, A Labour Law Perspective on Group Enterprises in Italy: Networks versus Hierarchies, in: Sugarman, David/Teubner, Gunther (Hrsg.), Regulating *Corporate Groups* in Europe (Baden-Baden 1990), S. 413-431
Seiter, Hugo, *Die Betriebsübung* – Zugleich ein Beitrag zur Lehre vom Rechtsgeschäft und von den Zurechnungsgründen rechtserheblichen Verhaltens im Privatrecht, Düsseldorf 1967 (zugleich: Diss. Mainz 1967)
Semler, Johannes/Stengel, Arndt (Hrsg.), *Umwandlungsgesetz* und Spruchverfahrensgesetz, 3. Auflage, München 2012
Sieg, Karl, Anmerkung zu BAG, Urt. vom 27.06.1969 – 3 AZR 297/68 – SAE 1970, 65, in: SAE 1970, 68-69
Silberberger, Uwe, *Weiterbeschäftigungsmöglichkeit* und Kündigungsschutz im Konzern, Baden-Baden 1994 (zugleich: Diss. Tübingen 1993)
Simon, Stefan, Bearbeiter in Semler/Stengel, Umwandlungsgesetz
Simon, Stefan/Zerres, Thomas, Unternehmensspaltung und Arbeitsrecht, in: Düwell, Franz Josef u.a. (Hrsg.), Bewegtes Arbeitsrecht – Festschrift für Wolfgang Leinemann zum 70. Geburtstag (Neuwied 2006), S. 255-272
Singer, Reinhard, Das Verbot widersprüchlichen Verhaltens, München 1993 (zugleich: Diss. München 1992)
Smid, Stefan, Existenzvernichtungshaftung, Insolvenzabwicklung und Sanierung, in: DZWiR 2008, 265-270
Sommer, Ulf, Groß, aber renditeschwach – Deutsche Konzerne behaupten sich im Europavergleich nur beim Umsatz, in: Handelsblatt v. 21.05.2007, Nr. 95, S. 1 (mit Verweis auf Handelsblattranking auf S. 17-20)
Spindler, Gerald, Bearbeiter in Münchener Kommentar zum Aktiengesetz
Staudinger, J. von, Kommentar zum Bürgerlichen Gesetzbuch mit Einführungsgesetz und Nebengesetzen (zitiert: STAUDINGER/*Bearbeiter* (Jahr der Bearbeitung)), §§ 611-613 – Dienstvertragsrecht 1 (Neubearbeitung Berlin 2011), §§ 613a-619a – Dienstvertragsrecht 2 (Neubearbeitung Berlin 2011)

Staudinger, J. von, Eckpfeiler des Zivilrechts, 2. Auflage, Berlin 2008 (zitiert: STAUDINGER/*Bearbeiter*, Eckpfeiler des Zivilrechts)
Steffan, Ralf, Bearbeiter in Ascheid/Preis/Schmidt (Hrsg.), Kündigungsrecht
Steffan, Ralf, Der Betriebsteil als „wirtschaftliche Einheit“, in: NZA 2000, 687-690
Stein, Ursula, Haftung aus in Anspruch genommenem Marktvertrauen?, in: Lutter, Marcus u.a. (Hrsg.), Festschrift für Martin Peltzer zum 70. Geburtstag (Köln 2001), S. 557-576
Steinau-Steinrück, Robert von, Die Grenzen des § 613a BGB bei Aktienoptionen im Konzern, in: NZA 2003, 473-474
Steindorff, Ernst, Anmerkung zu BAG, Beschl. vom 12.06.1975 – 3 ABR 137/73, in: AP Nr. 2 zu § 87 BetrVG 1972 Altersversorgung, Bl. 255
Steinmeyer, Heinz-Dietrich, Bearbeiter in Erfurter Kommentar zum Arbeitsrecht
Steinmeyer, Heinz-Dietrich, Einstandspflicht von Pensionskassen für Arbeitgeberzusagen, in: BetrAV 2004, 436-439
Stiegel, Daniela, *Aktienoptionen* als Vergütungselement aus arbeitsrechtlicher Sicht, Frankfurt am Main u.a. 2007 (zugleich: Diss. Göttingen 2006)
Stockum, Reinhard/Bender, Bodo, Steuerliche Rahmenbedingungen für Mitarbeiterbeteiligungen in Deutschland – erste praktische Erfahrungen mit dem neuen Mitarbeiterkapitalbeteiligungsgesetz, in: BB 2009, 1948-1955
Stracke, Stefan/Martins, Erko/Peters, Birgit K./Nerdinger, Friedemann W., *Mitarbeiterbeteiligung* und Investivlohn – Eine Literaturstudie, Düsseldorf 2007
Sulzberger-Schmitt, Heidi, *Übergang der Arbeitsverhältnisse* bei Betriebsinhaberwechsel, Diss. Tübingen 1980
Sura, Achim, Die Behandlung des Fremdeinflusses in Unternehmensverbindungen – Zugleich eine kritische Würdigung der Regelungsvorschläge aus dem Kreise der Unternehmensrechtskommission für „faktische Konzerne“ und „schlichte Abhängigkeitsverhältnisse“, in: ZHR 145 (1981), 432-456
Tappert, Markus, Auswirkungen eines Betriebsübergangs auf Aktienoptionsrechte von Arbeitnehmern, in: NZA 2002, 1188-1199
Tautphäus, Arno, Bearbeiter in Düwell, HaKo-BetrVG
Tenbrock, Klaus, *Die betriebliche Altersversorgung* im Betriebsübergang bei konkurrierenden Versorgungszusagen, Frankfurt a.M. 2006 (zugleich: Diss. Köln 2005)
Tepass, Michael, Bearbeiter in Moll, Münchener Anwalts-Handbuch Arbeitsrecht
Teubner, Gunther, Die „Politik des Gesetzes“ im Recht der Konzernhaftung – Plädoyer für einen sektoralen Konzerndurchgriff, in: Baur, Jürgen F. u.a. (Hrsg.), Festschrift für Ernst Steindorff zum 70. Geburtstag am 13. März 1990 (Berlin, New York 1990), S. 261-279

Teubner, Gunther, Unitas Multiplex – Das Konzernrecht in der neuen Dezentralität der Unternehmensgruppen, in: ZGR 1991, 189-217
Thaut, Michael, Direktzusage und Pensionsfonds – Ein Vorteilhaftigkeitsvergleich für leistungsabhängige und beitragsorientierte Systeme und die Umstellung der Direktzusage auf den Pensionsfonds, Wiesbaden 2007 (zugleich: Diss. Tübingen 2006)
Theisen, Manuel René, Der *Konzern* – Betriebswirtschaftliche und rechtliche Grundlagen der Konzernunternehmung, 2. Auflage, Stuttgart 2000
Theisen, Manuel René, Bearbeiter in Lutter (Hrsg.), Holding-Handbuch
Thiele, Jürgen, Konzerntatbestand und Vertragskonzern – Faktizitäts- und Vertragsprinzip als gemeinsame Grundlage einer Europäischen Konzernrechtsangleichung, Hamburg 1995 (zugleich: Diss. Göttingen 1994)
Thürmer, Bernd, Bearbeiter in Blümich, EStG-KStG-GewStG
Thüsing, Gregor, Europäisches Arbeitsrecht, München 2008
Thüsing, Gregor, Bearbeiter in Münchener Kommentar zum Bürgerlichen Gesetzbuch
Thüsing, Gregor, Bearbeiter in Henssler/Willemsen/Kalb
Timmann, Henrik, Die Durchsetzung von *Konzerninteressen in der Satzung* der abhängigen Aktiengesellschaft – Möglichkeiten und Grenzen der statuarischen Indienststellung von Konzerntöchtern, Baden-Baden 2001 (zugleich: Diss. Heidelberg 2001)
Tomicic, Stefan, Interessenausgleich und Sozialplan im Konzern, Diss. München 1981
Trittin, Wolfgang, Bearbeiter in Däubler/Kittner/Klebe, BetrVG
Tröger, Tobias, Treupflicht im Konzernrecht, Köln u.a. 2000 (zugleich: Diss. Tübingen 1999)
Trölitzsch, Thomas, Bearbeiter in Lutter (Hrsg.), Holding-Handbuch
Uebelhack, Birgit, Die betriebliche Altersversorgung, in: AR-Blattei SD Betriebliche Altersversorgung I (Stand: 126. Lieferung April 2004)
Ullrich, Thilo, Zulässigkeit der Bildung eines Konzernbetriebsrates bei im Ausland gelegener Konzernobergesellschaft?, in: DB 2007, 2710-2713
Umnuß, Karsten/Ehle, Thorsten-Ludwig, Aktienoptionsprogramme für Arbeitnehmer auf der Basis von § 71 Abs. 1 Nr. 2 AktG, in: BB 2002, 1042-1046
Unberath, Hannes, Bearbeiter in Bamberger/Roth, BeckOK BGB
Urban-Crell, Sandra/Manger, Robert, Konzernweite Aktienoptionspläne und Betriebsübergang, in: NJW 2004, 125-128
Vahlens Großes Personallexikon, herausgegeben von Christian Scholz, München 2009
Vandekerckhove, Karen, Piercing the Corporate Veil, Alphen aan den Rijn 2007

Veil, Rüdiger, *Unternehmensverträge*, Organisationsautonomie und Vermögensschutz im Recht der Aktiengesellschaft, Tübingen 2003 (zugleich: Habil. HU Berlin 2002)
Verse, Dirk A., Der *Gleichbehandlungsgrundsatz* im Recht der Kapitalgesellschaften, Tübingen 2006 (zugleich: Habil. Mainz 2005/06)
Vogel, Alexander, *Die Haftung der Muttergesellschaft* als materielles, faktisches oder kundgebendes Organ der Tochtergesellschaft mit einer rechtsvergleichenden Übersicht über andere Konzernhaftungsansätze, Bern u.a. 1997 (zugleich: Diss. St. Gallen 1997)
Vogel, Alexander, Neuere Tendenzen im Konzern(haftungs)recht, in: Schweizer, Rainer J. u.a. (Hrsg.), Festschrift für Jean Nicolas Druey zum 65. Geburtstag (Zürich u.a. 2002), S. 607-635
Vogelsang, Hinrich, Bearbeiter in Schaub, Arbeitsrechtshandbuch
Voßkuhl, Stefan, Lohnsteuerliche Behandlung zinsgünstiger Darlehen und ähnlicher Vorteile an Arbeitnehmer, insbesondere von Kreditinstituten, in: DStR 1998, 12-18
Waas, Bernd, *Konzernarbeitsrecht* in Großbritannien, Baden-Baden 1993 (zugleich: Diss. Trier 1992)
Waas, Bernd, Die Änderung der Richtlinie zum Betriebsübergang, in: EuZW 1999, 458-463
Waas, Bernd, Überlegungen zur Fortentwicklung des deutschen Arbeitsrechts – Diskussion im Inland, Anstöße aus dem Ausland, in: RdA 2007, 76-83
Wackerbarth, Ulrich, Bearbeiter in Lutter (Hrsg.), Holding-Handbuch
Wagner, Klaus R., Rechtliche Fragen Investivlohns, in: BB 1998, Beil. 11, S. 1-8
Wagner, Klaus R., Konzeption eines Mitarbeiterbeteiligungsmodells in einem mittelständischen Unternehmen, in: BB 2005, 661-665
Wahlig, Thomas/Witteler, Michael, Betriebsübergang: Was wird aus Gesamtbetriebsvereinbarungen?, in: AuA 2004, 14-18
Waltermann, Raimund, Die betriebliche Übung, in: RdA 2006, 257-269
Walti, Beat, *Mitarbeiterbeteiligung*: Aktien- und Optionspläne, Zürich 1997 (zugleich: Diss. Zürich 1997)
Wank, Rolf, Bearbeiter in Münchener Handbuch zum Arbeitsrecht
Wank, Rolf, Die juristische Begriffsbildung, München 1985 (zugleich: Habil. Köln 1983)
Wank, Rolf, Die Geltung von Kollektivvereinbarungen nach einem Betriebsübergang, in: NZA 1987, 505-510
Wazlawik, Thomas, Existenzvernichtung und kein Ende – Ein Nachruf auf die Konzernhaftung und andere offengebliebene Fragen, in: NZI 2009, 291-297
Weber, Christoph, Das Aufgespaltene Arbeitsverhältnis, Berlin 1992 (zugleich: Diss. Mainz 1992)

Weidenkaff, Walter, Bearbeiter in Palandt, Bürgerliches Gesetzbuch

Weigel, Hanns-Jürgen, *Die demographische Entwicklung* in Deutschland und ihre Bedeutung für das Kapitaldeckungsverfahren von Lebensversicherern, privaten Krankenversicherern und Pensionsfonds, Mannheimer Manuskripte zur Risikotheorie, Portfolio Management und Versicherungswirtschaft Nr. 167, Mannheim 2006

Weigl, Gerald, Die Betriebsrentenanpassung im Konzern – Eine Besprechung der Urteile des Bundesarbeitsgerichts vom 4. Oktober 1994, 3 AZR 910/93 = ZIP 1995, 491 und vom 17. April 1996, 3 AZR 56/95 = ZIP 1996, 2085, in: ZIP 1997, 354-359

Wendeling-Schröder, Ulrike, Grundprobleme der Mitbestimmung in Konzernstrukturen, in: WSI-Mitteilungen 1983, 34-43

Wendling, Gerhard, Rechtsgeschäftlicher *Betriebsübergang* und Arbeitsverhältnis – Zugleich ein Beitrag zur dogmatischen Struktur des § 613a BGB, Bochum 1980 (zugleich Diss. Bochum 1980)

Werner, Walter, Corporation Law in Search of its Future, in: Columbia Law Review 81 (1981), 1611-1666

Wetzling, Frank, Der *Konzernbetriebsrat* – Geschichtliche Entwicklung und Kompetenz, Köln 1978 (zugleich: Diss. FU Berlin 1977)

Wichert, Joachim, Bearbeiter in Arens/Düwell/Wichert, Umstrukturierung und Arbeitsrecht

Wiedemann, Herbert, *Das Arbeitsverhältnis* als Austausch- und Gemeinschaftsverhältnis, Karlsruhe 1966

Wiedemann, Herbert, Arbeitsrechtliche Probleme der Betriebsausgliederung, in: Goerdeler, Reinhard u.a. (Hrsg.), Festschrift für Hans-Joachim Fleck zum 70. Geburtstag am 30. Januar 1988 (Berlin, New York 1988), S. 447-463

Wiedemann, Herbert, Die *Unternehmensgruppe* im Privatrecht – methodische und sachliche Probleme des deutschen Konzernrechts, Tübingen 1988

Wiedemann, Herbert, Anmerkung zu BAG Urt. 17.11.1998 – 1 AZR 147/98, in: RdA 2000, 97-99

Wiedemann, Herbert, Die *Gleichbehandlungsgebote* im Arbeitsrecht, Tübingen 2001

Wiese, Günther, Bearbeiter in Gemeinschaftskommentar zum BetrVG

Willemsen, Heinz Josef, Einbeziehung nicht-arbeitsrechtlicher Verträge in das Arbeitsverhältnis, in: Wank, Rolf u.a. (Hrsg.), Festschrift für Herbert Wiedemann zum 70. Geburtstag (München 2002), S. 645-672

Willemsen, Heinz Josef, Aktuelles zum Betriebsübergang – § 613a BGB im Spannungsfeld von deutschem und europäischem Recht, in: NJW 2007, 2065-2075

Willemsen, Heinz Josef, Erneute Wende im Recht des Betriebsübergangs – ein „Christel Schmidt II“ – Urteil des EuGH, in: NZA 2009, 289-294

Willemsen, Heinz Josef/Hohenstatt, Klaus-Stefan/Schnitker, Elmar/Schweibert, Ulrike/Seibt, Christoph H. (Hrsg.), Umstrukturierung und Übertragung von Unternehmen – Arbeitsrechtliches Handbuch -, 4. Auflage, München 2011

Willemsen, Heinz Josef/Hohenstatt, Klaus-Stefan/Schnitker, Elmar/Schweibert, Ulrike/Seibt, Christoph H. (Hrsg.), Umstrukturierung und Übertragung von Unternehmen – Arbeitsrechtliches Handbuch -, 3. Auflage, München 2008

Willemsen, Heinz Josef/Müller-Bonanni, Thomas, Aktienoptionen beim Betriebsübergang – Zugleich Besprechung BAG, Urt. vom 12.02.2003 – 10 AZR 299/02, ZIP 2003, 682, in: ZIP 2003, 1177-1185

Willemsen, Heinz Josef/Schweibert, Ulrike, Schutz der Beschäftigten im Allgemeinen Gleichbehandlungsgesetz, in: NJW 2006, 2583-2592

Williamson, Oliver E., The Modern Corporation: Origins, Evolution, Attributes, in: Journal of Economic Literature 1981, 1537-1568

Windbichler, Christine, Arbeitsrecht im Konzern, München 1989 (zugleich: Habil. Gießen 1987/88)

Windbichler, Christine, Arbeitnehmerschutz im Konzern – Zugleich Anmerkung zum Urteil des Bundesarbeitsgerichts vom 6.8.1985 – 3 AZR 185/83 – AP Nr. 24 zu § 7 BetrVG, in: RdA 1988, 95-99

Windbichler, Christine, Mobilität im Konzern, in: ZIAS 1995, 640-645

Windbichler, Christine, Anmerkung zu BAG, Beschluss vom 20.12.1995 – 7 ABR 8/95, in: SAE 1997, 143-146

Windbichler, Christine, Arbeitsrecht und Konzernrecht, in: RdA 1999, 146-152

Windbichler, Christine, Bearbeiterin in Großkommentar zum Aktiengesetz

Windbichler, Christine, Gesellschaftsrecht. Ein Studienbuch, 22. Auflage, München 2009

Windt, Jörg, Die Neukonstruktion des *Tatbestands des Betriebsübergangs*: eine Untersuchung zu den dogmatischen und methodischen Grundlagen des § 613a Abs. 1 Satz 1 BGB, Berlin 2005 (zugleich: Diss. TU Chemnitz 2004)

Wißmann, Hellmut, Die Suche nach dem Arbeitgeber in der Betriebsverfassung, in: NZA 2001, 409-414

Wißmann, Hellmut, Zum Umgang des Bundesarbeitsgerichts mit europäischem Recht, in: AuR 2001, 370-374

Wißmann, Tim/Schneider, David, Europa hat gesprochen: Betriebsübergang ohne Erhalt der organisatorischen Einheit, in: BB 2009, 1126-1129

Witt, Carl-Heinz, Anmerkung zu BGH, Urteil vom 16.07.2007 – II ZR 3/04, in: DNotZ 2008, 219-227

Wlotzke, Otfried/Preis, Ulrich/Kreft, Burghard, Kommentar zum Betriebsverfassungsgesetz, 4. Auflage, München 2009 (zitiert: *Bearbeiter* in Wlotzke/Preis/Kreft, BetrVG)

Wortmann, Michael, Zur Logik von Wachstum und Restrukturierung multinationaler Unternehmen – Ein kritischer Beitrag zum Globalisierungsdiskurs, in: Dörrenbächer, Christoph/Plehwe, Dieter (Hrsg.), *Grenzenlose Kontrolle?* – Organisatorischer Wandel und politische Macht multinationaler Unternehmen (Berlin 2000), S. 165-193

Zeidler, Finn, Aktienoptionspläne – nicht nur für Führungskräfte – im Lichte neuester Rechtsprechung der Urteile OLG Stuttgart, NZG 1998, 822 und LG Stuttgart, NZG 1998, 233 (Wenger/Daimler-Benz) sowie OLG Braunschweig, NZG 1998, 387 (Wenger/VW) und LG Braunschweig, NZG 1998, 387, in: NZG 1998, 789-799

Zeppenfeld, Guido/Rößler, Nicolas, Pensionsfonds: verbesserte Rahmenbedingungen für nationale und internationale Arbeitgeber und Anbieter, in: BB 2006, 1221-1228

Zeuner, Albrecht, Zur Bestimmung des für die Rechte nach § 102 BetrVG zuständigen Betriebsrats bei aufgespaltener Arbeitgeberstellung im Konzern, in: Dieterich, Thomas u.a. (Hrsg.), Festschrift für Marie Luise Hilger und Hermann Stumpf (München 1983), S. 771-783

Ziebe, Jürgen, Rechtsnatur und Ausgestaltung von Genussrechten, in: DStR 1991, 1594-1597

Zierold, Oliver, *Arbeitsrechtliche Gleichbehandlung* und Diskriminierungsverbote im Entgeltbereich, Frankfurt a.M. 2004 (zugleich: Diss. Köln 2004)

Zöllner, Wolfgang/Loritz, Karl-Georg, *Arbeitsrecht*. Ein Studienbuch, 6. Auflage, München 2008

Schriften zum Handels- und Wirtschaftsrecht

Herausgegeben von Michael Kling, Herbert Leßmann und Ralph Backhaus

Band 1 Thomas Häuser: Die Eigenmittel der Kreditinstitute und mögliche Erweiterungen. 2000.

Band 2 Susanne Koch: Schutz vor kommerzieller Markenverunglimpfung durch das Markengesetz. 2001.

Band 3 Andreas Lachmann: Haftungs- und Vermögensfolgen bei Sitzverlegung ausländischer Kapitalgesellschaften ins Inland. 2000.

Band 4 Markus Fischer: Die freie Benutzung beim Schreiben künstlerischer Literatur. 2001.

Band 5 Frank Zingel: Ausbietungsgarantien. Rechtliche Probleme eines Kreditsicherungsmittels. 2001.

Band 6 Stephan Marienfeld: Konzernproblematiken bei der Publikumspersonengesellschaft. Dargestellt an den Beispielen der Mehrheitsentscheidungen, des Beirates und der Treuhandkonstruktion. 2001.

Band 7 Tobias Menzel: Werbebeschränkungen im Sport. Eine wettbewerbsrechtliche Untersuchung verbandsrechtlicher Werbebeschränkungen am Beispiel des DFB. 2002.

Band 8 Thomas Ullrich: Unternehmensmitbestimmung in der kapitalistischen Kommanditgesellschaft auf Aktien. 2002.

Band 9 Sebastian Jungermann: Der Beweiswert elektronischer Signaturen. Eine Studie zur Verläßlichkeit elektronischer Signaturen und zu den Voraussetzungen und Rechtsfolgen des § 292a ZPO. 2002.

Band 10 Axel Schilder: Schadensersatz bei Durchbrechung der Bindung an obligatorische Vertragsofferten. Eine vergleichende Untersuchung zum BGB und zum UN-Kaufrecht (CISG). 2003.

Band 11 Götz Wied: Gewinnversprechen von Versandfirmen. Rechtfertigung, Auslegung und Anwendungsprobleme des § 661a BGB. 2003.

Band 12 Timo Elsner: Die laufende Kontrolle der Tochtergesellschaften durch die Verwaltung der Muttergesellschaft. Eine Konkretisierung der aktiengesetzlichen Grundlagen. 2004.

Band 13 Elmar Mand: Das Recht der Kabelweitersendung. Kabelweiterleitung von Rundfunkprogrammen im Lichte des § 20 b UrhG. 2004.

Band 14 Thorsten Schaefer: Normenkonkurrenz beim Schutz von Marken und geschäftlichen Bezeichnungen. 2005.

Band 15 Frank Fricke: Zivilrechtliche Folgen von Verstößen gegen das SchwarzArbG. 2005.

Band 16 Christine Bunzel: Der Ersatz vergeblicher Aufwendungen im modernisierten Schuldrecht. 2007.

Band 17 Christian Severin: Auflassungsvormerkung und Eingriffsschutz. Zur Frage, ob dem Inhaber eines vormerkungsgesicherten Eigentumsverschaffungsanspruchs Sanktionsschutz gegen faktische Einwirkungen auf das vormerkungsbelastete Grundstück zukommt. 2008.

Band 18 Young-Jong Yi: Zur Strukturreform der koreanischen börsennotierten AG vor dem Hintergrund des deutschen und des US-amerikanischen Aktienrechts. 2008.

Band 19 Sandra Löwer: Inhaltskontrolle von Nutzungs- und Leistungsbeziehungen zwischen dem Idealverein und seinen Mitgliedern. 2008.

Band 20 Sandra Mießner: Providerhaftung, Störerhaftung und Internetauktion. 2008.

Band 21 Alexander W. Schilling: Passivlegitimation im gewerblichen Rechtsschutz und Urheberrecht. Die Bestimmung des Anspruchsgegners des urheber-, marken- und wettbewerbsrechtlichen Unterlassungsanspruchs anhand von Verkehrspflichten. 2010.

Band 22 Florian Mizdalski: Zur restriktiven Auslegung der Urheberschranken vor dem Hintergrund von Art. 5 GG. 2011.

Band 23 Isabel Reingardt: Das Schriftformerfordernis nach § 550 BGB. 2013.

Band 24 Manuel Diller: Der Interessenausgleich zwischen Eigentümern und Urhebern. Unter besonderer Berücksichtigung von Religionsgemeinschaften als Eigentümer urheberrechtlich geschützter Werke. 2013.

Band 25 Christian Matthias Moers: Dezentrale Arzneimittelrabattvereinbarungen. Der Selektivvertrag zwischen markt- und staatsförmigen Allokationsmechanismen. 2013.

Band 26 Nadine Hartung: Die Gewährung konzernweiter Leistungen und ihr Schicksal beim Betriebsübergang auf einen konzernfremden Dritten. 2013.

www.peterlang.com